中国近代人物日记丛书

张廷银 刘应梅 整理

王伯祥日记

第八册

中华书局

第八册目录

1942 年（民国三十一年）

2 月 ………………………………………………… 3285

3 月 ………………………………………………… 3290

4 月 ………………………………………………… 3300

5 月 ………………………………………………… 3310

6 月 ………………………………………………… 3319

7 月 ………………………………………………… 3328

8 月 ………………………………………………… 3336

9 月 ………………………………………………… 3345

10 月 ……………………………………………… 3354

11 月 ……………………………………………… 3363

12 月 ……………………………………………… 3371

1943 年（民国三十二年）

1 月 ………………………………………………… 3381

2 月 ………………………………………………… 3390

3 月 ………………………………………………… 3399

4 月 ………………………………………………… 3410

5 月 ………………………………………………… 3420

6 月 ………………………………………………… 3430

7 月 ……………………………………………………… 3440

8 月 ……………………………………………………… 3449

9 月 ……………………………………………………… 3458

10 月 ……………………………………………………… 3467

11 月 ……………………………………………………… 3476

12 月 ……………………………………………………… 3484

1944 年（民国三十三年）

1 月 ……………………………………………………… 3493

2 月 ……………………………………………………… 3502

3 月 ……………………………………………………… 3512

4 月 ……………………………………………………… 3523

5 月 ……………………………………………………… 3532

6 月 ……………………………………………………… 3541

7 月 ……………………………………………………… 3550

8 月 ……………………………………………………… 3559

9 月 ……………………………………………………… 3571

10 月 ……………………………………………………… 3581

11 月 ……………………………………………………… 3591

12 月 ……………………………………………………… 3603

1945 年（民国三十四年）

1 月 ……………………………………………………… 3615

2 月 ……………………………………………………… 3625

3 月 ……………………………………………………… 3634

4 月 ································ 3644
5 月 ································ 3654
6 月 ································ 3665
7 月 ································ 3675
8 月 ································ 3688
9 月 ································ 3700
10 月 ································ 3711
11 月 ································ 3723
12 月 ································ 3735

1942 年(民国三十一年)

2 月 15 日①(己亥　元旦)星期

　　晨兴微霁,积雪皑皑,庭除皆冰。进糕圆汤,受儿辈贺岁。嗣率眷诣雪村所上,贺其太夫人,少坐返。入书巢,久不亲砚,情景自别,回顾去岁日记已中断五十日矣,涉笔赓作,快若觏故。未几,雪村眷属来贺岁。西谛来,旋去。午小饮啖面。饭后红蕉过谈,丏尊来。薄暮道始来贺岁,留与共饮,谈良久,为草却聘书,九时许乃辞去。闻大新舞厅发见手榴弹,苏州河以南、黄浦滩以西、爱多亚路以北、跑马厅以东均封锁。

2 月 16 日(庚子　初二日)星期一

　　晴光乍露,雪未尽消,风虽不厉,寒威犹烈。读《玉田词》。看《茶香室丛钞》。遣诸儿诣仲弟所拜年。予同、西谛来,因邀雪村共饮,饭后长谈至三时许去。丏尊来。絜如携眷来。《滇南碑传集》由老陈派人送到。夜小饮。与家人掷骰为夺状元之戏,九时许就寝。

2 月 17 日(辛丑　初三日)星期二

　　阴寒,傍晚濛雨。雪村侄女士宜来贺岁。十时偕雪村往道始

---

　　①底本为:"巽斋日记第一卷"。原注:"巳午之交,世局奇幻,坐卧乖宜,啼笑皆非,非巽无以自持,乃以巽名斋,聊以自抑取颜,日记亦不忘惕厉厉尔。"

所答贺,村以家有客即归,余遂饭道始家,同坐者八人。(侯葆三、胡汀鹭、刘颂南等,馀多不识,君毅未与。)饭后长谈,薄暮始归。内表侄笙伯来贺岁,同、盈两儿偕往杜美戏院看电影,漱、复两儿则同过潘,省问昌顯(本约昨来贺年,以感冒饬人来告)。入夜同返。晚小饮。丕绳、宽正见过,知丕绳明日即赴常州转张渚矣。长谈移时,饱闻《战国史》考得各节,均可佩。(宽正熟于先秦诸子,近方草《战国史》也。)辞去后,笙伯等打牌,余先睡。

2月18日(壬寅　初四日)星期三

霾翳如昨,兼有细雨。昨日下午武定路等处续有封锁。笙伯去。复、盈两儿开学。午前仁钦来,知中区封锁已于今晨解除。(昨晚曾闻各商家有推举代表往见执行封锁者请愿开放。)絜如亦来,少坐均去。午小饮,饭后遣同往问顯孙疾。偕珏人小步毕勋路、雷米路。由甘世东路、辣斐德路、迈尔西爱路而归,行人无多,市已开,不失新年景象也。比抵家,烟雨加剧矣。晚小饮,同归,知顯已稍好,笙伯亦在潘家贺年也。夜过雪村长谈,遇哲生,八时返,与诸儿摊钱,十时始寝。

2月19日(癸卯　雨水　初五日)星期四

晴寒。晨到馆,宿雨未晞。途遇俊生,偕行至郑家木桥,以封锁不得行,绕至山东路,沿封锁圈而北,直至福州路西侧,皆在圈内也。载行泥途,又兼枨触,到馆坐定,雨履尽沾矣。旋闻金才言,自大封锁圈解除后,重划小区五所再行封锁(所谓出事地点)。据其所见,自爱多亚路以北、广东路以南、山东路以西、福建路以东为一圈;山东路以西、福建路以东、广东路以北、福州路以南为一圈(广东路中仍通行,两圈接近如吕字,即余身经目验者也,俱拦铁丝。);南京路以南、汉口路以北、广西路以东、湖北路以西为一圈;南京路以北、宁波路以南、劳合路以西、虞洽卿路以东为一圈;浙江路以东、福建路以西、北京路以北、苏州河以南为一圈云。商务、中华、世界各家均有人来贺年。丐尊来馆,曙先、叔含、麟瑞踵至,雪村即与之共饮永兴昌,谈编纂英文字典事。午后复同诣麟瑞所打牌,想必有确划谈定耳。夜归小饮。忽炮声殷然,连续间发,颇为惊讶,嗣知日人以新加坡陷落正在跑马厅施放焰火称庆也。与红蕉谈。与家人打牌一圈即睡。接绍虞十四日书。接芝九昨日片。

2 月 20 日(甲辰　初六日)星期五

晴煦。依时入馆办事。接孺忱十八日书,托为其从子之在泸县者代划款项,即复告内汇有办法,如由川汇沪恐难办。晚归小饮。雪村告余编英文字典事已与曙先等谈出头绪矣。

2 月 21 日(乙巳　初七日)星期六

晴,夜雨,气陡转暖,宜其变也。依时入馆办事。途经封锁圈外见有臂缠白布上书自卫团之徒手便装人往来梭巡,想系圈内各家被派出任者仍在圈内行走而面有得色,何也?到店门门口横陈一尸首东足西,状甚可怖,盖昨夜过一病丐,晓来倒毙者,虽经通知捕房及善堂请求收殓,初无影响,直至下午三时始收去,亦见近日市政之一斑矣。午前丐尊来店,适见此尸,大呼元宝不置,岂深恶之而转讨吉利之词乎?曙先来访雪村,适村往饮达轩家,未晤,约明日会叔含所而去。有顷,村归,即以此事告之。寄济群重庆复告近状,并追贺武若、家英结婚。寄敫、清竹报壬六号,告近状,附去

漱、林卅二号及浣皋十四号信。寄芷、汉竹报壬四号,询何以久无
信,并告此间近况,附去漱写沪滇一〇三号信。晚归小饮。西谛见
过,分杯酌之,谈至六时去。接侄婿柱流十九日信。夜饭后珏人为
我理发,余久不入剃须店,自芷、汉订婚之夕曾一度雇匠理发以来
垂四年,外孙龙官且三岁矣,思之殊堪自笑。

2 月 22 日(丙午　初八日)星期

　　阴霾,时见濛雨。晨接芷、汉一月三十日所寄信,余近寄三信
均尚未到,故悬念之情溢于言表也。文权、濬儿率顯、预两孙来贺
岁,盘桓竟日,夜饭后去。致觉午后来谈,薄暮去。

2 月 23 日(丁未　初九日)星期一

　　浓雾四塞,郁成烟雨。依时到馆。雪村未到,将散馆始见
来,询知外间正为新加坡陷落游行庆祝,行过之处随段封锁以备
不虞,故伫立数时方得小间走来耳。余归时犹未毕,但路已通,
迟迟未克速行,彳亍而归,已向晚矣。夜小饮。接圣陶二月四日
发六十五号,知前发两函(六十三、六十四)均滞港未见来,并知
颉刚近返蓉正与宾四,拉渠在齐鲁大学任教也。道始夜来谈良
久,知却聘已得请,甚慰。甫辞出,雷电交作,少顷雨大至,渠当
在中途,甚念之。

2 月 24 日(戊申　初十日)星期二

　　阴霾。依时入馆。校《秦汉史》并看林义光《文源》。下午道
始来馆,知昨夜果遇雨,为电话乃乾商让明末诸生顾果手写册页。
(索值百金,俟他日彼两人径洽。)散馆同出,过抱经堂小坐,旋偕

登老裕泰酒楼小饮,啖炒面甚佳,归途至福明村而别,购得红绿小玻璃灯各一,(如茶杯大,合值一元。)归遗盈儿。

2 月 25 日(己酉 十一日)星期三

阴雨峭寒,继之以霰。依时入馆,续校《秦汉史》。为道始作函致蔡子平,(昨晚酒楼所属为采运糯米事。)即令人送稿与之。麟瑞、叔含、曙先来,签订编辑开明英汉中字典契约,知叔含、曙先即将他适,因约于十五日午在开明为之饯行。晚归小饮。絜如来谈,微闻舜华将婚。雪村示余雪山二月七日广州来信,知将由韶入桂。

2 月 26 日(庚戌 十二日)星期四

阴霾。依时入馆。仍校《秦汉史》。致予同、鞠侯,约十五之午来饭于开明,盖伊二人亦将有远行也。晚归小饮。

2 月 27 日(辛亥 十三日)星期五

朗晴。依时入馆,仍校《秦汉史》。调孚父服甫阙,今晨又丁内艰,亟言之雪村,暂支二千元襄其事,并属阳生率金才往照理一切,余致赙廿元并为圣陶代赙如余数。夜归小饮。饮后丐尊适来雪村所,三人痛谈至九时许乃各返寝。

2 月 28 日(壬子 十四日)星期六

晴,和风拂面,有春意。依时入馆。午后偕雪村、索非、均正、沛霖、絜如往忆定盘路万安殡仪馆吊徐母之丧,四时许归。夜小饮。丐尊、雪村来,谈至九时半始各去。午后俊生曾见过,传廉逊意仍望重振酒会也。

3月1日（癸丑　十五日）星期

雨。十时赴开明，客已有到者，丏尊最后至，十二时入席，计到予同、叔含、曙先、鞠侯、孝萱、麟瑞、丏尊、雪村、调孚（仍赶来）及余。（并拉叔含之子并仁钦为十二人。）席间曙先与孝萱忽起争论，几致决裂，而颇有人偏袒其背，殊堪一噱。食后，村等又约往麟瑞所打牌，余辞未往，径与调孚同车而西至王家厍，余先下，过文权，则珏人率诸儿已先在矣。盖今日元宵，澄早约夜饮其家也。夜饭后少坐，珏挈复、盈乘车归，余与漱、同步以返。接晓先二月三日筑发书，知其少女元已于去年之杪殇。（旅中颠沛，其夫人当哭倒矣，奈何。）其本人将转赴安龙办硝磺，流离可念，殊难为怀。复柱流，询足疾瘥未。

3月2日（甲寅　十六日）星期一

阴雨。依时入馆。致诚之送《秦汉史》校样一批。接聿修书，知将入闽。即日起馆中新章停供午膳，改支膳贴，月六十元。（平摊两元一天，星期不扣。）午刻与雪村共饮永兴昌，久不市饮，主人大见殷勤，遂多饮，几致大醉。夜归仍小酌。晚饭后与村剧谈。临睡修脚。当晚红蕉夫人举一女。

3月3日（乙卯　十七日）星期二

晴。依时入馆。校《老子正诂》。伊斯兰学会马君来询白寿彝稿，并告印费已汇到，可否即印，当告以迩况未能即办，稿代藏，印费仍请汇回，俟后再商。寄敔、清竹报壬七号，寄芷、汉竹报壬五号。(俱询何久无信。)寄圣陶六十二号书,复告近状并及红蕉添女。寄镜波附函,复慰晓先。贯吾来,托划长沙周植蕃二百五十元,即为寄书甫琴洽办。谈次知孙洪芬已自港来,守和亦将踵至也,余亦以马君洽稿事告之。接梦九信,仍在金华。夜归小饮。午啖大卤面一碗,计一元四角,送力一角。

3 月 4 日(丙辰　十八日)星期三

阴雨。依时入馆。午在森义兴吃百叶包肉四枚。(本思啖面,至则面粉售罄,只得改食百叶。每枚二角半,四枚连小账须一元四角,如此畸状,近日已恬不为怪。)校毕《老子正诂》一批,接校《史记地名考》。道始来,略谈近日市情。夜归小饮。

3 月 5 日(丁巳　十九日)星期四

阴,时见雨。依时入馆。校毕《史记地名考》一批,接校《秦汉史》。午啖生煎馒头十六枚。(计八角,最俭。)丏尊来,无因而至,大倾牢愁,令人莫名其妙。乔峰来谈,少坐即去。存训电话托询昆明汇款到否。(由中央银行汇,即到亦无法提。)夜归小饮。西谛来谈,以调孚近遭告之,因属转致赙仪廿元。

3 月 6 日(惊蛰　戊午　二十日)星期五

阴雨如昨。依时入馆。续校《秦汉史》。曙先来,莲僧来。(曙先明日即行。)因与雪村同饮于同华楼,四人各饮酒(金牌酒)一斤,肴馔甚佳,仅费四十元,在近日为大廉矣。与雪村合具梅鹤酒六瓶。(共三十元,各摊十五元。)备送哲生夫人四十寿礼。晚归仍小饮。接洗人二月十四日发洗桂廿六号(廿五号未到)书,知余一月廿八日所发书甫递到桂也。又接敦同日发桂沪卅四号书，其腋患已告痊，清因忙于弄年夜饭，未及附信，仅书信封并知汉常有信去，似甚好，读竟为之大慰。是夕酣睡。（韵锵附信告好，但前此余寄桂转渠之信则尚未到。）

3月7日（己未　廿一日）星期六

晴。依时入馆。勐初来长谈。饬人送寿礼往哲生所，以地值封锁折回，盖横乡路北首又因出事被圈矣。为之怅然。午过美乐唉滑牛会饭一盘，费二元二角。诚之来，送回校样并谈齐鲁出版物进止事宜。同儿送洗人二月十二日发洗桂廿五号书来，因得并复（仍由雪村写）。即寄出。寄敦、清竹报壬八号，告喜慰，顺询静鹤事究就否并附复韵锵。夜归小饮。饮后雪村来谈。

3月8日（庚申　廿二日）星期

晴。西谛、蔚南来。哲生来，知独在圈外（其家在金城里，刻在封锁中。）踽踽，甚感苦痛也。文权、潜儿挈顯、预两孙来，晚饭后去。笙伯来，未暮即行。知震渊尚未返沪，怀之等俱好。竟日未出，为《春在堂全书》标目。夜小饮。

3月9日（辛酉　廿三日）星期一

阴，时见濛雨。依时入馆。校《秦汉史》。雪村偕索非出看屋未成。见来青阁近出书目载有小万柳堂藏扇集，标价四百元，且云近甚难得。余旧有此，因动易书之念，适调孚往看寿礼，遂托渠试谈。拟易得康熙原刊本《五礼通考》及《读礼通考》、商务印本《今字解剖》、石印本《绎史》、石印本《壮游图记》、石印本《韵海》、刻本《越言释》、景印《汉书补注》、文明印本《碑帖大观》等八种。比归已谐,遂饬人取来,内缺初拓《姬夫人志》一种,即斥资五角往中华书局购补之,居然完帙,甚快。午食馒首廿枚,费一元。午后舜华外出,忽遇封锁,至三时许始来馆,谓幸值临时戒严耳,否则殆矣。夜归小饮。红蕉馈甲鱼红烧肉一器,甚肥美。晚饭毕,红蕉来谈。

3 月 10 日（壬戌　廿四日）星期二

阴霾,时有细雨,午曾显晴即晻。依时入馆。续校《秦汉史》。午仍啖馒头廿枚。令金才送扇集与寿礼,旋得寿礼电话,谓所选之书尚未足四百元,可再选七十五元云。因择定竹简斋石印《清一统志》及同文书局石印本《全唐诗》两种,午后即令金才往取之。(先取《一统志》,约明日再取《全唐诗》。)寿礼诚实,宜乎来青阁信誉之蒸蒸也。晚归小饮。接洗人二月二十发洗桂廿七号信,告内地人事调动,仍劝内徙。(知圣陶近为冯月樵编《国文杂志》,由墨林出面。)夜雪村、红蕉均来谈。

3 月 11 日（癸亥　廿五日）星期三

大雾四塞,郁成烟雨,午开霁,入夜星光烂然。依时入馆。续校《秦汉史》。付二月份电费十五元三角六分。午知年初封锁之六圈已开放,(新近封锁各区仍未能撤去。)因出观之,顺过五福斋吃饭,仅白菜肉丝一盆下之,付钞已三元三角,其昂诚可咋舌。据云本日各货场又涨一成馀。电询南阳煤球厂前已登记之货何以过期不送,据答须三四天后再送达。致道始送代购《全上古三代秦汉〈三国〉六朝文》去。致炳生,属划款。(为曙先汇三百元并告前汇诵邮款项。)晚步归,天暴热,跣而后饮。方饭毕,季易率其子见访,不及整履,骤见之,甚窘。谈次知将赴浙为《疑年录》稿件寄以重托也,移时去,不安久之。

3月12日(甲子 廿六日)星期四

阴霾。今日为孙中山逝世纪念,馆中放假一天。接二月十日芷、汉信各一通,告滇垣近状,生活高涨,殊堪廑虑。接硕民十日黄埭片,知已于三月一日辞去育英教事,改就大有面粉店夥友云。漱石来,知怀、翼兄弟近况及震渊在乡画事剧忙也。工部局布告三月十四日起杜米不准运入,以是负贩居奇,斗米迁涨至八十四元,诚何居心不可知。日邻饿乡则从可推矣。丐尊尤愁叹,一日中连来数次,均呼饿死云。雪村作诗宽之曰:"饿死元知事可伤,而今饿死亦寻常。饿殍载道乾坤沸,我独何人避饿乡。"余戏谓之"四饿诗"。夜小饮。

3月13日(乙丑 廿七日)星期五

大雾。闷。润。依时入馆,仍校《秦汉史》,全部毕矣。午啖馒头,价仍一元,惟个儿又瘦削多矣,想不日即将涨价也。寄敩、清竹报壬九号。(附村写沪壬九号,致洗人书中去。)寄芷、汉竹报壬六号,复昨信。拟以旧藏涵芬楼《古今文钞》与寿祺,易《十一朝东华录》未果。(《文钞》销滞,杨不肯。)晚归小饮。夜濯足。

3月14日(丙寅 廿八日)星期六

阴,陡寒,风呼呼作声。依时入馆,接校《学文示例》。致诚之,送《秦汉史》末批校样去。寄炳生,属为赵梦宾划款千元。午

间与雪村、均正同至王开照相馆各摄一小影（备粘馆中所发身份
证）。继至永兴昌小饮，顺啖炸酱面果腹，费三元。令金才将易得
之《五礼通考》等送归。夜与雪村、廉逊、俊生、翙新、绍先共饮同
华楼（酒会），摊分金十二元。遇仲康、铭书等，强拉过饮，竟醉，归
途与雪村相失。余与俊生先步归，至里口，雪村亦甫自电车下来，
正扶墙而行，因偕归。余幸免于吐，村竟呕出两痰盂云。窃笑醉人
为瑞，我辈已躬与其盛矣。

3 月 15 日（丁卯　廿九日）星期

晴，时有障翳，料峭依然。接宽正书，转到丕绳信，已安抵张渚
矣。就架理书。瀋儿来。修妹来。方饭，文权率顯、预两孙亦来。
下午打牌，余则急入书巢看《五礼通考》。夜小饮。晚饭后诸人
去，余亦就寝矣。

3 月 16 日（戊辰　三十日）星期一

晴。依时入馆。校《学文示例》。季易属其子送《疑年录汇编
补遗》稿及外编稿来，即为保藏，俟机印行（稿俱交调孚）。接镜波
书，属向刘新锐取五百元入账，此款盖刘夫人托划已先支去云。午
买肉面（加二一）碗果腹，计一元四角。晚归小饮。接业熊、静鹤
二月廿八日来书，告三月一日鹤入开明服务矣。

3 月 17 日（己巳　初一日）星期二

阴霾，兼以细雨，近午霁。依时入馆，续校《学文示例》。午吃
加二光面一碗（计一元），酱肉一碟（计一元）。日来百物飞昂，米
煤尤亟，大有不可终日之势。晚归小饮，无聊之极。

3 月 18 日（庚午　初二日）星期三

晴。依时入馆。校毕《学文示例》一批，接校《史记地名考》。闻八仙桥一带封锁旋即开放，大约演习所谓恐怖事件耳。红蕉托物色文书人材可以代渠办事者，余以哲生应约本星期内洽谈。耕莘来馆，洽出纸应用或有办法。芝九偕《汉书·食货志》两册。午间仍如昨法果腹，但面又涨价一角矣。晚归小饮。

3 月 19 日（辛未　初三日）星期四

晴和，入春第一好日也。依时入馆，仍校《史记地名考》。致哲生约谈。索非往晤日人，归述甚趣。接绍虞三月十三日信，托将存款换中储币（近日与法币已生差额），愿贴水，因即转属子如代办之。槟榔路以北封锁圈今日傍晚解除。午仍唲酱肉及光面。晚归小饮。

3 月 20 日（壬申　初四日）星期五

晴，微有风。依时入馆。坚吾来（下午又来），与均正商制造复写纸事。此君凡事肯用心，可佩也。午间馆中请黄仲康于同华楼，村、索、调三君及余俱往，哲生亦来。因以红蕉意告之，约星期下午与蕉晤。午后孟邹来，为志行说项。晚归，予同见过，因与共饮，并邀雪村共谈，甚惬，至九时始辞去。（伊将返温，所有书籍等拟让去矣。）接桂林处总三号信（三月五日所寄）。附敫同日上云尊人书，知曾去编所一行。日来天气忽变，肩背酸楚复作，又兼多饮，夜半竟吐。芝九还《食货志》。

3 月 21 日（癸酉　春分　初五日）星期六

阴霾。依时入馆。绍先来（知其少君将结婚）。丏尊来。同、复两儿送清二月廿五日所寄桂沪卅五号信来（洗桂廿八号附），知近状尚好。午与村、丏同往谦豫饮，在附近买得白鸡及鳝糊等下酒，均鲜美，而酒又值新开甏，快甚。（计摊费七元七角。）寄沪壬十号信，复洗桂廿八号及处总三号，附去寄敫、清竹报壬十号。（附漱、林卅五、卅六及浣皋十五号三信。）寄芷、汉竹报壬七号，附漱写沪滇一〇五号书。分寄镜波、士竑、炳生洽事。晚归仍小饮。

3 月 22 日（甲戌　初六日）星期

初阴旋晴，夜半大雨如注，雷电交作。午前到馆，与雪村、索非请震初于同华楼，邀袁君作陪。饭后归，颂久与莲僧俱在，告柏公将行，明晚即颂家为之祖道。哲生来，因介红蕉与谈，似可谐。夜仍小饮。

3 月 23 日（乙亥　初七日）星期一

阴雨。依时入馆。校《老子正诂》。分致予同、鞠侯，约当晚集颂久所。（旋得鞠侯电话，谓适有人约饭谢不赴。）午仍吃光面。散馆时颂久见过，偕至其家，雪村、调孚与俱入夜开樽。（用万利菜及谦豫金牌酒。）凡到九人（柏公而外有纪堂、予同、莲僧、雪村、调孚、东华、颂久及余）。谈虽乐而回溯前尘，不免黯然，及终席，东华、雪村均醉矣。（摊分卅三元，东华由纪堂招呼熟车送归，雪村则由予扶掖而行。）归家已十时许，即寝。

3 月 24 日（丙子　初八日）星期二

晨大雾旋开霁,午后畅晴。依时入馆。(雪村未克行。)仍校《老子正诂》,毕上卷。复绍虞,告已易得新币九百七十元存入浙江实业银行(挂号五〇〇四一号)。午仍吃光面。孟邹送稿来,未晤雪村,余代收之。晚归小饮。接三月一日清寄桂沪卅六号书(附二月廿八日洗桂廿九号)。西谛来,少坐便行。

3 月 25 日（丁丑　初九日）星期三

晴。依时入馆。午仍吃光面。接宾四三月九日书,知颉刚将返渝。接圣陶三月七日书(蜀沪六十六号),附致丏尊、红蕉信各一。致诚之送《秦汉史》清样。(聿修来,亦将远行。)今日为余五十三岁初度,潜儿及文权挈顗、预两孙来祝,夜因共饮,饭后归去。晤红蕉,交圣信,知哲生事已谐,四月一日即入美亚矣。接三月十一口敫寄信(不列号),附洗桂三十号书,知渠腋疮已痊,惟未根除,颇以为虑。静鹤已于三月二日入开明,甚慰。

3 月 26 日（戊寅　初十日）星期四

晴。依时入馆。接三月十二日洗桂三十号函,附来处总旬报七号(误列十号),并账单送目。午与雪村同过西南酒家,吃腊味饭一盅,计二元二角五分。(日来法币为储币所挤,致生差额三成,物价因亦陡涨有超过五成者。)接颉刚三月六日书,告即将行。晚归小饮。夜季易携其少子见过,出纸属补《疑年录》一人(恽彦彬),因与长谈,谓当补吴瞿安,承首肯,即属径补之。移时去,余亦就卧。

3 月 27 日（己卯　十一日）**星期五**

晴(连日寒)。依时入馆。为季易补稿。午仍啖光面。为均正书联挽人,乘亦来。哲生来。接存训书,转到李小缘信,询三大学《汇刊》事。夜小饮。月色明,有晕,三时许雨作,继以雷电,达旦始止。

3 月 28 日（庚辰　十二日）**星期六**

晨霾旋晴,午又雨,午后复晴。依时入馆。布告廿九日黄花岗纪念放假,因值星期,移于三十日补行。(以是明后两日余得在家休息。)予同来,因与雪村、调孚共饭于同华楼,知柏公已行,渠俟料理粗毕,亦将返里。(书籍均拟斥卖,其《丛书集成》连箱让与傅耕莘,由雪村为今得四千金。)可与语者渐去渐远,不禁凄然。午后莲僧来。寄洗人沪壬十一号函,复洗桂廿九、卅号(村附书属延揽仲持入局)。寄芷、汉竹报壬八号。寄斅、清竹报壬十一号。复清来卅六号及斅来不列号书,附漱、林卅七号。寄炳生续划赵梦宾千元。晚归接炳三月廿一日来书,询转款升水纠葛如何办理。(盖村前去之信未能说明原委。)夜小饮。与雪村、红蕉谈。西谛携其女来。

3 月 29 日（辛巳　十三日）**星期**

风吼,积霾旋开,午后放晴。西谛、济之偕来,少坐便去。调孚来,在村所午饭后去。正午祀先,盖清明时享也(始废锭帛)。勘初来,知将作归计,迫于沪上物价,实难支持矣。彼此同感,无言可以慰藉之,怅甚! 前让于予同之《世界历史大系》廿七册,今承以原值送还,深感佩之(仍由金才取来)。顯孙来,晚饭后即由旧佣妇榴珍伴之归。（榴珍自常州出,暂在我家,今日复还潜儿家,计留此二十日矣。）

3 月 30 日（壬午　十四日）星期一

晴。上午九时许与雪村偕访坚吾,参观其所营利达厂,因约饮于高长兴楼下谈文具制造事,一时许乃归。连日右背肩不舒,引动去年旧象,延及臂肘,酸楚难举。夜未饮,即睡。

3 月 31 日（癸未　十五日）星期二

晴阴间作,仍觉寒冷。依时入馆。臂痛难忍,仍熬写《说文》正楷备编辞典之用。午吃光面。支用齐大存款五百元,致予同送还书价八十元。鞠侯来洽,谓谛书无止,可接受余与雪村为评价二千四百元。（精装《廿五史》及补编,又商务本《十通》共三部。）约明日听谛回音。谛电话见告,谓在来青阁见到《廿五史》翻版书,但无法干涉,亦惟有徒感关切而已,时事其胜叹哉。夜归小饮。肩臂剧痛,失寐,甚苦。

4 月 1 日（甲申　十六日）星期三

晴,仍感冷。珏人晨起忽发风疹,奇痒难忍,及余晚归,已就卧,盖引动胃疾矣。依时入馆,仍熬写《说文》。予同来,旋去。（午吃光面。）坚吾来,托为其新出复写纸撰说帖。调孚以新购胡朴安《文字学研究法》见赠。晚西谛、剑三、济之来,因珏人病,即假村所延之共饮肴馔,不给,甚窘。饮后村与剑三谈,有延揽之意。鞠侯为无止谐价事转告谛,已首肯,约明后日先取书送去。为肩臂酸楚,夜仍欠睡,而珏人又不免呻吟,痛苦之至。

4 月 2 日（乙酉　十七日）星期四

晴。依时入馆。仍续写《说文》。痛不可忍,时辍笔。为坚吾拟说帖送去。午吃爆鱼面一碗,一元八角(较战前涨廿二倍矣)。托纯嘉购得新印郑午昌山水十二幅,十一元四角。晚归小饮。珏人未起。宽正来谈,知丕绳在张渚教书,近状尚佳。

4 月 3 日（丙戌　十八日）星期五

晴。依时入馆。校《学文示例》(因不能握笔,故暂停《说文》)。午在西南酒家吃牛腩会饭一盘,计二元四角半。季易来访,又为补两人入《疑年录》。工役沈学骥明日娶妇,以十元赠之。托沛霖购硫磺皂三块,计二元四角。饬金才取谛书送无止,约七日交款。晚归小饮。珏人仍未起,潨来省母,夜饭后去。余臂痛益甚,命漱儿往同孚路陈蕴珍堂购得风湿膏,贴之稍宁。睡至四时,珏人又起呕吐,余亦遂醒,酸楚复作矣。

4 月 4 日（丁亥　十九日）星期六

晴,午后微雨,傍晚转剧,夜半大风,噎块。依时入馆。负痛写信。寄敩、清竹报壬十二号(附村写壬十二号,致洗人信中去)。告近况,附漱、林卅八号书。寄芷、汉竹报壬九号,附村写复佩弦书及漱写沪滇一〇六号书,寄圣陶沪蜀六十三号书复来书六十六号。(午仍吃光面。)散馆后雨中赴中社(与调孚、均正偕),贺绍先娶次媳(具仪廿金),雪村以被邀证婚已先在,漱、湜两儿亦随村同往也。入夜吃喜酒,与俊生、调孚、均正、岳生、绍先、云先、丏尊、少梅、雪村同坐。席终雨下益豪,以湜儿属村乘车归,余则挈漱儿冒雨步以归,衣履尽湿矣。到家知珏人稍好,曾起坐,但发气喘旧疾,殊难释怀。接洗人三月廿一日洗桂卅一号信,无敩、清附信,甚念之。夜半风起,臂痛复作转侧,至天明始合眼。

4月5日（戊子　清明　二十日）**星期**

阴雨,午后晴。臂痛依然。珏人已能起坐,稍慰。午后笙伯来,知将返里,因交四十元托带苏,十元还硕民,代送仲宅礼三十元,属怀之乘暇为余一视九曲港。先茔顺作完粮及犒丁之需。溮儿、文权来省,晚饭后与笙伯偕行,各归。

4月6日（己丑　廿一日）**星期一**

晴。依时入馆。校《学文示例》。臂楚仍剧。午与雪村饮永兴昌唉刀鱼面一碗（计二元六角连酒摊六元二角）。无止见过送谛书款二千四百元属转。鞠侯书来辞行,即复致惜别之意。夜归仍小饮,就卧后臂酸引动失眠。

4月7日（庚寅　廿二日）**星期二**

晴。依时负痛入馆。校《学文示例》毕一批,接校《史记地名考》。午间与雪村出购鸭杂一付,就浙江路小面馆唉光面及馄饨各一,摊二元七角半。付上月家用电灯费十四元九角八分。晚归小饮。臂痛增剧,不间歇,早卧以休之,仍不停,通宵失眠,三时后以不胜楚竟发热呻吟矣。

4月8日（辛卯　廿三日）**星期三**

晴。病卧,未入馆。谛来,即以毛款交之。晚雪村归,告我法租界东区沿途封境严搜,军警布岗甚密云。出示三月十二日吕甥济群来书,启视之,知甥女家英已兆梦熊矣,甚喜慰也。濬、权来省。夜卧稍宁。

4 月 9 日(壬辰　廿四日)**星期四**

晨雨,旋霁,闷热。臂痛未平,仍未入馆。接三月十五日洗桂卅二号书,知雪山已安抵桂林,并属代赙沛霖母,附来静鹤、士敫诸信详告近状,知清儿亦兆梦熊矣。里中挨户被抄查,余为避免刺戟计,午后扶同儿出门闲逛,抵暮归,臂痛又剧,恚甚,强进酒一瓯。将卧,谛来,少谈即去。

4 月 10 日(癸巳　廿五日)**星期五**

晨阴,有微雨,旋晴,起风还寒。依时负痛入馆,料理积件。文权电话省起居。午在西南酒家吃牛腩饭(仍二元四角半)。午后写《说文》正楷。晚归小饮。夜卧臂仍楚,欠睡。

4 月 11 日(甲午　廿六日)**星期六**

晴,风中仍见料峭。依时入馆。起潜来,购《清名家词》及《滇南碑传集》去。接绍虞四月七日书,知去信已洽,并告已移家赵家胡同一号。剑三来,丏尊适在,因与丏、村、剑同饮于永兴昌。(摊费七元五角,余垫出二十元。)午后写信,致镜波、炳生分洽款事,并附致晓先一缄,托镜波转交。致洗人壬十三号复洗桂卅一、二号并附寄敫、清竹报壬十三号(漱林卅九号及浣皋十六号附)。越然来谈。夜归小饮。臂痛依然,甚闷损。

4 月 12 日（乙未　廿七日）星期

晴。臂仍痛。西谛来,约往绿野新村午饭,以不舒却之。看
《清通典》。午后勘初见过,长谈,抵暮乃去,知将返里矣。入夜小
饮。晚饭后在寓所附近小步一周。

4 月 13 日（丙申　廿八日）星期一

晴。臂痛迄未小瘳。依时入馆,通函在沪董监,定十六日开十
八次董事会。午在西南酒家吃什锦炒饭,计二元八角。晚归小饮。
夜饭后扶复儿出门闲步。

4 月 14 日（丁酉　廿九日）星期二

风雨终日,迄夜未休。依时到馆。忍痛写《说文》正楷,疾书
数字辄停,甚以为憾。复绍虞加聘为开明特约编辑。午畏雨未离
馆,即呼一家春送牛肉烩饭一盂,量少而质劣,竟开三元五角,未免
太很。哲生书来,询酬应笔札当看何书。夜应西谛约,在绿野新村
公饯东华、予同,到剑三、元衡、家璧、济之、雪村、西谛、调孚及余,
凡十人,摊费廿二元五角,八时许散归。

4 月 15 日（戊戌　初一日）星期三

阴雨绵延。臂楚依然。依时入馆,仍写《说文》,并校《老子正
诂》。午在西南酒家吃牛腩饭(二元四角半)。夜在四马路三星鸿
运楼举行酒会,兼为绍先六旬祝嘏,到绍先、廉逊、俊生、云先、少
梅、翊新、克斋、仲清、雪村及余凡十人,九分,摊计费廿五元,九时
许始归。

4 月 16 日(己亥　初二日)星期四

阴,晚晴。臂楚依然。依时入馆。续校《老子正诂》。午往西南酒家吃牛腩饭,又涨三角矣(计二元八角),盖工部局平粜洋米昨日突由每升二元涨至二元九角,国米因以步涨,自然影响一切物价也。下午三时在复轩举行董事会,到丏尊、雪村、道始、五良,决议三十年度股东应借支股利八厘,董监得支特酬人二千,董长加支一千,余以忝任秘书亦得一千,并决自四月起同人加支生活津贴。不满百元者得百分之百,百元以上满二百元者得百分之九十二,二百元以上未满三百元者得百分之八十,三百元以上者得百分之七十,此外月支米贴人三斗,以工部局标价为升降。所有从前膳食名目即行撤销。晚归小饮,少坐即睡,以臂痛故,又失寐。

4 月 17 日(庚子　初三日)星期五

晴。上午在家整理董会纪录,并拟通启,告同人十时许即饭,饭后入馆发布通启。喁望已久,稍慰来苏之思矣。守宪来馆,约二十日再来与坚吾晤谈。校毕《老子正诂》。晚归小饮。知澘儿来省。接清儿三月卅一日寄桂沪卅七号信,与静甥合汇百元来。夜卧臂楚仍剧。宽正来访,知将赴金华。

4 月 18 日(辛丑　初四日)星期六

晴,午后转阴。依时入馆。存训来,商北平图书馆前订印行《校辑宋元明佚书》约可否撤销。此事为西谛所策动,其实牵涉方面太多,非守和亲来不能决也。午仍在西南酒家吃牛腩饭,二元八角。写信分寄雪舟(属为何五良划三百元与王玉麟。);洗人(沪壬十四号,余与村各一通,详告董会决议情形及店况。);敔、清(竹报壬十四号复来信卅七号附去漱、林四十号浣皋十七号及润儿所写信。);芷、汉。(竹报十号,询何以久无信,并附润儿信。)于鸿来告,将赴内地并属汇款,其妹真已早抵桂林矣。余即再书一纸,附告清。晚归,西谛来,仍申存训之说,因明告之,雪村适在,三人乃共饮焉。夜饭后复谈至八时许乃去。入卧后臂楚仍作。

4 月 19 日(壬寅　初五日)星期

阴雨。哲生来。丏尊来,还《颜氏家训》。午后芝九来,谈良久乃去。薄暮小饮。晚饭后少坐便寝,臂仍感酸楚。

4 月 20 日(癸卯　初六日)星期一

晴,午后即阴。依时入馆。致存训,告俟守和有信再谈。致鸿寿,告内地划款来沪恐难办。支(存项)六百元,还前欠三百元(雪村手),还达轩代购布一匹,计三百五十二元。午与丏、村饮善元泰,摊八元。赙循之五元(送太平保险公司其子绥来所)。晚归,闻老太太在知云斋已有信息,正间关跋涉谋归沪,闻之略慰,因与共饮,夜饭后去。为同、复等争吵动气,颇不怡。

4 月 21 日(甲辰　谷雨　初七日)星期二

晴。依时入馆。遭封锁折回,比到家门,晤雪村、索非,谓已约电话解除矣,因偕乘电车复往,至则河南路口仍不通,绕道由江西路迤逦而入。续校《学文示例》。臂仍楚。午在民乐园啖肉丝蛋炒饭,价三元。(以单钞缺五元,无找,只得存两元待再吃。)晚归小饮。

4 月 22 日（乙巳　初八日）星期三

晴。依时入馆，见封锁圈（东自广东西路，西至虞洽卿路，南自福州路，北至汉口路），知昨晨封锁实为此圈中有事耳。校毕《学文示例》，接校《史记地名考》。午仍在民乐园啖饭（鳝糊，交价二元八角）。济之电话约于廿五日下午五时饮其家，属代邀雪村、调孚。坚吾、守宪、耕莘先后来，谈至六时始得归。晚小饮。笙伯来，备言吴门近状，并出怀之书，告已代往先茔阅视且代犒坟丁矣。（昨日翼之书来，亦告此事。）甚感之。硕民处亦已去过，代送礼款亦还讫。夜饭后与丏尊、雪村长谈。

4 月 23 日（丙午　初九日）星期四

晴。臂仍隐隐酸楚。依时入馆，途经福州路，昨见之封锁圈撤除矣。校《史记地名考》，毕一批。午仍就民乐食（什锦饭一客，价二元四角）。晚归，予同在，畅谈久之乃去。夜小饮。饭后闲抽架书翻纸，未几即睡。

4 月 24 日（丁未　初十日）星期五

晴。依时入馆。校《史记考索》。午饭西南酒家。（广州炒饭一客，价三元，小账三角半。）是日为潄儿二十初度，买鸡豚鱼鲜以劳之。（香烛、糕团等花费一概屏除之。）晚归，潩儿挈顥、预两孙及静鹤义妹、屠氏二姝与王、毛、李三位小姐俱在。未几，笙伯亦至，因共饮啖以为乐，终席甚欢，值此乱离，此乐诚不可多得矣，惟文权适以教课难却，未克参与，不无微憾，而一念清等在外，诸人天各一方，尤切惆怅耳。夜饭后潩及宾客陆续去，余亦倦，莫能坐，即寝。

4月25日（戊申　十一日）星期六

晴，午后转阴竟雨。依时入馆。寄圣陶沪蜀六十四号书（转杭州胡宅函并告近日情况），即附致雪舟函中。寄芷、汉竹报壬十一号。（诘何以久无信并告漱二十生日状。）寄炳生（复洽付款）。寄敔、清竹报壬十五号（复敔来卅八号书并告迩来家况及心境）。午购生煎馒头十六枚充饥（计一元六角）。午后仍校《史记考索》。五时偕雪村、调孚赴济之约，晤西谛、剑三、家璧、元衡，看馔出其夫人手制，甚精，谈至八时散归。接镜波四月二日来书，属划四百元与王元规夫人云。

4月26日（己酉　十二日）星期

风呼呼有声，时露日光，时见细雨，大有黄梅景象矣（并有阵雨甚人）。接芷、汉四月一日发新五号书，告一月未接去信，并言三月十二日曾发新四号信，复此间壬二、三、四号三信者，后知十四日在中途飞机失事毁去云（附来朱佩弦还款知单），因知彼此不能接头之故，实在邮途之不畅耳。西谛来。云斋夫人来。饭后丏尊见邀，至则阳生在，以欠款事有误会，为解释之，属写一书面与雪村暂时悬起。淑侄来。文权来。傍晚潘儿亦来。夜小饮，饭后饬复送淑侄归，权等亦归去。

4月27日（庚戌　十三日）星期一

晴，夜半雨。依时入馆。接绍虞四月廿二日复函，极致关切之忧，属有需要时随便挪用存项，甚感。仍校《史记考索》，毕一批。

丏尊来馆,开始与振甫编字典。接圣陶四月七日发蜀沪六十七号
书,附信属转丏尊、红蕉,知颇春怀故乡居宅也。承指《左传读本》
序文有欠妥句。午就食西南酒家,啖广州炒饭。晚归小饮。夜饭
后扶同儿出门闲步。

4 月 28 日(辛亥　十四日)星期二

阴,午后晴。依时入馆。复绍虞谢厚意并告容庚编简体字典
已收到。仍写《说文》章一本。午就食西南酒家,仍啖广州炒饭。
海林来面致柬帖,告其女德华将于明日在鸿运来与汪家泰者订婚,
特邀参与喜筵,并知梦岩夫妇亦将来会也。夜与雪村、丏尊、沛霖、
均正、调孚、索非、通如、振甫公钱阳生于三星鸿运楼,讵知阳生以
扣欠芥蒂竟委情不至,电话速之,仍拒不来,闵其悖,一叹置之。九
人共饮,七时散归矣(人摊十元馀,由开明贴)。

4 月 29 日(壬子　十五日)星期三

晴,夜月色甚皎。依时入馆。过南京路见保甲长俱出动站岗,
形势甚严紧。盖日本天长节,日人有游行队过此路,特别戒严耳。
余即折行到馆。接吉林蛟河久康酱园致洗人信,即作书转寄洗人
(不列号)。午买酱肉、光面充饥,又涨价,两共三元三角,可谓贵
矣。饭后在馆周步行一巡。致鞠侯,询近状。致宾四,告《史记地
名考》仍进行排校,惟清样拟不复寄,俟能出书时再将全部清样送
请阅定。致怀之、翼之,复谢代省先茔,仍属代为完粮。致道始,介
绍吴若兰谋看护事务。五时过鸿运来赴海林约,参与喜筵,与梦
岩、书麟、坚吾及梦子寅禄、梦婿周少斋同席,海林亦来陪饮,至八
时许始散,步行归家,已九时矣。

4 月 30 日（癸丑　十六日）星期四

　　晴。依时入馆。看《金壶字考》。为公司填表两份。午仍就食西南酒家，啖腊肠炒饭，二元八角。散馆后过坚吾，待梦岩昆仲久不至，与坚吾先行，在高长兴楼下候之。未几，联翩来，因共饮，畅谈至九时许始散，承送至爱多亚路代雇黄包车乘以归。老友挚情可感也。

5 月 1 日（甲寅　十七日）星期五

　　今日为国际劳动节，循例得休假一天。晴，子夜后雨。午前后焚香写字。傍晚小饮。饭后挈同儿闲步于近旁各街，以风甚折还，读《放翁诗》。

5 月 2 日（乙卯　十八日）星期六

　　阴雨，傍晚霁。依时入馆。剑三今日来馆，聘其同编辞典。接洗人四月十四日洗桂卅四号函，附来敫、清桂沪卅九号书，知敫恙未全愈，而清甚忙，静亦佐理碎务，无暇自益，颇为注念。寄洗人沪壬十六号（村公亦有函），附寄敫、清竹报壬十六号，复慰一切（附漱、林四十一号）。寄芷、汉竹报壬十二号，复新五号来信（附漱书沪滇一〇六号）。寄炳生属划赵梦宾款。寄镜波复四月二日信，告王元规夫人款已解出。寄圣陶沪蜀六十五号，复来书六十七号，告代送苏州朱笏臣吊礼十元，并论《左传》读本序，语句省略，自亦有根。午就西南酒家，食广州炒饭，又涨价二角矣。晚归小饮，与雪村共买甲鱼两团，蒸食之，计费十八元六角，然较之上馆子则便宜多矣。

5 月 3 日 (丙辰　十九日)星期

　　晴,近午阴翳微雨,午后开霁,风仍有声。西谛来。饭后写《花间集》并作自署《室名偶录》。夜小饮。早睡。晚饭后与珏人同往仲弟所省视,知弟妇将携外孙女往就涵侄,日内即行矣,谈移时辞归。

5 月 4 日 (丁巳　二十日)星期一

　　晴。依时入馆。校《老子正诂》(全书已校完,只待付印)。午啖生煎馒头十六枚。夜归小饮。接芷芬四月十二日新七号书,告即将入桂运货回滇,附致调孚、振甫信各一,又汉儿十一日写新六号书寄龙孙近影及汉龙母子合影各一帧,并划款廿元为漱华二十寿。接清儿四月二十日桂沪四十号书及静甥先已写成之静皋二号信,详告近状,附来二信,即分致潏儿及顯孙。夜道始见过,长谈移时乃去。

5 月 5 日 (戊午　廿一日)星期二

　　晴。晨入馆。见重庆路南口及跑马厅路石牌楼口、龙门路口均植高椿布铁丝网遮断之,似将久封者,并闻白克路东口及厦门路西口亦同样封锁云(后知北海路西口亦断)。到馆看《金壶字考》。午买广州炒饭食之(免就食省小账)。夜归小饮。克忠来。

5 月 6 日 (己未　立夏　廿二日)星期三

　　阴雨,时显晴,吼风。依时入馆。看《金壶字考》。午仍购广州炒饭啖之。接士敩四月廿二日桂沪四十一号书,复壬十二号,仍劝内徙并告圣陶将到桂重振编译事。买倪文澜干菜二斤,计六元。午后雪村、丏尊、剑三、调孚、均正、振甫及余商谈进行编纂字典及辞综事宜,约定丏、振编字典,余等编辞综云。夜归小饮。饮后与雪村长谈。

5月7日(庚申　廿三日)星期四

　　晴,午后忽阴旋开。依时入馆。整理辞综编例。午吃叉烧饭(二元七角)。廉逊来。绍先来。付四月电灯费十三元另二分。笙伯电告震渊已来沪,月初即将返里云。夜归小饮,少坐即寝。

5月8日(辛酉　廿四日)星期五

　　晴。依时入馆。寄颉刚,复告三大学学刊进行困难状已如属径与在宥函洽,仍望即予解决,免久悬。寄在宥,详陈会刊进行经过并告校样已邮出,应寄来之件幸速寄附复小缘一笺,即属转去。午仍吃广州炒饭。午后麟瑞来谈,知纪堂家出事,为之一叹。晚归小饮,饮后西谛来,余力劝早行。

5月9日(壬戌　廿五日)星期六

　　晴。依时入馆。寄洗人沪壬十七号,附去竹报壬十七号复敫、清(附漱、林四十二号及润、滋信各一)。寄芷、汉竹报壬十三号(附漱写旧一号)。午仍喫广州炒饭。三时四十分出,过访震渊,以旧有"秋庭晨课图"影本赠之,谈里中近事甚悉,知一时不遽归,即约五月十七日(星期)来饭,辞归。到家已六时,即小饮。饮后丏尊、雪村见过,长谈至九时乃散。俊生约明午饭其家。

5 月 10 日（癸亥　廿六日）星期

晴。文权、潴儿、顯、硕两孙来。十一时半与雪村、丏尊共赴俊生约，少坐即饮，坐有莲轩、绍先，皆熟人，余则俊之亲戚也，一时许归。读《格言联璧》。晚与权等小饮，夜饭后各归去。

5 月 11 日（甲子　廿七日）星期一

晨雨旋转晴，又乍阴，闷甚。依时入馆。为文化书局翻印《廿五史》事致函书业联合会彻查。看《金壶字考》。支存项三百元，以百元属调孚代买米（以伊住所邻沪西易得兜售之米也）。又买火腿一脚，计四十七元。午仍啖广州炒饭。接翼之五月八日复书，告苏地物价踊贵，余托完坆粮事当照办云。晚归小饮。夜饭后扶同儿闲步。

5 月 12 日（乙丑　廿八日）星期二

晴。依时入馆。看《金壶字考》。买洋参两小匣十元，茶叶一斤八元。午仍啖广州炒饭。文澜提甲鱼两只来馆，余与雪村共购之，计二十元。晚归，即与村对饮，以清蒸甲鱼下之。索非来告，顷于散馆后与调孚出访翻版《廿五史》，果于三马路抱经堂购得一部。询其来源，谓出自文化书局，因将书送会以凭根究云。余惟不欲泰甚，默叹作奸犯科之愚顽而已。

5 月 13 日（丙寅　廿九日）星期三

晴，夜大风撼户作声。依时入馆。看《金壶字考》。校《学文示例》下册序目，毕之。午仍饬金才购广州炒饭食之。晚归小饮。

饮后出外散步,畏风折还。

5 月 14 日(丁卯　三十日)星期四

晴。依时入馆。看《金壶字考》。午购腊肠炒饭果腹。寄士
敔(不列号)询腋患痊否,芷芬到桂否? 唐夫人带物亦收得否。荫
良来谈,知香港状况尚好,渠来沪已两月云。夜返小饮。饮后雪村
来谈,西谛亦来,移时各归。

5 月 15 日(戊辰　初一日)星期五

晴。依时入馆。看《金壶字考》。午买白饭一碗半(一元二
角),别购乌贼、茝笋等下之。散馆后,与雪村赴三星鸿运楼酒会,
到丏尊、绍先、云先、克斋、仲清、翊新、仲达(姓沈,克斋之友,又同
来二人,一袁姓,一不知姓)等凡十一人。摊费廿五元,物力日艰,
难乎为继矣,七时半散归。

5 月 16 日(己巳　初二日)星期六

晴,突暖,入夜雨。依时入馆。聿修来,勖初踵至,谈良久去,
知聿修即将赴芜湖转道入浙,勖初则暑假后将归苏云。午仍购白
饭碗半,又购酱肉二元下之。寄炳生复五月二日来书,顺告江南转
运公司前运之货有十三件已到洛渚。寄洗人沪壬十八号,附去版
税信稿等。寄敔、清竹报壬十八号告近状,附漱、林四十三号书、葛
慧瑾致清书及雪村致雪山书。寄汉儿竹报壬十四号询芷芬究赴桂
否,并示昆明吃紧,闻警须急避毋大意,附漱写旧二号书。散馆归,
即接汉儿四月十七发新七号函,知芷芬已于十四日去桂,则此时或
可赶返滇垣耳。夜小饮。

5 月 17 日（庚午　初三日）星期

细雨如雾,旋略开,吼风,午后绵雨。待震渊来饭不至,饭罢笙伯来,谓震渊画件忙且有友人伴住未克践约,属代谢去年文权属画之扇则携来矣。因属漱儿往省瀋儿,顺送此扇。翻看《故宫周刊》。夜小饮。予同见过,谈有顷辞去,笙伯亦去。

5 月 18 日（辛未　初四日）星期一

昨夕大雨连宵,今仍阴雨转寒,风吼。依时入馆。校《史记地名考》。为瀋儿购得三星蚊烟香一盒,计卅五元(尚买智炎面情)。又由华坤代购白糖二斤,计九元(系上门兜售者,较店售之价便宜多矣)。午购白饭碗半,以酱肉二元下之。晚归小饮。室中已患蟹螫,今日大扫除,撤去小床,夜间改支棚床以处诸儿。

5 月 19 日（壬申　初五日）星期二

晨细雨旋止,仍阴寒,午后晴。依时入馆。看《金壶字考》。写信寄无锡孙君毅,贺汇康钱庄开幕。今起午饭属诸华坤,由品珍为经纪其事(余与丏、村三分分派)。晚归小饮。饮后与同、复出门小步。瀋儿来省,托寄清信。夜失寐。

5 月 20 日（癸酉　初六日）星期三

晴,午后阴。依时入馆。校《国闻译证》。汉划款百元(本月起)收到。付调孚百元,托续收米。(前此所收二斗一升计一百另四元一角,即以另数找讫之,再托以百元也。)泉澄见过,告宽正已赴宁。(前云离沪赴金,妄也。)晚归小饮。夜失眠。

5月21日（甲戌　初七日）星期四

晴。连宵失寐，急甚，纵令忧不伤生，而愤已灼骨矣，奈何！依时入馆，续校《国闻译证》。文权来馆，告将就工部局事（以青年会前途难久持故），余亦赞同。市面剧变，中储券本已压法币而乙之（由对等行使抑为七七折），今又挂牌抑为七一折，奸侩黑市遂大活动，刺戟物价瞬息踊腾。晚归小饮。

5月22日（乙亥　小满　初八日）星期五

阴，夜半雨，达曙益盛。依时入馆，仍校《国闻译证》。报载军票与中储券已发生确定连系（中储券百元当军票十八元），法币复见低抑，一夕之间又自七一折降为六六折矣。午后来薰阁夥友张世尧来，将西谛前寄存之《清实录》一百二十函取去。莲僧来。夜归小饮。西谛来洽。濬来省，八时许濬归去，途遇封锁演习，立同孚路口两小时，无开望，又值雨至，即折回，幸电话尚通，设法知照文权并慰两孙好睡始克安宿。连宵失眠，臂楚又剧矣。

5月23日（丙子　初九日）星期六

竟日绵雨。晨餐后即偕濬行，送至里口，转道入馆，雨沫所濡，衣半湿矣。市面又变法币折为六十，闻尚将下降，更不知伊于胡底也。浙东风云甚紧，闻东阳、义乌俱不守云，本周内绝无信到，想金华路断矣。因停不发信，且待洸等信到再说。仍校《国闻译证》。晚归与剑三偕行，过欧亚园啖云吞。到家无酒，草草晚饭。饭已，硕民至，谓今日自苏来南翔为大有公司卖面粉，顺道见过，因悉里中近状。余家舍偏窄，竟不能容榻，雨中辞去

觅宿,至歉,然又无法可想,难过极矣。近日心境之劣,大率类
此。本日品珍为余等结账派十七元馀,每日摊三元四角馀,余付
二十元,属收账。

5 月 24 日(丁丑 初十日)星期

阴霾闷湿,午后转晴。硕民来,谓昨在孟渊过宿,今十一时即
须乘车返苏,略谈便辞去。今日开酒坛,泥封已松,果见白花,但味
尚未变,午因取饮二杯。饭后红蕉甥女沈女士在八仙桥青年会订
婚,承柬邀参与茶会。珏人偕漱儿往贺之,余谢未行,在寓看书。
夜小饮。

5 月 25 日(戊寅 十一日)星期一

阴,午后雨。依时入馆,续校《国闻译证》毕。法币又抑为五三
折,市面益见动荡。臂楚又见剧。午后看《金壶字考》毕。晚归小饮。

5 月 26 日(己卯 十二日)星期二

晨浓雾晦塞,近午霁,入夜雷雨。依时入馆。心庵来,数年不
见,亦渐苍矣。法币再抑为五折,一切物价不啻骤涨一倍,民生憔
悴已可知,然谁能保不再下抑乎? 伊于胡底,诗人先我叹之矣。看
《释名》。道始来,属索非为购《四库珍本丛书》(同行折扣实付四
千七百五十元)。夜约剑三小饮,待良久始至,邀雪村作陪,予同踵
至,得畅谈,八时许,剑、同偕去。

5 月 27 日(庚辰 十三日)星期三

阴雨有风,夜甚雨。依时入馆。看《释名》。致予同。道始电

话告我,吴若兰女士将介绍往苏州省立医院属征同意,因即函勖初报命。晚归小饮。红蕉来谈,于近日金融变动事颇有所启示。

5月28日(辛巳 十四日)星期四

阴旋晴。依时入馆。看《释名》。存训来,出守和书,希望解除印行《甲骨丛编》约,收回预付印费八千元,以资沪上急需云云。存训去后,余与雪村磋商许之,因即作书驰告存训属再来面洽解决。夜归小饮。勖初三女来言,其大姊若兰愿返苏服务,属向道始进行,余允即为转言。

5月29日(壬午 十五日)星期五

晴,旋阴,午后忽变无定。依时入馆。看《释名》。市情动摇益甚,各界均惶惶,物价愈腾,我辈恃薪水为生者竟不敢措想矣,奈何?致道始,送书款三百元去,取回馆购《说文解字诂林》六十六册。(顺请为吴女士进行介绍。)存训来,洽定款交孙洪芬,稿交存训,约暂不行(并不撤销),俟将来再议印行,当由孙、钱出具收据,立予交割。聿修来,知不克成行。廉逊来,亦为市况剧变发愁。防疫证取到。夜归小饮于雪村所,丏尊与焉。

5月30日(癸未 十六日)星期六

晴,夜半后雨。依时入馆。候桂滇信不至,怅甚,余亦无从寄发矣。托孖如取出绍虞及余存入浙江实业银行之储券千元,备不时之需。雪村示余雪山五月九日信(由士佼转到),知内地情况亦复欠佳,颇露消极态,非复前此凌厉之概,岂在港受挫又影响心理乎?然大局如此,诚不容乐观也。心庵来谈,知平津往事演变正如

今日之上海耳。(是可知沪地情形真乃初尝异味,将来愈演愈烈,
不知若何过去也。)为之扼腕愁叹不止。伯云来询宾四有无近讯,
谈良久,假《史记地名考》之清样半部去。致允中寄所译《二 B 三
角》五册去,告尚有十五册存馀许,俟便人来取。为沛霖题《同苏
文稿》。付本周饭金十六元(连前存抹过,共十八元八角七分。致
哲生,托红蕉转),为馆中索还借书。霞飞坊保甲已入手,今日派来
户口调查详表,余为户长,须本里户长连环保,因与索非、均正互作
保证。(雪村、红蕉为余附户,除余为两家担保外,均正又为雪村加
保,雪村又为红蕉加保,表填就,备明日交还,甲长住卅七号。)夜归
小饮。闻老太太在知云斋仍无确耗,甚念之。晚饭后挈湜儿出闲
步,感冷即回。

5 月 31 日(甲申　十七日)星期

阴雨,终霾。竟日未出,闲翻架书。午后甫里旧生严修祺来
谒,谈良久,知渠在邮局任事已十五年,据告近日西南邮件非不可
通,均由安庆转道故,不免迟滞耳。市情奇幻,币直强抑,诚不知明
日是何景象也。夜小饮。红蕉新甥婿上门,因过谈。雪村言书籍
配给组合势在必行。

6 月 1 日(乙酉　十八日)星期一

阴,午后微晴。依时入馆。检写《说文》部次并实计都数。
(各本不同,点检一时难了。)劬初见过。取到股息八十三元二角。
还雪村绍酒价一坛(照去年还价)七十元,又加车力二元。报载周
佛海谈话,八日起两星期内法币须折半兑换中储券,而所收法币只
限中央、中国、交通三行之无上海以外地名者始可照兑,其他杂钞

概从废弃,中国农民银行钞亦绝不通融云。此举影响甚大,闻有帮佣、老妪毕生累积数百元,以所执皆农民钞,一旦遭废,竟致悬梁者,呜呼,可概其他矣! 晚归小饮。闻老太太去。

6月2日（丙戌　十九日）星期二

阴,细雨时作。依时入馆。写《说文》部次都数。接五月二日士㪍发不列号信,知芷芬已返滇,货车为统制所扼未得运,只手而归,徒呼负负而已。又悉清将于阳历七月中旬生产,汉亦将于七八月间生产云。乱世间添丁,真一则以喜,一则以惧矣! 接鞠侯五月廿七日慈溪信,复告近状。下午三时开十九次董事会,予同新到参坐,在沪董监除五良外均到,报告近况及配给组合应付事宜,独于同人薪给究否照升中储券则未提也。夜归小饮。

6月3日（丁亥　二十日）星期三

阴雨连宵。依时入馆。写《说文》部次都数。租界连日拉夫。夜归小饮。

6月4日（戊子　廿一日）星期四

阴晴间作,大有霉兆。依时入馆。途遇拉夫甚剧。余以垂老未之,及其他路人不免慌张矣,此等景象诚痛心万分。检写《说文》部次都数。文祺来。夜归小饮。接清五月四日发桂沪四十二号函,复此去竹报壬十三号,详告近状,附来静致漱、皋三号书。

6月5日（己丑　廿二日）星期五

晴。依时入馆。检写《说文》部次都数。书业联合会抄转文化书局为翻印《廿五史》事道歉函,其中罅漏尚多,因复书会中驳正之,仍请为风纪前途注意。诚之父女见过,谈良久,知暂将返常,有书数箱欲寄存云。夜归小饮,西谛适至,因邀雪村共饮焉,饮后长谈,知《版画史》将由来青阁等接更代印矣。

6 月 6 日(庚寅　芒种　廿三日)星期六

阴雨燠闷,卑湿处见霉花矣。依时入馆。寄洗人壬十九号书,复洗桂卅六号及处沪六号,附去村手书及结单等九件。寄敔、清竹报壬十九号,复告近状,附去漱、林四十四号及浣皋十八号。寄芷、汉竹报壬十五号,询汉妊象及芷旅桂印象。寄忠岱为秋生汇款千元与其子星安并附村致山涤信。付本周饭金廿七元四角,付五月份电灯费十四元一角二分。(前日水电公司突派工来剪线,谓四月份过期不付电费。家中大诧止之,即检收据。饬人往质。乃派调查人复查,知系钱家塘卅五号缠误始罢。此等办事人之糊涂草率可见一斑,脱遇乡愚,岂不徒更鱼肉乎?可杀。)来青阁送《金壶字考》来(先两日送《类胲》来),附账单,除前交换作价外须找付四十元。内有雪村《西岳华山庙碑》八元,立向收取。散馆后冒雨赴权、瀋家晚饮。昨日来约全家在彼并与其同居之黄涵秋夫人等会晤。盖瀋来作伐,涵秋夫人曹玉田之幼弟冠三欲与漱儿联姻也。余晤冠三印象尚好,拟取漱同意后先与通信交友,再谈订婚。深夜雨中归,燠甚,解衣拭体而后睡。文权已于前日入工部局任事。

6 月 7 日(辛卯　廿四日)星期

阴,傍晚微雨。竟日未出。改装旧书。夜小饮。

6月8日（壬辰　廿五日）星期一

晴阴间作。依时入馆。仍检写《说文》部次都数,下午三时全部告竣。托调孚代还来青阁四十元(雪村八元亦收还)。廉逊来谈,有返乡意,其住屋及家具闻可顶售一笔款子云(储钞二万五千)。夜归小饮。

6月9日（癸巳　廿六日）星期二

晴。依时入馆。重查《说文》部次,顺编号码。雪村昨示我一绝云:"鼕鼓声中岁月移,百无一用是书痴。风饕雨虐抵门急,坐对残编浑不知。"余服其雅量,偶步韵报之云:"触目江山景物移,如声如醉亦如痴。平生书剑复何用,坐观滪洞故不知。"自知不免褊露,然终亦莫可奈何耳!夜归小饮,食煮鹅,甚腹。

6月10日（甲午　廿七日）星期三

晴。依时入馆。仍编《说文》部次号码。复鞠侯,告近状,正封发间,接聿修来书,知已过芜湖,转道赴徽矣,因附笔顺告鞠侯。夜归小饮,克忠来,因留饭。饭后,余与同儿出外小步。

6月11日（乙未　廿八日）星期四

晴。依时入馆。仍编《说文》部次号码。致乃乾,送《赵惠甫年谱》清样。致诚之,送《先秦史》及《学报》二期等书。致起潜,送书。交金才买咸肉三十元(中储钞十五元,较前购者又减少四之一)。夜归小饮,西谛来,因共酌。有顷,道始来,雪村亦至,畅谈移时,先后去。道始后行,托为草函稿两通,约明日送去,九时许始别。

6 月 12 日 (丙申　廿九日) 星期五

晨濛雨旋霾，午后晴。依时入馆。为道始作书两函送去。为应付保甲编查户口事，又添印照片半打，计储钞四元。（日见昂贵而偏需者，可叹。）仍编《说文》部次号码。接慰元芜湖来信，详告聿修行程。夜归小饮。饭后与同儿出外小步。

6 月 13 日 (丁酉　三十日) 星期六

上午阴，下午晴。依时入馆。仍编《说文》部次号码。文权过馆，因遇演习封锁，入坐，顺告近来在工部局任事状。付本周饭金廿三元三角。夜归小饮。红蕉过谈。

6 月 14 日 (戊戌　初一日) 星期

晴。晨填保甲户口表三份，交甲长，始知余家为中央区一九一段第一保第四甲第六户。同时为章士俊及索非、顾均正立连坐切结，住居同坊义当为耳（余即由索、顾保），此后为此等事恐多麻烦也。午后雨即止，晚晴。笙伯来，出扇属书。夜小饮。

6 月 15 日 (己亥　初二日) 星期一

晴。依时入馆。仍编《说文》部次号码。道始电话告我接晴帆永嘉书，知其家近遭不幸，所藏书籍及手稿半为其夫人变质化去，子女亦被凌虐逐去，须仗道始为之照料，至少保存书稿云云，约余过商。午后四时因往一谈，得详阅来书，为之浩叹不止，遂促道始进行劝止最好，否则取以代存当可保全不少也。惜余与晴夫人素未接谈,不便襄同说话,只得由道始偏劳矣。五时许辞归,少顷便往廉逊所赴小饮约。坐无他客,惟雪村、竹亭及余而已。长谈至九时许始散。每月十五日酒会例会今通知各友暂停,俟有缘时再召集。盖物价日增,每举行一次人摊卅金且感不足,其事宜非措大所任耳。

6 月 16 日(庚子　初三日)星期二

　　阴,微雨时作。依时入馆。仍编次《说文》。为道始撰信稿一通送去。晚归小饮。文权来,为言近为工部局调查二房东分租执照事,在宝善街南首一里中发见一幢屋中共住廿一户,都九十四人云。此等事若非身历其境竟不能信,而不图繁盛市区实见之,上海之黑暗面类是者至夥,恐将来更有令文权咋舌之奇闻陆续呈露也,姑识之以俟。

6 月 17 日(辛丑　初四日)星期三

　　晨阴旋晴,午后雨,闷甚。依时入馆。仍编次《说文》。接宾四五月廿一日信,复寄华西三大学校样,仍催寄《史记地名考》清样,顺告颉刚已接眷住渝,一时未必返蓉云。(华西协合大学亦有校样一批寄来。)夜归小饮。给金才节赏十元,学骥、华坤各五元。(仍用法币,今后将禁不流通,改用储券。)

6 月 18 日(壬寅　初五日)星期四

　　昙雨间作,十足霉令景象矣。依时入馆。仍编次《说文》。接聿修泾县六月十日信,知即将转歙。夜归小饮。绍先来,以虽值端阳,毫无节景点缀,未敢留饮。晚饭后予同见过,托取股息及版税,长谈至九时半乃去。

6 月 19 日（癸卯　初六日）星期五

阴雨。依时入馆。仍编次《说文》。调孚感冒未到，景深适来访，因代周旋。接诚之昨寄信，托售《丛书集成》，盖为储券推行之故，原有财产平空打一对折，陡见窘迫，遂动斥卖藏书之念也，展读凄然。晚归小饮。索非袖一条致余，欲公司将渠之薪水得一调整，当伺便转递雪村决之。

6 月 20 日（甲辰　初七日）星期六

晴。依时入馆。仍编次《说文》。接允中来书，附邮属寄应赠之书即复照办。起潜书来，以叶贞甫《补藤花馆石墨目录》见贻。寄洗人壬二十号书，附润泉等收据三纸。寄敹、清竹报壬二十号，芷、汉竹报壬十六号。付本周饭金廿六元九角七分。夜归小饮。立斋见过，承芝九之关切，为申报贷学金事来就商老友，情挚可感也。谈至九时许去。（知芝九已返苏，将于八月中来。）

6 月 21 日（乙巳　初八日）星期

晨微阴旋晴。竟日未出。午后西谛见过，谈有顷即去。夜小饮。日来怔忡时作，不能凝思，即伏案稍久亦觉失舒，老未至而衰已见，弥可感喟。

6 月 22 日（丙午　夏至　初九日）星期一

阴，午后转晴。依时入馆。仍编次《说文》。调孚仍未来。法币今起抑不通行（回乡恐非力所能及耳）。始携冷饭入馆，当午以开水泡食之。（用咸蛋及大头菜等下之。）后将以为常，盖外间物日贵,无法应付矣。晚归小饮,大啖馄饨,夏至应景,宜可自足也。

6 月 23 日（丁未　初十日）星期二

晴,时有云翳。依时入馆。编次《说文》正文毕,续编重文及新附文。接华西协合大学研究所寄回《汇刊》校样,调孚仍未来,依然不能进行也。夜归小饮。潜儿来省,晚饭后去。

6 月 24 日（戊申　十一日）星期三

晴。依时入馆。续编《说文》重文、新附文。调孚来馆,即以应洽诸事与洽。晚归小饮。珏人与潜儿沧洲听书亦甫归。夜饭后与同儿出闲步,比归,予同、西谛适见过,因与雪村等畅谈至九时许始去。

6 月 25 日（己酉　十二日）星期四

阴霾。依时入馆。仍编次《说文》重文、新附文。索非因病未到,代将经手各件函送冰严存转。诚之来谈,面答一切,知宽正近返青浦白鹤港老家杜门读书。(前传其曾往某处任某事,深冤之。)晚归小饮。珏人亦自沧洲听书返。夜小坐默息即寝。

6 月 26 日（庚戌　十三日）星期五

晴,午后转阴,夜半雨。依时入馆。仍编次《说文》重文、新附文,下午全部完毕,续写号码片。诚之来,托代取《丛书集成》第六期,并请代寄钟云父、韩镜清书册,询知将移眷返常,与廉逊同执教于乡塾云。接聿修六月十四日绩溪片。夜归小饮。为同儿讲《〈战〉国策》"冯谖客孟尝君"章。

6 月 27 日（辛亥　十四日）星期六

阴晴间作。依时入馆。仍编写《说文》号码片。饭时得索非家电话，谓顷得甲长通知，本里购米证今日下午一时半可往领取，惟须户长本人亲到，属速归云云。余每日看报，留心公布发领购米证之地段，迄无一九一段字样，突然接此消息，甚诧。而先前布告明言户长或其代表人凭房捐票及户口证与图章前往指定地点即可，何以忽变，必须亲到。余惟现在局面，法令如牛毛而执行无定则。既有此说，不得不勉为一行，庶免误己而误人。（附户应得之证须户长代领，如有疏失，岂不遭人责怪，况户口米实行后将无其他购处乎？）草草食已，与均正乘电车赶归，至则同儿已代为部署妥贴，准备随同本甲甲长前往矣。盖突然发领是实，必须户长亲到则传讹也。余因即属同儿代行。少坐后仍入馆，抵暮乃返。夜小饮。珏人亦自沧洲听书归。积疲，时见怔忡，早睡。

6 月 28 日（壬子　十五日）星期

阴霾，时见细雨。柱流偕淑侄来省，知弟妇及涵侄母女在宁均平安，谈移时，柱流辞去，淑侄留，午后令同、复陪往光华看电影，盈亦携去，薄暮同送涵、淑归去，复、盈先返。漱出访同学，夜饭后归。毛佩霞来托代购电机用书。笙伯偕其妹德锜（翼之之女）及友人朱君来，因留之晚饭，然后去。闻锜将与朱君订婚云。入夜霖雨，达旦不休。复因受凉，小感不适。

6 月 29 日（癸丑　十六日）星期一

雨，途中又积潦成渠矣。依时入馆。校《史记地名考》廿二卷。续编《说文》号码片。散馆归,过仲弟,会柱流先属珏人携酒肴往。潜儿适归,因亦偕往,遂共小饮,知柱流日内即将返宁也。夜饭后归,潜径去。比余与珏人到家,则文权适在,正与雪村夫妇打牌。有顷,牌毕,始辞归。

6月30日(甲寅 十七日)星期二

微晴。依时入馆。仍写《说文》号码片。分托通如、纯嘉为佩霞购书,仅得半数,共用储券一百九十六元九角,午后即作书饬金才送去。接宽正六月廿九日白鹤江来书,告杜门读书状。夜归小饮,又开一坛。户口米今已发露消息,每人每周仅给二升,且搭碎米半升云,此后生活正不知命在何日矣。

7月1日(乙卯 十八日)星期三

昨夜半大雨及旦,霹雳旋晴,午后阴合,又雨。依时入馆。仍编《说文》号码片。晴岚送其兄晴帆存书两箱来开明寄储,晤之。西谛电约星期五将与予同过饮余家。夜归小饮。

7月2日(丙辰 十九日)星期四

积阴一扫,快晴。(午后曾上云,旋散去。)依时入馆。仍编《说文》号码片。晴岚又送晴帆手稿一包来,代保藏之。接硕民七月一日苏州片。珏人偕潜儿往视道始夫人疾(在海格路红十字会医院割治)。夜归小饮。失眠。

7月3日(丁巳 二十日)星期五

晴,突转热。依时入馆。仍编《说文》号码片。夜归晤予同、

西谛,因与雪村共饮,畅谈至九时许始散去。接士敫五月廿一日
不列号信,告近状,余去壬十五号以前各信俱到矣,知静鹤亦已
有孕,将辞职家居,真无可奈何事也。(附来一缄上雪村,详言各
处利弊。)

7 月 4 日(戊午　廿一日)星期六

晴,炎热,竟夕浴汗。依时入馆。复硕民,复宽正。致诚之,论
《丛书集成》售价。致道始,托为屠淑贞谋事。接士竑五月六日
信,即复。接雪舟五月十九日复信,仍劝内徙,即复。寄芷、汉竹报
壬十七号。(归后接芷芬五月八日筑发信,自桂返滇途中寄。)接
清儿五月廿三日桂沪四十三号书,即写竹报壬廿一号并复敫、清并
附寄洗人沪壬廿一号。(漱、林四五、四六及浣皋十九号并润信均
附去。)馀暑仍编《说文》号码片。夜归小饮。

7 月 5 日(己未　廿二日)星期

晴热。接汉儿五月三日及十五日两书,告芷芬离滇后情形。珏
人为余理发。作书与雪村,申论人事三则并力言调整薪给之必要。
竟日未出,亦无客至。昼夕皆饮。夜热甚,卧席温然,终宵浴汗。

7 月 6 日①(庚申　五月廿三日)星期一

阴,午后曾见微雨。依时入馆。为红蕉致书君畴,约期往访。
查注电报号码于前编《说文》目次片中,备将来编辞典之用。付六
月份电费廿四元七角三分。户口米已买到,共六份,计白米九升,

①底本为:"巽斋日记第二卷"。

碎洋米三升,付款三十元,品质尚可,不识以后能久持此状否。夜归小饮。道始来,谈渠于近日中国历代钞币展览会(在八仙桥青年会举行,主持者管江民,门票售三元)所见,殊表不满,且力言唐宋宝钞之虚造无根,因出辨正函稿相示,欲送《申报》揭露之。余为略窜数语,移时去,知渠夫人明日将出院云。

7月7日(辛酉　廿四日)星期二

晴热,夜半雷雨。依时入馆。仍查注电码于《说文》目次片。午后校《史记地名考》第廿三卷,毕之。接聿修六月廿一日屯溪片,知道梗滞留势成羁旅矣,为之浩叹。夜归小饮。

7月8日(壬戌　小暑　廿五日)星期三

晴热。依时入馆。仍查注电码《说文》目片中。接六月廿五日聿修屯溪快信,详告旅况,渐致困惫矣。晚归小饮。西谛、文权先后至,知潗儿近感不适。

7月9日(癸亥　廿六日)星期四

晴,酷热。依时入馆。校《史记地名考》第廿四卷。通函在沪董监,定后日下午三时开二十次董事会。接华西协合大学信,属抄寄《汇刊》定价等。存训来访,出守和致余函,拟将斐云《校辑宋金元佚书》印行,约暂缓执行,希望收回前付印费两万元,允与雪村商后见答。晚归小饮。夜卧难贴,浴后亦不感爽也。

7月10日(甲子　廿七日)星期五

晴热。依时入馆。续校《史记地名考》第廿四卷,毕。仍查注电码于《说文》目次片。荫良赠新著《老子新诂》。为丏尊复仲苏。致存训，守和意可接受，惟须俟售纸后始可及此。晚归小饮。西谛挈女来谈，托为仲洽写信。付七八两月房捐七十二元。

7 月 11 日（乙丑　廿八日）星期六

晴热。依时入馆。取得公司分给存米廿五磅。支三大学《汇刊》接洽校对费一百五十元（前约三百元，今折合如上），付振甫三十元、调孚六十元。写信三封，未及寄（因待润儿附信）。午后开董事会，到予同、道始、达君、守宪、丏尊、雪村，决定投资配给组合。夜共饮于老同华，七时半乃归。

7 月 12 日（丙寅　廿九日）星期

晴（午前曾见细雨），有风。竟日未出。看《老子新诂》。午及夕均小饮。

7 月 13 日（丁卯　初一日）星期一

晨阴微雨，午后晴。依时入馆。廉逊、诚之来谈，知将联袂返常教书，诚之行后又以书来，属将王会集证稿送还沈子玄，即作书送去。为仲洽写信。寄洗人沪壬廿二号，属汇款济沪。（雪村因手头有事，属笔。）附去致敩、清竹报壬廿二号。漱、林四十七号及润、滋各信附。寄芷、汉竹报壬十八号，复芷筑信及汉新八、新九号信（附去旧三号信及润、滋信）。仍查注电码于《说文》目次片。夜归小饮。西谛来谈，即以仲洽信交之。

7 月 14 日（戊辰　初二日）星期二

晴热。依时入馆。仍查注电码于《说文》目次片。诚之来谈，

拟寄存书籍两箱。复小缘寄三大学《汇刊》封面设计等件并属转
致在宥。夜归小饮。

7月15日（己巳　初三日）星期三

　　晴热。依时入馆。校《中国通史》下册（诚之续稿）。接六月
十七日孙次舟成都寄还校样。接颉刚六月一日渝信，知齐鲁事已
辞，属后事须与宾四接洽，并附还《汇刊》校样。接士敿六月八日
发三日灯下书并五月廿三日日记，详告清儿小产状，为之愕然，差
幸经过平安耳。买兼毫笔七枝（两枝自用，较好，五枝给诸儿写小
楷，略次），计储券十元六角五分（内有工部局抽另售捐百分之
二）。晚归小饮。连日骤热，难贴枕席，入眠之时极少，甚困也。

7月16日（庚午　初伏　初四日）星期四

　　晴热。依时入馆。续校吕《通史》。接勖初子济华渝小龙坎
来信属转，因加书饬送并顺告若兰女士苏医院事酬报甚薄，已径谢
绝之。晚归小饮。

7月17日（辛未　初五日）星期五

　　晴热。晨起写信与雪村，为调整薪给事有所建白。依时入馆。
仍校吕《通史》。坚吾来谈，知近为营业事与沈柏年将闹开，余惜
其凶，终力劝之。晚归小饮。饮后与雪村谈。（雪村左足旧疾复
作，今日未入馆。）西谛来，交仲洽复信，并承携赠《中国版画史图
录》第三集，顺谈编纂史籍计划，良久去。偶过街头书报摊，见有一
薄本杂志之封面题有某公手书"恢弘雅量涵高远"，似为一联，其
下联云何为他卷所掩，未之见，亦不愿索观也。夜不寐，于朦胧中

为属下联六则云:"开拓心胸阅古今"、"著作雄文泣鬼神"、"检点新诗入画图"、"叱咤风云扫房尘"、"掌握风雷彻汉霄"、"鞭挞群雄务织耕"。醒后思之,大堪噤噱,盖原唱抱负不凡,以忍辱负重自鸣,诚哉,其为雅量矣。各联属对亦各有分际,其一似为史家口吻,兼有遁世玩世之味;其二似为文豪一流,韩柳康梁其选也;其三似为诗人兼画家,衡山、六如之流亚也;其四则勇将跃马直入敌阵之概;其五则江湖术士以禁咒骄人,直张天师、茅山道士之侪耳;其六气魄太大,难得其伦,其不世出之明王,俗所谓真命帝主乎?因录存以备一笑。

7 月 18 日(壬申 初六日)星期六

晴热。依时入馆。雪村仍未出,即以所拟调整津贴办法属携馆发表。寄洗人沪壬廿三号信,附均正收据。寄敩、清竹报壬廿三号,慰清小产并切属顺时休养(附漱、林四十八号)。寄芷、汉竹报壬十九号告近状。(汉奉母之百元仍折半支储券,芷寄家之百元则已属照支储券矣。)剑三用东坡在儋耳闻子由瘦诗韵戏赠丐尊及余,读之喜快,盖语语道着也。夜归小饮。保甲捐派出百元。(明明悬格以责,保甲长偏以乐助名义行之,殊见当事者亦啼笑不得也。现在一切无从讲理,乐得套道学家术语而更易之曰:理既不存,气于何有,则一切怡然,否则此气真将充塞天地矣,尚堪自活耶?)即筹送本甲甲长了事。

7 月 19 日(癸酉 初七日)星期

晴热。竟日未出。午后西谛见过,为言公共租界有举行清乡说。午夕俱小饮,酒已变酸矣。

7 月 20 日 (甲戌　初八日) 星期一

晴热。依时入馆。续查电码注入《说文》目次片。诚之将返
常,来托寄书。接绍虞七月十日书,托代取股息计五十二元八角
(合储券廿六元四角)。即代存。组青来。潴儿来省,出其所住区
甲长油印通告见请,谓即将清乡,是昨日西谛之言已征实矣。夜小
饮。组青及潴儿均夜饭后去。

7 月 21 日 (乙亥　初九日) 星期二

昙热,午后有毛雨,旋放晴。依时入馆。仍查注电码于《说
文》目次片。饬取潴所寄件。夜小饮。珏人、同儿均微感不适。

7 月 22 日 (丙子　初十日) 星期三

晴热,午后曾有微雨一阵,夜飓作。依时入馆。查注电码毕。
复圣南兼致靖澜,托为圣陶青石弄屋力加照拂。起潜见过,谈近
事。夜归小饮。珏已愈,同尚未全松也。

7 月 23 日 (丁丑　大暑　十一日) 星期四

飓吼撼屋,时见濛雨。依时入馆。诚之、廉逊先后来谈。接七
月廿一日勖初苏州来信,告正作移眷之计。复绍虞。夜归小饮。
同已愈,为余理发。

7 月 24 日 (戊寅　十二日) 星期五

晴热。依时入馆。诚之父女来言行有日矣,将寄书两箱于开
明。夜归小饮。

7 月 25 日（己卯　十三日）星期六

昙热。依时入馆。校《史记考索》。寄洗人沪壬廿四号书，告近状，附问敫、清，未另作书（雪村附笺致范）。夜归小饮。

7 月 26 日（庚辰　中伏　十四日）星期

晴热。早起理架。西谛来，托转倩剑三写字，少坐便行。午夕俱小饮。炎暑难逭，舍饮末由。

7 月 27 日（辛巳　十五日）星期一

晴热。（气温达华氏表百度另八分，据天文台报告，已超过民国廿四年以来最高温度之纪录矣。）依时入馆。续校《史记考索》。雪村言晤小川，据云缴书事并不严重，（只下级人员随便发言，一入保甲长之耳，遂张皇其事，麦蒿当令箭耳。）可见明理之人究尚慎重，未必卤莽灭裂至此也。夜归小饮。

7 月 28 日（壬午　十六日）星期二

晴热如炙。依时入馆。仍校《史记考索》。为道始制朱君象赞一首，即作书送之。晚归小饮。潘来省，夜饭后文权至，遂与诸儿打牌。西谛伉俪挈郎见过，谈有顷去，适牌毕，权、潘亦归。

7 月 29 日（癸未　十七日）星期三

晴热。依时入馆。校毕《史记考索》。夜归小饮。西谛来，出示手记书目。屠氏姊妹及佩霞来省珏人。买三友不漂毛巾糙货四条，计储券十二元。

7 月 30 日(甲申　十八日)星期四

晴热。依时入馆。致立斋,说明不进行学费贷金之故。(余既无力照人,亦不愿沾人之惠,致精神上负债难还也。)兼属代谢芝九。诚之有人托销小型吸水纸四百条,转以属余今日已由索非代为售出,计得储券五十元,即依诚之属作书送花园坊廿三号赵彦诚女士。夜归小饮。

7 月 31 日(乙酉　十九日)星期五

晴热。依时入馆。谈字典编例。接勘初七月三十日苏州函,托汇款与其郎,即复之,俟面晤再洽。致沛霖,送照片去。夜归小饮。予同过馆还书,余已行,未及晤。(翌日入馆见留片知之。)

8 月 1 日(丙戌　二十日)星期六

炎蒸积日,终朝昏昏。依时入馆。续校诚之《中国通史》下册。剑三买瓜共啖。夜归小饮。饮后扶复儿出纳凉,九衢皆热,惟里口高屋下有风,稍可立耳,少顷便归卧。

8 月 2 日(丁亥　廿一日)星期

晴热,夜较昨前稍好。竟日未出。理存画。西谛见过,笙伯、德锜踵至,有顷,西谛去。锜明日即将返苏,仍由铭青送归。因留夜饭,畅谈家事,并属致候其尊亲,八时许笙伯偕之去。

8 月 3 日(戊子　廿二日)星期一

晴热。依时入馆。续校吕《史》,毕一批。存训见过,仍以暂归北平图书馆辑佚印费为言开明一时无以应允为担保,向新华银行借九千元济之。(订期十月底偿还契约,由李馨吾签。)接丕绳七月廿七日张渚来书,知在念劬中学执教,托代购史地用书,无以报命,深感歉仄。晚归小饮。

8 月 4 日(己丑　廿三日)星期二

晴热。依时入馆。接华西大学七月九日书,寄回闻宥一文校样,于是三大学《汇刊》校样已齐,只待付印矣。接朴安片,托代售所著《周易古史观》,即属纯嘉复书与洽。复丕绳告近状,愧未能如命采购各书。晚归小饮。

8 月 5 日(庚寅　廿四日)星期三

暵热,气温达一百另三度三,夜不能贴席,终宵浴汗,惫甚。依时入馆。看《埤雅》。夜归小饮。

8 月 6 日(辛卯　廿五日)星期四

暵蒸较昨更烈。依时入馆。接勖初八月三日复书。看《埤雅》。珏人以次均重行注射防疫针。晚归小饮。夜不能寐。

8 月 7 日(壬辰　廿六日)星期五

暵灼如故,尝于午后起云翳,微见雨点而不果下。依时入馆。过河南路南口遇阻。(执行巡捕全不晓事,明明规定防疫证有效期为三个月,余执之证乃五月廿三日所发,满期距今尚有半月馀,然与之申论木然无效,只有退而他适耳。)绕由福建路入,则又坦然无事,可笑亦复可怜也。接翼之八月六日书,知锜已安返家门,顺告生活感胁状，为之怅然莫释。看《埤雅》。晚归小饮。夜眠较好。

8月8日(癸巳　立秋　廿七日)**星期六**

晴热。清晨赴徐家汇路卫生处拟注射防疫针，乃男女在烈日下排队候针者约有四百人，且号称维持秩序之白俄等人时加非礼。余睹此情形，蹶然行，乘廿二路公共汽车赴馆，仍由福建路入，至十一时复往三马路申报馆对面之卫生分处一看，烈日下依然列有八九十人，若轮至最后一人必且时及停闭，岂非空候，仍废然返馆。吁，时至今日诚难乎其为人矣。复慰翼之。付七月份电费二十元一角二分。看《埤雅》。晚归小饮。入夜浴后偃卧，西谛至，因起坐，谈移时，辞去。

8月9日(甲午　廿八日)**星期**

晴，时起云翳。下午西谛来约同过济之，会剑三，以惮行辞。傍晚小饮毕，西谛复偕济之、调孚见过，谓剑三患暑未赴约，拟别寻地小饮焉，少坐即行。夜立里门外招凉。

8月10日(乙未　廿九日)**星期一**

晴，时有翳，薄暮阵雨即止。晨入馆，两租界交会处多布栅，阻出入，殆以“八一三”纪念将届，特别戒严耳。余所持防疫证时效尚有十许日，原不必急于续办，以日前曾遇无理之事，雅不欲再招无谓之气，乃折回，拉雪村同往徐家汇路卫生处注射防疫针，不得不序立烈日下两小时始获证而归。午饭后与雪村偕行入馆，由河南路南口进，却并不查证，甚诧。续校《史记地名考》汉侯邑名二。夜废饮，以打针反应故。西谛送医生证书来，至感。(但已无需乎此。)

8 月 11 日(丙申　三十日)星期二

晨雨旋晴。依时入馆。看《埤雅》。接诚之八月十日书,已安返常州,住十子街八号。晚归小饮。夜出纳凉。臂上反应稍好。

8 月 12 日(丁酉　初一日)星期三

晴热,又终宵浴汗。依时入馆。看《埤雅》毕,此书颇采荆公《字说》,蔓引杂驳,多不关经义,史言农师受经于介甫,信然。其名虽挂元祐党籍,其人实依违时尚,初无节概,观此作多佞王语可征。看朱郁仪《骈雅》毕之,接看程焕若《骈字分笺》。俊生来约十五日召集酒会,属万利届时送菜肴至廉逊所藉为祖道,盖廉逊即将归教常州青云中学也,余与丏尊、雪村俱应之。乃乾电话来,托觅人代撰墓志铭,允介振甫为之。接翼之八月十日复书,谢慰藉并告近状。夜归小饮。

8 月 13 日(戊戌　初二日)星期四

晴杲灼热,夜闪电达旦。依时入馆。看《骈字分笺》毕。接看洪北江《比雅》。致乃乾取节略。(盖昨托撰文已得振甫允可也。)晚归小饮。夜出纳凉,归卧仍苦热也。

8 月 14 日(己亥　初三日)星期五

晴热,入夜雷阵,大雨达旦。依时入馆。看《比雅》毕,续看李调元《通诂》,亦毕。再看许印林订吴山夫《别雅》。晚归小饮。夜出纳凉,子夜后转凉,得好睡。

8月15日（庚子　末伏　初四日）星期六

晴阴迭见,子夜大雨。依时入馆。振甫交卷,即作书送乃乾,旋接电话,约明日午后面谈。四周来未接远讯,虽涉念,亦预必去书难达,只索停寄,且待来音。看毕《别雅》订,印林诚山夫功臣也。在《学海类编》中得秀水陶宾玉《课业馀谈》,知《通诂》即袭此,李氏所作大多掩名而得,《函海》中类是者至夥,曩知《剧话弄谱》俱掩袭瞿氏《通俗编》,今又获此,足证李氏惯作此等伎俩也。散馆后,与雪村、丐尊同赴廉逊所,顺道访予同,予同亦参列,于是东道得九人分担之。（予同、丐尊、雪村、俊生、云先、少梅、绍先、翊新及余九人作东,各出廿二元。）客仅廉逊夫妇耳。谈燕至九时许乃散,余与丐、村步归,未及浴即睡。

8月16日（辛丑　初五日）星期

阴霾,下午略露阳光,夜凉。午前西谛来。午后过乃乾谈,携归振甫撰赵君墓铭稿,将属修改。晚权、濬及预孙来省,夜饭后去。顯孙仍留。（顯孙日前由同儿携来,将小住。）道始夜过长谈,属代撰何彬山象赞,并托转求雪村为撰丁仲祜寿诗。

8月17日（壬寅　初六日）星期一

晴阴兼作,午前后曾见雨,秋郁,甚闷。依时入馆。接丕绳八月十一日张渚续信,仍托购书,（想前复之书未达。）并告宽正亦将应聘就教。为道始制何君象赞一首。夜归小饮。西谛来谈,知东华近状。

8 月 18 日（癸卯　初七日）星期二

晴热。依时入馆。复诚之。复丕绳。致道始，送何赞去。致乃乾，送振甫改定赵铭去。中华书局送《尔雅注疏》、《论语正义》来，盖道始托余转配者，因复作函，备明日送去。夜归小饮。汉生日，吃面。

8 月 19 日（甲辰　初八日）星期三

晴，午后阵雨，夜仍热。依时入馆。看卢校《方言》。晚归小饮。滋、湜送显孙归去，回来后湜发热沉睡，想系喝热。

8 月 20 日（乙巳　初九日）星期四

晴炎，夜热更甚，浴汗难睡。依时入馆。付安平公司保火险费三十五元六角四分，计保书籍一万元、衣装器物五千元，有效期间本月十七日起，卅二年八月十七日下午四时止（托均正介绍）。接敫（六月十五写）、清（六月十三桂馨园写）桂沪四十四号信各一通，（附洗桂四十号信来者。）知敫腋疮已平，清产后休养亦好，宜得大慰，而余之心境殊不然，未得信时一味焦盼而已初无容心，既接来书反钩起遐想，莫名惆怅，岂老之将至自有此一境乎？夜归小饮。湜儿疾稍已，热尚未退。夜半忽闻惊呼声甚厉且杂，疑里中有火或有盗，全家惊起察之，则又寂然，甚讶之。

8 月 21 日（丙午　初十日）星期五

晴热，午后有云翳，阵雨，夜热甚。晨起询江家昨夜有所闻否，始知此声即起其家，盖冬官梦魇惊呼，家人初亦甚惊，群起应之，既醒哑然，遂息灯静卧，是以仍寂，于是昨疑乃释。依时入馆。读调孚所辑唐五代宋金元人词集总目，尽半日力毕之，调孚精勤之功可见。维文见过，备告离港遵陆返沪之状，困顿憔悴，至为同情，承告伯樵仍安居九龙，九月间或可来沪，甚慰。夜归小饮。接锦珊姊丈信，知大姊已于初八日下午五时病故，为之痛悼不止，珏人竟大哭一场也。

8 月 22 日（丁未　十一日）星期六

晴热，傍晚阵雨未果。依时入馆。专函唁锦珊。寄洗人沪壬廿四号附村信，复洗桂四十号及处沪八号信。寄敩、清竹报壬廿四号，告近日所怀，附去漱、林四十九号详告家中近况。寄芷、汉竹报壬二十号，备告远念，询何以久无信。晚归小饮。莲僧来馆，托为其夫人向红蕉道地，因近方有人绍介入美亚就业也。

8 月 23 日（戊申　十二日）星期

晴热。晨晤红蕉，即以莲僧所托托之。是午中元祀先，濬儿全家来，并接淑侄来，夜饭后分别遣归。为汪薇《诗伦》编目录，下午五时始毕。笙伯来，知近感不适，曾吐血，经诊察，系热血，肺部无恙，为之引慰。晚饮后芝九过谈，方自苏来，为言故里情况甚悉，以虎疫故迎神赛会又大作，数十年来未有也，不禁陡忆童时景象，四十载振兴教育之结果依然复返斯境，可胜叹哉！移时去，承指点同儿就学事。

8 月 24 日（己酉　处暑　十三日）星期一

晴热，黄昏阵雨，夜半月色姣妍，下又大雨甚久。依时入馆。

看福崇《音韵学》等韵之部。接六月廿七日桂信。(同时两封一由
汉口转,一由广州转,但并无转邮验戳,恐从一路来,不辨究出何途
也。按诸此间发信不能点明由何地转,想内地亦只有盲撞听便而
已。)除处沪九号公信外附来六月廿四清写信及廿六日敩写信(俱
编四十五号),告近状,邮途阻滞,所言多不免黄花之感(此间去信
亦然)。然时有手书递来,终可稍慰老怀也。饭后蒋展初(传纶)
持海澄片来访,送划款储券五百元,属代为勘初收存,接谈后出收
据,授之而去。廉逊约到家看我,晚饭后果来,知渠正为出屋问题
与房客打交道,须原介绍人刘季康到场始得解决耳。勘初二三两
女公子见过,知二小姐即将挈子赴巴东就其婿,余略为指点,移时
辞去。

8 月 25 日(庚戌　十四日)星期二

　　晴,夜半阵雨,仍热。依时入馆。接八月廿四日勘初苏州来
书,知将有款解来,托代收。写信与圣陶。(昨日其夫人五十生日,
江家代为送面,始忆起。)祝双寿并申文孙汤饼之敬。(与雪村合
送百元,属雪舟划付,此间交款只各出储币廿五元。)顺告青石弄房
屋已托靖澜帮忙,惟尚无确切办法耳(以待丏尊附信未发)。晚归
小饮。夜七时卅分至十一时卅分,沪市初试空袭演习,为灯火管
制。奉行者过分讨好,竟不许人家点灯。(虽有黑幕黑罩设备,亦
勒令关息。)可笑之至!

8 月 26 日(辛亥　十五日)星期三

　　晴,午刻有雨,兼扇北风,气稍转凉。依时入馆。看福崇《声韵
学概要》。勘初托鼎丰银号解到储券二千五百元。寄圣陶沪蜀六

十六号书。(查告半年来往来信札,来六十五至六十七号,去六十二至六十五号,请洽。)云伯来,交到译稿五篇,代齐大收存。雪村侄士宋已搬住新闸路,来询余家保甲地段,盖彼处须查明方得申报也。(事先并未告余,今骤欲得证,殊令人为难。缘必须先由搬出处申报取得移动证,始可向搬入处再报。)晚归小饮,即写条送甲长代报移动。西谛来谈。

8月27日(壬子 十六日)星期四

晨阴,旋有风雨,近午放晴,夜始去簟初用薄褥,为之一快。依时入馆。续看《声韵学概要》。致觉见过,言即将送眷返苏,己则由颂皋之介膺中央大学之聘任教育系主任矣。因与偕出同行,长谈话别,只有珍重两字相赠,诚莫可奈何也。夜归小饮。知报告户口移动须向联保长索取法定印单填注移动理由外,必申报本人及本人之家长暨户长、甲长、保长、联保长层累验印再送本管捕房(今亦改称警察署)核准签印于移动证,始得发回凭执实施也。因令同儿奔走其事,撤回昨所写字条。

8月28日(癸丑 十七日)星期五

晴。依时入馆。初撰《辞综》,仅成三数条。廉逊来询季康行踪,因劝试向王竹亭径商。为致觉代购大网篮一只送去,取回八元五角。致乃乾,为振甫取润笔。(昨有电话来约,故往取,因须分一部与朴安作礼物,只取到储券一百五十元。)夜归小饮。因今日为清儿生日,合家吃面,适潘儿归省,共饮,甚快慰。(同儿学费不继,潘送百元为贴补,可过去。)面罢,谈至深夜始归去。为报户口移动事麻烦极矣,同儿奔走至今日傍晚始承联保长接受办理,但此证何日乃得转回真不可知也。

8 月 29 日(甲寅 十八日)星期六

晴。依时入馆。续撰《辞综》。勘初来谈,极道苏州赛会之可
慨。(其实扬波者大有人在,非居民之真不可化也。)移时乃去。
寄洗人沪壬廿五号,复处沪九号并附寄敔、清竹报壬廿五号,复来
信四十五号(漱、林五十号附入)。晚归小饮。夜为诸儿互戏
生气。

8 月 30 日(乙卯 十九日)星期

晴。西谛晨来,约往来熏阁看书,未果行。午后稊若来辞行,
明日即偕致觉诸女返吴矣。西谛复挈子女见过,痛谈及夕而去。
是日心神怡然,午夕均小饮。

8 月 31 日(丙辰 二十日)星期一

晴。依时入馆。续撰《辞综》。夜归小饮。晚饭后偕珏人挈
润儿出散步近坊。

9 月 1 日(丁巳 廿一日)星期二

晴,时起云翳,还热。依时入馆。续撰《辞综》。勘初来约明
晚调甫招饮。午刻与丏尊、雪村、恂如饮知味观,啖馄饨鸡及荷叶
粉蒸肉,摊费各廿元,迩来物价诚不可以常理格之矣。托智炎买清
血药片五十枚,特别便宜,计已十元。晚归小饮。潘、权来省,以百
元贴补润学费,移时乃辞归。

9 月 2 日（戊午　廿二日）星期三

晴。依时入馆。续撰《辞综》。接圣陶八月九日写十日寄蜀沪六十八号书，告桂行经过已在蓉设开明编所办事处，墨林亦重入处从事矣，顺告洗人已抵渝，即将转蓉，附来道中所为诗词稿两纸。付谦豫八月份酒账七十三元二角五分，已嘱停送。均正接家电，其尊人病逝，里第以领证不能立办，竟未得即时奔丧，为之深悼。五时勘初来，同赴调甫约，至则留书言其夫人适分娩已归视具酒属畅饮云。余意应招本贪剧谈，今既缘悭，徒酿何益，即返。到家仍小饮。夜西谛过谈。（家接清八月一日发桂沪四十六号信，分致滋、润、滋及章氏密先。）

9 月 3 日（己未　廿三日）星期四

晴，近午阴合，午后细雨旋止。依时入馆。续撰《辞综》。均正夫妇于傍晚始得成行，当不及亲视含殓矣，伤哉。（余与调孚合赙五十元。）勘初父女见过，取去暂存之款二千元。（尚存一千，须决定处所后再托汇。）

9 月 4 日（庚申　廿四日）星期五

晴。午后骤雨旋止，夜热甚。依时入馆。接圣南九月二日下午六时快信，知圣陶青石弄住宅已得靖澜之助，获一解决，惟即须派人接收，因电话知照红蕉，商定由蕉即刻长途电话至苏，属其甥婿王乃军会同圣南接收，原租户可令续租，惟订定期限（一年或半载），重立租约，改向靖澜转赁（租额可由靖澜决定），仍由余快函复告圣南。今日为雪村尊人乾生姻丈逝世三周年，在茄勒路法藏

寺诵经,午刻余与丏尊、调孚往拜(余具香烛之敬卅元),即寺午饭
(珏人挈滋儿亦参列)。饭后与调孚复返馆,途次值雨。晚归小
饮。畅晴矣,大暍。

9 月 5 日(辛酉　廿五日)星期六

昙热,旋晴,微有风,傍晚骤雨,仍见夕阳。依时入馆。寄敫、
清竹报廿六号,附漱、林五十一号及润、滋信,并附致芷、汉竹报廿
一号,以久隔不通,属阅后转寄。寄圣陶沪蜀六十七号,复来信六
十八号,顺告青石弄屋临时应付办法。道始来馆,约出饮,遇雨,被
余邀同返家,因对饮。渠近又遭遇麻烦,就商于余,余亦无能代决,
大抵难于终隐,或将出山乎。夜饭后,谈至深宵乃去。

9 月 6 日(壬戌　廿六日)星期

凌晨雨近已止,仍有微点,偶露日,真秋霖之兆矣。午后转昙,
闷郁之至,夜大热。笙伯来托购笔,晚饭后去。振甫来,赠笔两枝与
润、滋,谈有顷去。夜小饮。屠氏姊妹来候珏人取去绒线代结盈衣。

9 月 7 日(癸亥　廿七日)星期一

昙闷,午后阵雨。依时入馆。撰《辞综》。午刻道始招饭新
雅,食后偕返其家,为写信两通,值雨,坐待良久始乘车归馆,外衣
濡。夜归小饮。

9 月 8 日(甲子　白露　廿八日)星期二

昙热,午后晴,夜浴汗抵晓。依时入馆。撰《辞综》。坚吾来,
托撰万叶笔尖(渠新近仿制成功者)说帖并告两月前又举一男,属

为命名。夜归小饮。李氏菊珍小姐来辞行,珏人托便带衣物与静鹤及汉华。

9月9日(乙丑　廿九日)星期三

阴,近午放晴,仍热。依时入馆。撰《辞综》。为坚吾撰说帖并为其少子取名令璋,作函告之。笙伯来谢送笔。晚归小饮。西谛来,因与共酌,谈良久,夜饭后去。雪村偕商、中、世、大等主持者应日友之招赴虹口茶会,返述情状,至堪捧腹。

9月10日(丙寅　初一日)星期四

晴热。依时入馆。撰《辞综》。取到第三次户口米购买证。晚归小饮。

9月11日(丁卯　初二日)星期五

晴热,夜半阵雨,断续达旦。依时入馆。撰《辞综》。廉逊房屋为竹亭所累,颇见僵局,季康来述经过,其曲全在竹亭,且状甚无赖,致可叹也。晚归小饮。接业熊、静鹤七月廿二写廿三寄竹报,知熊有微恙,鹤则家居休养,(已辞去开明事务。)尚健适。此信滞途凡八十日,想熊疾已平矣,然正缘迢隔不免萦怀。是夕睡不甚帖。

9月12日(戊辰　初三日)星期六

晨大雨滂沱,杂以雷电,旋霹霖终日,背风处郁热难宣,至不适。依时入馆,横涉风雨,衣履尽濡。到馆,假品珍袴易之,始得祖坐,幸未凉,差可支耳。寄敦、清竹报壬廿七号,附复熊、鹤并附去浣皋廿号书。夜归小饮。

9 月 13 日(己巳　初四日)星期

晴热不减炎伏。午后西谛来,约后日之夕邀予同、剑三过饮余家。笙伯来,未几其母亦至,谈里中近事,悉翼之窘状,殊为怅然,晚饭后母子偕去。夜小饮,饮后勋初及其女若蕙女士同见过,知若蕙后日即行,将由汉转湘入蜀,托汇款一千至筑、五百至桂,备沿途支用,谈移时辞去。接静鹤八月廿二日来信,告汉儿又添一子,距今已将两月。

9 月 14 日(庚午　初五日)星期一

晴,近午阴合,有北风。依时入馆。续撰《辞综》。接清儿八月十四写十五发桂沪四十七号信,告汉儿于七月十九日又举一子,母子均健,并划来二百元奉母氏兼补贴漱儿学费云(折取储券百元)。同时接八月廿一写廿二寄敔、清桂沪四十八号各一通,详告各地分店状况,并在外生活之艰辛,深念伊等地处为难,颇切虑也。致镜波附若蕙照片,属于本人到时划二千元(储券收入当然照升),付之。寄敔、清竹报壬廿八号,复告一切并属划一千元(亦照升)与若蕙,听伊支取。致勋初,告为若蕙汇款已办妥。夜归小饮。接调甫书,约明日下午六时过饮其办事处并为勋初饯行。

9 月 15 日(辛未　初六日)星期二

阴,晨有微雨,午后乍晴乍阴。依时入馆。撰《辞综》。寄圣南以青石弄租契、租摺(红蕉交余托转),属转商靖澜另订附去声谢书,即托面致之。夜本先受西谛约在家小馆,以突接调甫信知勋初明日即挈眷返苏,不得不躬往话别,遂托雪村代为料理,西、同、剑谈燕事而身自赴调甫约,三人共酌,别无他客,话往谈昔,陡使四十年前情景复现眼下,奇快也。八时许散归,西谛等犹未去,复长谈至十时乃各去。接八月十七日滇来芷十六信、汉十六滇沪十三号信,报添子请命名,并附致振甫一笺,查信号,已漏失三封,甚懊,以此推断,余途次去信亦必有遗阙矣。

9 月 16 日(壬申　初七日)星期三

晴,夜半雨。依时入馆。撰《辞综》。致调甫,道昨夕之欢并告《四部备要》当代物色。晚归小饮。盈儿受凉发热,夜眠尚安静。

9 月 17 日(癸酉　初八日)星期四

阴雨。依时入馆。撰《辞综》。夜归小饮。盈儿今晨仍遣入学,午后不能支遂卧,热仍未退,殊为耽心。

9 月 18 日(甲戌　初九日)星期五

阴,时有细雨,午后乍晴乍雨,气已转凉。依时入馆。以"九一八"故,两租界交口多阻塞,出入要道亦加严戒备云。撰集《辞综》条子一部,所隶书名、人名各条已粗具,续撰一部地名条。夜归小饮。西谛来,商询藏书出让得失,良久乃去。盈未入学,热已退,为之大慰。

9 月 19 日(乙亥　初十日)星期六

晴畅。依时入馆。值戒严,幸为时早,得由石路绳下过,及到坐定,同人来者至稀,两小时后始有到者,俱云戒备之严、清道之烈,为前此所未见,岂但五步一岗,干路皆收市,窗牖悉闭,横路转角处折入十家胥同此。继又闻十一时又施一次,前后凡历四小时,据推或日本特使平沼、有田、永井一行飞抵虹桥机场,翼护以赴虹口馆舍耳。续撰地名条子。调甫见过,亦遇阻折来者。谈移时,俟解禁之隙乃行。寄芷、汉竹报壬廿二号,附漱旧四号及同、复附信,复告近况,并为次外孙命名元镇,字曰南屏云。寄敫、清竹报壬廿九号,附去漱、林五十一号及润、滋兼致熊、鹤信,并附村致山信暨单据执照存影等。晚归小饮。屠氏姊妹及毛佩珍来省珏人,因留饭,畅谈至八时许辞归。

9 月 20 日(丙子 十一日)星期

晴。涵侄来省,饭后辞归。傍晚潘、权来省,夜饭后去。予同来谈,丏、村亦至。晚饭时西谛见过,以方与权等共话,少坐便去。

9 月 21 日(丁丑 十二日)星期一

晴。依时入馆。接九月十九日圣南信,告一切已转陈靖澜办理矣。接九月十八日东华杭州来信,告在金备受苦难,日内将来沪一行。接八月廿四日洗人成都来信,告离桂巡历经过。午后廉逊来。道始来,知其出处将有问题。傍晚接敫七月廿八发不列号信、清廿四日写桂沪四十六号信(先发后到),复此去壬十七号书并附济群上候书洗人,详告编所在蓉设处及各分支改称分店诸节之洗桂四十一号信附来。散馆后,径过文权,今日为其生日,余全家在彼吃面。夜饮后,漱先行就学,珏人继亦挈盈乘车归,最后余挈同、复步行归。是日付来青阁书账廿元,给金才节赏十元,华坤、学骥各五元。

9月22日（戊寅　十三日）星期二

晴。依时入馆。续撰《辞综》条子。接八月廿六日圣陶寄蜀沪六十九号信,属钞寄存稿。为调孚写挽联送葛氏。夜归小饮。甲长来告,须及早完成防空设备。其实余家所用电灯均已早置黑罩,前后窗口亦均施黑布为帘矣。叹时事之多故,不禁悯执役之仆仆,深为保甲长同情耳。夜与红蕉长谈,莲僧夫人事已承留意位置,惟涉及哲生则颇露不满云。

9月23日（己卯　十四日）星期三

晴。依时入馆。校《史记地名考》汉侯邑名。饭时道始招谈,饭罢即赴之。其事恐即将发表,颇见怃悒,余规之无方,只有成事不说而已,坐移时返馆。笙伯电话来询事,余顺约明晚来饭。夜归小饮。月色甚妍,致足契赏。

9月24日（庚辰　中秋　秋分　十五日）星期四

阴霾竟日,薄暮稍开,然麟云密布,虽有冰轮,亦崎岖岩砾,略睹掩映而已。依时入馆。校"汉侯邑名"毕,续撰《辞综》条子。道始事已见明文电话中告余并约将踵访详谈,余深虞多事,至感尴尬,幸待至夜晚未至,想为钻营者包围,无暇来此矣,为之一松。夜小饮。文权、濬华来共饭,饭后移时去。笙伯来,谓已在任家夜饭,今步月来省,复移时乃辞去。余亦以无月可看,即就卧。

9月25日（辛巳　十六日）星期五

阴。依时入馆。接八月廿九日李小缘成都信,告封面等已收到,英文目录亦转属寄出矣,是华西三大学《汇刊》或可即得结束耳。寄敩、清竹报壬三十号,附漱、林五十一号并慰暗济群信,属转寄(村致山书附)。寄圣陶沪蜀六十八号,复来信六十九号,详告青石弄房子处置问题,附去村、丏、调信及村致洗、圣信,复七月廿八日洗桂四十一号及八月廿四日成都来信。夜归小饮。本坊演习,灯火管制。

9 月 26 日(壬午 十七日)星期六

阴,入夜微雨。依时入馆。续撰《辞综》条子。道始来,拉同饭于聚兴馆,仍以进止见询。余率直告以不能代决,盖事已成局,非口说所能解也。午后开第廿一次董事会,丏、村之外仅到予同、达君二人,例报各项外无所决,五时半始散,匆匆到家,已垂暮矣。夜小饮。

9 月 27 日(癸未 十八日)星期

阴,时有细雨。西谛来谈,旋去。复盈遣往八仙桥省仲弟兼问涵侄及柱流。午后柱流、涵淑两侄偕复、盈来省,傍晚仲弟亦至,因具酒共飨,欢叙至九时始各归。

9 月 28 日(甲申 十九日)星期一

阴。今日放假。(南京新定为孔诞,公会通知照放。)坐书巢,竟日不出,午晚两度小饮而已。偶忆河南路九华堂橱窗中悬蜀人宋音德集唐人句一联云:"不知尘世喧常共酒杯为伴侣,颇得湖山趣更无书札到公卿。"虽颓放不免亦足以自傲矣。

9 月 29 日(乙酉　二十日)星期二

晴阴乍忽。依时入馆。撰《辞综》条子。接吴济华上其父书，即作函转勘初苏州。廉逊、季康先后来，新民村住屋纠纷已得解，竹亭取进千五百元矣。坚吾来谈，知所营之厂将改组为有限公司。约夜间过饮，因于散馆后赴之，长谈至八时许乃归。接铭堂九月廿七信，知所托怀之致赙廿元已达，书来陈谢也。

9 月 30 日(丙戌　廿一日)星期三

阴霾。依时入馆。撰《辞综》条子。夜归小饮。明日起两租界将连续演习，灯火管制十日。路灯已卸去十之九，入夜即黑暗异常，以后当更甚于此耳。

10 月 1 日(丁亥　廿二日)星期四

晨晴，旋起云翳，时见濛雨，晚又晴。依时入馆。续撰《辞综》条子。接六月十六日敩发四十四号广转信(并附处沪八号及洗桂四十号诸副本)。屈计在路延阁凡阅三月有半，幸由汉转之件先已于八月二十日收到，事等赘旒，则亦付之一叹而已。晚归小饮。接芷、汉五月廿二日(廿八发)信各一通，告锴孙已能说话，元章尝患鼻菌割治云，并附致调孚一信，据告此次桂行所见所闻对公司前途极形悲观也。(此信在途阅时更久，纸质已霉蚀，发缄时气息扑鼻矣。)

10 月 2 日(戊子　廿三日)星期五

晴还热，奇感不适，夜半后雨。依时入馆。续撰条子。中国银

行外汇押金收回事（何五良经手）久经疙瘩,今日又来重缮,必须
照该行所立之稿（有类服辩）写去,庶可试行请求云云。钱侩眉
目,狗彘所羞睹。为公司计,不得不忍痛写与之,然终以为公司之
奇耻也。夜归小饮。涵侄来省,黑暗中拉同、复往国泰看电影,余
真畏现在少年之勇也。

10 月 3 日（己丑　廿四日）星期六

阴雨,午后晴雨乍忽,入夜濛雨。依时入馆。续撰条子。寄圣
陶沪蜀六十九号书。寄敫、清竹报壬卅一号。寄芷、汉竹报壬廿三
号,附漱写旧五号。寄勖初为转其子婿应秀棣信。夜归小饮。就
睡时以管制灯火里中颇有被诘责者,余家早有设备,幸也。

10 月 4 日（庚寅　廿五日）星期

晴,仍热,时有细雨即止。西谛见过,属函招以中来沪与张石
公谈编纂《湖北通志》事并知《清史稿》复印本已出。午后陈椒生
姨母薛太太来,托汇款绍兴。霞飞坊中各家均被日宪兵沪南队粘
贴军管理之封条,盖房产系美商中国营业公司所执管,故有此池鱼
之殃。据收租员丁姓言宪兵已关照三日内必须将屋内器具提出登
记,否将概作敌产论。离奇可怪一至于此,遭遇者亦惟有听之已。
晚小饮。权、潜、顯、预俱来省,以在灯火管制中匆匆饭罢,即遣令
速归。夜失寐,直至二时以后始稍合眼。

10 月 5 日（辛卯　廿六日）星期一

阴霾,晚晴。依时入馆。续撰《辞综》条子。西谛电话见告开
明购《刘申叔遗书》事已与来薰阁洽过,须六百元,因即备款饬人

取来,仅七十四本,近日书价之昂于此可见。接诚之十月四日常州坂上镇辅华中学来信告近状,并索所著《先秦史》属寄辅华余仲坚。薛太太汇绍之款托子如办讫。接勋初十月二日书,谢代转济华信,并详告致觉病状,虽已出院调养,尚须时日也,颇念之。附来致若兰函属为投邮。接甫里范氏讣告,老友佩恒已于九月十二日逝矣,知十月十六日开吊。晚归小饮,匆匆即罢,为灯火管制加紧也。

10月6日（壬辰　廿七日）星期二

阴。依时入馆。续撰条子。调甫过谈。五良来,前交中国银行之外汇押款已取回。晚归,组青及慧若、笙伯俱在,匆匆饭已即行,已逮灯火管制之时矣。住屋器具登记事已与索非、均正、士佽三家商得同意,各声明除房屋及原附卫生设备外,所有屋内一应衣物器具概系己有,与中国营业公司无关。汇送丁姓,属转出,不知是否可算了事耳。

10月7日（癸巳　廿八日）星期三

晴。依时入馆。复诚之,并寄《先秦史》与余仲坚。绍先来,少梅来,因共饮于五马路冯泰和,摊费人各十一元。晚归小饮。夜空袭演习,灯均关熄,漆黑漫漫,伸手不见五指,至十一时始解除。

10月8日（甲午　廿九日）星期四

晨有雾,旋晴,午后阴霾。依时入馆。续撰《辞综》条子。晚归小饮。空袭演习加紧。

10 月 9 日 (乙未 三十日) 星期五

阴霾微雨,午后晴。依时入馆。续撰条子。济之来谈。调孚为予购得《万有文库》本《道藏目录详注》二本,计十元。夜归小饮。灯火管制演习已终止。西谛过谈旋去,余亦就卧。

10 月 10 日 (丙申 初一日) 星期六

晴。国庆放假。午后漱偕滋、湜往游兆丰公园。文权、潚儿挈顯、预两孙来省,夜饭后去,顯留。午、夜俱小饮。牙痛,右上颊肿胀。

10 月 11 日 (丁酉 初二日) 星期

晴爽。晨入书巢,抄《观古堂书目》。午前十一时偕珏人挈顯孙赴潚所,与文权对饮。饭后珏偕潚先往爱文书场听书,并为余看座。余与权谈至三时许乃步往,前后听五档,为张鉴庭、鉴国之《顾丹臣》,许继祥之《英烈》(以上日场);蒋如庭、朱介生之《落金扇》,薛筱卿、庞学卿之《珍珠塔》,杨仁麟之《双珠球》(以上中场)。人费两元,外加小账。散出已六时三刻,送潚上车后与珏缓步归,仍小饮。两日积闷竟得一舒,亦大快也。夜半后雨。

10 月 12 日 (戊戌 初三日) 星期一

晴阴间作。依时入馆。续撰《辞综》条子。接五月十一日洗桂卅七号信(致村、祥各一通),附士敫五月十一日不列号信,熊、鹤、皋四号信,知此去壬十四、十五号俱到矣。(此信写明金华转,竟延阁至五越月之久。)夜归小饮。闲抽架书伴睡。

10 月 13 日（己亥　初四日）星期二

晴。依时入馆。续撰条子。赙佩恒五元。向公司暂记三百元应眉急。迩来物价弥抑弥增，而薪给日见短绌，不得已而出此，想同人中有此感者十人而九耳。文权来告，今日滋过其家，顯等苦留之，今夕宿彼不归云。夜归小饮。仍抽书伴睡。

10 月 14 日（庚子　初五日）星期三

晴。依时入馆。续撰条子。受西谛属致书以中告张石公将有《湖北通志》之役招其襄纂。维文电话见告，近获一小事在香港路银行公会办事，不详何事也。夜归小饮。

10 月 15 日（辛丑　初六日）星期四

阴，时有微雨。依时入馆。续撰《辞综》条子。接十月十三日勔初函告吴中近状，知致觉已就痊。仲盐昨日自乡来，住雪村所，今晨晤之。邵增祺来谈，知去青岛已三年，今假来沪，即将返。调孚送阿胶一盒为珽人五十生辰礼，受之甚愧。夜归小饮。仲盐来谈。散馆归时，途遇维文，知所事乃陈彬和办之天光书局耳。

10 月 16 日（壬寅　初七日）星期五

阴，薄暮细雨。依时入馆。续撰条子。杨金华送缩本《清史稿》至，适西谛亦来，乃得以百金易之。（杨本索百另八元，已与之，西谛令返另数也。）夜归小饮。抽架书伴睡。

10 月 17 日（癸卯 初八日）**星期六**

晴。依时入馆。午与仲盐、雪村、剑三过饮永兴昌，用卅四元。寄圣陶沪蜀七十一号，复来信七十号（十月十四日到），附去丙、调书各一。接八月廿六日雪山桂发书，附敔上父书及清八月廿五日桂沪四十九号书。寄洗人沪壬廿六号，复洗桂卅七号（雪村附书）附致雪山（雪村亦有）。寄敔、清竹报壬卅二号，复告一切。寄芷、汉竹报壬廿四号。夜归小饮。接八月一日芷信、汉二日写十二号信。

10 月 18 日（甲辰 初九日）**星期**

晴。西谛来谈。（慰问房屋有无限日迁出说，以外间颇有谣传也。）少坐便去。午小饮，饮后略寐。潽儿挈顯、预两孙来省，晚饭后去。夜仍小饮。

10 月 19 日（乙巳 初十日）**星期一**

晴。依时入馆。续撰《辞综》条子。《清史稿》有断缺，饬金才持往杨金华处调换，虽无短欠而序次有误倒者，近日装书之劣有如此，可叹也。夜归小饮。接芷、汉六月五日新十一号书，前后错出语多黄花矣。（漱石、德锜来。）

10 月 20 日（丙午 十一日）**星期二**

晴。晨挈同儿过贝谛鏖路聚兴馆吃羊肉面，食后送同入学，余即步行到馆。续撰条子。保险监理局已见成立布告，想道始必已就职矣。午后俊生来。晚与仲盐步归。夜小饮。

10 月 21 日（丁未　十二日）星期三

先昙后晴。依时入馆。续撰条子。为坚吾写立达商行市招即送去。调孚为余购得《万有文库》本《阅藏知津》六册，计二十元。为红蕉之女补购教科书，即赠之。建初自苏来寓一品香吃喜酒，谈良久，竟缺一酒叙，仍归饮。接小缘九月廿四日两信，《汇刊》提要等全寄来矣，为之大慰。

10 月 22 日（戊申　十三日）星期四

晴，有西北风。依时入馆。校《史记地名考》。午与仲盐、雪村饮谦豫。莲僧来访。夜归小饮。笙伯在，留饭，与长谈，移时辞去。本日领得之购米证，米面始分家，不识将来如何配给也。

10 月 23 日（己酉　十四日）星期五

晴，突冷，须御棉矣。依时入馆。续校《史记地名考》。廉逊夫人电话告已接廉逊信，所寄书物已收到，属申谢云。夜归小饮。潘儿在，饭后长谈，九时乃归去。

10 月 24 日（庚戌　霜降　十五日）星期六

晴。晨偕珏人出送至潘家里口步入馆。接诚之十月廿二日常州湖塘桥信，复告去书俱悉，齐大国学研究所将有变动，宾四已函知在沪收束工作云。接以中十月廿二日无锡南门外石塘桥信，复告去信由角直转到，询石公具体办法。复勖初《论研究中国伦理之径途》，属转致觉。君立来馆长谈，致应写桂滇各信俱未果。散馆时过潘家吃蟹，与文权对饮。初擘霜螯，味隽兴浓，竟尽四枚。九时偕珏人、漱儿（傍晚邀去共啖）步以归。冰轮出磨，濯濯照人，颜色殊快，惜归途微感寒冷耳。

10 月 25 日（辛亥 十六日）星期

晴。凌晨起泄，至午竟达五次，惟腹鸣而不疼，谅系受寒所致，宜无大碍也。滋儿往省瀋、权，权知余腹疾，特来省候。西谛挈子见过，移时去。午、晚均薄饮。红蕉夜归过谈，谓青石弄屋犹未落局，属向靖澜一敦促之。

10 月 26 日（壬子 十七日）星期一

阴，午后晴。依时入馆。接道始电话，属于廿八日召开董事会，因即通函各在沪董监。接廉逊电话，知昨晚自常州来。西谛饬送《版画史图录》第三集三部来，属分转恂如、麟瑞及巴金（来薰阁送来）。接晓、孚十月廿一日北平信，索蕉稿。济之借《元史》、《新元史》，下午作书送去。续校《史记地名考》。午后西谛来馆，谈移时先行，约散馆后会饮余家。及归，西谛已在，因邀雪村、仲盐共饮。

10 月 27 日（癸丑 十八日）星期二

晴。依时入馆。续校《史记地名考》。接十月二日清发桂沪五十二号，旋又接九月十七日发五十一号。（附致诸弟妹信及敦上父书、山致村书等件。）夜归小饮。

10 月 28 日（甲寅 十九日）星期三

晴。依时入馆。续校《史记地名考》，全部完毕。复以中告来书已转石公。复晓、孚告稿代存(寄恐遗失),顺托告其父《水经注校补》一时停顿矣。文杰见过,托代估影印英文教本事。下午四时开廿二次董事会,到道始、达君、丏尊、雪村、予同、守宪六人,道始辞董长,改推达君承其乏,并定就当前环境决重行登记,对同人薪给亦定一调整原则云。夜归小饮。红蕉过谈,属延揽莲僧。接九月十四日汉发新十四号,告托上海信托社汇千元来,并告近状甚善,兼致诸弟妹,附有芷十五日信,劝遣同、复入内就学。西谛夜过长谈。

10 月 29 日(乙卯　二十日)星期四

晴。依时入馆。作董会纪录送达君加签。雪村定自十月起同人薪给(除米贴及指定人员住宿津贴外),概照原额照申储券,即发布告周知。复诚之。接圣陶十月四日发蜀沪七十二号信,复此去六十七号附致丏、村、剑、调、蕉各信。寄圣南附致靖澜、建初为青石屋催询并专致硕民。续撰《辞综》条子。夜归小饮。

10 月 30 日(丙辰　廿一日)星期五

晴。依时入馆。续撰条子。为红蕉致莲僧,送登记表去。接西谛电话,知其祖老太太今日下午一时逝世,明日在上海殡仪馆大殓。夜归小饮。

10 月 31 日(丁巳　廿二日)星期六

晴。依时入馆。予同来。丏尊接泉州信,知弘一法师九月初四日示寂开元寺,预书两偈与丏,诀偈云:君子之交,其淡如水,执象而求,咫尺千里,问余何适,廓尔亡言,华枝春满,天心月

圆。字迹一如平日。其胸襟浩然至足敬仰矣。(执象云云似规
丐者,实为顶门一针,惜难悟。)午前与雪村、调孚、恂如同过三和
楼饭,饭罢,同赴上海殡仪馆吊郑太母,晤西谛,少坐即旋馆。
(四人外,与索非、均正共赙百元示意,独丏尊见报丧条后一再声
言我与郑曾相骂,决不送礼,颜色甚难看,大可笑。此老胸次取
与弘一对照,实有愧其死友也。)接清九月七日发桂沪五十号信,
霉损已甚,居然递到,弥足珍矣(附致诸弟妹信及上其君舅、君姑
书各一)。寄敩、清竹报壬卅三号,附漱、林五十四号及同、复信。
寄芷、汉竹报壬廿五号附旧六号及同、复信。寄洗人、雪山沪壬
廿七号复处沪十号,附去会字一七四、一七五、一七六函。寄圣
陶沪蜀七十二号附丏、村、调、恂各信。致文杰,告估价。散馆
归,途遇贯吾,立谈良久。到家,知珏人方自沧洲书场听书返,应
潘、权之约也。夜小饮。楼下打牌不辍,因以失寐。

11 月 1 日(戊午　廿三日)星期

晴。晨西谛来,谢唁。午前若蘅衔勖初命来存,并馈火腿一
方,悉返苏后景况尚安善,致觉则既病愈赴宁矣,惟脚尚绵软,难任
久立耳。草草具膳,饷之即去。午后抄《观古堂目》。珏人挈漱、
浞往沧洲书场听书。傍晚余步往候之,遇于福煦路,想将以归。夜
小饮。

11 月 2 日(己未　廿四日)星期一

晴。依时入馆。续撰条子。若蘅来洽,谓如其姊丈应君有信
托转,尽请代拆,有款亦代为收存。午后即接到应君九月十五、廿
四两快信、十月四日挂号信,以蘅已行,只得拆看,知有款两笔将

来,因阁未转,且待下文。夜归小饮。潘来省。接清十月八日桂沪五十三号书,划款百二十元,以百金为母寿,二十金致滋,奖其小学毕业。(惟此间储券只能折半耳。)晚饭后潘归去,宽正见过,谓素封招来谈编《化学史》计划,谈移时去。

11 月 3 日(庚申　廿五日)星期二

晴,旋阴,夜半果雨。依时入馆。续撰条子。寄敫、清竹报壬卅四号,复来书五十三号并询潘信到未、蕙款洽否。散馆后与村、盐步归。夜小饮。十二时后失寐。(是日修妹来,遣滋往省仲弟,文杰来馆,托代印书。)

11 月 4 日(辛酉　廿六日)星期三

阴,夜仍有雨。依时入馆。续撰条子。文杰送款二千元来,属进行印书(其校中之英文教本)。夜归小饮。红蕉过谈,属约莲僧来谈。丏尊来谈弘一遗事。

11 月 5 日(壬戌　廿七日)星期四

阴雨。依时入馆。续撰条子。午后为编《辞综》事曾集谈,决定先各就所任部门次第成组然后汇编之。接聿修九月廿一日建阳书,知已安抵,则滞留屯溪之诸友想俱到达矣。接晴帆十月十四日瓯信询存书事。夜归小饮。湜患寒热已四日,仍未退,甚虑。失眠。

11 月 6 日(癸亥　廿八日)星期五

阴雨。依时入馆。撰地名条。致勋初转寄应君三信,且告款尚未到,属根究。维文见过。文杰事已托纯嘉在远东洽就大致需二千馀金。夜归小饮。西谛见过,以本里又值试演,灯火管制,即去。失眠。

11 月 7 日(甲子　廿九日)星期六

晴。依时入馆。续撰地名条。寄敫、清竹报壬卅五号附漱、林五十五号。代圣陶接苏州朱宅讣。乃乾见过,知近已迁住南市西仓路,散馆时与俱行,渠往来薰阁,余则径归。夜与莲僧、红蕉饮长谈,莲僧或将入美亚矣。

11 月 8 日(乙丑　立冬　初一日)星期

晴。西谛晨来谈,有顷去。作书谢调孚送阿胶,属金才送面去,聊以收意,竟不能具酒也。中午祀先,文权、潜儿及顯、预两孙均至,饭后与家人共往何氏照相馆合摄一景。余与珏人中坐,潜、漱、润、滋、湜及权、顯、预环侍,将以寄远人,示珏人五十生辰纪念耳。笙伯来,因与同往高恩路黄园看菊展,润、滋随行,花畦列品至夥,奇种殊不多靓,涉历一周缓步归。薄暮小饮。报传今晚起又将灯火管制,故客去特早,竟未果施。

11 月 9 日(丙寅　初二日)星期一

晴。依时入馆。续撰地名条子。接桂沪五十四号信,内敫十月十五夜写、清十二、十三日分上余及致漱信各一,知此间去信颇有漏失。西谛来馆小谈。晚归小饮。接汉十月十四日新十五号信,告芷近携龙孙住黑龙潭元章住乡栈,伊又病虐甫愈,想见历乱之状,至深萦念。并告汇款迄未能行,最好由公司划付云。是夕又为失寐。

11 月 10 日（丁卯　初三日）星期二

晴。依时入馆。续撰条子。接圣陶九月廿八日蜀沪七十一号书（后到），附小墨上红蕉伉俪书。为沛霖送眷回籍具证明书。为圣陶具礼券十元寄苏奠其戚朱氏。汉划千元，折取储券五百元。文杰来洽。晚归小饮。村送酒一坛寿珏人五十岁生日，今开饮，甚佳。

11 月 11 日（戊辰　初四日）星期三

晴。依时入馆。仍撰条子。发壬九号布告，明日为中山诞辰放假。士佼辞去，雪村电招其表侄婿杨云峰来承乏，其人本在杭州舒莲记扇庄任事者。晚归小饮。夜以《淞滨琐话》伴睡，颇即入眠。

11 月 12 日（己巳　初五日）星期四

晴。中国营业公司以约满来函约谈，拟函复续约。竟日未出。写字两页。抄《观古堂书目》。午后阴，夜半后雨。夜小饮。

11 月 13 日（庚午　初六日）星期五

依时入馆。阴雨竟日夕。续撰地名条子。接十一月九日勋初复书。接九月廿四日季易桂林来书，知间关到彼，甚惫，附来黄燮清生卒年月，属补入《疑年录汇编》。此老于流离中犹不忘此，可佩也。致函中国营业公司仍要续租。住房逼窄，拟向村索还二楼亭子间，但未协。夜归小饮。仍失寐。

11 月 14 日(辛未　初七日)星期六

晨仍阴,北风作,旋放晴,傍晚又阴合。依时入馆。调甫过馆,托觅朱拓《百寿图》。寄洗、山沪壬廿八号,附稽单等,复处沪十一号信(村致山信另封附入)。寄圣陶沪蜀七十三号,复来书七十一号,告代送朱氏吊礼附丐、村、调信。寄敫、清竹报壬卅六号,复来信五十四号。寄芷、汉竹报廿六号,附漱写旧七号复来信新十五号,告划款千元,已折支储券五百。夜归小饮。接十一月十三日硕民复信,并附圣南复信。初一日所摄之景今取来,尚好,惟湜儿略动面目,不免微晕耳,将以寄远人塞想望也。

11 月 15 日(壬申　初八日)星期

昙。抄《观古堂目》。莲僧来,告明日即入美亚任事矣。看《曲园杂纂》。绍铭持圣陶夫妇近影示余(甫由蓉寄到)。消瘦苍老,几不相识,想见频年风尘之况,可念也。仲盐行。西谛来。傍晚文权全家来,夜饭后去。余以积日伤风又兼中心不怡,晚饮后竟吐,老之将至如此其迫乎?

11 月 16 日(癸酉　初九日)星期一

阴。依时入馆。续撰地名条子。寄照片与清、鹤,附漱、林五十六号。寄芷、汉竹报壬廿七号,附照片去。接应秀棣十月十九日信询汇款事。为调甫购得有正书局所印《百寿图》旧存纸本,金已失鲜,然仍售十三元五角,近日物贵诚堪惊人矣。转租执照申请报告表取到,将填报。夜归小饮。

11 月 17 日 (甲戌　初十日) 星期二

晴。依时入馆。接赵晓孚复片告绍虞近状,谓省俭应用仅支一年云,甚念之。函送《百寿图》与调甫。接丕绳十一月十三日张渚信,欲延揽振甫任教课。续撰条子。夜与丏、村应耕莘约过饮其家,见其新人陈氏能画而温静,胜前凤,宜其得意也,十时许始归。

11 月 18 日 (乙亥　十一日) 星期三

晴。依时入馆。续撰条子。道始电话询事(君毅欲汇渝款可行否)。门市获一窃书人乃现住南京,振务委员会专员也,意存忠厚,讳其名,纵之可叹也。桂处由福建罗恒和汇款两万来,送役以印章无姓,竟持去,余闵其愚而薄其儇,挥去之,即移子如承办焉。散馆时与村、调同乘归。是夕薄设两席为珏人五十帨辰酬宾,家人亦藉此称庆。到雪村、红蕉两家,文权一家,组青、幽若、漱石、笙伯、德锜及调孚伉俪。世哑年衰,如此犹获及时行乐,幸矣。惟仲弟一家仅来午面,傍晚即去,余竟未及晤,则不无耿耿耳。(菜系马泳记叫来,尚堪下箸,每席百廿元,加杂耗另捐等凡二百八十元,在今日可谓省矣。)夜九时许宾散,乃就卧,珏人感累极矣。

11 月 19 日 (丙子　十二日) 星期四

阴,午后微雨。依时入馆。续撰条子。文杰偕唐君来,又交存七百元备付印书费。西谛过馆,散馆时与同归小饮余家,路经上海书林顺购北平书客王晋卿所撰《文禄堂访书记》一部,计四十元。到家后即饮。雪村与谈,八时许散。居住身份证申请书今由甲长送来,当即分交章、江两家填报,明日将汇齐送出。

11 月 20 日(丁丑 十三日)星期五

晴,午后阴合,见细雪片,傍晚雨。依时入馆。续撰条子。寄怀、翼昆弟谢贺寿并附致震渊称谢之。夜归小饮,又感不适,惟未呕吐耳。人老珠黄,不值钱,于此可见。身份居住证申请书汇齐送出矣,不识何日始可领到也。

11 月 21 日(戊寅 十四日)星期六

晴。依时入馆。复丕绳,告振甫不能应命。复勖初,告应款迄未到,并附应信去。寄洗、山沪壬廿九号,告汇款五万俱到,折收贰万伍仟耳。寄敫、清竹报壬卅七号,附复熊、鹤信(前日接来信)询照片,附去漱、林五十号及滋写信。寄芷、汉竹报壬廿八号,附旧八号信告照片已先寄,顺询近状。续撰条子。廉逊来。坚吾来。调甫书来,还代购《百寿图》款。夜归小饮。夜饭后闲翻涵芬楼《古今文钞》。

11 月 22 日(己卯 十五日)星期

晴。珏人挈润、湜两儿往拜仲弟夫妇。抄《观古堂书目》。午后装作送《玄览堂丛书》十套至,西谛继至,因与共查有无缺卷。(卷帙尚全,缺页难免,应俟有暇时再细查。)此书汇集明代史料至夥,太半罕传之本,今得谛诸人之力印传之,诚为大功德,而余之蒙贻如获瑰宝矣。权、濬挈顯、预来,西谛遂去,即共权等晚饭,饭后良久乃归去。

11 月 23 日(庚辰 小雪 十六日)星期一

晴。依时到馆。送出转租执照申请报告表,带回存根,候明年一月中旬再捐领。续撰地名条子。予同来馆长谈。散馆后与雪村赴廉逊约饮其家,长谈至九时许始归。归则道始在,已久待矣,复谈良久辞去,托汇款一千二百五十元至渝店交缪中(字坚白,丕成子)。

11 月 24 日(辛巳　十七日)星期二

晴。依时入馆。接存训十一月廿三日信,拟代北平图书馆收回宋金元辑佚书印费二万元(折付中储万元),即复日内来取可也。接以中十一月廿一日信,复告病累未能即答,寒假中当来沪一行云。续撰条子。晚归小饮。接芷、汉十月廿三日所发信(内汉十六写新十六号及芷廿三写上余书),知余为次外孙题名书已到,且知有款五百元将托士敫在桂汇此云。

11 月 25 日(壬午　十八日)星期三

晴。依时入馆。续撰条子。幼雄来,知《申报》、《新闻报》两馆又被封。村为配给事与商、中、世、大各经理应召赴兴亚院谈话,形势又紧,真不知葫芦里炫甚药也。寄祥麟为道始划款与缪坚白并属傅耕莘款即存渝店,须咨来转发存折。致道始,告缪款汇出。晚归小饮。

11 月 26 日(癸未　十九日)星期四

晴,夜半起风。依时入馆。续撰条子。接圣陶十一月一日寄廿九夜写蜀沪七十三号书,复此去六十八号并附致丐、村、调、均、蕉诸信。晚归小饮。

11 月 27 日(甲申　二十日)星期五

晴,突见寒冷。依时入馆。续撰条子。寄硕民、圣南附墨林信去。西谛、济之、予同来馆与村洽商编百科全书事。存训来,凭孙、洪芬收条声明代守和收回宋金元辑佚书印费万元,即以储券此数交之,并将前出担保新华借款之保单,缴还开明销毁。晚归小饮。饮后村上楼来谈编纂计划。

11 月 28 日（乙酉　廿一日）星期六

晴。依时入馆。寄洗、山沪壬三十号附稽单一二〇及二〇九并金仲华收条。寄圣陶沪蜀七十四号,复来书七十三号,附去丏、调、村信。寄敫、清竹报壬卅八号,告葛金娣赋寡。葛日前来告始知之,伊欲出外谋事排抑此悲故云。寄芷、汉竹报壬廿九号复新十六号属止汇桂款。为调孚书挽弘一法师,盖明日为法师终七之期,海上缁素假玉佛寺开会纪念也。夜归小饮,文权来,因共饭。滋儿今日住潜家。（晨去为顕等所留,故权来禀知之。）

11 月 29 日（丙戌　廿二日）星期

阴,晨有大雾。查检《玄览堂丛书》缺页,开单列举将告西谛注意其事。潜、权、顕、预来。午放晴。淑侄来。笙伯来。俱夜饭后去。

11 月 30 日（丁亥　廿三日）星期一

晨雨旋止,终霾,晚晴。依时入馆。续撰地名条子。公司重行登记文件办出。耕莘来馆长谈,将为弘一大师手书《药师经》谋印行。接十一月廿九日勚初复信。夜归小饮。

12 月 1 日（戊子　廿四日）星期二

晴。依时入馆。俊生来,知将为其郎择日完姻。晚归小饮。

西谛来谈,即以馆中代接赵家璧毛家口来书与之,有顷去。

12月2日(己丑　廿五日)星期三

朝浓雾,不蔽日光,旋阴合,终霾。依时入馆。续撰条子。接十一月六日洗桂四十二号书,附视察纪略于滇店备致赞许,殊以为慰。接同日清发桂沪五十五号书,告若蕙已到桂,晤及,相叙甚洽,正待伴即行中,亦慰,即飞书勘初详告俾先慰之。笙伯来馆,带到翼之复附历年代完坟粮细账,极为感铭。晚归小饮。夜饭后看《读史方舆纪要》。

12月3日(庚寅　廿六日)星期四

阴,时有细雨,夜西北风作。依时入馆。续撰条子。西谛来馆,未详谈即行,正值余等就饭时也。丁自平衔道始命来,属为君毅汇款二千五百至渝,交陈尔榆之子祖泽收。(其人现在北碚酒精厂。)夜归小饮。仍看《方舆纪要》。

12月4日(辛卯　廿七日)星期五

晴转冷,始见冰。依时入馆。续撰条子。付十一月份电灯费卅七元八角五分,超前此纪录矣。致予同,为叶君稿件商洽事。夜归小饮。道始见过,为丕绳访诚之,少谈即去。

12月5日(壬辰　廿八日)星期六

晴寒,滴水成冻。依时入馆。续撰条子。接十二月三日勘初信,告蕙到桂受接待,特申谢(余先去之信尚未到)。接十一月十日应秀棣快函,托向余志新取款,并告已悉蕙到桂蒙款待称谢,兼询前此汇款两笔到未。寄洗人、雪山沪壬卅一号,复洗、桂四十二号,附村手复及稽单等。寄祥麟属为君毅划五千元(照储券合升)与陈祖泽。寄秀棣复告前此汇款迄未到,宜即向原发汇处根究,余志新款俟取到后代汇勋初(附祥麟信托转)。寄敫、清竹报壬卅九号,复桂沪五十五号,附漱、林五十八号。寄芷、汉竹报三十号,附旧八号。晚归小饮。夜与雪村长谈,渠颇有意集究各地方言之读音以直溯文字之原,杰志堪佩。又谈佛学至九时许乃各就卧。

12 月 6 日(癸巳　廿九日)星期

晴寒。竟日未出。午间西谛、予同、济之来,因邀雪村四人共饮,以家人手制牛肉饺子代饭。饭后长谈,移时乃去。午后无聊,闲翻架书为遣。入夜复小饮。早睡。

12 月 7 日(甲午　三十日)星期一

晴寒。依时入馆。续撰地名条子。晚归小饮。夜读《方舆纪要》。十时乃寝。

12 月 8 日①(乙未　大雪　初一日)星期二

晴寒。依时入馆。续撰《辞综》地名条子。晚归小饮,组青适在,因共饭。饭后文权来,八时许偕去。

12 月 9 日(丙申　初二日)星期三

晴。依时入馆。续撰条子。致予同,送旧存词话廿五册,托觅

---

①底本为:"巽斋日记第三卷"。

人脱让,盖窘迫日甚,谋及书箧矣。晚归小饮。接十一月十二日桂
沪五十七号书,敪致漱、润者,知当有书上余或寄馆中耳。夜演习,
灯火管制,又受累两小时,致入睡亦不安稳也。

12 月 10 日(丁酉　初三日)星期四

　　晴寒。依时入馆。续撰条子。接十一月九日洗桂四十三号,
附来清写桂沪五十六号又十一月十三日敪写五十七号(上村及余
各一)并清致润信。应秀棣托向余志新取划款托子如代办,据余批
明此款已于十一月六日前分批交于应秀月(棣姊,俞宁淮之夫
人),是以退回,俟便即将此附批之原信寄棣了事。接圣南十二月
九日信,附信托转墨林。西谛来馆,即以代接家璧南县来书交之。
夜归小饮。身份居住证已由润往警署领到分发章、江两家佩用矣,
积月麻烦至此始告一段落,不可谓非松一口气也。

12 月 11 日(戊戌　初四日)星期五

　　晴寒。依时入馆。续撰条子。午后乃乾来馆长谈,谓书贾杨
金华人不可靠而西谛极信任之,恐受其累,属提醒一二。友朋之谊
应尔,当俟晤时告之。夜公司宴请商、中、世三家经理,雪村邀余同
往,索非与焉。散馆,因径赴大雅楼,九时许乃散归。(海林来告,
将嫁女,托写喜帖。)

12 月 12 日(己亥　初五日)星期六

　　晴寒。依时入馆。寄洗、山沪壬卅二号,复洗桂四十三号。寄
敪、清竹报壬四十号,复来信五十六、七号,附漱、林五十九号及润、
湜附信,又附致芷、汉壬卅一号,即属阅后转去。寄渝歌乐山应秀

棣复告汇款均未到,余志新款已付,秀月即将余批原信附去,同时
致书勔初告知此事。晚归小饮。夜半忽警报汽筒大鸣,余家固早
熄灯,而同住者有就灯制衣者,不得不起身关照,然后同熄,是不啻
玩弄老夫耳,聊复一叹。

12 月 13 日(庚子 初六日)星期

晴,雾散而暖。晨为雪村所钩汉碑篆额写序一首,补周来日
记。西谛来,即以乃乾所告语之。据云前日于来薰阁过,乃乾已畅
言,嗣后当慎防之耳。饭后理架,略有翻动。午后漱石来,知将与
德锜返苏,因托带三十元交怀之代存,备本年下期完粮及来春上坟
之用,并悉笙伯近感不适,已多日未到公司云。夜小饮,仲弟来共
饭长谈,移时乃归去。后小坐便寝。

12 月 14 日(辛丑 初七日)星期一

晴,晨有浓雾,地润。依时入馆。续撰条子。接十一月十六日圣
陶蜀沪七十五号书。(七十四号未到,故语多差池。)夜归小饮。垂暮
即发防空警报(今日起须演习十日),进食涤器,总促已甚,受累之至。

12 月 15 日(壬寅 初八日)星期二

晴。晨九时即防空,断路两小时。续撰条子。应秀月来告,余
志新划款即汇苏交勔初云。向公司暂记五百元(前后宕欠二千三
百矣。)夜归小饮。以防空早睡,但难入寐。

12 月 16 日(癸卯 初九日)星期三

晴,时起云翳。依时入馆。续撰条子。买配给糖为金才所误。

（连日不即行，今日碰壁，乃交还房捐票云，须本人凭居住证始得。）甚恚。夜归小饮。接十一月十五日汉新十七号书，详告近状，知将有照片寄来。

12 月 17 日（甲辰　初十日）星期四

晴。依时入馆。续撰条子。昼夜防空三次，受累无穷。夜归小饮。为买糖事中夜即醒，唤漱、滋起，未明即冲寒而出，踵糖店之门排队，先索号票，然后乃能于限定时间（上午十时起，售完即止）依号购一月之量（每户不足八斤，须平均分配各附户）。岂料黑幕重重，弊端百出，两儿竟空待三小时，废然而返，谓号票早已发竣云。此等恶办法非复人世所宜有，徒令人痛恨饮忍，不知究有何益耳。

12 月 18 日（乙巳　十一日）星期五

重雾转细雨，旋霾，午后渐晴，向晚更妍，北风作。依时入馆。续撰条子。午后防空，调甫路阻见过，因畅谈，移时始去。夜归小饮。接十一月十九日芷芬信（附致调孚、振甫各一），汉新十八号信附来照片，锴、镇并皆壮硕而目光奕奕，神采照人，见之不觉眉轩颜展，几忘日坐愁城矣。并知振甫处得划到千元交余供用，益慰老怀。中夜仍遣漱、滋冲寒出。

12 月 19 日（丙午　十二日）星期六

晴。八时滋等归居，然索到购糖号票，十时再往，买得分配讫，始了一事，可恨甚矣。依时入馆。道始电话洽抄丁仲祜《群雅诂林引用书目》，谓已接头，可派人往抄，且云丁氏有成稿《说文诂林补遗》、《说文诂林简编》、《尔雅诂林》、《释名诂林》、《方言诂林》及

《群雅诂林》凡六种,愿在开明出版,询有意否,俟与村商妥再洽。寄洗、山沪壬卅三号。寄敩、清竹报壬四十一号,附潄、林六十号及滋信。寄芷、汉竹报壬卅二号,复来书十七、八号,附旧十号及滋信。寄圣陶沪蜀七十五号,复来信七十五号,告七十四号未到。夜归小饮。未昏即防空,通宵不解除,余为失寐,恨极!

12 月 20 日(丁未　十三日)星期

阴霾,时间细雨。午前西谛来,少坐便去。午饮村所,过冬至也。午后用朱笔点《统系录》。夜小饮。予同见过,谈有顷去,词话已有顾主矣。是日防空未行,灯火则仍管制。

12 月 21 日(戊申　十四日)星期一

阴。依时入馆。续撰条子。接闻在宥复信(十月廿六日发,复五月八日去信),属分寄《学报》。为丏尊书致王培孙,乞所印苍雪大师《南来堂集》。接士竑十月廿三赣县信,告自吉迁赣经过,复七月四日去信。午后二时即防空,旋解。四时归,祀先。(向例冬至夜祀飨,须入晚举行,今提前。)克忠来。文权来告潘小病。西谛、济之偕来。夜饮,与克、权、西共,济则旁坐闲谈,匆匆进食已已。七时半,防空演习又开始矣,诸客遂去。

12 月 22 日(己酉　冬至　十五日)星期二

阴。依时入馆。续撰条子。接十一月廿一日东润、柏溪来书,属寄《史记考索》清样。午与剑三饭后斋居。雪村以头眩未到馆,夜归小饮后因与长谈。晚八时至翌晨六时,通宵防空。

12 月 23 日（庚戌　十六日）星期三

阴，午后转晴。依时入馆，过权家省潜，知已热退起床。续撰条子。接十一月十八日洗桂四十四号，附处总旬报卅一号。又敫、清桂沪五十八号并补与滋、湜五十七号各一件。同时接十一月廿一日处沪十二号信，附处总旬报卅二号稽单一四八四号，又洗致调书，又十一月廿一日敫五十九号两件、清五十九号一件，复此去壬廿七号。知廿七号以前虽颠倒失次，居然陆续送到，现只查缺廿一号耳，于心少慰。夜归小饮。七时至八时防空。

12 月 24 日（辛亥　十七日）星期四

晴。依时入馆。偕索非、均正到中国营业公司签订住房续约，期仍六个月，租金又加两成。（计每月一百五十元，照加百分之卅，房捐又平添卅二元五角一月负担矣。）续撰条子。接十一月卅日圣陶蜀沪七十六号信，附通讯录五号并分致丐、村、蕉信各一。接十二月二十日勘初信，告应秀月款二千三百元已汇到，仍拟托汇二千至渝。为撰条子事与雪村争。买鲜肉三斤四两，计廿九元二角五分。（馆中有江北乡妇来兜，谓自江北途来者，价虽不低，较之市沽竟大廉特廉矣。）夜归小饮。予同来送词话价五百元，甚感尽力。未几，西谛亦来，因邀村再谈编集条子事，又起剧辨，几致不欢，吾辈结习难忘至此，真堪一噱也。

12 月 25 日（壬子　十八日）星期五

晴，午后阴。依时入馆。仍撰条子。有叶华者持予同介绍书来，谈稿件出版事。接十一月廿三日聿修建阳来函详报近状，贫瘠兼以瘴患,殊为诸友悬念也。夜归小饮。饮后适闻丏尊、哲生来村所,因下楼与纵谈,移时乃散。

12 月 26 日（癸丑　十九日）**星期六**

阴。依时入馆。接十一月廿八日雪舟信,附致村信,即复之。接丕绳十二月十七信,托询存稿于其外舅所。代秀棣夫人接得南京一信因顺复勖初,即附去。维文午后见过,知已转入申报社任会计副主任。叶华来,借书两种去。寄圣陶沪蜀七十六号,复来书七十六号,告七十四号仍未到,附去村、丏、调信各一。寄敩、清竹报壬四十二号,附漱、林六十一号及润（浣皋十一号）、滋、湜信,又复业熊、静鹤信。(熊、鹤前日有信来,复书慰之。)寄洗、山沪壬卅四号,复洗桂四十四号,附去村、调信各一。寄芷、汉竹报壬卅三号,附润信及振甫信。夜归小饮。润小病未入学,卧床终日,甚为麈虑。

12 月 27 日（甲寅　二十日）**星期**

晴。晨八时许,与雪村往晤道始(昨电话约),同访仲祜谈稿件出版事,乃坐客纷纭,去而复来,几无空隙。因谢归,且俟异日,抵家已十一时矣。西谛适来,又谈移时乃去。淑侄来。午后涵侄来。调孚、絜如来,絜先去,有顷余与调出同步至福煦路折回。夜小饮。柱流来,因同饮,饮后柱、涵、漱往杜美看电影,滋送淑归。润已起坐,但入夜仍形寒发热,明日仍难入学也。

12 月 28 日（乙卯　廿一日）**星期一**

晴寒。依时入馆。续撰条子。为道始致书乃乾,属为《古今》

撰稿可否,即属径答。芷汇款九百十元八角,由振甫交余暂收。夜归小饮。潩来,未见。润仍形寒,属服奎宁片。

12 月 29 日（丙辰　廿二日）星期二

大雾旋开霁,甚寒,夜雨。依时入馆。续撰条子。夜归小饮。润已痊,明日将入学赓读。岳斋妇来,知近在南通天生港设小铺,将接母去。(余未晤,珏人转告。)漱往潩所共治发,将为慧芬结婚作傧相也。

12 月 30 日（丁巳　廿三日）星期三

晴寒。依时入馆。续撰条子。荫良有电话来,借《老子正诂》,约明日上午来访。文杰午后来,结清代印《英文文法》诸费。夜归小饮。珏挈滋往看晚宴。

12 月 31 日（戊午　廿四日）星期四

晴寒。依时入馆。布告新年放假及今日聚餐。荫良来访,取《老子正诂》及诚之《通史》下清样去,约旬日返还。接勖初十二月廿九日复书,附还南京唐君致应夫人信,云将有中储券千元,由中央储备银行汇来,刚启视未久,果由此行送到通知。午在馆聚餐,凡两席,余与村、丏、索、均、调、炎、恂、峰及绍先同席,滋儿亦与密先俱与,在别席。饭后少坐便归,步行到家,甫四时,因入书巢,续点《统系录》。夜仍小饮。

1943年（民国三十二年）

1月1日（己未　元旦　廿五日）星期五

晴。晨入书巢点《统系录》毕。午丏尊见招,与雪村过饮其家。饭后归,予同、西谛见过,谈有顷去。(知同爱光汉病有起色。)漱石来,知笙伯已痊,将同返里静摄几时再来云。潜儿来省。晚饭后潜与漱石偕去。

1月2日（庚申　廿六日）星期六

晴。盈儿前日在校跌交擦损左额角,昨日随人往公园游戏又跌一交,因此夜不安寐,今晨更见剧痛,遂邀索非来诊。据云有热但非蹉跌所致,仍为积食受寒,当服贝麻油疏利之,它无碍云,心为少安。午前与雪村往访子如,知吐血早止,只须静养耳。归后不久,予同来,知其爱病发,恐无生望,深为扼腕。午后雪村属履善往开明调千元,西谛亦至,凑出八百元,余与谛同踵予同之门候之,其伉俪俱在医院,未及晤,即以款交其次君光邻,仍缓步偕归。夜与谛小饮,饮后同过红蕉、雪村谈,八时许谛去,余等亦各就卧。盈儿傍晚得大解,热少退。

1月3日（辛酉　廿七日）星期

阴。午前西谛至,谓已晤予同伉俪,知光汉犹在危境也。漱接清十一月二十五日桂沪六十号书,附来敫、敢上其父书各一,备述开明分店情形之糟,联棠、甫琴尤桀骜,当事者转抚慰之,有类唐廷之于诸镇,殊堪殷忧。雪村为此招余密谈,思所以纠之,然鞭长莫及,亦惟有姑备一策而已。盈儿热退,仍乏力气,时须偃卧也。夜小饮。

1月4日(壬戌　廿八日)星期一

晴,沍寒。依时入馆。续撰条子。晚与丏尊、雪村、索非、调孚、均正、恂如同过东新桥南来,顺饮白干,啖涮羊肉,甚酣畅。人各摊费廿九元三角,揆之近日物价并不足贵矣。顯、预两孙以家中大扫除遣来吾家,入晚由漱送归。

1月5日(癸亥　廿九日)星期二

晴,严寒逾昨。依时入馆。续撰条子。今日取到十二月份下半薪津及升工等凡九百馀元(归债及洒派外已无多馀)。午后沈百英来馆谈,知商务书馆近正大批裁员,留者多作半日工云。派金才往探予同,知其爱已于昨日下午五时疫殁普济医院,今已殡殓,散馆急往慰之。雪村、调孚继至,道始亦闻讯来到,因约明日上午九时村与余先过道始,共访丁仲祜。夜归小饮。

1月6日(甲子　小寒　初一日)星期三

阴寒。晨九时与村过道始,驱车共访仲祜于大通路诂林精舍谈稿本移由开明出版事,未及具体办法,须再洽。十时许到馆。仍撰条子。叶君来还书,即转交调孚。夜归小饮。

1 月 7 日 (乙丑   初二日) **星期四**

晴,沍寒。依时入馆。续撰条子。为道始写信稿三通,即饬金才送去。晴帆弟觉民来,出书单欲求售,余好言杜绝之。调甫午后来谈,知其长女桂芳病殁苏寓,言下甚痛,出所撰小传示余,属酌改。盖桂芳病肺,年逾卅,未字人,平日文牍主计皆倚以办,今遽见夺,宜其伤心已。夜归小饮。

1 月 8 日 (丙寅   初三日) **星期五**

晴寒。依时入馆。为调甫点文稿,作函送归,顺以慰之。午过鸿运来贺海林嫁女,致仪五十元,因与梦岩、坚吾、书麟等同饭。饭后复入馆作书复东润,告《史记考索》清样已分批寄出。珏人挈盈儿来馆,即属品珍伴往鸿运来。散馆后再赴鸿运来吃喜酒,其乾宅汪姓新郎名家泰,其君姑即子玉之侄女。十馀年未见,犹能相识也。因彼此询子玉近状,竟莫由得其下落,甚念。十时偕珏人挈盈归。

1 月 9 日 (丁卯   初四日) **星期六**

晴寒。依时入馆。致梦岩,约其伉俪明日来饭,旋得电话,以其夫人目疾日内即返周浦,谢不来。觉民又来,持画轴欲估价,脱让余介至道始,遽决之。寄洗、山癸沪一号,附会一八一号函及稽单等告同人待遇调整情形。(本年起生活津贴再加百分之二十,恢复病贴等章程。)寄圣陶沪蜀七十七号附丐、村、调,均信。寄祥麟,属划解三千元(代张振常付许康祖)。并询前两笔汇款洽办否。寄芷、汉竹报癸一号告近状,多汇之款暂存余所。寄敫、清竹报癸一号,复来信六十及六十一号,附去漱、林六十二号。夜归小饮。

1 月 10 日（戊辰　初五日）星期

阴寒有雪意。上午西谛见过,少坐便行。午小饮。饭后抄《观古堂书目》。晚接十二月十一日芷芬书及汉新十九号书,谓将有便人到沪接,请令同儿偕行入内地读书,并附致振甫信。夜小饮,饱啖羊羹。中宵风作,寒甚。

1 月 11 日（己巳　初六日）星期一

晴,沍寒,朔风怒吼,撼人欲踬。依时入馆。续撰条子。接十二月十日士敫桂沪六十二号书,告此间壬字去函至卅二号止已完全递到,并为芷芬汇五百元为珏人寿,为静鹤汇百元奉修妹。（两共六百元,折支三百元。）夜归小饮。雪村上楼长谈。今日出外冒风,头痛欲裂,用热手巾熨贴之,稍已。

1 月 12 日（庚午　初七日）星期二

晴,风止,严寒滴水成冰。依时入馆。续撰条子。乃乾来谈,欲借《太炎年谱》,约定俟过日携出备取。散馆时与同出行,抵老北门始握别。夜归小饮。权、瀋偕来,出业熊书呈余,亦告近状窘迫（似与敫信所告不同）,八时许归去。

1 月 13 日（辛未　初八日）星期三

晴寒。依时入馆。续撰条子。通函董监定十六日下午四时开廿三次董事会,十六误写廿六,经达君电话询问始悉,因重发通函更正之。夜归小饮。予同来谈,与雪村共话,约十六日入馆为开明编书,予同能来张我军矣,甚欣慰也。接十二月六日清六十一号信,附菊珍来信,告已入开明办事。派在账务组。

1 月 14 日(壬申　初九日)星期四

浓霜,大雾,阴霾。依时入馆。续撰条子。接丕绳一月八日张渚信,寄所撰《古燕国辨》并告即返安庆故里(对江大渡口童庄)。致恂如,询起居,旋得电话,谓手瘃畏冷,未出,下星期内当到馆。夜归小饮。雪村上楼长谈,于增设襄理及卅一年度年终同人奖励金有所商量。

1 月 15 日(癸酉　初十日)星期五

阴雨旋止,午后曾见微雪。依时入馆,续撰条子。夜归小饮。枕上成一律步雪村韵贺丐尊蘏昏(西俗结婚四十周年为羊毛昏,因戏拈此称):"鸳盟岁注自年年,卌度当头拜月圆。共仰画眉词笔健,欣看绕膝彩衣全。青庐味永今犹昔,白首情长老更妍。此日分光来末座,常开笑口对华筵。"

1 月 16 日(甲戌　十一日)星期六

晴,气较和。依时入馆。予同进馆任事。接十二月十六日敫、清桂沪六十三号书各一,附来处沪十三号公函等件。西谛、济之来馆,因约雪村、调孚公请予同于楼外楼,(即新半斋原址,新开杭州菜馆。)人摊廿八元。四时开董会,到丐尊、雪村、予同、达君、守宪,决议增聘丐尊、雪山、圣陶、索非、予同及余六人为襄理。又决推余以候补董事资格增补为董事,并通过卅一年度同人年终奖金分配原则,六时许始散。夜归小饮。屠淑英小姐来省珏人及漱儿,留之小住。权、瀋来打牌,夜饭后去。

1 月 17 日（乙亥　十二日）星期

晴。上午作董会纪录。午后淑英去,闻老太太来,晚饭后去。哲生来。俊生来。夜饮后下楼与雪村谈,宾客云集(克斋、绍先、俊生和仲昆弟哲生)。纵谈至十时乃散。文权、瀋华以看戏见过。

1 月 18 日（丙子　十三日）星期一

阴晴兼作。依时入馆。分发卅一年度同人奖金(余分得二千元)。道始电话约谈,因于散馆后过之,晤乃乾,遂共饭,谈至十时始归。

1 月 19 日（丁丑　十四日）星期二

晴。依时入馆。接一月十五日勘初书,托将前汇之两千及应原存一千并汇渝。转租执照取到,纳费四十八元。付酒款三百元与雪村,坚不受约,将来还酒。寄敩、清竹报癸二号,复来书六十二、六十三及重出之六十一号,告漱等将另发信。寄洗、山癸沪二号,复处沪十三、十四号,附去稽单等件。夜归小饮。接一月十五日硕民书,告青石弄屋将次解决,圣南之未婚夫蒋昂千以瘵死。增美见过,欲赁廉逊馀屋,属为绍介。

1 月 20 日（戊寅　十五日）星期三

晴。依时入馆。复慰硕民。寄祥麟,属划六千与应秀棣(致应信即附去)。复勘初,告应款已照升付划。西谛、济之来,曾偕济之往访坚吾。(济之将开书铺带卖文具,欲向坚吾办货并属广介。)

未晓,约明日上午再访之。夜归小饮。毛佩霞偕其兄燮荣来谒,知将内行托划款及介绍途次熟人。增美又来晤及雪村,即由村介往廉所径洽。士珍来,以其兄士佼内行户长须易已代任,因属向保甲作保,即为填注签印发付之。

1 月 21 日(己卯 大寒 十六日)星期四

晴。依时入馆。梦岩来访,济之、坚吾亦来,因接谈。为燮荣作书,介见慰元、士竑、甫琴。寄敩、清竹报癸三号,告村致洗信昨已发,今附去内地股东、股利清单并告将参列丐尊麕昏筵。散馆后偕珏人赴丐家,雪村、调孚、均正、索非四夫妇连主人、主妇凡十二人,亦偶家出菜肴两器,丰而不侈,尽欢纵饮,余不觉大醉,丐、村亦然。九时许归,屡倾踬,同等扶掖而行,惟未致吐耳,五六年来无此乐矣。

1 月 22 日(庚辰 十七日)星期五

阴。晨有微雨。依时扶醉入馆。续撰条子。丁仲祜让稿条件取来,需三万三千另五十元。魏伯川来洽。散馆后与雪村偕过道始,知魏系渠素识丁事,约明日上午九时同往洽商。夜归小饮。

1 月 23 日(辛巳 十八日)星期六

晴。晨九时与雪村偕访道始,共诣丁谈《尔雅诂林》、《群雅诂林》、《方言诂林》、《释名诂林》四稿,决全承版权,约六个月内全部缴清。辞出,到馆已十一时。接圣陶十二月廿七日蜀沪七十八号,即寄沪蜀七十八号复之,告苏州近事。寄芷、汉竹报癸二号,复新十九号,附去尘十一号及润、滋附信。寄敩、清竹报癸四号,附会一八二号信。夜归小饮。西谛来谈。

1月24日(壬午　十九日)星期

　　阴,时有细雨。西谛来,知昨已搬定住所。午后钞《观古堂书目》。夜小饮。西邻陈氏虐弟积有日矣,近更逐令外出,蜷缩风雨中。红蕉首抱不平,余与雪村赞之,召其兄至前,直斥其非,勉令携归。是夕风紧,垂明严冻。

1月25日(癸未　二十日)星期一

　　阴雨凄其。依时入馆。乃乾来谈。济之来,出纸属为蕴华阁题榜。夜归小饮。知江家佣妇领证有问题。

1月26日(甲申　廿一日)星期二

　　阴雨。晨与雪村过道始,同访仲祜,订约付三万三千元购其《尔雅》、《群雅》、《方言》、《释名》四诂林稿本,先取得《尔雅诂林》,余约五个月内陆续交来。周旋既久,到馆已十二时。午后续撰地名条子。夜归小饮。知云斋夫人曾来告云斋仍在加尔各答,托便友带款济家,并悉月舫之父亦尚健在,至以为慰。漱石来,晚饭后去,带到震渊所馈豚蹄一、怀之所馈羊糕一方,各家俱平安,笙伯亦将于岁底来沪云。

1月27日(乙酉　廿二日)星期三

　　阴,午后见雪,傍晚加大,屋上积数分,中夜雨,积雪尽扫,旋大雪,及平明厚积三寸矣。晨入馆办事。重填保甲户口表,仍挽均正、索非作保。饭后为济之写蕴华阁榜,字径尺有半,生平第一遭

也。散馆归值大雪,挤身电车以行,屏息耸肩几不得下车,甚矣,上
海居人之多也。夜小饮。接芷芬十二月廿六日信及汉、新二十号
书,知此去壬字号已接得廿八号,惟专寄照片之廿七号则尚未
到耳。

1 月 28 日（丙戌　廿三日）星期四

雪。依时入馆。午与雪村、予同到蜀腴菜馆为公司宴请冯昆
甫、魏伯川、邓芷灵（请柬由雪村、道始具名）。并邀达君、西谛、耕
莘作陪,予同与余参焉,谈至三时许散,复过来薰阁小坐。到馆后
为村发信致洗人,告最近措施及划款诸事。接十二月廿八日处总
旬报及通函等,附来敫不列号信。夜与耕莘、雪村、予同偕赴金谷
饭店无止宴,长谈至十时乃散归,途中积雪融化殆尽矣。

1 月 29 日（丁亥　廿四日）星期五

阴,下午晴。依时入馆。为村发信与允臧,属划款与董明臧。
夜祀先,因早归,瀋、权全家来饭。日前晤乃乾,谓中华赛宋纸本
《四部备要》可易洋装本《备要》及《图书集成》各全部,尚且找还千
金之谱。余颇心动,今日作书与之,愿托其玉成此事。市价赛宋本
直万金,彼两书仅直七千耳。盖余志在多得书,不欲计辞也。佩霞
送二千元至,托分划赣湘。

1 月 30 日（戊子　廿五日）星期六

晴。依时入馆。午后与村同偕往国货公司闲眺,并在华孚瓷
器号购得茶具六事,备送蕴华阁计百元。（余与村、同、调、恂五人
合送拟二十元。）余自购白瓷酒壶一把,计廿五元。接冯昆甫、魏伯

川请柬，约明日下午六时饮其家，道始复有电话想约知西谛亦被邀也。寄洗、山癸沪三号，附村信及稽单等。寄敩、清竹报癸五号复告近况。寄芷、汉竹报癸三号，复汉新廿号及芷十二月廿六信。分寄甫琴、士竑各为毛燮荣划款二千（储券照升）。留待过访时面交。寄圣陶沪蜀七十九号，附村、调信，详告公司最近措施。夜归小饮。

1 月 31 日（己丑　廿六日）星期

　　晴，午后阴，夜半后雨。钞《观古堂书目》。傍晚道始来，邀同与雪村共赴昆甫、伯川之约，地在成都路孟怀兰路瑜伽精舍，盖汉皋、韩惠安之别业，将舍为密宗修持道场者也，座客有芷、灵、西谛、惠安及通县刘君（昆甫之佐），谈芷、畅并订定开明与聚兴银号（冯、魏等主持）渝沪划款诸事。席散，复与道始、西谛、雪村驱车至来薰阁阅肆，当为开明购定日本翻印高丽本《医方类聚》二百六十四本，计价二万元。中土古医籍之见佚者，此中多见，因购存，或谋复印也。比归，已深夜。

2 月 1 日（庚寅　廿七日）星期一

　　阴雨。依时入馆。为公司书约契送道始，属转冯、魏、道始，旋有电话来，与西谛席间有误会。《医方类聚》送到。夜归小饮。

2 月 2 日（辛卯　廿八日）星期二

　　风雨凄其。依时入馆。芝九见过，托购书，谈其校事甚详。给馆役节赏（金才二十元，华坤十元）。东华有电话与调孚，知由杭州来，约明后日将来访，拟与西谛、予同作长谈也。夜归小饮。

2 月 3 日(壬辰　廿九日)星期三

阴,略有霁色。芝九所购书饬同儿送去,并顺为滋文注册备插入松光中学肄业。依时入馆。东华、西谛后先至,因约雪村、调孚、予同、剑三共往楼外楼午饮,东华谈别后事,真虎口馀生矣。(东华作客外,六人者各摊四十元,为东道主。)午后续撰条子。夜归小饮。道始来,于西谛不无介之,余为力解之,有顷去,盖往访乃乾谈购书。(乃乾有书与之云有《四部丛刊》初二三编及《万有文库》,索价一万四千金。)想能谈妥也。

2 月 4 日(癸巳　三十日)星期四

晴。依时入馆。发癸字布告第一号癸未元旦至初四日(二月五日至八日凡四天),春节休假。接应秀棣一月十一日快信,告和成行汇二千元来,仍属代汇天津韩春溪(顺询交通三千元究到未也)。少顷,和成行即将储币千元划付,通知送到。午后一时归,到家小饮吃面。接乃乾复书,易书不成。夜合家团饮,雪村、西谛俱至,有顷,谛去。余与村复上三楼饮红蕉所。宵深,珏人与诸儿摊钱,余就卧。漱儿守岁达旦。

2 月 5 日(立春　元旦甲午)星期五

阴,午后微晴。试笔作颂云:"岁朝春回,寿域宏开。万福聿来,永蠲尘埃。丰货阜财,庆洽九垓。杯浮玉醅,同熙春台。"今岁其有开泰之兆乎? 晨受儿辈贺。旋至雪村、红蕉两家拜年。丏尊来,因共饭小饮。雪山夫人及士珍、士仙、士佛来。健安来。午后饬儿辈往贺仲弟。夜仍小饮。早睡。中宵雨声作喧,枕上听之,亦殊有致。

2月6日（乙未　初二日）星期六

阴雨，寻风作，飞雪竟日，夜寒甚。西谛来，邀余及雪村过饮其寓，余提酒从之，三人纵谈互酌，谛竟醉。少顷同出，过蕴华阁一巡，雪中乘电车以归。濬、权挈顯、预来贺岁，夜饭后归去。文杰、索非、均正、君立来，俱未晤，适出饮谛所也。

2月7日（丙申　初三日）星期

晴。钞《观古堂书目》。西谛来，因共饮于雪村所，饭后去。漱、润、滋三儿往濬所贺年，饭焉。淑贞、淑英来贺年，与漱同往佩霞所，夜饭后始归。夜小饮。雪村来长谈。

2月8日（丁酉　初四日）星期一

晴。晨八时与雪村同往道始所，谈至十一时归。午小饮。淑贞来，约漱儿同出看电影。饭后润、滋出游邑庙。钞《观古堂书目》。夜小饮。

2月9日（戊戌　初五日）星期二

晴寒。依时入馆。续撰条子。润、滋来馆买书，告知涵、淑两侄及外侄孙女来贺年，即去。晚归小饮，道始来，因与共饮。饮后雪村来，复与长谈，九时许道始去。

2月10日（己亥　初六日）星期三

晴。晨入馆，途遇良才，同往长谈。文杰将有任聂中丞公学副校长之望,托代打履历四份,因属舜华用华文打字机缮之。与雪村同过坚吾谈。续撰条子。接二月三日勘初信。散馆归小饮。饮后与雪村共赴国际大楼十四层道始宴,盖伯川明日即行,特为祖道也。

2 月 11 日(庚子　初七日)星期四

晴。依时入馆。忠厚书庄袁西江来洽吴向之售稿事。电话约坚吾吃饭未得。午与雪村、予同、剑三过西南酒家吃腊味饭,人摊十三元五角(寻常肉面涨至每碗五元),虽贵尚合算也。致乃乾,请作罢易书。接二月十日诚之信,知近状不免迫窄,甚念之。散馆归,接清十二月廿一致滋、湜六十四号书,同时村接敫、清、敏、敢合上书并附一月一日同摄之照。江家户口移动为法捕房敲去竹杠二百九十元。(名为课罚实等强胁弋取耳。)夜小饮。西谛过谈。

2 月 12 日(辛丑　初八日)星期五

晴。依时入馆。绍虞自平来,暂住其戚童君家,详谈平中近状。过坚吾约明夜来饮雪村家。济之来。西谛来。约明日午刻请绍虞。属子如致书心庵为秀棣划付韩春溪款,并复书勘初告知此事。为漱、文支到剪贴条子酬金二百卅四元。付一月份电灯费三十四元二角七分。夜归小饮。绍虞来长谈,知将送眷回南,十时去,余送之,复谈片时。(接十二月卅一日芷信及汉廿一号信,知壬廿七号所寄照片已到。)

2 月 13 日(壬寅　初九日)星期六

晴,午后阴,夜半雨。依时入馆。寄芷、汉竹报癸四号,复十二月卅一日信并告漱将另复。寄敔、清竹报癸六号,附复菊珍并告滋等将另复。午在聚丰园宴请绍虞,到雪村、西谛、予同、济之、乃乾(昨晚去书特约)、恂如、调孚及余九人(公司作东)。散馆后与雪村同过坚吾,偕之归,共饮长谈。开明拟与国光合作,将由坚吾拉拢。十时许始辞去。

2 月 14 日（癸卯　初十日）星期

阴雨。西谛来,旋去,约先往洁而精候谈。济之来告,因为人作伐,谛约不能赴,属代达。近午绍虞来,乃约雪村同行,携酒赴洁而精之会,晤森玉、剑三、以中、调孚、乃乾、予同等,畅谈至二时乃散。绍虞、乃乾仍偕余归,复谈至暮始辞去。虞存款千元即面还之,并约定返平同眷归苏后即来开明任事。夜小饮。饮后以调孚查得之《四部备要》底本目录过录于书录上。

2 月 15 日（甲辰　十一日）星期一

晴,时有阴翳。依时入馆。接童希贤电话,告绍虞已返苏。接顾雍如电话,寻绍虞,经告行踪。接圣陶一月十一日发蜀沪八十号信。上午至道始所取到聚兴号划款二十万,顺道返家午饭,饭后入馆交款于雪村。寄道始南京信,属访吴向之商询《明通鉴长编》稿本凡例事。复诚之询能否摆脱教课专心撰述,盖开明愿约其专编《通史》也。夜归小饮。

2 月 16 日（乙巳　十二日）星期二

阴,午后晴。依时入馆。接圣陶一月十六日蜀沪八十一号书,复此去七十五号附致丏、蕉各一信。济之来,与调孚同出办货,为余在周兆昌购到紫毫笔一枝,计四元。西谛来馆。接勖初二月十四日复书。午后续撰条子。夜与雪村赴坚吾约,与书麟、仲安共饮,谈开明、国光合作事,十时乃散归。淑贞来,住余家。

2 月 17 日(丙午　十三日)星期三

阴。西谛来馆谈易书,余到馆未久即来,想见其早允以石印本《读史方舆纪要》及《天下郡国利病书》向开明图书馆换取《洛阳伽蓝记》(《四部丛刊》三编本),雪村同意,遂定局。为丏尊代拟弘一图书馆征书启一通。调孚为余购得《万有文库》本《宋诗纪事》十四册,计五十元。接圣陶一月十八日蜀沪八十二号书,复此去七十六号,补到《编译通讯》一至四号,又附致丏、村、调各信。仲弟过馆谈,有顷去。夜归小饮。淑贞、淑英俱在,因留小住,明晚将约燮荣、佩霞兄妹共饮也。涵侄挈其女来,未晚饭即去。

2 月 18 日(丁未　十四日)星期四

阴雨,傍晚霰,入夜飞雪作团,旋止。依时入馆。续撰条子。接绍虞二月十六日书,告即将返平摒挡,三月初即可来馆就事。接济之电话,约星期日午饭其家。(又接西谛电话,属为济之购酒。)夜归,为燮荣饯行,集静鹤、明德旧同学佩霞、淑贞、淑英为欢宴,九时许散去。

2 月 19 日(戊申　元宵　雨水　十五日)星期五

晴寒,入夜又大雪。晨道始遣价来迓,因与雪村同过之,悉吴向之稿已洽妥,且已立约交割,并得以所撰《乾隆以来系年要录》五十九本为賸,极为快慰,道始洵敏练可佩也。旋入馆。续撰条子。西谛来，因约村、予、剑、调及余共过金陵酒家午饭，摊十八元。接洗人一月十六日未二号书（致村者十八日寄未一号则未见），知静鹤一月二日已产一子，想清等必有详报在途矣。接秀棣一月廿六日信，仍论汇款事。致硕民，候近状。致怀、翼并转震渊，谢年秒馈物兼询笙伯何以不见来。（且属代送建初夫人吊礼。）致道始，以联钞千元属托便人带宁付向之，并为道始具函谢吴。夜归小饮。接一月八日敫、清六十五号书，划百元属为添印照片。

2 月 20 日（己酉　十六日）星期六

晴。依时入馆。寄镜波代转绍兴家信。接一月十二日清六十六号书，告鹤产子，并寄元旦桂处同人合景。接一月十四日洗未一号书，附总沪一号及通讯录总一号等，知内地情形相当紊乱。寄敫、清竹报癸七号，附漱、林六十五号及滋信，复来信六十五、六号。寄洗人癸四号，复总沪一号并附雪村手复洗未一、二号。为道始快信致向之，告便人携款或须少缓一二日。调甫、西谛先后过谈。坚吾来商改组公司事。俊生来告十九日将为其子授室邀吃喜酒。寄圣陶沪蜀八十号，复来信八十至八十二号（七十九号尚未到），附村、丏、调各信。在予同处取到中国书店底货书一批，将分剔购入之。夜归小饮。接业熊一月八日信，告产子经过且请命名，知母子俱健，甚慰。

2 月 21 日（庚戌　十七日）星期

晴。晨检昨所取书籍并复查《玄览堂丛书》舛错处。午与雪村过饮济之所，西谛、剑三、调孚均集，畅谈至二时许始罢，又偕至蕴华阁闲游，三时许复与剑、调偕谛过其寓所小憩，五时乃归。笙伯在,云十四夜甫自苏来此也,询悉怀、翼、震诸家俱好,甚慰。夜小饮,饭后笙伯去。西谛赠余唐家巷公立小学堂募捐册,此校余所自出,甚欣得遇故人矣,当什袭藏之。接圣陶一月七日发蜀沪七十九号书(先寄后到)。

2 月 22 日(辛亥 十八日)星期一

晴寒。依时入馆。书估袁西庄来,谈吴稿事,余晓以大义,属即集拢交来。午与雪村、予同共饮于西南酒家,摊费七元三角。耕莘柬约廿四日晚间过饮其家。坚吾送所撰筹设之纸张公司章程稿来,属修改。续撰条子。夜归小饮。闻老太太在,晚饭后去。

2 月 23 日(壬子 十九日)星期二

晴。依时入馆。晨过坚吾,未晤。午与雪村往三星鸿运楼贺俊生绍先(俊子迪华娶绍侄女承彰,余与村执柯也)。合送绍酒一坛,因饭焉。饭后返馆。西谛来。乃乾来。三时许珏人挈润儿来,遂复过三星鸿运楼参加陈骆结婚典礼。晚宴晤震、平诸稔友,散席归,与雪村夫妇及均正等同乘。

2 月 24 日(癸丑 二十日)星期三

晴。依时入馆。坚吾来馆,与面订章程而去。良才过谈。午后西谛、无止先后来。散馆后与雪村、丏尊等共赴耕莘宴,晤剑丞、麟瑞及吴泽民,叙谈至十时许始散归。

2 月 25 日(甲寅 廿一日)星期四

晴。依时入馆。借《遵生八笺》二十册与良才,饬金才送其

家。道始电约丁仲祜《说文解字诂林简编》事已谈妥,明日可往,
订约旋过谈约稿,即写好备签,谓明晨无暇,属径往访丁而去。适
接向之来信备询带款事,即与道始洽,谓携款人须两三天后始赴
宁,俟明日询悉确期再电告,请代复之云。午后乃乾与其两女来访
予同,适予同未到,其女即去,余则与乃乾长谈,移晷始去。翼之自
苏来,先过馆,属即归,余于散馆后返与相叙,笙伯亦知信来会,因
共饮。余家历年坟粮均承代完出串据归我,极称谢之。夜深笙伯
去,翼之则留宿。

2 月 26 日（乙卯　廿二日）星期五

晴。依时入馆。复绍虞北平托代开明购燕大引得之近出者。
陈迪华来,谢亲顺邀明晚过饮其家。复秀棣附韩春溪收条。予同
两日未来,饭后作书相询,人甫出而予同至,盖略感牙痛耳。为道
始复向之,仍告携款人须数日后始行。夜归,西谛适来,因与谛及
翼之小饮,旋笙伯与锜官及漱石来,亲朋一时俱集,甚快,饭后西谛
先行,笙伯等复打牌,至十时许乃辞去,翼之宿此。

2 月 27 日（丙辰　廿三日）星期六

晴。依时入馆。与雪村共过仲祜订约先取稿本一部分归馆。
午间坚吾邀饭。饭后其公司开发起人会,拉列席作纪录,至五时许
始散。返馆屏当一切,即往俊生家,绍先、念兹已先在,雪村、丏尊
亦陆续到。(雪村午后与四家经理同往见田尻公使,故稍迟,丏尊
则先过,晳、均故亦迟到。)云先最后至。饮酬,为俊女又瑾及其同
学竹韵女士写纪念册,饭后复参观新房,十时乃归。翼之今晚别宿
未来,闻明日即将赋归云。

2 月 28 日（丁巳　廿四日）星期

晴。翼之晨来告辞,即赴站购票返苏矣,余算还代完粮钱并托送建初夫人赙仪十元。钞《观古堂书目》。燮荣来告,暂在大同修,了不内徙。淑贞、淑英来,贞留住余家。夜小饮。中宵雨。

3 月 1 日（戊午　廿五日）星期一

阴,微雨旋止,午后晴。依时入馆。续撰条子。坚吾、书麟来谈,邀村、调及余同饭杏花楼,并约濮文彬共饮。午后返馆,寄洗人不列号（村手）询前复未一二两号之函到否,顺告此间近状。寄祥麟附稽单一二九号,属为纯嘉划二百元与张培良,并询前此送函所属究否办出。寄敔、清竹报癸八号,附漱、林六十六号及分致熊、鹤、菊、珍各附慧、芬、俪景片。与村、调合赙潘母（垂统之母）五十元送玉佛寺。买药梨两只八元。夜与雪村应书麟锦江川菜馆之约,坚吾、仲安俱会谈开明国光合作事已妥洽,将由此间拟约稿征同意云。接二月廿六日柱流六合来信,告抵所任事情形。

3 月 2 日（己未　廿六日）星期二

阴,午后微雨,近暮加甚。依时入馆。续撰条子。西谛、济之来馆,因约村、予、调同出,六人共饭于聚丰园,摊费给廿八元。珏人往视潘儿,傍晚乃归。夜小饮。

3 月 3 日（庚申　廿七日）星期三

阴,午后细雨。依时入馆。续撰条子。午与予同共饭于西南酒家,各摊十二元。笙伯来,交到翼之手书,知安抵苏垣,并告建初夫人将于出月初二日开吊。夜归小饮。接恂如信附两诗。绍先在村所饮，因下楼闲谈。

3月4日 (辛酉　廿八日) 星期四

晴寒，夜半雨。依时入馆。续撰条子。恂如到馆，西谛亦来，因与予、村、调及余共过同华楼午饭，各摊卅二元。(近日饭馆之奇昂可见一斑。)饭后归馆，知雪山已抵宁，即将来沪，子如已往车站接候矣。少顷果来，四年未见，一旦握晤，转无言说，但感欣慰而已。夜归小饮。饮后与村、山长谈，十时始寝。下期米面配给票已取到，开始加搭油、糖、杂粮证。

3月5日 (壬戌　廿九日) 星期五

阴雨。依时入馆。接向之信(昨日到)，属代洽饬取北平寓中《明通鉴长编》存稿并告保文堂作梗事。接一月廿二日总沪二号函，附来士皵廿二日不列号书，近况尚可。午与村、山、予、调饭同兴楼，余及村、予、调各摊廿七元。袁西江来谈，保文堂已无问题，因先将酬金联银券千元付之，先令具收条再来取款。夜归小饮。饮后与雪村长谈。(西谛来。)

3月6日 (癸亥　惊蛰　初一日) 星期六

阴，午后雨，间以雪花。依时入馆。寄硕民，问近状。(前寄铁瓶巷之信，由局退回，故此次改寄南显子巷育英女中圣南收转并将前信附去。)西谛来，因约村、予、调过会宾楼吃薄饼，各摊十元二角。午后寄洗人癸沪五号函，复总沪二号，附去村、山手书及稽单等。寄皵、清竹报癸九号，复一月廿二日信，仍询前寄合家欢照片

收到未。寄芷、汉竹报癸五号,附尘十三号询近状。致坚吾,送国
光约稿属转书麟阅定。袁西江以保文堂收条来,即以联钞千元付
之,即函向之告此事,并允代饬妥人取平稿。接一月十五日歗、清
桂沪六十七号书,附致士文信及济群上余书。夜归小饮,与村、山
共酌。又接一月廿一日业熊来书,知前此所寄合家欢照片均收到,
为之大慰。

3 月 7 日(甲子 初二日)星期

晴。西谛、济之见过,移时去。钞《观古堂书目》。午、晚俱
小饮。

3 月 8 日(乙丑 初三日)星期一

晴。依时入馆。接诚之三月六日来信,复告偶婴胃疾,愿闻前
约条件。坚吾来谈国光约。寄歗、清竹报癸十号,附漱、林六十七
号(复来书六十七号),附代添印照片去。森玉来,知不日北上,特
托代为照拂平中洽取吴向之《明通鉴长编》事,西谛与同来,有顷,
森玉先去,余则与谛、调、予共饭于会宾楼,摊十六元。下午三时出
席开明廿四次董事会,达君、丏尊、予同、雪村、雪山、守宪、五良俱
到,决议增聘范允藏为本公司襄理,任驻渝代表。六时散,合宴于
致美楼,道始亦到。适向之母君客二太太及派同护稿偕来之张君
(名恩光,向之旧属员)来访,因邀同席,夜深乃归。

3 月 9 日(丙寅 初四日)星期二

晴。依时入馆。缮正国光契约。与吴氏代表办妥交稿事,洪
武至成化稿本一百七十八册先交到,允酬护送旅费及下赏储币一

千元书价,再付联银券三千元,折合储币一万另八百元,另由银行
汇宁馀数联银券六千元,约定俟北平存稿交清后再汇平。西谛、乃
乾来,仍饭于会宾楼,予同、剑三、调孚同往,摊费十五元。散馆时
与乃乾同行。夜小饮。

3 月 10 日（丁卯　初五日）星期三

　　晴。依时入馆。办出董会纪录。付二月份电灯费卅七元三角
七分。寄向之快函,告即有双挂号信发出,望细检始签回单,旋发
此函详告,与张客洽谈经过并附去华兴银行 D. D. 一一六五号支票
一件,计款一万另八百元。午与村、恂、予、调共饭会宾楼,摊费十
二元。复柱流勉慎司榷政。复诚之约编两晋南北朝以次各史拟千
字酬卅元为稿费征询同意。为书业公会拟呈工部局请免造货购纸
复征零售捐。散馆与予同同行。夜小饮。饮后下楼与雪村、雪山
长谈内地各分店情形殊欠佳也。

3 月 11 日（戊辰　初六日）星期四

　　晴,午前后曾有阴翳。依时入馆。续撰条子。仲安来,即以国
光约交之。雍如见过,谈有顷辞去。接硕民十日复信,属此后转信
托靖澜。接向之十日信,催张等归去。西谛、济之来,因约恂如、雪
村、调孚及余共饭于会宾楼,予同以事他适,未与。饭后与济之偕
访濮文彬,托绍介批卖学生用字帖。西谛为我购得日本缩印明肃
藩本《宋淳化阁帖》十一册,计一函,甚精,价四十元。夜公宴雪山
于大利酒楼,五良、道始、守宪、达君、予同、丐尊、雪村、索非及余作
东,道始以事冗未克至,属介丞为代。看馔精美而丰腴,近年所未
见,而席价亦只六百元,非道始特别关照不为功,极为满意。席散

已八时半,即与村、山、索同乘以归。

3 月 12 日(己巳 初七日)星期五

晴。今日中山逝世纪念休假。午前写小楷一纸。午后钞《观古堂书目》。夜小饮。早睡。

3 月 13 日(庚午 初八日)星期六

晨大雾,旋开朗。依时入馆。接向之三月十一日书,告张君及其母君归,谢招待,附致梁众异、柳小鹤信各一,属就梁径取《乾隆以来系年要录》首尾册,余仍寄柳并取之,因即作函转道始,并告前晚聚饮之乐。坚吾来邀于十五日出席纸张公司创立会,余以非股东,不便参临,辞之。竟让股二千元授余,必欲邀往,不得已许之,惟筹此股款一时殊感为难耳。接绍虞三月七日书,告曾有一信先寄(未见到),刻正部署一切,四月初准到沪顺介赵有甫。接诚之三月十二日书,复告续编通史当先征宾四同意,如齐大可放弃,决为开明任之。寄洗人癸沪六号附雪山手书及单据。寄敫、清竹报癸十一号(即附范书去),附漱致熊、鹤末二号及莹致珩、璋书(莹前晚来小住,今午归去)。乃乾、西谛来,同饭于会宾楼,雪村、予同、调孚偕摊费十一元六角。散馆时与雪山同车归。夜小饮。睡眠欠佳。

3 月 14 日(辛未 初九日)星期

晴,午后阴。今日为余五十四岁初度,文权率顯、预两孙来,淑侄亦来,午间合家吃面,晚饭后权等乃去。西谛、济之来谈,有顷去。钞《观古堂书目》。夜小饮。

3 月 15 日（壬申　初十日）星期一

晴暖。依时入馆。晨过坚吾、文彬，缴股款千元。午后坚吾来，谓馀款千元不必再付，已代缴出入账。（事等红股，坚却不果，只得受之。）寄复绍虞，婉却肖甫之请。复诚之，拟自四月起月支千元润笔稿费，字数可俟将来统算。接洗未三号（一月廿七）未四号（一月廿八），附来总通函三号、四号及敦廿八所附不列号信。接祥麟二月十三信，知缪、陈两款已办出（想其后各笔亦已赓办），并附上雪村书。午后三时半过杏花楼东厅参加上海纸张公司创立会，至五时始开成，坚吾、文彬、书麟、啸水等当选董事，余以九百种得候补董事。七时晚餐，十时许始归。珏人咳呛甚剧，余通宵失寐。

3 月 16 日（癸酉　十一日）星期二

晴。依时入馆。为道始作函稿致梁众异，索取向之《乾隆以来系年要录》稿本首尾册。（道始电话见托，即为拟成，专足送去。）西谛来馆，即去。接向之三月十五日信，告汇款已到，仍存华兴银行，限制多提云。午后往坚吾所，为整理昨日各纪录。四时予同偕雪山及余过牙医师陈声远诊齿，谓余须拔去两枚、镶六枚，雪山则须装十九枚也。旋与予同步行，偕返至霞飞路、马浪路口而别。珏人今日就诊朱绍云（子云之子），服平肝化痰之剂，略见好转。接芷芬一月十八日沉一号信及汉十九日信，知元章已离开明。接清一月廿九日桂沪六十八号信，详告近状。接圣陶二月十二日蜀沪八十三号信，附来国立编译馆拟印行《十三经新疏》缘起询意见，并属划款，分还丐尊及红蕉。夜小饮。

3 月 17 日(甲戌 十二日)星期三

晴暖,夜半雨。依时入馆。予同转述声远言拔镶牙齿等费须六百元,只得作罢。取款,代圣陶分还丐、蕉。午与村、予共饭会宾楼,摊九元四角。(日来所费,此为最廉。)乃乾来。袁西江为西谛送书来。夜归小饮。珏人仍服药。

3 月 18 日(乙亥 十三日)星期四

阴雨,午后晴。依时入馆。续撰条子。西谛来,与雪村、调孚共饭于会宾楼,摊十元。饭后返馆,途遇范行准,偕入馆长谈,旋与西谛偕去,开明即以酬西江之千元托谛带交之。濬儿电话询母病,即以痊可告之。电约道始,明晨九时往谈。闻老太太昨来,住余家,今日午后去。夜归小饮。

3 月 19 日(丙子 十四日)星期五

阴雨,东北风大作。晨与雪村同过道始谈,座遇尔,皆五年不晤矣。旋过仲祜谈《尔雅诂林》可商数事,仲祜深致歉蔽过于照手,余等允为修改以善其后,似甚见感。近午返馆,值雨,即乘丁氏之车以行。西谛来馆,因与雪村、予同共饭于西南酒家,摊费十二元五角。饭后过访坚吾、文彬,托介绍石印人家及购置纸张。返馆后续撰条子。接诚之三月十八日复信,允专心撰述并托于四月上旬代付姚、吴两君四百元。夜归,开坛小饮。

3 月 20 日(丁丑 十五日)星期六

阴,午后雨。依时入馆。西谛、乃乾先后来馆。予同为我携到

来薰阁托致之日本缩印明《馀清斋法帖》一函,计卅五元。坚吾来
邀雪村、均正及余饭杏花楼,并约许可、文彬谈。(温州矾窑可集资
开发,拟计划组织公司。)饭后返馆,寄洗人癸沪七号附村手书,复
未三、四号,附去稽单等件。寄敉、清竹报癸十二号,复一月廿八、
廿九信,附漱、林六十八号。寄芷、汉竹报癸六号,附尘十四号,复
来书沅一号。寄祥麟复告傅款有缠,请再查告并附村致允臧信。
寄诚之复允照办。散馆时,冒雨步归,下衣尽湿,车挤,不得上,甚
恚。夜小饮。

3月21日(戊寅　春分　十六日)星期

阴霾竟日,午后尝有细雨。竟日未出。午后珏人挈漱儿往看
话剧《倾国倾城》,抵暮乃归。漱石、笙伯母子来,夜饭后去。燮荣
来。道始来。夜与雪山长谈,十时始寝。

3月22日(己卯　十七日)星期一

晴,午后阴,夜雷雨。依时入馆。接绍虞三月十七日信,告引
得诸书已陆续付寄,本人四月初即来沪。西谛来,午间与雪村、予
同、恂如及余饭老半斋,唉砂锅牛肉及红烧刀鱼,甚佳,摊费人廿七
元。余将续谋斥书,西谛愿为绍介,先慨假八百金属购备米粮,挚
情可感也。接清二月十四日致滋及十七日上余桂沪七十一号书各
一(六十九及七十号未见),告近状,属助于鸿寿成行。接秀棣二
月十九日信,告六千划款已到仍询津款汇出否。还调孚代购澄化
阁、馀清斋两帖,价七十五元。恂如与雪村有误会,约余往冠生园
啜咖啡,微吐不快,余力解之。夜归小饮。西谛复来。

3 月 23 日（庚辰　十八日）星期二

阴雨有风。依时入馆。寄圣陶沪蜀八十一号书，复来书七十九及八十三号，告丐、蕉款俱代还，兼告摺存现数并畅论国立编译馆印行《十三经新疏》之无聊及其逢时助恶之可耻。（原目浅薄无家法，竟大吹大擂，张目努唇，以谓民族精神之所托，其为迎合时尚，锐意美新无疑，发而辟之，实不为过，因略抒其绪，属内地好事者为文揭之。）接向之三月廿二日信，询《要录》首尾册取到否，希先汇一竿供北上用。接绍虞三月十九日信，告续寄引得并告或有小款及书稿到沪托代收存。续撰条子。西谛来，未与偕饭。坚吾、许可来，与雪村及余谈矾山事。夜归，雪山邀饮，与孙怡生、雪山俱。腹泻。

3 月 24 日（辛巳　十九日）星期三

晴。依时入馆。续撰条子。乃乾来馆。午啖生煎馒头十七枚，价五元。绍虞所寄引得各书到，即复之，并托再购《论衡通检》。散馆后赴坚吾约，与雪村偕夜饮长谈，至十时许乃归。

3 月 25 日（壬午　二十日）星期四

晴。依时入馆。续撰条子。济之、西谛、乃乾来馆，午间余及予同、调孚偕之同过老半斋饭，摊十八元三角半。代道始复向之，告《要录》未取到，款已汇平，未便倒提。（午前道始电话来，告北平六竿已汇出，每元三元九角，计合二万三千四百元，属即送福煦路广新银号项家瑞收。款已送出，午后又来电话，谓前途以市价剧涨，须每元四元四角计矣。事未落拍，恐有纠葛也。）四时半坚吾、恕可、耕莘俱集畅谈温州明矾运输推销各事,谓可集资组织公司以经营之。抵暮,耕莘去,余等四人过马上侯小饮,九时许始归。家人告余潘儿于今日午后三时半举一雄,珏人已往照料,今夜将留宿彼处云。余为大喜,即枕上为命名昌硕,并以此儿亦与其父同肖未,父子相距三肖,正与余之生润同,因又呼之为小同,明日将走告文权、潘华也。

3月26日（癸未　廿一日）星期五

阴。晨出走视潘母子并以命名及乳呼告之,少坐便步行入馆。接以中三月廿四日信,托询石公、西谛回音,适西谛来,因以此函交之,并为小同请让所储代乳粉一听,午后即属金才往取径送潘所。接向之三月廿五日信,属所汇六竿勿托他手,须亲提。午吃馒头如前。看予同所假金息侯《近世人物志》。午后三时许觉形寒,坐待至四时许归,途次又值雨。到家极不适,草草晚膳后即睡,腹胀欲泻,又不畅,颇苦。

3月27日（甲申　廿二日）星期六

阴,时有细雨。晨强起。啜冲鸡蛋一枚。未入馆,坐斋稍息。午啜粥两碗,然后入馆。寄范翁癸沪八号,附去稽单等件,又附寄敷、清竹报癸十三号附滋、湜信,复来信七十一号,并告六十九号及七十号未见,兼告鸿寿以往洽商情形,俟其来见时当协助之。添衣减食,竟渐平复。珏人归。西谛来视,约明晚过饮余家。是夕仍早睡。雪村告余恕可、坚吾所属组织中国明矾股份有限公司事,已将计划书、招股章程及公司章程草案拟就送去,并被拉为发起人云。

3 月 28 日（乙酉　廿三日）**星期**

晴有风。接硕民三月廿五日黄埭信，知圣南已赴大庾，今后将益见孤单，甚念之。午前济之来，因告今晚六时约西谛小饮，邀同来，旋去。午后钞《观古堂书目》毕第三卷，开钞集部。傍晚济之、西谛先后来，因共饮，长谈至八时许乃辞去。

3 月 29 日（丙戌　廿四日）**星期一**

阴雨。今明两天随例休假，乘此可得憩息，亦大佳也。竟日未出。钞《观古堂藏书目》。莲僧饬应宝送美亚出品衣料一端。珏人晨往澝所，尔后雨中还。夜小饮。看《悦心集》伴睡。

3 月 30 日（丁亥　廿五日）**星期二**

晴寒。接圣陶二月廿五日蜀沪八十四号（昨已到，今晨雪村见交），复此去七十八号（七十七号未提，想尚未到），附致丐、村、调、予、蕉诸公。丐尊、雪村、西谛来谈。午后钞《观古堂藏书目》。夜小饮。

3 月 31 日（戊子　廿六日）**星期三**

晴，仍感寒冷。依时入馆。接东润二月廿三日复书，告《史记考索》清样已到，惟略有短缺。接诚之三月廿九日书，附致姚、吴两君信，托代划四百元与之。寄硕民复询圣南行后情状。寄以中，附西谛复书，告住所有着。致莲僧，谢送衣料。午与予同、雪村共饭于西南酒家，摊费十二元三角。买红茶一斤，六元一角。买开士末烟一条，十八元。道始电话谈定汇平联钞六竿，决以每元四元三角计,又找去储钞三千四百元,五时饬金才径送国际饭店八一九号道始手收。至是向之稿费都了矣。(或尚有杂费,须稿到再算。)午后续撰条子。接聿修一月廿七日建阳来信,告近状,并告其弟去夏染疫死矣。夜归小饮。盈儿校中今日往兆丰公园旅行,特属同儿伴护前往。(同、复两儿昨已偕往公园游过。)

4月1日(己丑　廿七日)星期四

晴。依时入馆。致仲祜,还备忘录,顺询《群雅诂林》等何日可竣事。向公司支暂记五百元。致济之,开托售书价目。午坚吾、恕可来,约与雪村同饮马上侯,谈矾山事。付清予同所取来之书价一百十七元。夜归小饮。左下颚第二臼齿动摇经年,今夜睡前忽箪去,甚松快也。

4月2日(庚寅　廿八日)星期五

霾,午后晴,薄暮雨,入夜加甚。依时入馆。复诚之,寄姚、吴收据并告依属汇常六百元托虞增尧转交。登陆近日图书馆所收诸籍。午啖炒米粉。午后为纸张公司拟文件。续撰条子。西谛来。达君来。乃乾来。四时半耕莘、恕可、坚吾、啸水、徐百齐、王文彬等齐集复轩,详谈明矾公司事,恕可与耕莘意见不同,无结果。夜共饭杏花楼,耕莘又不到,恕可声言作罢,盖已臻决裂地步矣。此事雪村邀约耕莘参与,未先考量两方性格,致有此矣,实为多事。九时许散,已甚雨,乘廿二路公共汽车以归。

4月3日(辛卯　廿九日)星期六

阴雨。依时入馆。复书慰聿修并属代候柏丞。寄圣陶沪蜀八十二号,复来书八十四号,告硕民父女近状并询七十七号去信到否。寄洗人癸沪九号附稽单等件。午与西谛、雪村共饭西南酒家,摊费十二元。午后乃乾来,济之来,即以前在蕴华阁所取书价四十七元还济之。寄芷、汉竹报癸七号附尘十五号告潜生子。寄敦、清竹报癸十四号,询近状并询熊、鹤、堉好否。接炳生二月廿六日江山信,询何玉璇存款如何处置,即复函属划归总办事处入账,附去稽单照洽。接张恩光三月卅一日北平信,告向老平寓存稿已扫数交与来薰阁矣。廉逊来,雪村邀同过饮三泰成,余同往,晤陈稚珪谈燕至九时乃散,冒雨乘车,仍濡衣湿履。

4 月 4 日(壬辰　三十日)星期

晴。钞《观古堂书目》。午后三时,赴坚吾所列席纸张公司第二次董事会,被推为董会秘书。六时许散,坚吾坚留饮,长谈至九时许始归。笙伯来晤谈,为翼之长女订婚邀珏人往苏州吃酒,十时许辞去。

4 月 5 日(癸巳　清明　初一日)星期一

晴,夜雨。依时入馆。接向之四月三日双挂号信,寄到《乾隆以来系年要录》稿本首尾册。接绍虞三月廿九日北平信,告儿疾,暂滞,俟痊即行,中旬必可到沪,托取戴款千元汇苏购储米粮。午与西谛、予同、雪村饮三泰成,摊卅五元。遇雪村同乡阮伯康,再饮至二时半始返馆。夜归复小饮一杯。昌顯随珏人来小住。

4 月 6 日(甲午　初二日)星期二

阴雨。依时入馆。得西谛电话,知向之留平稿本已由来薰阁代邮递到,属往检数,因偕调孚同往查看,即饬金才取回馆中。午与西谛、济之、予同、雪村饭同兴楼,摊十二元二角。饭后检理吴稿,颇累。写信告道始,请将汇平之款如何取提见告,系复向之并代复张恩光。夜归小饮。看新购《戏鸿堂法帖》。

4月7日（乙未　初三日）星期三

阴雨风吼。依时入馆。道始电告汇平之款手续已办妥,约明晨过谈。调孚接圣陶三月四日蜀沪八十六号信,附通讯录第八号。午啖热鸡卵三枚,未出饭。续撰条子。夜归小饮。漱石、在坚邀珏人赴苏。

4月8日（丙申　初四日）星期四

晴,风中仍寒凛。清晨出访道始,洽妥吴款。十一时入馆,即写两信与向之,先发一快信,告存平地址,次发一双挂号信寄凭单去,请依骑缝印鉴洽提。午前西谛来,因与雪村、予同及余共饭西南酒家,摊费十二元五角。午后为公司送二百元,贺纸张公司开幕。泉澄来访,告将改就工部局育才公学教席。为子如等写幛光送章母寿。夜归小饮,初尝香椿头。

4月9日（丁酉　初五日）星期五

晴。依时入馆。（在未入馆前偕调孚访剑三。）复诚之,告版税已径汇出,原结单附还存核。付三月份电灯费卅二元另三分。续撰条子。是日祀先,午归饭,饭后仍入馆。夜归小饮。七时至九时本区防空演习,息灯默坐。

4 月 10 日（戊戌　初六日）星期六

阴晴间作,傍晚微雨。依时入馆。调孚访起潜归,携到起潜所购《三松堂书画记》及《吉云居书画录》各一种,深感之。午与雪村过生义兴唊卤子肉面及百叶包,计七元五角。续撰条子。道始电话,托为袁愚泉拟谢信。接以中初音无锡信,告二十日可到沪。戴小姐来,交到绍虞款一千另七十六元,即以千元属子如代汇苏。珏人挈滋儿偕笙伯于下午三时乘车赴苏。夜归小饮。与村山长谈。

4 月 11 日（己亥　初七日）星期

晴,风声喧屋。晨为道始代袁拟谢信。八时过坚吾、文彬贺纸张公司开幕。九时过大利酒楼贺雪村太夫人七旬晋九寿辰,致仪二百元,漱、润、湜三儿俱从。晤道始,即以拟稿交之。午后归,为剑三题手临《心经》。夜小饮。看《近世人物志》伴睡。

4 月 12 日（庚子　初八日）星期一

晴。依时入馆。为绍虞致书苏州凌敬言汇去千元,属代购储米粮。致来薰阁,谢为吴向之稿洽取转寄代劳诸事。接翼之四月九日快信,邀赴苏小叙。其实珏人已往,此信迟到。寄洗人癸沪十号,告章母称觞代送礼分,附子如条,询各分店营业数。寄圣陶沪蜀八十三号附调孚信,复来书八十六号告八十五未到,并告章母称觞代送礼分。晚归小饮。今日开始防空演习,闻须四天,相当紧张。

4 月 13 日（辛丑　初九日）星期二

晨阴旋晴。依时入馆。复绍虞慰其子病,属悉心调护勿遽叱

驭,并告苏款已于昨日汇出。续撰条子。午邀村山饮会宾楼,用五
十元,酒当系村自带者。晚归小饮。接汉二月十二日发汉二号书
(一号未见),知芷脚患外症,锴出痧子已愈。接嘉源四月十日六
直信,知近就西涨汇乾泰油饼号事。夜管制灯火,早睡。

4月14日(壬寅　初十日)星期三

　　先阴后晴。依时入馆。接诚之四月十二日信,知两次汇款都
到,体气已渐复元。通函在沪董监定四月十六日下午开廿五次董
事会。为杨金华书汉学书店市招。仲云过,少谈即行。君立来,
午与村、予及余共饭西南酒家。今日漱儿生日,晚归小饮。进面。
叶瑞庆自长安来。接清三月十三日桂沪七十三号书,致其诸弟妹。
道始傍晚见过,食面而去。夜仍管制灯火。

4月15日(癸卯　十一日)星期四

　　晴。依时入馆。续撰条子。午与予同、雪村过生义兴唻卤肉
面,用七元六角。坚吾来谈。晚归小饮。仍为管制灯火暗坐与雪
村谈。正紧急警报中,珏人、滋儿、笙伯叩门归,盖乘车至八仙桥始
闻警,遂下车步以归也,此行在苏五日颇感困倦云。是夕笙伯即下
榻余家。

4月16日(甲辰　十二日)星期五

　　晴。依时入馆。续撰条子。午唻所携苏州枣泥饼两枚,未出
食后四时开廿五次董事会,除道始未到外,在沪董监咸集,决议
划分内地与上海为两部,规定常年开支预算及储备复兴工作经费
等,股息亦可借支一分云。夜聚餐于杏花楼,七时许散归。接向之

信,告《长编》缺卷十八册,即将检寄。

4 月 17 日(乙巳 十三日)星期六

晨细雨终霾,夜又雨。依时入馆。接向之寄稿十八册,即复书谢之。寄怀之、翼之、震渊,为珏人谢扰。为予同写信,交曹未风,托致晴帆,请照料。整理董会纪录,送请达君加签。西谛、济之来,旋去。寄洗人癸十一号,附村书及寄敫、清竹报癸十六号,告漱等将有书别寄。寄芷、汉竹报癸八号附尘十六号复慰芷足疾,并属善护锴孙病后。接祥麟三月六日信,告迭次划款均办出,即复之并附村书。晚归小饮。

4 月 18 日(丙午 十四日)星期

阴雨。为漱儿请假及论马迪凯延展授课时间事,致书徐慕时。复嘉源,慰安心耐守。下午笙伯、瑞庆、文权来,俱夜饭后去。整理架书。丐尊遣人来招,因与雪村同往,晤坐客马夷初(叙伦)。其人久知而未之见,身材不长而品貌甚高,格极清,与谈所著《说文六书疏证》出版事,略有眉目。小饮,进面。傍晚守宪至,夷初去,余亦归,到家复饮。夜看阁帖。

4 月 19 日①(丁未 癸巳 朔 十五日)星期一

阴,旋晴。依时入馆。接苏州凌殿村梅信,谓敬言返乡郭款已代收。西谛来言近日纸贵,沪上小厂每高价收买纸脚。人家之无知者贪近利,辄将架书秤与之,即老贾亦不免。今日见有中国书店

---

①底本为:"巽斋日记第四卷"。

底货一批并非残缺,其中颇有佳本,竟以四千元售与收纸脚者,即将车送纸厂轧碎复制次纸。慨以六千金拯拔之,交汉学书店杨金华理存待沽。余笑谓此举足以媲美当年罗叔言之抢获内阁大档也。因忆乃乾日前亦有见告,谓杭州书贾颇有收买洋装书册(德法英文书籍俱有)撤去硬面,将其中道林纸部分分打邮包寄沪作纸脚,求善价者。呜呼,变相焚坑之祸烈于祖龙远矣。(闻商务书馆之《四部丛刊》百衲本"廿四史"、《续古逸丛书》等之母版铅皮俱为人强车门去且有立即磨去字迹取用铅皮之讯,是真文献之浩劫非意想之所及者矣。)午与雪村、予同、西谛过来薰阁,携酒呼肴就饭焉。人摊卅元,颇见趣。卅一年度董监酬劳支得千元,卅二年度车马费亦得千元。芷芬前汇馀款二百另五元,即交振甫属汇芷母。晚归小饮。夜入书巢抄《观古堂书目》。

4 月 20 日（戊申　十六日）星期二

　　晴,夜雨。依时入馆。接圣陶三月十九蜀沪八十七号书,附昌群诗及吕叔湘译文。西谛来,即将前假八百金还之,并代潏还代乳粉价百金。济之来,托介绍入书业同业公会,即为办出。续撰条子。午后雪山来,知雪村将入内。晚归小饮。知瑞庆已归去。漱儿告余接曹冠三信,已在德安与人结婚。此人本不可靠,今自脱以去,极快。夜与村、山长谈,觉开明人事前途殊见黯淡也。

4 月 21 日（己酉　谷雨　十七日）星期三

　　阴。依时入馆。续撰条子。托调孚还讫来薰阁书账三百六十元。接圣陶二月廿八日蜀沪八十五号书,复去信七十九号,又三月廿四日蜀沪八十九号书,复去信八十号,附佩弦和诗并怂恿努力作史。以中来,携到康柏手书。十年不见,思与日积,得此至慰。晚归小饮。接熊、鹤二月十一日元三号书,告堉孙弥月汤饼会情形。恂如遣人来假《戏鸿堂帖》,即检与之。村、山来叙谈,已决山先携眷入,村须后,于公司事山仍执故态,颇与村争持。

4 月 22 日(庚戌 十八日)星期四

晴,夜半阵雨。依时入馆。检来青阁昨送来之杨丕复《舆地沿革表》,缺页极多,且有蛀破,乃索价竟至二百元,即退还之。接绍虞四月十七日信,告儿病已痊,五月初或能到沪,《论衡通检》已代购得。接圣陶三月廿一日蜀沪八十八号书,补到佩弦初和之诗。西谛来,午间去。起潜来,交所撰明版图录稿。午后济之来,托代购匣藏薰蛎黄。乃乾来,出示所撰《上海书林梦忆录》。以中来,长谈助修《河北通志》事。坚吾、彦宾来。晚归小饮。

4 月 23 日(辛亥 十九日)星期五

阴,时有细雨。依时入馆。续撰条子。西谛来,即去。济之来,带到蛎黄。(午后即以代价廿元饬金才送去。)调甫来长谈。廿一年度特别津贴(日前董会所决加给全公司同人者)今发出,余得九百九十元,归遗细君,稍弥前亏。夜小饮。饮后入书巢钞《观古堂书目》。

4 月 24 日(壬子 二十日)星期六

阴霾竟日,晨雾四塞。依时入馆。续撰地名条子,毕口部,以后将移家纂述。以中来,适西谛先至,因得相叙,为助修《河北通志》事余介乘六任之。午与雪村、予同、西谛、以中饮三泰成,畅谈一切,午后归馆,已薄醉,竟不及写信。晚与予同、雪村步以归,到家即小饮。珏人为潘儿产子满月赴视之,余令同儿于夜饭后往迎之。钞《观古堂书目》至十一时珏人始归,盖为文权等遮留打牌也。

4 月 25 日（癸丑　廿一日）星期

晨阴,近午放晴。漱儿偕其女同学往游江湾叶园。村山过谈,知山船票已购到,定四月廿九日行矣。鸿寿来谈,未久即辞去。士敫生日,其家送面六碗来。钞《观古堂书目》。开始在寓撰地名条子,自口部起。与雪村洽以后在馆专任斠订吴向之稿,条子则移归以余时为之,聊补升斗,亦凶岁之别计矣。漱石来,夜饭后去。潘儿产子满月,今日挈预孙归省,饭后便去。夜小饮,漱儿八时始归。

4 月 26 日（甲寅　廿二日）星期一

阴,傍晚雨。依时入馆。以中来,西谛来,旋同去。接洗未六号(二月十二)、七号(二月十二同发)、九号(三月廿七),复此间迭次去信,告最近动态,并论划款明藏事。(言下颇讶,此间措施欠矜重。)顺告林憾庐竟以咳疾客死。(附来旬报总四号、九号,颇有断缺,又总通函十号、十一号发布第五次调整薪给办法及发给卅一年度奖金。)接清四月十三日桂沪七十六号书(其间断缺甚多),告分得奖金千三百元,即划交余,以五百奉余及珏人,八百储为四弟姊下学期学费之用。其忱可嘉,而款至此间只有一半,殊感肉痛,即寄竹报癸十七号,复告家中琐事,并戒后勿再划款来。附漱、林七十号书及润、滋信,又别笺复熊、鹤。寄芷、汉竹报癸九号,专询芷足疾。(清书转述芷肛门口有核,须割治,益焦急,然得复须两月外,亦徒虑。)寄洗人癸沪十二号,复告此间近状及余纂述情形,附雪村手书告划款动机及经过,顺告雪山定四月廿九日成行。寄圣陶沪蜀八十四号书,复告近状,并谢鼓励述作。(附村、丏、调信。)晚归,接硕民四月廿四日黄埭来书,复告圣南已抵歙县,不久当可到大庚也。小饮后入书巢撰地名条子,凡得十二则,并昨所撰共三十二则。九时就寝。

4 月 27 日(乙卯　廿三日)星期二

终霾,傍晚又见细雨。依时入馆。斠订《乾隆要录》,以《清实录》《清史稿》《东华录》等参核之。西谛来,持赠《十国春秋》二十册,即近日拯自纸脚厄中者,可感亦可慨也。晚归小饮。接清二月十三日寄漱桂沪七十号书,告腊尾年头情形。雪村过谈,出示敫三月十九日来书,于公司各分店近状颇贡危言。夜入书巢撰地名条子十则,十时就寝。睡至子夜身感不快竟醒,则窗外电掣,须臾雷鸣,大雨如注,自是达旦不休。年未就衰而于大气变换之敏感已捷于影响,殊可惧也。

4 月 28 日(丙辰　廿四日)星期三

晨雨,旋止,终霾,础润于油,入夜遂雨,兼风吼。依时入馆。斠订《要录》。接勔初四月廿五日函,谓其婿应君仍有千元将自苏汇沪,再托余代汇天津韩青溪,即复允照办。接四月七日洗未十号,备陈力持艰苦状,微露去意,仍勉雪村矜重,一切须稳扎稳打。(附致舜华函。)余深感其言,叹人事之难处有非想象所能得者,奈何?接清四月八日桂沪七十七号询七十六号划款到未,并附敫同日上其父书,又多所陈述。接凌敬言四月廿二片,告郭款已早收且

代购备米粮矣,因寄书绍虞,复告一切并慰其子女就痊兼申望来之
意。午后西谛见过,又携赠光绪刻本《水道提纲》,亦拯出之劫馀
也。题端记此因缘,弥足珍爱。晚归小饮。饮后与村略谈。仍入
书巢撰条子,甫及四则,闻警报,恐管制灯火,遂罢。

4 月 29 日（丁巳　廿五日）星期四

晨阴地湿,旋开霁,北风甚大,午后遂畅晴。依时入馆。斠订
《要录》。雪山携眷行,道出宁波。昨晚馆接向之信,知今日赴平,
属知会中原粮栈,俾取款。(其实手续具备只待本人凭取。)午后
乃乾来。晚归小饮。夜就书巢撰地名条子十二则,九时归寝。

4 月 30 日（戊午　廿六日）星期五

晴暖,薄棉犹燠。依时入馆。接四月廿四日绍虞北平信知儿
疾已瘳。(其中第三女孩已失明,谓尚有善疗复明之望。)惟己为
中大所拉,须暑假初始克南还也。午过潗儿饭,抱硕孙片晌,珏人
亦在。午后余复入馆,珏亦言旋。寄洗人癸沪十三号复洗未十号,
力陈向拱之殷,劝勿遽萌退志,附寄敔、清竹报癸十八号,复来书七
十及七十七号,查告信号缺漏及漱将另寄信。寄芷、汉竹报癸十
号,专询芷疾并滋儿附信。晚归小饮。夜与雪村长谈。

5 月 1 日（己未　廿七日）星期六

晴暖。劳动节休假。入书巢,撰地名条子卅四则。晚小饮。
神不甚爽,因与同儿外出散步,以风作感冷折回。早睡。漱儿偕敏
燕出看电影,九时归。

5 月 2 日 (庚申　廿八日) 星期

阴霾,旋开朗,转暖。就书巢撰地名条子三十则。笙伯来,邀滋儿同往江湾看赛会。(久禁不作,今嘘扬死灰,强饰升平,可叹亦复可悯。)雪村、丐尊先后来谈。傍晚与雪村过饮权所,为硕孙弥月宴客,到红蕉、雪村夫妇、漱石、笙伯、佐青、漱、同、冬等合余夫妇及权凡十二人,合一席,菜由绿舫船菜社承办,尚精洁。八时许散,余与村、蕉、冬、同先归,滋亦早返矣。有顷,珏人等始归。子夜后又雨。

5 月 3 日 (辛酉　廿九日) 星期一

阴雨,旋开霁,颇闷热。依时入馆。斠订《乾隆要录》。西谛来。乃乾来。接四月十二日洗未十一号,询雪山到未,仍持勿铺排。附敫上村书、总沪公函七号、旬报十号及稽单等(《中国历史地理讲义》版税七十馀元转到。)接圣陶四月廿六日蜀沪九十一号书,告中志必移川,顺告渝同行情状,劝村入内。晚归小饮。夜就书巢撰地名条十二则。归寝时,为复、盈争斗生气。

5 月 4 日 (壬戌　初一日) 星期二

晴暖,御夹犹重。依时入馆。斠订《要录》。西谛来。午与村、予、谛饭金陵酒家。霞飞坊住所外来谣言甚盛,谓即将全数迁让,竟劳知友过存,极感。昨日接中国营业公司满约通知,据之往例即待续约,初无交屋之言,似尚按照常轨办理者,或不致如所传之严重耳。晚归小饮。夜就书巢撰地名条子十七则。

5月5日(癸亥　初二日)星期三

晨阴,旋晴暖。依时入馆。斠订《要录》。西谛来。西江来。雪村致书洗人,复洗未十、十一号,告最近此间调整薪给情形。(五月一日起生活津再照原薪额加支百分之二百,其他各项悉如故,略符董会所定开支标准。)并钞告伊户下应存应除各项清单,仍力阻退萌。晚归小饮。夜钞《观古堂书目》。

5月6日(甲子　立夏　初三日)星期四

晴。依时入馆。斠订《乾隆要录》。西谛来。晚归,雪村邀过其所饮,共啖清炖甲鱼。接均一江山来信,告炳生赴桂述职并陈浙分店不可遽撤状,亦自有见。在馆秤重量,约一百二十一磅。

5月7日(乙丑　初四日)星期五

晴。依时入馆。斠订《要录》。西谛来。接诚之五月六日信,告本月汇款已到,宾四已辞齐大,将改就遵义浙大事,顺询《丛书集成》近有续出否。午与雪村、予同过森义兴啖小肉面及百叶包,盖连日食鸡蛋,今日未买到,且欲换口也。(摊费七元六角馀。)晚归,潜儿及漱石在,因共夜饭,饭后又谈良久乃去。余亦倦,于登楼即睡。

5月8日(丙寅　初五日)星期六

晴。晨与雪村偕过仲祜,将《群雅诂林》、《释名诂林》、《方言诂林》诸稿俱取归馆中,以待经手人王君,竟至十一时许卒未见。因即行车抵河南路,已十二时,遂过森义兴进面,然后入馆。西谛

来。济之来。寄洗人癸沪十四号,复总沪四号、七号函并附稽单等
件。寄圣陶沪蜀八十五号,复来书九十一号,并告圣南行踪及划款
收到后摺上现存数。寄敦、清竹报癸十九号附漱、林七十一号,询
近况。寄芷、汉竹报癸十一号附尘十七号,再询芷足疾已否就痊。
晚归小饮。接清四月十三日桂沪七十九号书告近状。接三月廿二
日沆二号汉三号,告店事忙迫,未提足疾,似已痊矣。雪村告余,
余散馆后代接道始电话,谓专问霞飞坊房屋风传之说如何,并云明
日或将见过云。夜登楼,坐书巢闲翻,未及撰条子。三日来倦于构
思,何昏惰中人如此乎?

5 月 9 日(丁卯 初六日)星期

晴朗。晨入书巢,撰地名条子十八则。文权、潘华挈顯、预、硕
三孙来省,俗所谓外孙移窠也,余抱硕片晌,甚可爱。西谛来,少坐
即去。午饮。饮后又续撰地名条子十三则。笙伯来。傍晚小饮。
饭后权等乘日光中归去,笙伯则在此打牌,至九时许乃去。

5 月 10 日(戊辰 初七日)星期一

昙,终阴。依时入馆。斠订《要录》。王俊林来,为《诂林》诸
稿事,村意送五百元酬之。西谛来,旋去。为调孚写幛光。耕莘、
五良、幼雄先后来。住屋续约签定,加租三十元。晚归小饮。夜饭
后就书巢撰地名条子十一则。九时归寝。

5 月 11 日(己巳 初八日)星期二

昙。依时入馆。斠订《乾隆要录》毕一卷,交调孚试排。复绍
虞,仍望早来。复诚之,希奋于撰述。复硕民,告圣南赴赣已转达

圣陶夫妇。晚归小饮。笙伯来邀看荀慧生《十三妹》,余惮于夜出,怂惠珏人往观之。就书巢撰地名条子十九则。九时许归寝。珏人、笙伯十二时后乃自戏馆归,以宵深留笙伯止宿焉。

5 月 12 日（庚午　初九日）星期三

　　风雨凌晨,午后时阴时雨。依时入馆。斠订《乾隆要录》。西谛来,旋去。晚归小饮。接四月十九日清致漱桂沪七十九号告近状,仍望同入内,附来洗致村未十二号书,于此间措施颇见责怪,目为跨大步云。两地暌隔,遽成障壁,不得不致慨于时局之囿人矣。夜入书巢,撰地名条九则。

5 月 13 日（辛未　初十日）星期四

　　晴暖。依时入馆。斠订《乾隆要录》。西谛来。晚归小饮。漱石在,因共饭。夜下楼与雪村、哲生长谈。

5 月 14 日（壬申　十一日）星期五

　　阴,午后晴,夜雨。依时入馆。斠订《要录》。接圣陶四月十五日蜀沪九十二号书,告川地风灾影响物价民生,偷风日甚,其寓所亦遭窃云。托代划版税与丏尊。晚归小饮。夜撰地名条子十六则。

5 月 15 日（癸酉　十二日）星期六

　　阴雨,午后尝晴,傍晚阵雨,入夜时作时辍。依时入馆。午前斠订《要录》。午后写信。寄洗人癸沪十五号,复洗未十二号由雪村附书,恺陈一切。寄圣陶沪蜀八十六号,复慰被偷,顺告近状。

寄敫、清竹报癸二十号附漱、林七十二号复两七十九号,顺告近日撰述情形。寄芷、汉竹报癸十二号复沅二汉三号,告迩来纂述状并询芷足疾究竟。晚归小饮。以气燠闷,倦甚,濯身挥扇,竟废握管。

5 月 16 日（甲戌　十三日）星期

阴霾,时见细雨。笙伯晨来,偕漱、湜往游昆山。抄《观古堂书目》。午后撰地名条子廿三则。傍晚小饮。薄暮出候漱等,良久不见来,因与滋儿于左近街坊散步,比归,则漱等已返矣。知湜初乘火车,一切均感新奇云。

5 月 17 日（乙亥　十四日）星期一

阴,午后昙。依时入馆。斠订《乾隆要录》。西谛来,因约雪村、予同及余共过金陵酒家午饭,用和菜四味六十元,连饭及小账适合一百元,摊派廿五元。午后接敫四月廿二日桂沪八十一号划三百元(折储币一百五十元),请代办衬衫等物备带桂。晚归小饮。潜儿、预孙在,夜饭后去。接四月二十日清桂沪八十号。分致漱、润、滋,谈近状。接四月十日芷信及汉四号信,寄近摄照片,顺告芷割治经过(肛门生瘤已割去),想见忙剧,甚念之。若蘅见过,将其尊人命慰问一切,至感。夜入书巢撰地名条子八则。

5 月 18 日（丙子　十五日）星期二

阴,午后昙,转凉。依时入馆。斠订《乾隆要录》。午与雪村过森义兴啖卤肉面,又增价矣,一面两百叶包,用八元三角。晚归小饮,身中欠适,早睡。珏人往视潜儿,归述其家为前数年门前饭摊事,捕房又往打麻烦,无聊滋扰,令人发指。胥役之害,其将终古乎!

5 月 19 日（丁丑　十六日）**星期三**

晴，仍见冷。依时入馆。斠订《要录》。晚归小饮。漱石来，夜饭后去。入书巢撰地名条子六则，身子不爽，殊无兴久坐也。道始电话约明晨过谈。

5 月 20 日（戊寅　十七日）**星期四**

晴。晨与雪村过道始谈，看近得批校书甚多，宾客坌至，亟引避。入馆，斠订《要录》。西谛、济之、乃乾先后来。晚归小饮。夜入书巢撰地名条子十则。

5 月 21 日（己卯　十八日）**星期五**

晴。依时入馆。斠订《要录》，尽第二卷。西谛来，午因与村同谛共饭金陵酒家，摊廿元。接清四月廿三、四日桂沪八十二号书，告此去癸八至十三号俱到，惟六号未到顺白芷芬，近为公事与洗人龃龉（颇见难处），殊为廑虑，远道竟莫名真状也。（附来致漱、同号书。）接诚之五月十九日信，复告丕绳、宽正近状，并告暑假后决谢绝一切教务，专意撰述。晚归小饮。夜饭后支筇散步于毕勋路等处，近黑乃归。掌灯后入书巢撰地名条子八则，九时即寝。

5 月 22 日（庚辰　小满　十九日）**星期六**

晴，午后阴，偶洒微雨。依时入馆。午与雪村饭西南酒家，各花八元七角。寄洗人癸沪十六号复总沪八号，附去稽单附件及收据等。寄芷、汉竹报癸十三号复四月七日来书，诚芷与人通问措辞宜检点,附漱儿旧十八号。寄敫、清竹报癸廿一号,复告此间近状,并告规箴芷芬在外不宜开罪长者,愿俱勉之,附漱、林七十三号及滋信。晚归,途遇细雨,衣未濡而地湿于膏,履袜尽渗。夜小饮。雪村赠余鲥鱼一段,蒸以下酒,极醰。接业熊四月十九日信,复此去癸八、癸九、癸十号,谢为升埒命名。夜撰地名条子八则,并抄《观古堂〈书〉目》。

5 月 23 日(辛巳 二十日)星期

阴,时雨,湿润。午前撰地名条子二十条。饭后抄《观古堂书目》。将暮,丏尊见招,因过之,则陈抱一所画弘一油画像已赫然悬壁,线条柔和,色泽温润,微弘一、抱一不作,此诚双璧矣。留饮共赏,并招均一来观,入夜始辞归。(济之来告,黄善夫《史记》已售去,共一千一百元,除去佣金百元,交到千元,极感之。)

5 月 24 日(壬午 廿一日)星期一

晨承昨夜之雨,颇有阴象,但终日昙照,竟未雨。依时入馆。斠订《乾隆要录》。午西谛来,因与村、同、谛共饮三泰成,二时半乃返馆。傍晚归,仍小饮。淑侄来省,询悉涵侄产后尚健,惟近有寒热,今幸已退云。夜饭后饬同送淑上车。撰地名条子十八则。

5 月 25 日(癸未 廿二日)星期二

阴雨,午后晴。依时入馆。斠订《要录》。西谛来,旋去。乃乾来。午与雪村、予同过森义兴啖面,用八元三角。晚归小饮。漱石来,夜饭后去,知幽若即将来沪。谈有顷去,余亦以倦未入书巢,少顷即睡。

5 月 26 日（甲申　廿三日）星期三

　　阴，午后雨。依时入馆。斠订《乾隆要录》。晨出，先与均正过道始谈。午与村、同共饭西南酒家，用十元七角。晚归小饮。夜入书巢撰地名条子八则，惮于多写，即罢。

5 月 27 日（乙酉　廿四日）星期四

　　阴雨，傍晚霁，既复雨，颇感冷。依时入馆。斠订《乾隆要录》。午买生煎馒头十五枚食之，涨至七元五角矣。耕莘来，出示弘一写《药师经》已裱好。据云裱工八百五十元，红木夹板连匣一千五百元，两者竟至二千三百五十元云。晚归小饮。夜入书巢，撰地名条子六则。

5 月 28 日（丙戌　廿五日）星期五

　　晴。依时入馆。斠订《要录》。西谛来，因与予同及伊共过金陵酒家午饭，摊廿七元。复向之，告《要录》正着手斠订，其关于政地新闻及国家故事之笔记稿件可即寄来，已转介于中国联合出版公司，仍请为《明通鉴长编》作序文。接绍虞五月廿二日复书，知中国大学六月中旬即停课，七月初旬当可到沪。接洗人三月三日洗未八号书在途八十馀天，较洗十二号犹后七日到，可谓奇绝，语多黄花矣。接清三月四日桂沪七十二号，亦在八十二号后七日始到。询雍门琴引出典。午后一时半马路警铃大鸣，即告封锁，旋见救护车多辆驶入仁济医院，车夫之手皆濡血，固知必出乱子矣。果也有人来告，大新公司四楼画厅突爆一炸弹，其地适以日本海军节正开海军展览会，故死伤达二百人云。开明在中央区，于出事地点

为邻区,亦封锁至六时半始开放。余仍步归,已七时一刻矣。夜小
饮。接嘉源陈墓来信,知由甪直移就当地宏兴油饼号,将与友人在
唯亭另创一店,特商借一二万金作下本云。亲戚隔膜至此,欲措大
置身何地耶? 容即复书明告之,俾毋妄信。以封锁迟归,精神不免
刺戟,遂废续撰之兴。

5 月 29 日(丁亥　廿六日)星期六

　　晴。依时入馆。午与予同过十里香啖面,摊九元。复嘉源,直
告无力可以为助,劝仍守现局。复熊、鹤,为修妹生活特致警语,促
注意附漱信(均附桂信去)。寄敔、清竹报癸廿二号,复来书七十
二号,别录《新论·琴道篇》"雍门周琴感孟尝君"事告之。寄绍
虞,复慰一切,仍望七月初能来此,附西谛复信。寄洗人癸沪十七
号,复洗未八号并附村手书。寄圣陶沪蜀八十七号,复来书九十三
号,附村、丏、调各信。购新茶叶二市斤,用九十元。晚归小饮。
(购同宝泰太雕试之,但未佳。)笙伯来,夜饭后去。

5 月 30 日(戊子　廿七日)星期

　　晴。竟日未出。撰地名条子卅则。饭后笙伯来,偕漱、润出购
物,傍晚始归,盖途次又遭封锁四十分云。润购雨衣一件、皮鞋一
双,费我六百四十元。柱流偕淑侄来省,告六合税局已交卸,六月
一日即须赴赣,因长谈久之。四时许乃去。薄暮文权、潸儿归省,
夜饭后去。笙伯亦去。

5 月 31 日(己丑　廿八日)星期一

　　晴。依时入馆。斠订《要录》。接五月廿九日诚之信,告宾四

与书铭俱离齐大矣。西谛、济之、乃乾先后来。午唤小肉面果腹。
付五月份电费廿九元四角。晚归小饮。幽若自苏来,笙伯伴至。

6月1日(庚寅 廿九日)星期二

　　阴晴乍忽,午后雨。依时入馆。斠订《要录》。中国出版联合
公司开幕,往看之,仅到世界书局二楼办事处,礼堂设在华懋饭店,
未往。午仍啖面果腹。公共租界分段盘查行人市民证,断绝交通
久之。散馆归,得从容行,盖已开放矣。夜小饮。以法租界今起又
有演习防空之讯,深恐灯火管制,遂失写作之兴,枯坐而已。

6月2日(辛卯 三十日)星期三

　　上午雷雨,下午霁。依时入馆。斠订《要录》。午仍啖面。接
向之六月一日信,寄到杂文数篇,即为转中联。知《明通鉴长编》
所缺嘉靖间一册仍在梁众异处。接圣陶五月十六日蜀沪九十六号
书。西谛来馆,即去。午后公共租界仍有局部封锁。为同儿购绘
图仪器一具,计十五件,费二百元。晚归小饮。潜儿、硕孙在,未几
即归。夜饭后仍枯坐待睡。

6月3日(壬辰 初一日)星期四

　　晨晴,旋雨,午后时阴时雨,气又转冷。依时入馆。途次遇雨,
履袜尽濡。斠订《要录》,尽第三卷。谛来,即去。午仍啖面。晚
归小饮。夜八时至十时本区演习防空,只索暗中谈鬼以遣岑寂。

6月4日(癸巳 初二日)星期五

　　阴霾终日。依时入馆。斠订《要录》。为达轩写"鸿安织造厂

发行所"鬃窗八字。午仍啖面。乃乾来,又多日不见矣。晚归小
饮。漱石在,与幽若等打牌,夜饭后续局。余则入书巢补四日来日
记,为润儿同学许政拱书纪念册。接熊、鹤信。漱石九时后去。

6 月 5 日 (甲午　初三日) 星期六

阴霾竟日,时飘濛雨。依时入馆。致道始,送所假《太炎年
谱》等三书去。为雪村作书复李唯美(孤帆之女),告版税须内地
支。令金才送金牌酒两瓶往西谛所,备明晚用。寄洗人癸沪十八
号,复总沪十号(昨日到),附村信及稽单。寄芷、汉竹报癸十四
号,询芷病后调理状并告修妹孤苦情形。寄敫、清竹报癸廿三号,
附漱、林七十四号及另复熊、鹤信。给馆役节赏三十元(金才廿,华
坤十)。午仍啖面。寄圣陶沪蜀八十八号,复来书九十六号,附村
书。晚归小饮。以积倦未登书楼,看汤卿谋《闲馀笔话》伴睡。

6 月 6 日 (乙未　芒种　初四日) 星期

阴霾。午前撰地名条子六则。午后调孚来,因与雪村共赴西
谛约,予同本亦约同去,以事未果,以书来告。至则饱啖草莓。(以
牛乳及砂糖合食,俗谓外国杨梅。)味甚清。未晚即饮。有顷,济之
亦来,终局天尚未黑,趁光赋归。到家笙伯、文权、濬华俱在,夜饭
后长谈始去。

6 月 7 日 (丙申　端午　入霉　初五日) 星期一

阴雨。依时入馆。斠订《要录》。接诚之六月四日片,知汇款
已收到。接聿修五月十五日建阳信,复告现状困苦。接敫五月十
八日桂沪八十四号及洗未十五号附致雪村及舜华信,告应付困难,

内外不免隔膜。午坚吾邀饮。夜过饮权、潴所、珏人、润华适在,因于晚饭后偕归。连饮薄醉,途次不免飘飘之感已。

6月8日(丁酉　初六日)星期二

阴雨。依时入馆。斠订《要录》。午仍啖面。晚归小饮。早睡。(复吴向之。)

6月9日(戊戌　初七日)星期三

阴,午后晴。依时入馆。斠订《要录》。接四月三十日洗未十三号,仍戒勿骛远,附来敽五月三日桂沪八十三号。(盖先发后到,与洗未同。)告清将另有书寄霞飞坊。午仍啖面。晚归小饮。芝九假去《荀子集解》及《四书集注》。

6月10日(己亥　初八日)星期四

阴,午后晴。依时入馆。斠订《乾隆要录》。接圣陶蜀沪九十四(四月廿四)、九十五(四月廿九)号,催中志稿,顺谈近事。午仍啖面。葛召彤夫人见过,告乃夫滞韶,家用断接济。(余与葛仅一面,诚之介来谈创制索引机者。其人恳挚,今仍抱此计划,遍说所历各地迄无所遇,极同情其遭际之抑塞,许转告他友共谋救济。然有力者多恝焉若忘,有心者偏苦无力,奈何?)校《乾隆以来系年要录》排样。接二月二日洗未五号、清写桂沪六十九号。(此信在途竟滞至四个月又十天也。)属华坤送正和染绸大衫一件,计三十元。(托熟打八折,已需廿四元。)近日市价之昂,诚匪夷所思矣。晚归小饮。意兴阑珊,竟未登书楼展阅一字。

6 月 11 日（庚子　初九日）**星期五**

晴阴间作，午阵雨。依时入馆。校《要录》第一卷排样。接清、桂沪八十五号（五月十八、廿一两次写出），告芷芬外症又化脓，重复开刀。汉忙迫可想，至深萦念。（且知芷芬已递呈辞职，由洗人去函慰留，事前毫无闻知，尤见离奇突兀，更念。）晚归小饮。又接清三月十六日桂沪七十四号附业熊信并合汇百元（合此间五十元），知熊、鹤生活尚好，虽拮据，精神愉快，实较敔、清为愈也。修妹及漱石俱来，夜饭后先后去。

6 月 12 日（辛丑　初十日）**星期六**

阴雨竟日，彻夜未休。依时入馆。寄洗人癸沪十九号，复洗未五、十三、十五号及总沪三、九、十一、十二号，附村信及稽单收据等。寄圣陶沪蜀八十九号，复来书九十四、九十五号。午与西谛、予同共赴来薰阁隔壁之小回教馆吃饭，略饮白干，共费百元（应摊卅三元三角四分）。寄敔、清竹报癸廿四号，复来信六十九、七十四、八十三、八十四、八十五号，附漱、林七十五号及致熊、鹤信又润附信。寄芷、汉竹报癸十五号，询芷病体及辞职经过，附漱尘十九号（告将与笙伯订婚）。晚归，与珏人共赴达轩约，过饮其家。（士宗之母五十岁生辰，丏尊夫妇及雪村夫妇、云峰夫妇俱参此席。）饮后，与丏尊、雪村长谈，十时始归。

6 月 13 日（壬寅　十一日）**星期**

阴雨，偶露霁色。撰地名条子十则。阳生来访，知近已离徐，改就善堂司事。午小饮。道始见过，谈有顷去。饭后抄《观古堂书目》。夜仍小饮。

6 月 14 日（癸卯　十二日）星期一

晴。依时入馆。斠订《乾隆要录》。西谛来，午间叫牛肉炒饭，与予同及余共啖之，摊十三元馀。午后谛去，以中来，谈良久，据告无锡教育学院藏书亦遭变相焚坑之祸。（即为人盗卖拆面撕碎，当废纸称斤论价也。）渠友之有心者与西谛后先同拯，颇救出一部分，抄目见示，询有人问津否。余极叹期厄，允留目，遍询稔友再夺。晚归小饮。接汉儿五月五日信，告芷芬外症复化脓，重入医院开刀诊治。已则逃警报，将护两孩，店员又以避役故逃匿一空。想见窘状，殊深萦念，远隔万里，恨不能插翅一临视之。润儿同学蒋济宏自叶榭来，馈粽子廿枚。

6 月 15 日（甲辰　十三日）星期二

晴。依时入馆。斠订《要录》。晚归小饮。济宏来，因留饭。接柱流六月八日信，知已安抵九江，仍请命字以易去"流"字。（其实已于日前为题"振声"二字，并为外侄孙命名"颖年"，别书条送仲弟属转。）

6 月 16 日（乙巳　十四日）星期三

晴。依时入馆。斠订《要录》。接道始信，托代取股息并续缴前认股款。接绍虞六月十一日信，知七月三日必可到沪。午仍啖面。（昨试改买葱油饼，以午间辍作扫兴而罢，仍勉强以面果腹。）以中见过，谈有顷去，知修志事已谈妥，决暂主森玉所。晚归小饮。幽若往漱石所，将小住焉。

6 月 17 日(丙午　十五日)星期四

晨大雨,闷雷,淫霖竟日。依时入馆,衣履霑濡。斠订《要录》。晚归,与雪村、予同共过丐尊饮,盖贺其生日也。(余与予同叫菜四品参之,各摊四十五元。)达轩亦来,互谈移时。仲弟来,复儿过请,因先辞归。与弟晤,知决计摆脱联友社改就红宝,余与细酌利害,其意则甚坚定也,十时乃去。

6 月 18 日(丁未　十六日)星期五

阴,终霾。依时入馆。校《要录》排样,仍以面代午膳。晨过道始,未晤。晚归小饮。与珏人口角,极为生气,不图老去乃时有反目也。

6 月 19 日(戊申　十七日)星期六

阴霾,傍晚有微雨。依时入馆,先过道始谈,约下星期三(六月廿三日)假其家开董事会,将就商公司增资。校《要录》排样。寄洗人癸沪二十号,告洗未十四号迄未到,顺告圣陶五十生辰,此间酝金祝贺状。寄圣陶沪蜀九十号,专祝其五十大庆,丐尊送二百元,余与雪村、予同、西谛、均正、调孚、恂如各送百元,俱老币合成九成之数,适藉九十号之信以遥申九老之会,亦甚巧合也。寄敫、清竹报癸廿五号,告润、湜读书情形。寄芷、汉竹报癸十六号附润、滋信,复慰一切,并告润不能内行之故,(实在无法措得一笔庞大旅费。)兼告潄姻事将于下次详言之。晚归小饮。滋、湜自潘所归,传潘言请珏人往沧洲听书,今晚即住其家。

6 月 20 日（己酉　十八日）星期

　　晨阴，午后晴。撰地名条子二十则。屠氏姊妹及燮荣先后来。珏人挈顯、预两孙归，午后饬同儿携之游公园。漱儿过访漱石，偕笙伯来，夜饭后笙伯去。濬、权傍晚至，晚饮后挈顯、预去。复柱流。

6 月 21 日（庚戌　十九日）星期一

　　晴。依时入馆。仍校排样。为雪村致书唯美，告所寄存之《备要》等俱有缺。济之来，交余四百另五元，盖康刻《玉海》已代为售去。（共售四百五十元，扣佣一成。）约明晚饮其家。午仍吃面。立斋见过畅谈，承其厚谊，复以申请助学金为言，并约七月一日复将送表格来属填云。老友关怀之切如此，其为感佩如何可言。晚归小饮。漱石在，面以漱儿缔姻为请，余于笙伯固无所不可，愿以同姓关系殊难解决。（虽展转表亲，于血系已无关联，且怀之与余初非一宗，似不必拘泥及此。然余传统观念中终不能恝焉置之，故一时未即报可。）今又重以面请并以亲上攀亲为言，于理于情均难峻却，爰立议以漱儿过继外家承嗣外舅姑为孙，将来行帖即用秦氏名义，过门之后所有外舅姑名下之祭祀等事俱归笙伯承当，生子二人以上即指令一人姓秦，如此则笙伯有入赘之实而无须易姓，我外家亦得永延于一脉。此语一出，珏人固极端赞成，漱石自满口答应，于是婚议遂定，将择于十月间举行订婚。夜饭后漱石欢然去。接清儿五月廿四日与漱儿桂沪八十六号与静鹤各划百元（此间仍半收），来备代送礼及添照之用。

6 月 22 日 (辛亥　夏至　二十日) 星期二

晴。依时入馆。道始补缴股款来，为均正书挽联两副，为封明照书挽联一副，顺以馀墨应坚吾之属写《迦陵词》横幅一帧。晚与雪村、予同、调孚共过济之、剑三、西谛已在，少坐便入席，所荐杯盘俱其夫人自制，全仿俄国式，丰厚别致，极为酣适，饮后又长谈至十时许乃散归。珏人为潏儿邀去听夜书，仍住其家。

6 月 23 日 (壬子　廿一日) 星期三

阴晴时作。晨过潏所候珏人，并看外孙小同。入馆，复看校样。午仍啖面。下午文彬见过，托撰文件。道始来，长谈至散馆时共乘往其家，与雪村、予同、子如同车。晤君毅，适自无锡来，携有酱肉等肴，因先小饮。未几丐尊、达君、守宪、五良陆续至，时亦掌灯矣，别室先已设筵(仍用大利酒楼菜)。遂移尊合坐就，开第廿六次董事会，决议升股并增资，并定于七月十一日召集股东临时会。酒后复谈，十时许乃归。

6 月 24 日 (癸丑　廿二日) 星期四

阴雨。依时入馆。为文彬拟函稿一、呈稿二，为纸张营业专税苛细重复提反抗，盖亦不胜严压，不得不一申耳。宽正来。苏企云来，勖初介以求写介绍信者。十一时过坚吾、文彬，谈文稿端委，因留小饮，二时许返馆。以中来谈，知将为叶誉虎编《全五代十国文》。夜归小饮。

6 月 25 日 (甲寅　廿三日) 星期五

阴雨。依时入馆。整理董会纪录，送达君核签。复绍虞，附赵肖甫信去。为苏企云写三信,一致甫琴,一致士敫,一致镜波。午后二时,企云来取去。为遏止翻版事,为书业公会草通告及分致北平东三省公会函。散馆后,与丏尊、雪村、予同过饮淦卿家。淦卿午前转来预招者,晤其外舅倪君,夜九时后归。

6月26日（乙卯　廿四日）星期六

阴,时有濛雨。依时入馆。梦岩来,托拟出盘文成契约。午啖菜饭。寄洗人癸沪廿一号,告前日董会决议情形,并附村书甫写竣,接六月二日洗未十五号。（注明先发之十五号实系十四号之误,积日疑滞一旦释然,极为快慰。）附号信十三号,因再加笺补复。寄敫、清竹报癸廿六号（附漱、林七十六号及湜附信）,详告漱儿姻事经过,并属传示熊、鹤后即加封专寄芷、汉共喻。为梦岩拟约稿,送其子寅禄转去。夜归小饮。接硕民六月廿三日信,告圣南早到大庾并托出让商务股票。腰痛不耐久坐,晚饭后即就卧。

6月27日（丙辰　廿五日）星期

阴霾,午后时露阳光,转瞬又濛濛雨矣。腰痛未愈,惮于动弹。润儿今日偕亚铨往工业专科学校报名,七月一日、二日考试,如得录取,将备行装住读。幽若久居任氏,今日暂来,饭后即去。大抵一时不即来也。夜小饮。潜儿来省。

6月28日（丁巳　廿六日）星期一

晴阴间作。晨偕珏人出,送伊至潜所,余仍徐步入馆。校《要录》续排样。以中过谈。西谛来,因约予同及余共至广西路回教小馆饮白干,并啖牛肉面。杨金华适来抢会钞,甚窘。饭后过汉学书店一阅,晤石麒。接三月卅日敔寄桂沪七十五号书,同时接六月三日清寄桂沪八十七号书,两信前后相差两月馀,甚恚。清书专为漱姻事复我,提出参考意见极缜密,难得有此,可珍也。晚归小饮。梦岩来,其文成,又另盘于华东矣,将来恐又生枝节耳。此君爽直有馀,理路不清,兼不听劝,亦莫奈何也。腰痛仍未痊。珏人夜归。佩霞携其七龄幼妹芳仪来,留夜饭后去。

6 月 29 日(戊午　廿七日)星期二

拦朝大雨,其后渐沥,迄午不休,午后稍止。腰痛弥甚,未入馆。发《故宫周刊》展赏之。饭后调孚遣金才送日本新寄到之《东方学院续增汉籍目录》及长泽规矩也《支那书籍解题》(书目书志之部)来,藉问安好,可感也。接柱流六月廿六日九江书,知任省府政厅第一科长。夜小饮。道始知余痛风,先遣其子侄送药片来,己后至,约明晚同过思平,谓已约定予同偕往。漱儿平居无事,道始属从事其局中任办事员,令明日先往参观介绍各科主管人,七月一日起正式就事。余感其意厚,无由见却,允遣令一试。临卧服药,腰痛略好。

6 月 30 日(己未　廿八日)星期三

阴,夜雨。晨挈漱儿过道始,属偕往其局参观,余即入馆。调孚、海澄先后来长谈。以中见过,知已移居佛教净业社,安砚有所,著作方新,极慰。承惠亦直酱萝葡两包,归以佐餐,当大佳已,久不知此味矣。午吃菜饭、百叶包。斠订《要录》。散馆时与予同偕过道始,共载赴思平之约,暌违十馀年,彼此垂垂老矣。共饭叙旧,语不及当前时事,亦一快也。坐客只一马公愚,本其妇兄,谈笑纵论书画刻印,尤饶野趣,九时许辞归。知漱儿事已定局,明日即到局办事矣。

7月1日(庚申　廿九日)星期四

阴雨。依时入馆。斠订《要录》并看校样。午仍以菜饭果腹。下午五时出席廿七次董事会。夜归饭,笙伯在,坐话良久去。

7月2日(辛酉　初一日)星期五

昙。依时入馆。斠订《要录》。整理纪录送达君核签,以封关未果,且俟异日。午仍菜饭。立斋送助学金申请表两纸来,极感美意。晚归小饮。知润儿两日考事已毕,题目尚易,惟投考之人太多,恐难获隽耳。

7月3日(壬戌　初二日)星期六

阴,午后晴。依时入馆。接绍虞六月三十日书,知已抵苏,不日可来沪。寄洗人癸沪廿二号附村信复总沪五号书,详告董会决议情形。寄敳、清竹报癸廿七号复告漱事。寄芷、汉竹报癸十七号,询芷近状。复硕民请示股数,俾代问。寄勖初依海澄属查告五月二十日左右渝沪币值比价(渝一.五对沪一云)。在高长兴购花雕一瓶,连捐二十元四角。晚归小饮。濬儿、预孙、硕孙及闻老太太俱在,夜饭后乃去。

7月4日(癸亥　初三日)星期

晴。晨为责湜儿生气。入书巢,撰地名条子廿四则。午后芝九见过,长谈至四时许乃去。久无此畅言,得此大快也。幽若、漱石、笙伯来。抄《观古堂书目》。夜小饮。

7 月 5 日（甲子　初四日）星期一

阴，午前后雨。依时入馆。斠订《乾隆要录》，并看覆改排样。
西谛来，即去。午仍吃菜饭。夜归小饮。

7 月 6 日（乙丑　初五日）星期二

阴晴兼施。依时入馆。校排样。接硕民七月五日苏垣信，仍
托让股并属代取商务股息。午仍菜饭。（又涨五角，合六元九。）
散馆后与予同偕过无止看画，傍晚始归。夜小饮。漱石来。接清
儿六月十一日桂沪八十九号又十日八十八号分致诸弟妹，备详近
状，知芷芬外症已收功，辞意亦经挽留而打消，总办事处恐即将迁
渝也。

7 月 7 日（丙寅　初六日）星期三

阴。依时入馆。仍看校样。绍虞到馆，洽谈定明日正式来任
事。午仍菜饭。晚归小饮。芝九来，承送到润、滋两儿成绩报告
单，知即将苏昆一行。叶瑞庆偕其友章君见过。连日特别戒备，马
路刻刻封锁，至感受累。

7 月 8 日（丁卯　小暑　初七日）星期四

阴，时有密雨。依时入馆。绍虞就任，复硕民告股息五十四
元，代存股票可寄来俟机代办。程少鹤见过，洽询季易《疑年录汇
编》印稿进行事。午仍啖清菜饭，并百叶包。晚归小饮。

7 月 9 日（戊辰　初八日）星期五

晴。依时入馆。以中来。西谛来。午叫牛肉饭，与谛、同、虞共食之。午后与丏尊、予同赴吊达君之母夫人于中央殡仪馆。旋过玉佛寺访住持震华师，参观玉佛并弘一大师纪念图书馆。坐谈甚久，并留点膳。余初识方外友宾，自兹始不可谓非胜缘也。（震华年未四十，方集林为《佛教人名大辞典》，是释子中之有心人，难得，难得。）薄暮乘车径归。夜小饮。

7 月 10 日（己巳　初九日）星期六

晴。依时入馆。滋儿送助学申请书入申报馆，顺道过馆，少坐便遣令归。为股东临时会写各项标帖。以中来谈，有顷去。接祥麟信。接硕民七月八日黄埭信，盖复余前一信者。晚归小饮。瑞庆来吃面，今日乃滋儿生日。

7 月 11 日（庚午　初十日）星期

晴。午后出席股东会，道始主席，通过增资案及修改公司章程并选举第九届董监，丏尊、五良、雪村、道始、予同、耕莘、达君、荫良及余九人当选董事，音文、济之、文彬三人当选监察人。四时许散会，余与道始、予同偕过三马路旧书店少驻，旋各归。小饮送晚，早睡。

7 月 12 日（辛未　十一日）星期一

晴。依时入馆。为开股东会事补呈市经济局。致达君，洽事。接圣陶五月廿二日蜀沪九十八号及六月一日一百号两书。（附通

讯录十一号及百号通信纪念诗,又附致圣南书,属代转。)接勖初七
月十日书,复告致觉即将到沪。夜归小饮。(午间仍吃菜饭,闻将
不能卖出矣。)

7 月 13 日(壬申　十二日)星期二

　　阴,午后雷雨,夜仍雨。依时入馆。西谛来,因与绍虞、予同四
人共过来薰阁,唤隔壁回教馆饭菜同餐,摊费五十四元。接诚之七
月七日片,告迭次汇款俱收到,其夫人正患肋膜炎云,甚念之。接
圣陶五月十三日蜀沪九十七号(后到)。晚归小饮。接汉儿五月
廿五日仙一号信,告芷芬及两孙均淹缠疾病,想见纷扰,甚怜之。
而道远莫能备悉经过,益萦虑,是夕又感失寐。

7 月 14 日(癸酉　十三日)星期三

　　阴,午后大风雨,沟浍皆盈,衢路滂沱。依时入馆。看毕校样
一批。通函新任董监,定七月十六日召开第九届第一次董监联席
会议。午仍购菜饭果腹。散馆时正值大雨如注,延俟两小时雨点
始停,而里中水已没踝,无法出寻车,因令华坤背负以出,遂往老北
门站。缘登电车方自幸得度水程,讵知行抵维尔蒙路路中水已过
膝,电箱沾入,恐走电,积十馀乘不得过,乃纷纷下车,余亦降步。
无如水深不敢涉,绕敏体尼荫路、辣斐德路以归,抵家已黑矣。近
年租界税敛日增而市政设备日瘝,宜乎恶贯满盈,稔势疾降如下坡
之车矣。夜小饮。接清儿六月十四日桂沪九十号及六月十七日九
十一号书,知芷等平安,雪山已到衡,仲华夫人一行已到桂,所托带
去之衣物亦均到矣,为之大快。

7 月 15 日（甲戌 十四日）星期四

晴。依时入馆。斠订《乾隆要录》。午仍吃菜饭。接洗人六月廿一日洗未十六号，复此去癸沪十二、十三、十四、十六号，附清儿同日写桂沪九十二号，复竹报癸十九、二十号。寄圣陶蜀沪九十一号，复来书九十七、九十八、九十九及一百号附硕民原信去，俾了然于青石弄屋已由红蕉之戚代管也。夜归小饮。（午仍吃菜饭，确知明日即不能卖出矣。）寄圣南大庚转圣陶信去。

7 月 16 日（乙亥 十五日）星期五

晴，夜雨。依时入馆。斠订《要录》。午吃菜馒头八枚（每枚一元）。午后出席第一次董事会。（除文彬缺席及荫良托代外，全体到会，甚好。）推定达君为董事长，选任雪村为总经理，并聘定洗人为经理，雪山、丏尊、圣陶为协理，允臧、索非、予同及余为襄理，议定董监及同人认股办法。六时散，同饭于大利酒楼，八时许始归。接汉儿六月十二日仙二号书，知芷芬及两孙已就痊，稍慰远怀。

7 月 17 日（丙子 十六日）星期六

阴，午后晴。依时入馆。整理董会纪录，送达君加签。校覆样一批。午吃馒头六枚。寄洗人癸沪廿二号复洗未十六号及总沪十四号附村信详告股会董会情形。寄敫、清竹报癸廿八号附滋信及代添印照片四张，并告漱将别有书径寄。寄芷、汉竹报癸十八号复仙一、二号附尘二十号及滋信并敫、清照片一帧。夜应权、濬之请，过饮其家，八时许乘车归。

7 月 18 日(丁丑 十七日)星期

阴湿,濛雨时飘,下午晴。撰地名条子廿二则。抄《观古堂书目》。攸若生日。漱石、笙伯母子来。文权、潜儿、顯、预、硕三孙、闻老太、留珍来。淑侄来。爕荣来。晚小饮。饭后潜等去。绍虞来,因长谈编辑诸务,而雪村方与人打牌,两邀不至,余乃命酒与虞对酌,从容谈笑,至八时许始别去。

7 月 19 日(戊寅 十八日)星期一

晴。依时入馆。寄向之,复告《长编》序未到,仍催询馀稿。寄诚之询起居兼慰其夫人疾,并探稿有无段落。寄硕民,复告近状。寄勖初,复谈近事。午吃菜馅馒头七枚。晚归小饮。

7 月 20 日(己卯 十九日)星期二

晴。依时入馆。办公文,分送在沪各董监签印,备了却公司重行登记手续。以中、廉逊、济之来。看校样。为雪村书联挽包启东。道始来,为题其所得孙留庵手校《司空表圣集》。午与西谛、予同共吃牛肉面,摊十二元。夜过饮权、潜所,八时乃偕珏人、漱儿归。接清儿六月廿五日桂沪九十三号,告山公等已到,带去各物亦收到。

7 月 21 日(庚辰 初伏 二十日)星期三

晴。依时入馆。校毕《乾隆要录》第二卷。重行登记公文寄出。午吃菜馒头五枚、百叶包二枚,计七元八角。午后达君来,托代拟信稿。铼百来,十馀年不见矣。知近自渝、蓉、陕、洛各地转道归滞昆明已六年云，刻正与致觉、丏尊从事于南传佛藏之翻译，甚盛事也。晚归小饮。接硕民七月二十日苏州信，知赴赣已决。绍虞、乃乾来，因共饮闲谈，虞召延引乃乾入开明意，余亦极愿其成，约明后日来馆详谈，八时去。

7月22日（辛巳　廿一日）星期四

晴。依时入馆。为达君拟函稿，即作书送之。斠订《要录》。午仍吃馒头、百叶包，价已涨至八元矣。是日起又为防空演习行路受累，灯火管制，全市均蒙此赐，甚觉无谓。夜归小饮，早睡。接熊、鹤六月廿八日信，知山到物到。

7月23日（壬午　廿二日）星期五

晴。依时入馆。斠订《要录》。接诚之七月廿二日信，告《两晋南北朝史》已写至梁陈之间，十月初当可陆续寄稿来。接荫良信，附四百元托转予同，代购安阳发掘报告。接圣陶六月十九日蜀沪百一号书附致调、村。同人派股，余得六百股，但须得再缴三千元始得享此，亦徒感棘手耳。夜归小饮，以防空仍早睡。

7月24日（癸未　大暑　廿三日）星期六

晴。依时入馆。斠订《要录》并签定第二卷清样。西谛来，即去。午仍吃馒头、百叶包。午后乃乾来，因与雪村、绍虞共谈，拟请其入馆襄编《词综》，但尚未触及具体条件也。晚归小饮。西谛来寓，即以前日代存之款交之。濬儿来省，旋去。（知留珍又言去矣。此人作事尚好，而性甚巧猾，余不欲其留用也。）

7 月 25 日（甲申　廿四日）星期

晴阴间施，微雨时见。上午西谛见过，谈有顷去。抄《观古堂〈书〉目》。下午莲僧见过，长谈移暑，三时许去。夜涵侄及侄婿、侄外孙等来，知麓钟（柱流改字）来沪受军训，不日即须入营也。晚小饮。

7 月 26 日（乙酉　廿五日）星期一

晴。依时入馆。校《要录》第三卷排样。乃乾来。午仍以馒头、百叶包果腹。为短款认股及清还店中宕欠事，散馆后过道始商谈，承慨借两万四千元，约月底还交来。夜归小饮。

7 月 27 日（丙戌　廿六日）星期二

晴。依时入馆。校《要录》三卷排样。阅报知意国黑衫党魁墨索里尼去位，其天心默启杀运将转之兆乎？午约雪村、丏尊、绍虞、予同、仲盐共饮三泰成，惜西谛未与，否则将更见欢愉耳。（摊二十七元。）晚归仍小饮，漱石在，因与略谈。

7 月 28 日（丁亥　廿七日）星期三

晴。依时入馆。仍校《要录》。张芝联以诚之信来访，谈北平中法汉学研究所印行刊物事，开明一时无力应付，只得从容婉却之。接七月一日洗未十七号及敫、清桂沪九十五号各一，知桂店新装电灯甚快，而芷芬与洗人间颇有裂痕，则深滋不宁矣。午吃菜馒头五枚、百叶包二个。晚归小饮。芝九来谈编制《辞综》人名条子事。珏人挈同、盈乘晚凉，过潘儿，移时乃归。

7月29日(戊子　廿八日)星期四

晴。依时入馆。通函各董监,定八月三日开第二次董事会。致芝联送诚之《中国通史》下册清样与看。午仍吃馒头、百叶包。西谛、济之来。散馆归,路被遮断,闻有要人过,特施警戒者,余与雪村、索非绕道龙门路得归。夜小饮。

7月30日(己丑　廿九日)星期五

晴,午后略有云翳。依时入馆。校《要录》排样。达君、五良、耕莘等来,俱为认额外股事,盖翌日即将截止,一般逐利者竞出此途,所闻所涉无非股者,亦一奇也,而丏尊尤见极溜浪形失态毕现本相,更可感叹。午仍吃馒头、百叶包。接甫琴信。今日法租界收回,改为上海特别市第八区,陈公博兼区署长。(巡捕房改为第三警察局,陈兼局长,苏成德任副局长。)点缀热闹,有施放鞭炮者,余惟饱阅沧桑炎凉而已。闻八月一日公共租界亦将收回。(陈兼第一区署长及第一警察局局长,苏仍为副局长云。)但愿此不详名辞永为历史陈迹也。夜归小饮。道始假款,由漱带归。

7月31日(庚寅　中伏　三十日)星期六

晴,旋昙闷,欲雨未果。依时入馆。仍以菜馒头及百叶包果腹。绍虞返安亭外家。乃乾来,与谈妥待遇条件,定八月一日起正式入馆任事。以中来。芝九来,与雪村谈妥编制条子酬格,暂以每条二百字计酬十元。寄复甫琴。寄洗人癸沪廿四号,告增资事剧不及详写,俟八月五日(以道始离沪展延两日)董会决议后再详告。寄敔、清竹报癸廿九号,告详情待漱另函径寄。分内应认股份及还宕欠三千八百元俱办了,虽整欠一笔巨数而眼前诸藤均断,亦一松快事也。夜归小饮。

8 月 1 日(辛卯　初一日)星期

晴。廉逊、芝九来谈。西谛来,与共午饮。漱石、笙伯来,晚饭毕,诸儿偕之出游,以收回租界跑马厅一带有焰火施放也。余畏热惮动,无兴与共,然不忍禁儿等之奋情,但坚卧而已。

8 月 2 日(壬辰　初二日)星期一

晴热。依时入馆。校《要录》排样。以中来。良才来,以九百元属划颉刚,余即为颉刚代认开明款四十股,不足四十六元五角(连前届股利抵过尚少此数)。余代垫之。午购菜馅馒头不得,仍购菜饭及百叶包二枚啖之,价又涨至九元矣。晚归小饮。致觉来,方倾谈间道始至,雪村上楼与始谈公司增股事,觉乃先行,未获畅叙离愫也,拟过日访之。燮荣教事未成,饬滋儿往告之,且俟机再谈。

8 月 3 日(癸巳　初三日)星期二

晴热。依时入馆。校《要录》第三卷毕。午仍吃菜饭、百叶包。科学公司黄叔园承印华西三大学《汇刊》事已三年,仍延不交件,余属调孚力催,不无愤语。雪村明知余于印刷为外行,不为友情之助,反讥余之援受颉刚请托为多事,甚感不快,余殆失道寡助乎?(自问无愧对他人处,实世情凉薄如此耳。)颇生气。晚归小饮。绍虞来谈,以青年会住所无法安居,请暂归苏州为馆集村商诸村,即请移榻馆中,约八日搬来。夜道始来,以有事赴杭,五日董会仍不能到,略谈股份分配原则数事而去。

8月4日(甲午　初四日)星期三

晴热。依时入馆。校《要录》。接圣陶六月廿六日蜀沪百二号书。午仍啖菜饭、百叶包,又增四角。晚归小饮。

8月5日(乙未　初五日)星期四

晴。依时入馆。寄颉刚,唁丧妇并告良才来款已代认股,顺及三大学《汇刊》科学拖延状。午仍啖菜饭、百叶包。芝九来。西谛来。下午三时开第二次董事会(道始、荫良未到)。决定解抑各股东额外认股办法并分派董监认股分内额外各五百股。会毕,赴杏花楼便酌,邀子如及履善、舜华同往,七时许散归。

8月6日(丙申　初六日)星期五

晴,午后微雨,夜又雨。依时入馆。西谛来,及午约绍虞、乃乾、剑三、仲盐、予同共饮三泰成,剧谈多饮,竟醉。比暮,自馆归,漱石在,余不堪忍,即吐泻。未进晚膳。年来体力不胜,于此可见一斑,幸就卧后即平复。

8月7日(丁酉　初七日)星期六

晴。依时入馆。整理董会纪录,达君适来,即请核签之。以腹中尚未舒,废午膳。接圣陶七月二日蜀沪百四号。接洗人七月九日洗未十八号及清儿七月十一、十二日桂沪九十六号各一,即复寄清竹报癸三十号(未寄)。寄圣陶沪蜀九十二号复告近状,附绍虞诗及调孚信。晚归微饮。

8 月 8 日 (戊戌 立秋 初八日) **星期**

晴,午前后尝细雨。晨挈润儿往访调孚,啖大肉馄饨。十一时偕调、润访以中于佛教净业社,不值,再过静安寺访致觉亦未晤,坐至十二时遣润儿归。余复过调孚午饭,盖其家今日中元祀先也。午后又偕调孚、振甫过以中,仍未见(盖外出尚未归)。乃徜徉觉园而出,再访致觉,晤之,并遇幼希。幼希十馀年不见,颜转渥泽,神益冲夷,甚佩耽心净业之获效也。(渠与致觉等近方为校订佛藏宣力。)谈至近暮辞出,分路各返。夜小饮。

8 月 9 日 (己亥 初九日) **星期一**

晴。依时入馆。校《要录》。以中见过,深道昨日未晤之歉。接诚之七日信,知其夫人已痊,经过情形至诡异,几为庸医所杀,极叹当前医界之无聊。寄洗人癸沪廿五号书,附寄清处三十号信。午仍吃菜饭、百叶包,价又增至十元另四角。物价之升,真如脱羁之马,长此以往,如之何其弗颠弗蹶乎!晚归小饮。

8 月 10 日 (庚子 末伏 初十日) **星期二**

晴。依时入馆。索非告余,谓得某处电话,西谛有遭侮说,正疑讶间,西谛来,一笑而罢。棉纱、纱布收买说实现,市面为之大乱,银行、钱庄已有拖倒者,风声所播,影响将不限一处也。取缔屯货,抑平黑市,固民众所祷祝,即以此而致屯商以大损,亦不失为政治之手腕,所谓一路哭不如一家哭也。所望出之以公,持之以平,毋为近嬖所蔽、金壬所弄,则善矣。芝九来。董事应认之股,亦解决至快。校《要录》。晚归小饮。日间祀先,饬诸儿代为将事,夜归饮福也。夜半大风起,将曙而雨作。

8月11日(辛丑　十一日)星期三

暴风雨终日,挟以江潮,路上水深齐膝,益以拔木飞瓦,其烈为廿八年来所仅见。(民国四年台灾后此为第二次。)依时入馆。勉强行,外衣尽湿矣。校《要录》。午就对门烧饼摊买饼廿枚充饥,价十元。散馆前,文权来请改文件,及其去风雨益甚,欲行又止者屡矣,遍唤出差汽车无应者,伞不能张,窘甚。挨至五时半,奋然与予同出馆,冒风雨噫气走十许里,于颓瓦崩榱中夺路涉水以归,屡踬,幸未触祸。比抵家门,沾濡不复成形,急脱卸洗濯易衣,暖酒饮之,自笑且复自怜,终于默坐而已。入夜电线亦被风吹断,竟夕漆黑。

8月12日(壬寅　十二日)星期四

上午犹有风雨,下午稍戢,路中水迄未退,电车仍不通,余未入馆,少得休。午后抄《观古堂〈书〉目》。晚小饮。入夜风雨又作,竟夕狂吼。

8月13日(癸卯　十三日)星期五

晴。晨出,路中犹有积潦数处,仍绕道由辣斐德路、敏体尼荫路以至大世界,电车、汽车积至数十,不得通,盖今日为“八一三”,第一、第八两区间又封锁遮断矣。循路以东,均不得出,愤而归,遂未入馆。午晚俱饮。文权、潏儿及预、硕两孙并来省,傍晚去。雪村归,言刚主自平来访余,未值,颇歉,明后日或可晤之也。屡受刺戟,体中颇不适,夜间有微热。

8 月 14 日（甲辰　十四日）**星期六**

晴。晨起,头岑岑,两腿酸软,明系日前冒雨及连日戟刺所致,强扶以出,仍步行入馆。幼雄介杨光政者函来索文,作书婉却之。西谛来,旋去。道始电话约后日有暇,因通函各董监,定十六日开第三次董事会。校签《乾隆要录》第三卷清样。寄洗人癸沪廿六号,告纸型一批已由世界代运至赣并附稽单。为振甫划款与韵锵。寄敫、清竹报癸卅一号,附漱、林八十号,告家中近况。晚归小饮。夜月色甚皎,清光满室,因灭灯卧床以赏之,良久始入睡。

8 月 15 日（乙巳　十五日）**星期**

晴。午后偶有阴翳。抄《观古堂书目》十页。十年前旧女佣吴妈来,知"一·二八"难后不久即出,近在陆家观音堂附近帮佣,其子已娶妇,其女已嫁,生一女,惜其婿已风瘫在床四年矣,为怅叹久之。夜小饮。

8 月 16 日（丙午　十六日）**星期一**

晴。依时入馆。校《要录》排样。接晓先北碚温泉公园中华书局编辑所七月五日来信,知离筑已年馀,近方兼巴蜀小学教课云。午啖山东大饼十枚。（计五元,钱家塘小摊上购,带入馆者,粗可一饱,莫廉于此。）下午五时出席开明第九届第三次董事会,决派馀股,又得五百股。（每股四十元,均为加价股。）会毕,与道始逛书肆,薄冥乃归。组青、葆贞俱在,因共小饮。漱儿姻事已告之,嗣外舅为后亦解决妥洽矣,聊为一快。潜儿及顯、预、硕三孙亦来,夜饭后先归。文权继至,十时始各归去。

8月17日(丁未　十七日)星期二

晴。依时入馆。整理纪录致达君。守宪来,以馀股四百股让之(每股四十五元),得二千元,别以一百股让乃乾,无偿(仍照四十元算)。刚主见过,本日下午即行矣。坚约小饮,以先允张乾若之招,未果。午仍啖大饼。蛰存来,方自长汀厦门大学归,或将携眷重入也。途次虽有波折,尚不十分狼狈,亦云幸矣。晚归小饮。

8月18日(戊申　十八日)星期三

晴。依时入馆。校《要录》排样。午仍啖大饼。达君来。道始来长谈,托代撰挽联。(一为丕成,一为伊自己,俱挽荣宗敬客死。)通告沪处同仁,自八月起生活津贴再照原薪加百分之三百。(董会决议依薪津总额增百分之五十,今变通,核定约普加三成之数。)晚归小饮。(本周所饮俱为文权购来。)章豫泰之酒尚不恶也。

8月19日(己酉　十九日)星期四

晴。依时入馆。校《要录》第三卷复样毕。午仍啖大饼。红蕉为屋事来馆。(前以搬入时勉强让一亭子间,今实以自己受挤不堪商腾还。)愿加租,不让屋。余初意并不如此,如以利相啖,当视余为何如人,力拒之,仍请相机解决。现在住房大成问题,余以情面之故,先后铸此大错,极患。晚归小饮。夜不寐,为道始撰成挽联两则。(一丕成挽宗敬:当年杖履忝侍犹忆忳言印心接席倾谈唯实业,此日人琴云亡忍听香岛埋恨临风雪涕吊英灵。二道始挽宗敬:匝地愁霾大树遽颠极目南天怀香海,连天烽火薤歌忍作伤心北地望灵车。盖"八一三"后避地香港,竟以忧客死也。)

8 月 20 日（庚戌　二十日）星期五

晴,午前阴曀,秋炎遽扇。依时入馆。先过道始,为予同、均正售股票。寄向之催询件稿,顺为乾、若附信。西谛、济之来,因约绍虞、予同、乃乾同过三泰成小饮。(共用二百八十元,余与虞、乾、同四份摊,各出七十元作东。)酒后入馆,复为丏尊代撰《兴化僧伽诗徵序》。(玉佛寺住持震华所辑印,原题"兴化方外诗徵",明出沙门之手而自称方外,嫌名不称,因为改题"僧伽"从实也。)夜归仍小饮。坚吾来,为彦宾洽事。

8 月 21 日（辛亥　廿一日）星期六

晴。依时入馆。接建初柬,知明日在苏续胶(新妇为朱龙珠),因撰颂词一首,快函贺之。秀才人情,竟废币物矣,弥足自哂。午仍啖大饼。文彬来缴股款。润儿来馆,以予同所介食盐提单已送到,须当日亲领,特请示,因属自往洽取。(结果未取到,谓须下星期一排队候取。)寄洗、山葵沪廿七号附村致山书,详告公司近状。寄敷、清竹报癸卅二号,告润等下半年入学状。(润沪新高一已录取,滋则取入育群初二,湜则勤业小学四年。)寄晓先(附祥麟信中去,属为加封转去)。复慰一切,并告此间近况。晚归小饮。珏人挈湜往瀋所饭,夜膳后始归。

8 月 22 日（壬子　廿二日）星期

晴,闷热,午后阵雨,雷声殷然。抄《观古堂［藏］书目》。看《在家学佛要典》。西谛来。文权来。笙伯来,晚饭后去。

8 月 23 日(癸丑　廿三日)星期一

晴,午后阵雨,转闷热。依时入馆。斠订《乾隆要录》。西谛、蛰存来,午间因与余及调孚饮来薰阁。接七月廿一日洗未十九号,复此去登沪十九号(附句报二十号及总沪十六号)。接清儿七月廿一日桂沪九十七号复癸廿四号,知芷芬外症仍未收功,极为萦念。散馆后与雪村、予同、绍虞共应西谛约小饮其寓斋,长谈至十时乃各归。

8 月 24 日(甲寅　处暑　廿四日)星期二

晴,午前后俱有阵雨,颇感郁蒸。依时入馆。斠订《要录》兼校排校样。午仍携大饼啖之。道始约来未果。晚归小饮。

8 月 25 日(乙卯　廿五日)星期三

晴,时有密雨。依时入馆。斠订《要录》。午啖蟹壳黄十枚(直六十元)。西谛来。起潜来。坚吾、文彬来,承文彬赠医书五种。为予同、均正让股于道始、君畴事办妥,今日交割。为润儿购到教本数种,已耗百数十元,若全部买到,非二百元莫办也,可怕。晚归小饮。接清儿八月廿六日桂沪九十八号分致漱、润及阿密。芝九来,交人名条子第一批并见赠《吴中文献小丛书》十许种,谈有顷去。

8 月 26 日(丙辰　廿六日)星期四

晴,蒸热。依时入馆。斠订《要录》。午仍携大饼充饥。西谛来。以中来,知即将返里,须中秋后再来。起潜饬人送赠合众图书馆丛书十一种。接清儿七月一日桂沪九十九号,告圣陶书往言余每寄信去,辄不能餍其所望,盖相念切,则所欲知者深而余以诸公附书已多道琐闻复述似嫌赘旒,竟省之不图,老友仍以责诸余,此情良可感念也。晚归小饮。文权来,因与共酌,且为点窜文件稿数处而去。夜涵侄偕麓钟来省,麓钟方自集训营归,下月初即将遄返江西省府云。

8 月 27 日（丁巳　廿七日）星期五

晴热。依时入馆。斠订《乾隆要录》第五卷毕,即发排。晨与村过道始,询发掘厂址烬馀应行进行法律手续各事宜。午购蟹壳黄饼十枚,留饭。夜与村应坚吾、彦宾之邀,同饮于杏花楼,九时散归。河南路以东又封锁,循福建路至东新桥乃得乘电车归。

8 月 28 日（戊午　廿八日）星期六

晴热。依时入馆。斠订《要录》。午仍吃大饼。寄芷、汉竹报癸十九号,附漱、滋、湜信,慰问芷疾。寄敫、清竹报登卅三号复来信九十七至九号,附漱、润、滋、湜信,顺询熊、鹤。寄雪山癸沪廿八号复总沪十六、十七号。晚归,应村邀赴其生日筵,夷初、丏尊、仲盐与俱,夜饭甫毕,牌局随上,余即登楼闲翻架书,良久始睡。

8 月 29 日（己未　廿九日）星期

朝晴,旋阴,时有密雨。看《借巢笔记》、《蘼芜纪闻》。饭后抄《观古堂书目》。西谛来,绍虞来。晚与绍虞小饮,西谛以事先去。漱石自苏来,知幽若暂不能来沪云。

8 月 30 日 (庚申　三十日) 星期一

　　晴。依时入馆。斠订《要录》。致良才告代购教本无着。接圣陶七月五日蜀沪百五号书,告颉刚丧偶,极凄清之致,深念之。午仍啖大饼。蛰存来。晚归小饮。潄儿下学期仍拟入慕时修习英文。珏人以家下乏人照料尼之,余谓慕时亦非止境,修毕与否,初无关系,且专攻英文而弃其他,殊非正办,因亦劝其暂止,余将为之补习国文。

8 月 31 日[①] (辛酉　初一日) 星期二

　　晴。依时入馆。斠订《乾隆要录》。宽正来。午啖烧饼。晚归小饮。笙伯来,少坐便去。

9 月 1 日 (壬戌　初二日) 星期三

　　阴,午后放晴。依时入馆。斠订《要录》。西谛来。济之来。午仍啖烧饼。购得日本印《法帖大系》十五册,计一百五十元。散馆后,与雪村、绍虞、振甫、坚吾、文彬等开始学太极拳。夜归小饮。濬儿挈预孙来省。

9 月 2 日 (癸亥　初三日) 星期四

　　阴雨,终日连宵。依时入馆。斠订《要录》。午仍啖烧饼。夜仲盐邀饮雪村所,盖值其生日也。

---

①底本为:"巽斋日记第五卷"。

9 月 3 日（甲子　初四日）星期五

阴晴无常,时见细雨。依时入馆。斠订《要录》。西谛来。午仍啖烧饼。接刚主八月廿八日书,请汇《丛书考》钞费。接圣陶七月十一日蜀沪百六号书,复去信八十七、八号。晚归小饮,文权来,因共饮焉。

9 月 4 日（乙丑　初五日）星期六

晴。依时入馆。斠订《要录》。午与予同、绍虞、乃乾往四川路小常州吃排骨面、牛肉汤,摊廿四元二角。寄敩、清竹报癸卅四号,附漱、林八十一号。四时往坚吾所,以纸张公司开董事会也,但仅到文彬,彦宾流会。长谈及暮,遂夜饮其家,九时许乃归。

9 月 5 日（丙寅　初六日）星期

晴。竟日未出。心神不舒,一切无聊,饭后偃卧。漱石、笙伯来。傍晚西谛来,因共小饮,倾谈之馀,转觉松快。夜饭毕,谛先行,漱、笙母子则又长谈至九时馀乃去,定于今岁九月十九日(阳历九月十七)为笙伯与漱儿订婚。

9 月 6 日（丁卯　初七日）星期一

阴晴间作,时见细雨。依时入馆。斠订《乾隆要录》。午啖大饼。为滋儿助学金移转育群事往看立斋,当即办妥。申报馆门禁森严,殊恶俗,幸与调孚偕去,否则望门折回矣。顺晤幼雄、景松、先政,谈有顷,乃返馆。接清儿八月十一日桂沪一百号书,附业熊信。(清划二百元、鹤划一百元,共折成百五十元。)散馆后,学太

极拳。垂暮归饮。又接清八月十三日百一号书,分致弟妹,陈言各
如其分,弥感亲切有味也。

9月7日(戊辰　初八日)星期二

　　阴森,时有雨,闷甚,午后晴。依时入馆。斠订《要录》。午与
予同、乃乾过大庆馆吃客饭,摊廿元。接圣陶六月廿四日百二号
书,此书滞途七十馀日,后信多不接,期今始到,乃知历次所寄《经
典常谈》为佩弦之作也。傍晚习太极拳。夜与坚吾等公宴教师吴
公藻先生于杏花楼,先生茹素,别具蔬菜饷之。九时许散归。

9月8日(己巳　白露　初九日)星期三

　　阴雨。依时入馆。斠订《要录》。午啖烧饼、百叶包。坚吾、
彦宾来,因与雪村洽谈国光借款事解决。散馆后仍习拳。夜归
小饮。

9月9日(庚午　初十日)星期四

　　晴。依时入馆。斠订《要录》。午与乃乾仍过大庆馆饭,两小
盏外,多添一口,竟加三元,今而后始知吃饭之难矣,一噱! 散馆后
习拳。夜归小饮。

9月10日(辛未　十一日)星期五

　　晴。依时入馆,先过濬儿所看外孙小同,以昨闻有寒热也,至
则已退热,盖偶感风寒耳。斠订《要录》。午与丏尊、雪村、西谛、
绍虞、乃乾、剑三、予同、仲盐共饭杏花楼,居然严守禁令,午不供
饮,可笑,亦可嗟伤也。(共用六百元,各摊六十六元六角六。)以

过中秋,借薪一月。午后三时许防空警报作,遂停习拳,五时即归家小饮。是夕竟未点灯。(其实警戒警报无须如此,而保甲长过虑,竟挨家喝关电灯。时至今日,尚何口舌之可争,姑曲从而已。)

9 月 11 日(壬申　十二日)星期六

晴。依时入馆。寄颉刚,再慰丧偶。(以圣陶所告凄清之状而发,不嫌其复。)并为赵泉澄划赙仪四百元。寄洗人重发,即托转颉刚书款,顺寄祥麟。寄敩、清竹报卅五号,复来书一百、百一号,告漱、润等未及附书状。寄圣陶沪蜀九十三号,复来信百二、百五、百六号,附丐、村、调信。寄刚主,告已遵汇联券六百元,作《丛书考》抄写费。仲祜差王君来,欲以《畴隐自传》售于开明。此老嗜利若命,姑置此,徐谋报之,或可转介于中联出版公司也。散馆前警报解除。待汪介丞至,五时半乃来,因介与雪村谈发掘烬馀契约订立手续,六时许乃归。夜仍小饮。

9 月 12 日(癸酉　十三日)星期

晴。竟日未出。抄《观古堂书目》。文权、潜儿、顯、预、硕三孙来省。漱、滋两儿往笙伯所游。西谛、济之来,所托蕴华阁代售之《方舆纪要》已脱手,计得二百九十二元(除佣净数),甚感之,谈有顷去。潜、预、硕亦归。入晚与文权对饮,夜饭后权挈顯去,而漱、滋亦归矣。

9 月 13 日(甲戌　十四日)星期一

晴。依时入馆。斠订《乾隆要录》。诚之寄到《两晋南北朝史》稿一批。接圣南大庚八月十六日书,告近状并属劝其父勿单身入内。午啖菜饭、百叶包。四时出席第四次董事会,到达君、道始、文彬、守宪、济之、予同、雪村、丐尊,决赶办增资登记。未习拳。夜归饮,漱石、文权俱在,因共谈至九时许乃去。给金才三十元、华坤二十元。

9 月 14 日(乙亥　中秋　十五日)星期二

晴。依时入馆。斠订《要录》。接诚之昨寄书,告寄稿并请求增加稿费,即复告照前议倍计已收之稿作酬四千馀,二千作预支,毕时当再多汇若干。午以过节不甘再啖烧饼,因与绍虞、予同、调孚、乃乾、西谛在教门馆叫菜两包,又另配盘子四包,买瓶酒共食之,摊五十五元五角。晚归仍小饮。夜卧玩月,皎洁莹澈,无片翳,忘时之多难矣。

9 月 15 日(丙子　十六日)星期三

晴。依时入馆。斠订《要录》。午与西谛、予同、蛰存、唐弢、调孚饭大庆馆,居然供酒饭(时例菜馆毋得供饭,午后六时以前不得饮酒),亦意外之遇矣。饭后为子如入宁办登记事特往保险监理局访道始,与介丞、星若、洛耆晤谈,五时径归寓所,遂未习拳。夜仍小饮。

9 月 16 日(丁丑　十七日)星期四

晴阴乍忽,时见细雨,不舒之甚。依时入馆。斠订《要录》。赶办增资案册籍,入夜七时始归饭。(午仍菜饭、百叶。)子如则以十时三十分夜车行,郭、范二小姐直写至九时许始得赋归云。薄暮前仍习拳。

9 月 17 日 (戊寅　十八日) 星期五

晴,午后微雨,闷甚。依时入馆。斠订《要录》。午仍啖百叶、菜饭。散馆后习拳。薄暮归,以戒严封锁甫开,挤车不得上,仍步以返寓。(明日为"九一八",故一、八两区仍循例特别戒严。)

9 月 18 日 (己卯　十九日) 星期六

霾,闷损更甚,午后雨,薄暮放晴。晨起,雪村登楼见告,子如车行至无锡以路毁见阻折回,商究再去否。余意此行各方已多接头,似不能罢,因定仍属子如行,而则顺道过道始告之,并询一切。据云车已复通,且已有人往还矣。部中正待办此事也。余入馆后即促子如成行。午与雪村过坚吾,晤彦宾、文彬,谈国光借款立约手续。雪村刀笔之雄,每喜以苛刻条文困人,余不谓然,颇争持且俟后日再言。饭后返馆,至四时又闻警戒严,未几得子如天后宫电话,谓排队入站,正待登车而站棚巨声作,玻璃四飞,有人伤损,一时秩序大乱,只得仍复折回。时危事急,相因而至,真令人莫知所措矣。六时半解严,即行遄返,匆匆食已,而子如来详告所以,仍拟于明日上午快车行。子如甫去,绍虞踵至,渠夫人亦于今日乘车返苏,未见折回,心殊悬悬,以急须至戚舍探访,略坐便行。

9 月 19 日 (庚辰　二十日) 星期

晴。晨入书巢,为乃乾查温葆琛奏疏,遍《经世文编》、续、三编,俱未得。午后绍虞见过,知其夫人以戒严折回,未及车站也,深为幸之。笙伯约来,未果,想亦缘居处附近封锁之故。午晚俱小饮。夜早睡。

9月20日（辛巳　廿一日）星期一

　　晴爽。依时入馆。以中来，日内方自无锡乡里返沪也。接诚之九月十九日信，谢稿费倍算。接清八月廿五夜桂沪百二号书，复此去癸廿七、八号及中间不列号（附廿八日总沪十八号公函）。寄芷、汉竹报癸二十号，诘何以历久无信，并为道始从子宗棠划款。接圣陶七月廿四日蜀沪百七号书，复此去八十九、九十两号谢贺寿并托届时代办寿面饷诸亲友。习拳。晚归仍小饮。（午啖菜饭及百叶包。）家中又接八月廿八日敫致漱书，清分致润、滋书，俱列百三号。

9月21日（壬午　廿二日）星期二

　　晴。依时入馆。校《要录》续排印样。彦宾来借款，约签立并以日册造契作质。接聿修八月十五日建阳书，告柏丞近状，发星星矣，为之慨叹。午仍以百叶包、菜饭果腹。子如返，据云备受金帮办受百之助，已顺利办出增资呈文。绍虞夫人抵苏，以城闭折回，近日故乡情形殆不可终日乎。（李士群暴死后，继者未得即行接事。）傍晚习拳。夜归小饮。

9月22日（癸未　廿三日）星期三

　　晴。依时入馆。校《要录》排样。为子如作书谢金受百。午仍如昨果腹。拳教师未到，因罢手早归。晚小饮。潛儿来省视，饭后去。接七月三日汉仙三号书，附芷芬手书，知外症仍淹缠，极为萦念。

9 月 23 日 (甲申　廿四日) **星期四**

晴,时翳,气转不舒。依时入馆。校《要录》印样。西谛来。午仍菜饭。道始电话约明晨过彼一谈。仲祜为《诂林》简编事来访,约期狡展,语多模棱。此老好利装痴,殊可厌,盗名半世,亦幸矣哉。习拳。晚归小饮。

9 月 24 日 (乙酉　秋分　廿五日) **星期五**

晴,闷热,华氏寒暑计又升至八十九度,秋分有此奇燠,殊感难受。依时入馆。校《要录》排样。西谛托让股为作见议。午仍菜饭。接七月廿八日汉仙四号书,划二百元济修妹。习拳。晚归小饮。终宵浴汗,难贴枕。

9 月 25 日 (丙戌　廿六日) **星期六**

阴霾郁闷。依时入馆。寄圣南复告代达硕民(同时寄硕民,探行否)。接刚主九月十八日复书,汇款已到,正觅人抄写中。寄雪山癸沪廿九号,附与敫、清竹报癸卅六号。(漱、林八十二号及润信并附。)寄圣陶沪蜀九十四号复百七号,谢办代面并告代送西谛磁婚公份。寄芷、汉竹报癸廿一号复仙三、四号附尘廿一号。接清九月一日百五号书,告另有百四号寄家。内地同人通沪家用照折半数事经与雪村力争,已定自七月起照付不折。散馆后步往权所,盖昌显十岁,约往小酌也,遇漱石、珏人已先率诸儿在。夜饭后同归,仍步行到家,大感疲惫,且牙痛忽剧,右颊为之肿胀矣。夜卧不安,又以秋热殊不快。

9月26日(丁亥　廿七日)星期

晴。午前芝九见过。屠氏姊妹来,午饭后漱儿偕之出,往访慧芬,抵暮乃归。抄《观古堂〈书〉目》集部别集类毕。总集类起,须另册抄矣,因将卷四原第析为上下,俾足容。牙痛牵及老伤,腰酸腿软,胁痛心荡,四肢百骸无一舒适者,奇矣。午后竟莫能坐,只得卧床,然益疲。笙伯来,夜饭后去。夜闷热转甚,中宵雷雨大作。

9月27日(戊子　廿八日)星期一

阴,午后雨,入夜更大,气稍转凉。依时扶病入馆。校《要录》排样。接宽正九月廿五日书,商《战国史》拟将前稿撤回修正。午以牙痛只食百叶包五枚。午后达君来谈股票上场事。仲盐来,知梧厂发掘竟无所获,空藏白歆,殊无谓也。晚归小饮。接梦九湖南石门八月十八日书,知由浙入闽转赣到淞甚辛苦,不识近任何事,信中莫能详耳。接清儿八月卅日桂沪百四号书,致漱儿者语重心长,可嘉也。

9月28日(己丑　廿九日)星期二

阴,时见细雨。休假(新定之孔诞)。笙伯来,文权来,因共饭。饭后昌显、昌预偕诸小友至,盘桓移时,与文权先后去。抄《观古堂〈书〉目》总集类。诸儿淘气。雪村昨晚打牌后发流火症,今寒热,坚卧中。仲盐自虹口铩羽归,编搜无所获,只索罢手云。夜小饮。

9月29日(庚寅　初一日)星期三

阴。依时入馆。校《要录》排样。济之来,旋去。西谛来,午与予同及余共饭于大庆馆,摊卅三元三角。芝九来,交第二批人名条子,稿酬资千二百元,当即付之。雪村未到馆。散班后仍习拳。夜归小饮。村已略见平复。

9 月 30 日(辛卯 初二日)星期四

阴转凉。依时入馆。校《要录》排样。午啖菜饭、百叶包。接硕民九月廿九日复书,谓赣行已决中止。雪村已起坐,惟未能行动,仍休息中。晚仍习拳,坚吾、文彬俱不至,属何逸人将帮二百四十元来,谓所致教师之脩金因并成四百之数,即以奉吴公藻先生。夜归小饮。

10 月 1 日(壬辰 初三日)星期五

阴,薄寒中人夹衣不足御矣。依时入馆。校《要录》排样。午仍菜饭、百叶包。散馆后仍习拳(文彬、坚吾仍未到)。夜归小饮。雪村食饮如常矣。仲盐乃卧疾,其虹口扑空激刺所致乎?为文祺介绍曾屏已退回,缘索价至三万六千元,前途竟斥为痴人说梦,狠心过甚,宜遭此嗔,然而经手人窘矣,明日当送还之。

10 月 2 日(癸巳 初四日)星期六

晴,午雨旋霁。依时入馆。校毕《要录》排样第六卷。西谛来。午啖烧饼、百叶包。颊肿已消,齿患未已,盖牙龈已露,进食殊感不快也。午后四时漱、滋、湜三儿送信来馆,余却未及写,因留置之,俟便再寄。至四时半率同返寓,电车终是气囊,每乘必致欧〔怄〕气,诚畏途矣。夜小饮后,挈润儿出散步,比归,村、盐等又上局打牌,呼啸依然,诚不知何乐而不疲至此,虽招病亦不之顾也。

10 月 3 日（甲午　初五日）星期

晴爽，气类初冬。抄《观古堂〈书〉目》。笙伯来，夜饭后去。晚小饮。文权、濬华偕来，谈有顷去。

10 月 4 日（乙未　初六日）星期一

晴。依时入馆。雪村亦痊愈到来。斠订《要录》。接硕民十月三日黄埭信，附信属转圣陶、墨林。午仍啖菜饭、百叶包。散馆后未习拳，即归饮。

10 月 5 日（丙申　初七日）星期二

晴。依时入馆。斠订《要录》并覆校清样第五、六两卷。西谛来，午与绍虞、恂如、予同及余共饭于来薰阁南邻之回回小馆，摊费四十二元。散馆后习拳，会中人意提四十元犒华坤并拟为月例云。夜归小饮。饭后无意中剔牙，竟将前日误认为已露之牙龈剥萚，实旁生一小牙也。脱然无累，快甚。道始见过，言十月十二日即移交，长谈良久去，漱华事即属撤去，免再沾惹。

10 月 6 日（丁酉　初八日）星期三

晴。依时入馆。斠订《要录》。西谛来。午仍啖菜饭、百叶包。公司增资登记执照已到，为重三三六号，此案已臻完成，只待印发新股票矣。散馆后未习拳，即步归。漱石在，夜饭后去。

10 月 7 日（戊戌　初九日）星期四

晴。依时入馆。复硕民、刚主、聿修。西谛来。午啖烧饼十枚。午后复宽正。未习拳，即归。夜小饮。

10 月 8 日（己亥　初十日）星期五

晴。依时入馆。坚吾为余装空白毛边纸本廿八册送来，足敷多年之用，甚感之。以双十相近，要路口又加紧检查，其他各口均封锁，碰壁数四，窘极，亦岔甚矣。寄梦九湖南石门，复告近状。寄敫、清竹报癸卅七号，附漱复熊、鹤信。散馆又值封锁，良久乃开，遂未及习拳即遄返。夜小饮。润、滋出看话剧于金都，与雪村夫妇及士文偕。

10 月 9 日（庚子　寒露　十一日）星期六

晴。依时入馆。斠订《要录》。雪村忽议加人分任，免延引时日，余因与予同、乃乾谈，属道光朝于予同，咸同朝于乃乾，而余以其隙补光宣两朝以足之云。通函各董监，定十月十二日下午开第五次董会。是晚六时顺为道始饯行。西谛来。午啖烧饼。接清儿中秋前夕桂沪卅七号书，备致思家之念，不禁凄然。为君畴购得《申报》大图于文祺，价千八百金，即作函送道始代转去。夜归小饮。滋儿接顯孙来住，明日将同游兆丰公园也。

10 月 10 日（辛丑　十二日　国庆）星期

晴。晨入书巢闲翻。十时绍虞至，谈至十一时半偕雪村同过济之，赴西谛、君箴瓷婚筵（假座耿宅），宾主凡十二人（乃乾未至）。饭后村、箴、济、予四人打牌，余等小坐闲谈，至三时许，余与调孚先行过小公园，一转便出，见电车滞途，鱼贯至半里许，知有事，步至亚尔培路口，竟遭封锁，陷四围绳栏中，进退无门，望里巷之口咫尺，终莫能达，暴日下经两小时始开行，到家已垂暝矣，愤甚，是诚何为哉？尚得谓之人间世乎？润、滋、湜、顯游园，归亦受阻，入晚始归。夜小饮。文权、濬华来接顯去。笙伯来，晚饭后去，已与权面约明日将同往大利定座，备十九日订婚，用此事全由濬意，余不之问也。

10 月 11 日（壬寅　十三日）星期一

晴朗。今日补放星期例假，未入馆。竟日抄《观古堂〈书〉目》。午后闻丐尊在楼下饮，即以芝九赠余之《蘼芜纪闻》转赠之。漱、润、滋偕笙伯往江湾游叶园，晚饭后归。夜小饮。

10 月 12 日（癸卯　十四日）星期二

晴。依时入馆。斠订《要录》。以中来。西谛来。昆甫来询渝款事。（洗人顾虑靳而弗与，无怪人之来催也。）午啖烧饼。四时出席第五次董事会，晚六时即就聚丰园，为道始饯行，盖明后日赴宁改就内政部民政司长也，全体董监俱到，顺请介丞作陪。席间言定延介丞为公司法律顾问。（是日菜价千五而肴馔平常，且极廉薄，殊经手定菜者拔去提头矣，可叹可叹。）无谓酬酢至感不舒，而无意中获其珍闻，亦堪偿失，因略记之。此次李士群之死传说纷纭，莫衷一是，要为人所称快则一，有人知其疾亟时其母氏亲祷于城隍神得第卅七签，签诗云："志高气昂慢神祇，出言伤和自然宜。病起原由鬼祟造，何必问方去求医。"殆冥谴重于显戮耳！道始闻诸李之政务厅长黄敬斋，宜可信也。又传述一对语云："郝鹏，郝鹏举，此一举，多此一举；李士群、陈群，去一群，又来一群。"（近日江淮特区长官郝鹏免，代之者为郝鹏举，同为武人，同姓同名，仅多一举字,不知者疑为手民所误衍,是诚多此一举矣,且无端更迭,亦多此一举也。李死陈来,同为个中人,而与陈偕来之人选有舞场老板等哀然在其列,阵容之可笑,抑尤甚焉。苏民之叹,实天下之公言也。)谑而虐矣。九时归,少坐便寝。

10 月 13 日 (甲辰　十五日) 星期三

晴。依时入馆。校诚之《两晋南北朝史》排样。缮董会纪录,送达君签署。西谛来。午啖烧饼。散馆后习拳。晤坚吾。夜归小饮。

10 月 14 日 (乙巳　十六日) 星期四

阴,夜雨。依时入馆。校《史》并斠订《要录》。接十月十一日诚之片,知《两晋史》部分将分两次寄来。未习拳,即归饮。

10 月 15 日 (丙午　十七日) 星期五

阴,微雨时作。依时入馆。斠订《要录》。西谛来。午啖菜饭、百叶包。未习拳,即归小饮。笙伯来,知怀之及翼之夫妇明日将来沪也。

10 月 16 日 (丁未　十八日) 星期六

阴雨。依时入馆。接清儿九月十八日桂沪百七号(附山致村信)。寄洗人告子如先约书。检寄增资文件都六封,请检收。寄敩、清竹报癸卅八号。晚归,接汉儿八月廿四日仙五号(复此去十五、十六、十七号)。锜官接来小住。怀之及翼夫妇夜到,余已将睡,畅谈积愫,不觉移时,以屋逼无可展布,止留翼夫人下榻,怀、翼兄弟则仍偕笙伯去住笙伯所。久别希逢,乃不克留宿作竟夕谈,愧甚,亦窘极矣。

10 月 17 日(戊申　十九日)星期

晴转温暖。敷衍竟日,为漱儿婚事书红帖而已。傍晚过大利酒楼,怀、翼两夫妇、文权、潜华伉俪及余全家外,笙伯之师友及雪村、红蕉两夫妇亦请参喜筵,惟组青未到,甚令人失欢也,不近人情至此,不大可诧怪耶? 十时席散,怀、翼等明晨即返苏,仍住笙伯所,余等偕锜官归。

10 月 18 日(己酉　二十日)星期一

晴。依时入馆。斠毕《乾隆要录》第七卷。济之来,知《辞源》已代售去,得五百元,甚感之。以中米。西谛来。午啖烧饼。散馆后习拳。夜归小饮。

10 月 19 日(庚戌　二十一日)星期二

晴。依时入馆。斠《要录》第八卷。森玉、西谛来。午啖煨薯五元。散馆后,未习拳即归小饮,漱石在,夜饭后去。将睡,济之来,有事相托,因挈同儿入馆办文件携归,授之而去。

10 月 20 日(辛亥　廿二日)星期三

晴,依时入馆。斠订《要录》。雪村母太夫人今日由其三弟接返绍兴。西谛来。午仍啖煨薯。散馆后,未习拳即归。文权来,因与共饭。

10 月 21 日 (壬子 廿三日) 星期四

晴。依时入馆。斠订《要录》。济之、西谛来,因约予同、绍虞及余午饭于十里香,摊卅四元。晚归饮,未习拳。

10 月 22 日 (癸丑 廿四日) 星期五

晴。依时入馆。斠订《要录》。西谛来。午啖菜饭、百叶包。接道始十月廿一日信,以校阅《江苏通志》相属,约月底返沪面洽。为公司致函介丞,聘为法律顾问。晚归小饮,未习拳。同儿在电车站被扒窃,居住身份证同去,是一大受累事,非多费唇舌与财物不能补到也,至堪愤愤。文权来,为改笔录两件。

10 月 23 日 (甲寅 廿五日) 星期六

阴,细雨时作,入夜大雨达旦。依时入馆。斠订《要录》。午仍啖菜饭。寄洗人祥渝三号(依前两号顺次编)。寄雪山癸沪卅号复总沪廿号。接圣陶八月廿八日蜀沪百九号,分致调、村、丏、蕉。晚归小饮。

10 月 24 日 (乙卯 霜降 廿六日) 星期

阴雨旋霁,午后晴。抄《观古堂〈书〉目》。铭青、德锜偕来,邀漱儿作傧相并托余介严独鹤为署结婚日,来宾签名册。傍晚赴恂如同兴楼之约,盖为其郎在川结婚已经年且生孙女矣。往贺者,有丏尊、雪村、予同、调孚、济之、季琳、健吾、索非、均正、乃乾,将终席,西谛始至,九时乃散。谛、予、均及余步返,先过修文堂书坊一阅,为开明购得《籀典》归。

10 月 25 日（丙辰　廿七日）星期一

阴。依时入馆。接圣陶九月三日百十一号书，力陈沪地发动增资之不妥，两地隔膜难畅乎言之也。接陆云伯十月廿四日信，索《廿五史补编》序目，即复寄之，并以所译《国闻译证》两册滕焉。荫良来访有所属，难报之。西谛来。午后云伯至，告信已复出，又长谈，移时乃去。接道始十月廿三日宁垣书，告吴向之有《要录》馀稿三十馀册，问需否购下。散馆后习拳。夜归小饮。

10 月 26 日（丁巳　廿八日）星期二

晴。依时入馆。校诚之《西晋史续稿》。午仍啖菜饭、百叶包。西谛来，为购致旧墨五朱锭一，计百八十元，甚喜。未拳，即归饮。同所失居住身份证，由邮局通知在八仙桥邮筒发见，属亲往一取，居然重获，免却不少麻烦，其他损失亦无暇计之矣。

10 月 27 日（戊午　廿九日）星期三

阴。依时入馆。校吕史。复道始。晨出偕珏人行送伊到瀋家。午烧饼。午后接道始十月廿六日信，属代拟厘订行政区域计划。未习拳，即归小饮。（珏午前即归。）

10 月 28 日（己未　三十日）星期四

晴。依时入馆。西谛来，雪村告以今日为圣陶五十生辰，乃共谋聚饮，遥祝日强，参加者两人外有予同、绍虞、丏尊、调孚、乃乾、济之、仲盐并余十人，叫一家春菜五百元。（一家春新修重张，昨甫开幕，满拟尚堪一啖，孰知质薄品寡味劣，竟一无所取，徒叹昂贵而已,至为失望)。及同宝泰酒五斤,四时春锅面两器,又弄口摊上蒸馒首廿枚,凡费七百七十一元四角。圣陶来书,本托治面相饷,乃公议各出五十元,馀数二百七十一元四角由余代圣陶支付。接云伯书,再索三册,因依之,即复送。接八月廿四日洗渝一号及八月廿九日圣陶蜀沪百十一号,俱于沪上增资有所疑诘。习拳。夜归小饮。接九月十日芷芬信及仙六号,知芷疾少瘳,元锴曾患疟云。

10 月 29 日(庚申　朔)星期五

晴。依时入馆。斠订《要录》。接十月廿八日翼之书,知十三日左右将偕眷来沪。西谛来,午购烧饼及酒卅元,与谛及予同、丏尊共之。道始已返沪,电话约一谈,许明晨过之。坚吾来,未习拳。夜偕珏人赴索非、鞠馨晶婚鸳会。(丏、村、均三对皆到,独调孚辞未至。)甚欢。至九时许乃各归。

10 月 30 日(辛酉　初二日)星期六

晴。依时入馆,先过道始谈,出示《江苏通志》稿首册,坚属代为估价谋印,并为校点。寄芷、汉竹报癸廿二号附尘廿二号复仙五、六号。寄翼之复盼早日来此。寄敔、清竹报癸卅九号附漱、林八十三号告近状。(归家后接十月三日桂沪百八号敔、清各一,详陈桂地近状。)立斋、芝九先后来。坚吾、文彬来,为改定公司呈报文件数事。寄圣陶沪蜀九十五号复百九、百十、百十一,告百八未到,并及遥祝及青石弄屋新约由红蕉掌管诸事,附丏、村、绍、调诸书。绍虞假返苏州。夜归小饮。饮后雪村上楼,谈代估《江苏通志》印价各事。看《心灵感通录》。

10 月 31 日（壬戌　初三日）星期

晴。九时与雪村同访道始,谈《通志》印行办法并顺约十一月三日开董会,移时归。午啖蟹两枚。午后笙伯、乐钦来,晚饭后去。是日警报频作,防空加严。抄毕《观古堂〈书〉目》。

11 月 1 日（癸亥　初四日）星期一

阴晴兼作。依时入馆。致云伯,告自购用书当属柜友优待。诚之续稿寄到,即复告之,并以第一批清样寄请存核。午啖馒首。散馆后未习拳,即归小饮。夜看《心灵感通录》。

11 月 2 日（甲子　初五日）星期二

晴,午后骤雨。依时入馆。校《乾隆要录》第七卷排样。以中来,即以西谛所购西书款交付之,长谈而去。西谛来,午同啖馒首。未习拳,即归小饮。是夜看毕《心灵感通录》,言之成理,亦此道之翘楚矣。

11 月 3 日（乙丑　初六日）星期三

晴。依时入馆。校《要录》排样。接十月卅日张芝联北平信,以误买《隋书·经籍志》未足本,属设法退换。午仍啖馒头。午后四时出席第六次董事会,除马荫良委托雪村代表外,全体董监出席,决议投资中国联合出版公司二十万元及调整此间同人生活津贴两案。会后道始为印行《江苏通志》事与雪村及余详谈,拟由开明代为承印发售。乃乾亦与闻其事,初无他言,及傍晚各散行,抵老北门始为雪村言苏省府亦有一部正由杨金华兜揽承印。似有讽令开明放手意,不识就里如何也。夜归小饮。

11 月 4 日(丙寅　初七日)星期四

晴。依时入馆。校《要录》七卷初毕,尚待再看。整理董会纪录并股票上场登记文件,属子如送达君分别转送洽签。通启发布十一月起另行调整生活津贴,前行膳食米贴、住房津贴、眷属扶助津贴等项一律撤销。(名色繁多,徒乱人意,而同人所得无多,有类巧立名目,余属以为言,今得改正则简单明了,当稍见合理。)复芝联附目录去属择定退换,顺托代购中法汉学研究所刊物。散馆后应耕莘之招,与丐尊、雪村、予同、仲盐同往其家宴饮,持蟹看画,甚惬,十时许始散步行归。

11 月 5 日(丁卯　初八日)星期五

晨大雾,沾衣粘湿,既而开霁,及午畅晴。依时入馆。复校《要录》第七卷。西谛、济之来,午与予同及余四人共饭,唤酒一斤,教门沙锅两只,亦甚畅通,各费卅三元。散馆后习拳,夜色上乃归。漱石在,因共夜饭,知翼之夫人即将来沪。(付十月份电灯费四十九元九。)

11 月 6 日(戊辰　初九日)星期六

晴,午后阴合,夜雨。依时入馆。为雪村书挽吴镜渊。午啖馒头。为图书馆新入藏各书登册,乃乾之介今日从富晋书社购到《明实录》一部,计五百册,价七千二百元。思平电话约谈,散馆时放车来接,余与予同赴之,三人长谈至五小时,夜饭后十时许乃归。所谈俱为近日治吏要领,绝无一语及于政治,不图思平从政之馀乃能孜孜如此也。

11月7日(己巳　初十日)星期

　　阴雨。潏儿挈诸孙来吃面,夜饭后始去,盖明日珏人生日,预来馈寿也,惟文权以疾未至,颇念之。薄暮西谛见过,正与诸儿孙围坐小饮,地窄竟未容分杯以酬之,殊歉。夜看《楹联丛话》。

11月8日(庚午　立冬　十一日)星期一

　　竟日雨。依时入馆。校斠兼作。接道始十一月六日快信,谓向之馀稿已致酬金五千,已送出,属将款送交其家。西谛来。午啖馒首。接勖初十一月六日信,谈近况,并询其女若蕙临行前托存银饰有无代销。晚归小饮。为珏人祝生日。

11月9日(辛未　十二日)星期二

　　雨,午后始霁。依时入馆。斠订《要录》。复勖初银器仍存乞有便取去,顺告所介苏企云过桂诸状。接诚之十一月八日来信,复告近状并附《晋史》排样勘误表。午啖馒首。晚未习拳即归。夜仍小饮。

11月10日(壬申　十三日)星期三

　　晴,陡冷。依时入馆。斠订《要录》。西谛来。午仍啖馒首。晚习拳。坚吾、文彬谈次,知余日常午餐状,颇谓非宜,约过饭其纸张公司助贴伙食。承情可感,明日即当就食焉。夜归小饮。看白采遗著《绝俗楼我辈语》,此书为开明十馀年前所出版,向未寓目,今以存书告罄,亟将底货购致之,乃开卷未能自掩,情文相宣,悱恻缠绵,斯人长往,曷胜怅结。

11 月 11 日（癸酉 十四日）星期四

晴。依时入馆。布告明日放假（为中山诞辰）。仍斠订《要录》。午过坚吾饭,践昨日寄食约也。偶与绍虞、乃乾谈,余谓必内有所自足,然后可以不假外求而植品自高,盖己之所守不必尽见施用,退藏于密,堪自怡悦,宜可人不知而不愠耳。又谓是非取舍在自己胸中,必确有所持,绝无游移,始克自守,为应世计,稍稍偕俗,犹当触处检点,无致迷放,若以和光同尘、涅而不缁自诩,直文过之护符,饰非之坚盾耳,吾宁甘受硁硁之诮,决不为此违心之论也。似均为见道之言,爰录存之。晚习拳,少演即返。夜仍小饮。看《绝俗楼我辈语》,其人才华如此,穷愁如此,安得不速死,惜哉！（即用其悼平阳李无隅方语。）

11 月 12 日（甲戌 十五日）星期五

晴颢。看《绝俗楼我辈语》毕。午后绍虞来,少坐便去。德锜姑嫂来,约漱儿往着样,盖邀伊作傧相须称身裁衣也。笙伯来,夜饭后去。同儿往省潘家,晚饭后与文权偕来,谈有顷,为点定文字三两处,与笙伯同行。

11 月 13 日（乙亥 十六日）星期六

晴,夜半微雨。依时入馆。以中来。济之来。西谛来。寄芷、汉竹报癸廿三号附尘廿四号及镛、漱俪影。寄雪山,慰其近境欠顺。（携家抵桂后其妇心脏病转剧,其大女士珍又罹狂疾,平昔淑静敦厚,乃以受男同学之绐,刺戟而成。吁,又一时代牺牲也。）明日无可塞悲,奈何? 寄敹、清竹报癸四十号,附漱、林八十四号及镛、漱俪景,复来百八号。晚归,雪村告我已赁定中联公司馀屋,将修葺移往,顺谈移时。九时许铭青送翼夫人德铸及其戚薛夫人来,即下榻焉。闻翼之亦偕来,另挈其幼子住笙伯所。

11 月 14 日 (丙子　十七日) 星期

阴雨。珏人伴翼夫人等往笙伯所缉德锜嫁装。为索非改晶婚和韵诗。傍晚翼之偕珏人等来,因夜饮对话,即住余家,询悉苏省府陈群设施较之李士群竟一蟹不如一蟹也。

11 月 15 日 (丁丑　十八日) 星期一

雨。依时入馆。斠订《要录》。午前雪村邀余往相新屋,地甚宽,惟须大加修葺耳,已属匠工度理矣。夜归,翼之约其友薛晋侯、潘逸民同来小饮,谈良久,薛等返旅舍。

11 月 16 日 (戊寅　十九日) 星期二

晨雨旋霁,午前即放晴。上午就馆,午刻即过大鸿运贺翼之嫁女,全眷俱在,文权、瀞华亦全家参与。午后四时行婚礼,乾宅场面极大,公馀票房客串为贺。余午晚两餐均与晋侯、逸民、文权同坐,夜更加入雪村及悦之,尚不寂寞。九时席散,挈漱、润、滋步归,珏人等先与雪村夫人同行返家矣。

11 月 17 日 (己卯　二十日) 星期三

阴雨,大风陡增寒气。依时入馆。斠订《要录》。接士敫十月廿三日公桂一号书,附专上雪村书,详告内地对上海增资表不满,洗人书抵,雪山措词甚难堪,岂别有用意而致如是耶? 且觇其后。散馆时冒风雨赴文权约,盖翼之等今午赴朱宅会亲,订晚间偕其眷属过饮权所也。余到后,迟至良久乃见来,天黑风急,各有寒意,遂暖酒谈。珏人、漱儿俱邀去,漱已先归,珏则仍伴翼夫人同来耳。夜九时许乃归。

11 月 18 日(庚辰　廿一日)星期四

晴寒,西北风大作。晨入馆,知梦岩派人于昨晚送到雌鸡一只、黄豆一大包赠余,即派金才送归。十一时应晋侯约,过香粉弄东华旅社晤之,少选,翼之夫妇挈其二子并潘华亦来,因同乘电车到静安寺,再坐黄包车往曹家渡,由极司菲尔路西北行,迎面寒风砭肌刺骨(初寒特见奇冷),比到五角场鼎顺新酱园,手面俱肿,岂止粟起毛戴而已。坐有顷,体稍和,乃随晋侯至三角场鼎顺本园茶后即入坐,饮醇擘螯,他肴又极丰腆,不觉已醉。席散,已夕阳衔山矣,巡游其园一周,凡制酱、酿酒诸场俱得浏览,然后乘三轮车径归。凡诸所费悉由晋侯任之,极感歉仄也。到家已黑,暖酒再饮。饮后翼之仍打牌,余则不任久坐,即就卧。

11 月 19 日(辛巳　廿二日)星期五

晨晴旋阴,寒甚。翼之等归去。依时入馆。斠订《要录》。饭后为文彬书挽吴镜渊。为均正欲得职官证免役,致书道始,托之。夜过文权饮,啖甲鱼烧羊肉(俗称龟鹿羹),极腴美,宵深乃归。

11 月 20 日(壬午　廿三日)星期六

晴寒。依时入馆。斠订《要录》。致函梦岩谢馈物。午与文彬、坚吾应虞声闻约过金城西菜社午饮。虞新制橡皮笔头试之,殊类紫毫而经用不敝,拟谋得专利权始可放手直干,故约人谈商,亦集思广益之道也。接勋初十一月十八日信,复告近况,于故乡近政大见抨击。晚归,文权、濬华在,因共小饮,润儿之友蒋济宏、白叶树来,亦与焉。饭后,权等去,济宏住余家,翌晨返乡。

11 月 21 日 (癸未　廿四日) 星期

晴寒。午后笙伯来。为住房事润儿与母顶嘴,呵止,戒斥之。入晚将饮,道始来,因约雪村上楼共谈,于印行《江苏通志》事已有端倪,属为拟缘起及征人列名信稿,长谈至夜饭后去,订明晨过其家再谈。此举如得及早实现,文献幸甚! 初不问其主自何方也。

11 月 22 日 (甲申　廿五日) 星期一

晴。晨与雪村过道始谈,即由渠函属司员检寄志稿,十时许乃行。雪村挤上公共汽车,而余仍步行入馆。斟毕《乾隆要录》第八卷。通函各董监,定明日下午四时开董事会。西谛来。致觉来。晚归小饮。

11 月 23 日 (乙酉　小雪　廿六日) 星期二

晴。上午在家,为道始拟稿。饭后入馆,出席第七次董事会,于内地又欲增资事及所登掩护广告有所讨论,金主听其发展,俟后再图补救。坚吾、文彬有请托为介道始与径谈。接翼之十一月廿一日信,告归途受窘诸状,可见劫持之下行路亦难也。芝九来,交稿一批。夜归小饮,家人已先饭矣。

11 月 24 日 (丙戌　廿七日) 星期三

晴。依时入馆。开斠《乾隆要录》第九卷。晚归小饮。知濬儿曾挈硕孙归省,以硕喉梗不能饮乳即回云,极念之。

11 月 25 日 (丁亥　廿八日) 星期四

晴。清早即出,往看硕孙甫至其里门,即见濬抱持嬉戏于外,笑谓逆知余必过访,特迎候以释我念也,相见甚欢。(喉痛系受热,归饮梨汁即愈。)入室少坐然后入馆。斠订《要录》。午饭时坚吾、文彬约游南京,谢之。晚归小饮。浒关周氏表嫂及表侄女来省,小住,知长婿已故,次女即将出嫁,特来邀饮喜酒也。

11 月 26 日 (戊子　廿九日) 星期五

晴。依时入馆。斠订《要录》。接圣陶九月廿一日蜀沪百十二号书,附来广告底稿,就审洗人等大有隔膜,内外之间其将陡起障翳乎?殊可虑也。夜归小饮,为此闷闷,不识雪村对此仍持无可无不可之态度乎?

11 月 27 日 (己丑　朔) 星期六

晴。依时入馆。浒关乡亲清晨即去。复勋初。复翼之。寄圣陶沪蜀九十六号,复告此间增资经过情形,冀开悟内地误会之人,并附村、调诸信。寄敫、清竹报癸四十一号,复公桂一号。寄芷、汉竹报癸廿四号,附调孚信。西谛、济之来。夜归小饮。买得黄宾虹山水画册二十帧,盖近在上海开展览会,选此付诸珂罗版景印者,价五十元,揆以时价,乃大见廉让矣。以《容斋随笔》伴睡,大妙。

11 月 28 日（庚寅　初二日）星期

阴,午前曾雨,入夜又雨。假居未出,饭后悦之、笙伯来寄箱笼,知旧屋已定,即让漱石住嵩山路冯家,笙伯住厂,已有安排矣。谈有顷,悦之去。看《容斋随笔》。傍晚潜儿挈颢、预来省,夜饭后与笙伯先后辞去。适值封锁,小儿哪堪雨中久待,乃由潜车送来寅,伊一人再往立候,诚不知何时始得归家耳。如此戏弄市民而高谈治安,真不值一嗤也。

11 月 29 日（辛卯　初三日）星期一

晴。依时入馆。斠订《要录》。由振甫之介,让开明股票二百六十股与詹沛霖,得一万一千七百元,还雪村一千元,馀将以购贮粮食柴火,恐尚未敷分配耳。接刚主十一月廿五日书,寄到《丛书考》节录十数篇。珏人挈漱儿往贺淑英出阁,想饭后归来,途中亦遇封锁,甚感不快。晚小饮,饮后看《容斋随笔》,并与雪村长谈。

11 月 30 日（壬辰　初四日）星期二

晴。依时入馆。斠订《要录》。接十一月三日敔、清桂沪百九号各一通,知汉儿又将分娩,多儿为累,正不知如何应付也。而公司事内外暌隔,洗人恐别有用心,大难、大难!接道始十一月廿九日宁信,知游徐甫归,告《通志》稿已寄出一批,并托查清代官印体制。夜利达开股东会,坚吾邀司记录,即留饮其家,晤彦宾、啸水、文彬、慧中等,十时许与彦宾同车归。

12 月 1 日（癸巳　初五日）星期三

晨大雾,旋晴。上午为道始查书,旋即入馆作书复之。午饭时托坚吾、文彬携交兼托照料。复刚主并代寄《国闻译证》。夜归，正待小饮，文权、潆华偕来，因共饮焉。晚饭后为权改定牍语，谈有顷，偕去。是晚，文彬、坚吾赴宁。

12 月 2 日 (甲午　初六日) **星期四**

阴雨，午后晴。依时入馆。斠订《要录》。午未赴饭，购馒首食之，与谛等纵谈。夜归小饮。看《容斋随笔》。

12 月 3 日 (乙未　初七日) **星期五**

阴，西北风作，旋晴，突寒。依时入馆。斠订《要录》。午未赴饭，与予同、绍虞、济之、西谛共饭于楼外楼。初闻雪村言彼处午间可饮酒，乃仆仆往，孰知竟不能，废然徒饭而已。夜与予同应西谛约，过饮其家啖面，晤其妇兄高君，九时许乃归。(西谛生日)。

12 月 4 日 (丙申　初八日) **星期六**

晴。依时入馆。寄翼之复附其子德铸(日前接铸信，为批改寄回)，告二十日德锜、铭青将与漱石同车返苏。午未赴饭，仍啖馒首。寄敔、清竹报癸四十二号，附漱、林八十五号，复来信百九号，退回稿费、版税，属代存。寄芷、汉竹报癸廿五号，附尘廿五号，复告近状，并询芷调渝成事实否。(昨夜接芷十月七日书，有奉调赴渝说。)付上月电灯费五十二元三角三分。夜归小饮，笙伯在，晚饭后去。

12 月 5 日 (丁酉　初九日) **星期**

晴。午后饬同儿等往会笙伯，为余物色雨衣。薄暮归来，竟无所获,非颜色不称,即尺度不合,甚难入选也。夜与丏尊、雪村应夷初约过饮其家,予同后至,又别有陈、夏两客,凡六人。尝其家制所谓马先生汤,清鲜特甚。汤品不难于鲜而难于清,此汤清不沾衣,鲜厚隽永,洵奇品也。饮后长谈,展玩其所跋《兰亭》景本,九时许始辞归。

12 月 6 日（戊戌　初十日）星期一

晴。依时入馆。斠订《要录》。赴饭坚吾所,文彬、坚吾俱未归也。寄道始,告《通志》稿已到齐,其中问题正多,须面商始可决,望即来详谈。接十一月十日敷写桂沪百十号,告静鹤又有妊,业熊病嗽,因甚念之。(附上雪村桂报四号,告洗人已返桂,正谋增资事。)夜归小饮。看《容斋随笔》。

12 月 7 日（己亥　十一日）星期二

晴。依时入馆。斠订《要录》。赴饭时坚等仍未返。绍虞自苏返,告曾晤坚等,将畅游城西诸山云。(绍虞以陆益元堂长锋小楷纯羊毫四枝馈余,久不见家乡名款,得此至足称快,即抽毫试用,致佳,极感盛情。)煤球缺乏,大为恐慌,虽黑市亦难买到,真度日如年矣。小民之拜赐为何如耶?夜归小饮。笙伯来。

12 月 8 日（庚子　大雪　十二日）星期三

晴。依时入馆。斠订《要录》。赴饭,晤坚吾,以南京板鸭见饷。为丏尊拟函稿,将书托达君携以谒仲辉,对此间增资及内地误会详予解析之。即夕约丏尊、雪村、达君、予同集耕莘家小饮,六人深谈,以丏尊武断未决。九时许散,值道路封锁,绕道乃得归。日来又特别戒严,触处封锁,小民有行路难之叹,而执行之自警团等反欣欣有得色。奇哉,战乱之世诚天地变色乎!

12 月 9 日(辛丑　十三日)星期四

阴旋晴。依时入馆。斠订《要录》。托文彬设法代购面粉及煤球,不知能如愿以偿否。调孚介绍丁英桂友,以五十元一股价格让去开明股票五百股,得二万五千元,将以二万四千还道始旧欠,心头一松,亦不能顾剜肉之诮矣。寄硕民,询起居,顺告商务股票已到四千,幸勿轻弃。夜归小饮。文权、澔儿来省。

12 月 10 日(壬寅　十四日)星期五

晴。依时入馆。斠订《要录》。为坚吾草拟文件。交文彬三千元,属买煤、面。接圣陶十月十三日蜀沪百十三号书,附致红蕉、丏尊,亦谈及洗人返桂发动增资云。夜归小饮。

12 月 11 日(癸卯　十五日)星期六

晴,午后阴,旋又晴。依时入馆。接十二月九日硕民书,虽邮路相左而发行同日,足征异地关怀两心相印也。书中着墨无多,而孤悽之情跃如,极念之,即手复以慰。文彬言煤球恐有问题,当尽力为我设法云。至感之,惟望能果愿耳。坚吾为专制橡皮笔尖事明晚约虞声闻等商谈,属余参加,允之。夜归小饮。文权来,托代收开明股百八十股。漱石来,托漱儿写信告翼之、德锜、铭青将于冬至后归宁。

12 月 12 日(甲辰　十六日)星期

晴。为坚吾草两利委员会组织大纲及办事细则,傍晚应约携赴之,与虞声闻、周慕时及文彬、坚吾共谈,大体甚洽。饮后归,已深夜矣。

12 月 13 日（乙巳　十七日）星期一

晴。依时入馆。斠毕《乾隆要录》第九卷,开斠第十卷。接诚之十二月十二日书,告寄续稿(已先一日到),并商支三千元(即属子如汇去)。煤球恐慌已显露,饭时增缴一千元与文彬。晚归小饮。接清儿十一月十一日与漱儿桂沪一百十一号书。

12 月 14 日（丙午　十八日）星期二

阴雨。依时入馆。斠订《要录》。为文权购得开明股一百八十股,计九千元。赴饭时又缴一千元与文彬,备煤、面找算。夜归小饮。

12 月 15 日（丁未　十九日）星期三

阴旋晴。未明四时剥啄声喧日,宪兵多人闯然入逮雪村去,留一宪兵于楼下守之,禁出入(惟儿童入学则放行)。余与红蕉俱被阻不得出,至十一时半始让余二人行。均正来访,则被留。（至下午二时,亦使令行。）盖先至丐尊所指逮,临行,丐尊属其家人通知老板(平日戏以此称呼雪村),遂因而连逮也。（来时即由丐尊长媳秋云领捉,可见牵连。）余既出,亟至公司,则颂久、高谊、叔同及小川等俱在,始悉正在营救中,至其出于何因,竟未详耳。小川言人羁虹口宪兵队本部,必无大事,不日当可出,属先送果点少许去。及派人送去,不纳,罢归。至四时夏、章二家留守之宪兵撤去,五时半余候信无望,乃归,走二家慰安之。返后闷坐小饮,殊无好怀。

文权来。漱石来。

12 月 16 日 (戊申　二十日) 星期四

　　晨大雾,旋晴。依时入馆。终日无息,惟知叔同等奔走甚力云。午后出席纸张公司董事会。夜归小饮。济之来。耕莘来。

12 月 17 日 (己酉　廿一日) 星期五

　　晨大雾,旋晴。依时入馆。据叔同等传述,小川言丐、村今明可出,即遍告达君、耕莘等,但抵暮未见归来,仍废然归,闷坐小饮。接锦珊书,知大姊灵柩即将安葬于五云公墓。

12 月 18 日 (庚戌　廿二日) 星期六

　　晨雾旋晴。依时入馆。终日杳然,诚有度日如年之感。西谛来,因与予同、绍虞及余同过来薰阁午饭,晤阁主人陈济川,其人慷爽,有北地本色。午后出席两利委员会,晤声闻、少墀等,谈次觉声闻理路不甚明,而语言舛错,恐前途未必有好果也。珏人往访灿庭,送大姊安窆礼一百元。梦岩夫人患外症,住仁济医院,余过访之,晤梦岩父子,知开刀后已渐就痊。夜归小饮,心乱如麻,竟不知作何语以慰夏、章两家也。

12 月 19 日 (辛亥　廿三日) 星期

　　晨雾旋晴。予同来。芝九来,假书两册去。午后绍虞来。索非来,仍无好消息。夜品珍来,谓有日宪兵姓新田者送丐尊收条来,言不日可出,雪村亦签名其上云。有顷,索非来,出示此条,为之大慰,因同诣两家告安焉。午后二时,税警团数百人与八区警察在共舞台门口寻衅开枪互击，死伤多人，并波及路人，马路因又封锁四小时，六时乃开。漱儿适偕佩霞一行在西藏路狂奔，以免在新世界逗留，至晚乃得归。（军警丢脸如此，一切政治可想。）薄暮，余尝挈同儿散步日晖港畔，由打浦桥以归。

12 月 20 日（壬子　廿四日）星期一

　　晴。依时入馆。丏、村事仍劳空望，接圣陶十月廿八日蜀沪百十四号书，附致予同、绍虞、调孚、红蕉。接十一月三日芷芬信，附仙七号书，复此去癸十九号。午后出席两利会，仍无结果。夜归小饮，闷损殊甚。

12 月 21 日（癸丑　廿五日）星期二

　　晴。依时入馆。接硕民十二月十九日复信，告圣南连来两信，心境因而大好。接圣陶十一月一日蜀沪百十五号书，告内地增资本意。抵暮，丏、村出来之讯仍杳。夜归小饮。扼腕难咽。立斋、幼雄来。

12 月 22 日（甲寅　廿六日）星期三

　　晴。依时入馆。仍无消息，闷甚。接圣南十一月廿八日大庾信。寄道始，告其家属购贴寄宁，以无从买到未克寄，并顺告丏、村所遭。夜归祀先。

12 月 23 日（乙卯　冬至　廿七日）星期四

　　阴晴兼施，尝飘雪花。依时入馆。据索非传述消息谓可取保，明后日当可出来云。终日扰之，殊无坐定之时。夜归小饮。睡眠转不安,岂悬心益切之故邪?

12 月 24 日 (丙辰　廿八日) 星期五

晴。依时入馆。芝九缴稿来,托补开明股四十股,子如肯让每股价五十五元,即时成交。接道始快信为《通志》事,余信渠尚未见也。据叔同等转述小川言谓今日丐、村必可出,然俟至散馆仍未见来,归后强饮以待,又与索非、予同至丐尊家告慰,并留待至十一时,毫无动静,只得废然各归,心痒难熬。是夕竟彻旦未寐。

12 月 25 日 (丁巳　廿九日) 星期六

晴。依时入馆。十一时确息下午二时丐、村可出,至一时三刻小川亲往宪兵部接出,径诣中华书局。余得讯即往迎之,茌苒十日,竟如三秋矣。抵晚归饮,共谈至十时乃各就寝,心上大石始移去,且暂安之。

12 月 26 日 (戊午　三十日) 星期

晴。接清儿十月二十日与润桂沪百十三、百十二号书,勉其勤学。笙伯来。文权来,顯、预两孙来。俊生来(均慰问丐、村)。绍虞来,夜饭后去。丐、村同遭羁縶,心境迥殊,丐不免摧沮,而村却赋诗遣志,此其优劣所由判乎?

12 月 27 日 (己未　朔) 星期一

晴。依时入馆。接敫十一月廿九日上村公桂报五号,知内地增资情况。夜归小饮。知雪村已定明日搬出,将卜居于福州路六七一弄七号,在三山会馆东间壁中国联合出版公司之馀屋也。

12 月 28 日（庚申　初二日）星期二

　　晴，傍晚阴。依时入馆。雪村移家，自晨至暮始毕达，沿途为岗警索诈小费至七八道之多，化去一百八九十元云。行路之难如此，诚不知人间何世矣。夜坚吾、文彬为丐、村置酒压惊，邀余作陪，坐上晤唐坤元医师，谈至十时乃与丐尊共乘三轮车以归。

12 月 29 日（辛酉　初三日）星期三

　　晴。依时入馆。接诚之十二月廿七日信，告汇款三竿已收到。午后与虞、裘诸人会，续谈两利事，已决定定货进行云。夜归小饮。督诸儿整理房屋，分配居住。

12 月 30 日（壬戌　初四日）星期四

　　晴，午后阴。依时入馆。接道始电话，已于昨夜归沪，明口将来开明夜饭长谈。坚吾、文彬送三千元来，谓系纸张公司董事会酬劳，却之不得，且权受之。夜应叔同、高谊、息岑诸人之邀赴大雅楼陪丐、村宴饮，九时许附叔同汽车归。

12 月 31 日（癸亥　初五日）星期五

　　阴，午后晴。依时入馆。布告元旦放假，本晚聚餐。斠《要录》。夜六时就一家春聚饮，凡三席，余与丐尊、乃乾、守宪、绍虞、予同、调孚、道始、济之同席。席散，与道始过汉文渊取得李少荃致丁雨生手札一册，盖兜售于道始而余先假归一观者也。有顷，共乘三轮车归。道始先于 DD 咖啡馆门首下车云。

1944年(民国三十三年)

1月1日(甲子 初六日)星期六

阴雨。晨起,整治坐位及架书至十一时,赴坚吾、文彬约相将过悦宾楼啖涮羊锅,晤王勤士、陆费升辰、杨孝文、谢子敏诸人。饭后归,与红蕉久谈,薄暮绍虞来,因共饮长谈,八时半去。笙伯来,因而留住焉。

1月2日(乙丑 初七日)星期

阴雨。本约往过绍虞同访雪村,以雨而止。理架书外,写《般若波罗蜜多心经》两卷。秋初所饲白猫日益壮健,为人人所悦,不意自雪村移走后,饲得毒鼠啮之,不泄而吐,未及两日竟尔死去,举家为之失欢矣。文权全家来省,午晚饭后乃去。夜不寐,看《安士全书》。

1月3日(丙寅 初八日)星期一

阴霾,入晚雨。依时入馆。接诚之十二月三十日常州书,告自乡入城并介绍稿件。接清儿十二月一日桂沪——三号书,划款四百元,顺告汉儿已于十一月中产一女孩。道始来,洽印《通志》事,约七日再谈,余先还其前所挪款两万元。夜归小饮。侄婿袁远来柬贺年。看《安士全书》。

1月4日(丁卯 初九日)星期二

阴雨。依时入馆。为公司书轴贺中联印刷公司开业。为道始购得中联出版公司股票五百股,即以昨还之款万五千元代付之,尚馀五千,属仍存余所。接圣陶十一月廿七日蜀沪百十七号书,复此去九十四号,告当地知友为祝寿称觞状,并附致雪村、调孚。接晓先十一月廿六日渝信,告暂住巴蜀小学教事,不久将仍入中华书局编书,并托为伯才代收款转付(惟款尚未来)。夜归小饮,饱啖青鱼卷菜。

1月5日(戊辰 初十日)星期三

晴寒,风烈。依时入馆。为道始重拟征印《江苏通志》启。校《两晋南北朝史》。午与西谛、丏尊、予同、剑三过饮雪村家。夜归小饮。

1月6日(己巳 小寒 十一日)星期四

晴寒,薄冰。依时入馆。续校《两晋南北朝史》。煤球已承文彬饬人送到八担,沿途岗警仍有疙瘩,赖文彬驰往解纷,乃得达,甚感之。尚馀十二担,仍须分三日始可分送来也。珏人挈同儿过访雪村夫人。晚归小饮。夜写《金刚经》。

1月7日(庚午 十二日)星期五

晴。依时入馆。复芝联赠《三国史话》并告收退及代配诸书俱已办讫。煤球又送到四担。夜归小饮。饭后写《金刚经》。

1 月 8 日(辛未　十三日)星期六

阴寒,尝见雪。晨过道始谈《通志》印行事,顺将雪村所拟附印简则及估价单再交之。(前此已被遗失,今稿匆促写就,颇有误,昨夜令同儿驰诣雪村覆核改正。)入馆后斠《乾隆要录》。接硕民一月五日黄埭信,询蓉桂有讯否。振甫年初归省,其伯父在潮泥滩被匪掳去,延转五日,始得脱险极。(芷芬有划款九百元,属其交余,今日已交来矣。)煤球尾数八担,今日分两次送齐,至感文彬之仗义也。晚归小饮。均正、绍虞过谈移时。夜写《金刚经》。十二月份电灯账单已到,用廿七度,亦幸未被罚,不识以后何如耳。

1 月 9 日(壬申　十四日)星期

晴。竟日未出,亦无客至,想为"防空日"三字所致耳。午夕俱小饮。夜与家人开戒打牌五圈,十一时就寝。

1 月 10 日(癸酉　十五日)星期一

晴,时有阴黪。依时入馆。斠《要录》。五良为投机中联出版公司股票事屡来麻烦雪村,固被牵率而同人受其波动亦复难宁,殊感窘苦。午后君立来谈,于红蕉近事甚悉,宜其终日奔忙也。晚归小饮。接十一月二十日芷芬书,告汉儿于十九日上午十时产一女,母子甚安云。夜饭后以月色皎洁,出外步月,润、滋两儿从。疏林夹道,银盘烂然悬当空,缓步迎之,萧爽有逸致,乱中得此,应知足矣。午后君毅来,托代寄账册至无锡,俟送到即为办出。夜写《金刚经》。

1月11日(甲戌　十六日)星期二

阴旋晴。依时入馆。斠《要录》。复硕民。寄翼之托为绍虞对付房客并照顾西谛之戚,兼招漱石来沪佐家务。晚归小饮,以小友蒋济宏所馈四鳃鲈下酒,极腴美。夜写《金刚经》。

1月12日(乙亥　十七日)星期三

阴,夜雨。依时入馆。斠《要录》。手携鲈鱼四对过贻雪村。赴饭时约文彬、坚吾、遇羲、令涛夜饮余家。散馆时过邀坚吾、令涛同行,在老北门上车,适缘八仙桥出事,空待至一小时迄不得行,乃在雨中下车,步行至嵩山路,先乘三轮车归,途次寂静,疑有大事也。抵家已黑,文彬、遇羲已在,极欢!有顷,坚吾、令涛亦至,乃合坐开饮,具鲈羹只鸡为餐,畅谈至九时半始散。接芷芬十一月卅日信,附十二月一日仙八号,告孙宗棠已与千元,并告将奉调至渝店或蓉店云。与雪村、予同合馈夷初腊鸭一,腊肉五斤,腊肠四千,摊费四百廿八元四角。乃乾以陶诒孙山各条,谈月色红梅条各一见饷,适绍虞亦以所写《文心雕龙・神思篇》立幅赠余,遂专托乃乾代付装池。

1月13日(丙子　十八日)星期四

雨。依时入馆,衣尽湿。斠《要录》。八区电车罢工,傍晚始见出动。晚归小饮。夜写《般若波罗蜜多心经》。

1月14日(丁丑　十九日)星期五

晴。依时入馆,途遇济之,因与共过坚吾定购卷笔刀。午与西谛、丏尊、予同、济之、仲足、调孚饮。斠订《要录》。寄复诚之,附去《两晋南北朝史》校样第二批。寄怀、翼,告漱石已来,仍住冯家,顺谢馈物,又附致一札转托谢蔡震渊。转租执照申请书取到须三月初始得掣领云。乃乾以二十年所辑陶诗题目联(秀水金苏庵书句去乞食,咏贫士饮酒赋闲居。以予寒素而又嗜酒,故戏以为赠)示余,余欣受之,即属绍虞为题记其上,以志因缘。晚归小饮。夜绍虞见过,持赠烧鸡一头,谈移时去。

1 月 15 日(戊寅　二十日)**星期六**

阴晴兼施。依时入馆。接道始十三日快信,即复之。终日演习防空。晚饮后涤器且不及,遑论其他。适预孙来家小住,只得哄令早睡。余默坐暗中,移时乃寝。

1 月 16 日(己卯　廿一日)**星期**

阴,入夜雨。品珍为余送代买鲜猪肉来。竟日未出,坐听防空警报。夜不燃灯,只索早睡。漱石、笙伯母子来。预孙由笙伯送去。润儿以三友实业社印送朱柏庐《治家格言》剔去广告重装呈进,请为题记,因书付之。

1 月 17 日(庚辰　廿二日)**星期一**

阴霾。依时入馆。斠订《要录》。命同儿馈肉粽四十只分赠坚吾、文彬。丕绳来谈,知在常州横林惠林中学教书,其夫人住苏州金狮巷,并在观前设一五洋铺,颇能维持,是诚健妇矣。可钦,可钦! 晚归小饮。珏人命复儿送四百元与修妹度岁。

1月18日（辛巳　廿三日）星期二

凌晨细雨，终霾。依时入馆，斠《要录》。接清儿十二月十六日桂沪一百十五号，复此去癸卅九号及漱、林八十三号，划款千五百元佐弟妹学费。晚归小饮。漱石来佐年事，即住余家。

1月19日（壬午　廿四日）星期三

阴雨，薄暮加剧。依时入馆，斠《要录》。前托文彬所办煤球、面粉事已结束，货俱送到，计煤球三千三百元、面粉一千五百廿元，已付五千，找还一百八十元两讫。际此难觅之会，竟承友情协助便宜购到，极感。由振甫之介，以开明股票二百四十六股让与詹沛霖，得价一万七千二百廿元。晚归小饮。雨中步行，腰背作酸矣。夜默坐。君毅托寄账册一批，已为邮出，今日复饬鸿发送来四十六册，仍属代邮，明日当再一办。托恂如购到糖果一批，俟明日分配售给同人，俾过年时儿童获有甜嘴之乐，亦苦中寻趣也。

1月20日（癸未　廿五日）星期四

阴雨，下午霁。依时入馆。接应秀棣信，告有款万元由和成银行分批汇来，属转汇其外舅勖初。村接十二月八日敫来桂报六号又雪山书，即以示余，知内地增资正进行中。孙伯才由重庆银行汇到五千元，属转交王信一，且俟来洽再付。晚归小饮。接清儿十二月八日桂沪一百十四号信，详告近状。

1月21日（甲申　大寒　廿六日）星期五

晨雨旋止，午后霁。依时入馆。接敫、清十二月十八日桂沪一

百十六号各一件,告近状,并为圣南划款千元与硕民。济之来,带
到育群报名单,盖为润儿预备转学者意,殊可感。(沪新费钜而课
剧,余及润两难负荷,因有此念,故托济之设法谋转学。)赴饭时以
千元托文彬代划黄埭交硕民,并以百元属开销纸张公司诸司役。
寄敉、清甲一号芷、汉甲一号,复告近状,并述久久无讯之故,即托
周女士携局付邮。(汉儿新生之女,余为命名元鉴。)芝九见过,交
第六批稿,辞行返里度岁。散馆后步往权、澘家吃年夜饭,珏人已
率诸儿先在,家下即托漱石代为照管,九时始归。

1 月 22 日 (乙酉　廿七日) 星期六

晴阴兼施。依时入馆。料理杂事。四时即归,是夕祀先。文
权、澘儿全家及漱石、笙伯母子俱来吃年夜饭,并邀薛晋侯共饮。
启所藏余孝贞酒,确为癸酉岁所造,蒸发后仅存大半坛,极醇美。
接道始电话,知已于昨晚归来,新膺淮海省财政厅长,愈深入矣。
属代印名片,以各印刷所均已停工度岁,仍托坚吾代为设法。夜晋
侯及漱石、笙伯均下榻余寓,打牌十二圈。(接十二月廿三日清儿
桂沪一一七号书。)

1 月 23 日 (丙戌　廿八日) 星期

阴霾,午前尝微现日光。凌晨即起,晋侯早点后去。十时过道
始,谈即将代购中联出版公司股票及余存九千元归之,半载以还。
积压胸次之石,遽为移去,大松快矣。十一时归,知西谛两度见过,
以不值引去,大为不安。漱石晨去冯家。笙伯傍晚始去。饭后秋
云来言,丐尊径赴坚吾之约,先往玉佛寺一行云。垂暮,余独往纸
张公司,途遇谢子敏,因邀坐于大华教育用品社,掌灯乃过坚吾。

有顷，雪村、丏尊、孝文先后至，文彬父子亦来，遂入坐开饮，畅谈至九时许乃散，坚吾为唤三轮车送余与丏尊归。抵里口，丏邀过其家看书画，有李叔同"前尘梦影"诸题辞及陈师曾、张子祥两画册，展玩至再。十二时方返寝。

1 月 24 日(丁亥　廿九日)星期一

晴，午后阴合。依时入馆。接君毅一月二十日信催寄账册，即复之，告第一批早寄出，第二批亦已报税，须开岁始能续发也。午过坚吾取道始名片，未饭即返馆，一则宿饱不思食，一则其处友人皆歇年，独余坐待进饭，亦觉难乎久仾耳，至堪自笑矣。午后三时即归，啖肉粽一枚。笙伯来，旋往冯家吃年夜饭，十时后来，在余家守岁。夜合家团饮，弥年平安，至堪自慰。十二时就寝。

1 月 25 日①(戊子　元旦)星期二

阴雨。竟日未出。清晨设历代宗亲位，率诸子女谒拜，上供团圆，受子女贺，笙伯以留此过年，亦与焉。午后毛燮荣、佩霞兄妹来贺岁。夜小饮。珏人近年来元旦必茹素，诸子惟盈儿从，余竟未能甘淡也。

1 月 26 日(己丑　初二日)星期三

晴。上午健安、品珍来。往丏尊所小坐。文权、濬儿、顯预硕三孙、涵侄挈子女、淑侄并两处女佣来，因共品珍团坐聚饮。甫开尊而西谛、济之至，拉与俱饮。饭后偕西谛、济之过予同，谈久之，

①底本为："巽斋日记第六卷"。原注："甲申正月至闰四月。"

济之先行,余三人后出,顺访森玉,不值,余径归。索非夫妇见过。予同、西谛则往访耀翔矣。屠氏淑贞、淑英姊妹来贺岁。夜与权等共饮,晚饭后去。笙伯偕漱、润、滋往看电影,深宵至十二时乃返。

1 月 27 日(庚寅　初三日)星期四

阴霾,偶见日光即翳,夜深雨。竟日未出。西谛晨至,出示所藏行箧元明本书目,谈有顷去。诸儿往仲弟所贺年。午前铭青、德锜来贺年,漱石亦至,因共饮,饭后伊等打牌。文彬、坚吾来。道始来长谈,旋偕过丏尊,小坐便行。薄暮,诸儿归,笙伯亦来,闻老太太后至,合坐夜饭。饭后铭青等仍打牌,至十时许乃辞归。

1 月 28 日(辛卯　初四日)星期五

阴雨。晨入馆,钟达轩来。先过雪村所贺年。(珏人挈润、滋、湜后往。)到馆后与诸同人叙话,旋偕雪村过纸张公司晤文彬、坚吾,村先行,余遂留饭。饭后返馆,适值封锁,乃由商务穿中华始得达,雨中久须者知受累多矣。予同、西谛约今晚过饮余家,因于散馆之顷先往村所告知珏人,傍晚俱归。接圣陶十二月十六日蜀沪百十八号书,复此去九十五号,附致丏、村、虞、蕉、调。接诚之一月廿四日书,寄还《两晋史》校记。夜灯久上,予同、西谛先后至,予同携来扎羊及鳗鲞,俱为温州名品,因共佐酒长谈,至十时许乃去。与漱石等打牌四圈乃睡。

1 月 29 日(壬辰　初五日)星期六

阴雨。依时入馆。校《两晋史》排样。过贺广益书局改组公司新张。(曹冰岩、刘季康、唐文光俱被邀入局,想别树风格耳。)

午过饭坚吾、文彬,仍小饮,约明夜往吃路头酒。夜归小饮。漱石已去。文权来告工部局事已解体,就商究到徐州佐道始否。余考量之后觉暂出阅历,亦不仿因属上海苟一时无事可往彭城一行。夜饭后打牌四圈,乃辞去。

1 月 30 日(癸巳　初六日)**星期**

阴,近午晴,午后又阴。绍虞来。雪村夫人及士文来。笙伯来。午饭后绍虞以事先行,村夫人等留此打牌。雪村来,少坐便行,过访张子鸿也,既而复至,抵暮乃偕其夫人及士文去达轩所饭。余亦应坚吾之招往饮路头酒,晤文彬、遇羲、令涛诸人,至九时许,乃乘车归。品珍持南京电报至,译悉道始托转介丞,即嘱星若赴徐也,余即属渠送介丞寓中。

1 月 31 日(甲午　初七日)**星期一**

阴。依时入馆。校史一批毕。文彬来馆小坐。赴饭坚吾所,归途又遇封锁,立久乃得返馆。接芝联一月十八日平信,讨论《传记文学》。晚与予同、绍虞、雪村过西谛饮,十时乃归。

2 月 1 日(乙未　初八日)**星期二**

早晴旋阴,午前后雨,达暮益甚,彻夜未止。依时入馆。斠《要录》。赴饭时纳一月饭金,本二百加成四百,非但不肯加收,抑且全部返还,坚欲以顾问名义相浼,例得啖饭也,窘极,其将忝颜生受之乎? 夜应雪村招,过饮其家,与绍先、索非、季康、冰严、子敏、坚吾、文彬、树珏同席,九时许,雨中与索非同乘电车归。昆甫上下午两度过访,为洽前汇款项贴息事,恐又须费一番唇舌耳。

2 月 2 日(丙申　初九日)**星期三**

阴雨。晨入馆,料理琐事,近午即归。应达轩招,赴其子汤饼会,珏人亦往,丏尊、雪村俱在,午后席散,已将三时,竟未再入馆矣。夜小饮。看《安士全书》。

2 月 3 日(丁酉　初十日)**星期四**

阴雨。依时入馆。午饮雪村家,丏尊、剑三、济之、西谛、均正、调孚、予同、子如、绍虞、振甫俱在,独乃乾以病未赴。二时许始散,归馆。接圣陶一月五日蜀沪百廿三号,复此去九十六号,申论内外隔膜必彼此谅解始可。散馆时复过村居,遇士宋,因同行至西新桥乘电车归。昆甫来洽贴息事,以十四万元了之,约明日办手续过付。夜小饮,饮后与诸儿猜谜为乐。

2 月 4 日(戊戌　十一日)**星期五**

阴雨竟日,入夜风作雨止,气遂突寒。依时入馆。校《乾隆系年要录》排样。乃乾三日不至,闻有疾,甚念之。昆甫遣人来取息去,事虽了而不免吃亏,是则不能不归咎于渝店之不能善自应付也。夜归小饮。慧、芬姊妹来省漱儿,顺谒余夫妇,少坐便行。晚饭后与家人打牌。

2 月 5 日(己亥　立春　十二日)**星期六**

晴寒,冻未解。依时入馆。赴饭时约文彬于廿七日往谒其家,顺观所藏书画簏。校《要录》排样。接勖初书,询其婿秀棣汇款到未。(秀棣之兄秀棠亦尝来过,而利成银行迄未送通知来也。)寄圣陶九十七号书,复迭次来信并附调孚所作详信。晚归小饮。潜儿挈硕孙来省,夜饭后归去。

2月6日(庚子 十三日)星期

晴朗。竟日未出。漱石、笙伯来,笙伯夜饭后去,漱石则留宿焉。夜小饮后与同儿拟出步月,乃云翳重重如御縠纹,在附近一带阅市而归。所揭物价较半月前又涨两倍矣。(野鸡之肥大者本售九十元,已感大贵,今乃标二百五十元矣。)来日大难,伊于胡底,诚不可思议耳。(然途中儿童仍有持灯作戏点缀上灯令辰者,真啼笑皆非矣。)为之怅然。归后翻看《飞鸿堂印谱》,十时就寝。

2月7日(辛丑 十四日)星期一

晴。依时入馆。校《要录》排样。接聿修建阳信,询近状。晚归小饮。接麓钟南昌信,告自瑞昌奉调前往,一切尚能妥适云。(两孙均办地方税。)珏人、漱石及复、盈两儿送潜儿同往孚书场听书,笙伯买票请客也。夜归长谈,十时始寝。推窗一望,月色甚皎,顿悟明日乃元宵矣。

2月8日(壬寅 十五日)星期二

阴,午后晴。依时入馆。校《要录》。秀棠来询棣款仍未到,废然而去。信一来访,出伯才片合契,取所存款五千元去。归〔夜〕归小饮,啖鲜肉汤团。漱石去。夜饭后与复儿步月于公园之周围,返至金神父路,又值封锁,穿绳乃得归。到家,知里甲关照演习防空,故灯火暗寂云。(报载明晚八时至十时灯火管制,今夜殆知风迎合,故作道地以见好乎,不胜叹息。)

2 月 9 日（癸卯　十六日）星期三

晴。依时入馆。校《要录》排样。晚归小饮。漱石来。夜灯火管制，早睡。

2 月 10 日（甲辰　十七日）星期四

晴。依时入馆。复诚之寄第三批清样去。复勖初，告应款尚未到，并告有秀棠者来请截八竿，径交之。午后公藻来，托修改《拳社缘起》。西谛偕斐云见过，重提印行所辑宋金元明佚书事。起潜来。以中来。晚归小饮。夜饭后打牌两圈。

2 月 11 日（乙巳　十八日）星期五

晴。夜无月色。依时入馆。午饭时知坚吾四十晋一生日，因饮焉。下午四时出席九届八次董事会，决议调整同人薪津。立斋、幼雄来邀，集饮于红棉酒家，余以昼间多饮，辞之径归。到家，知电灯公司限制用电信已来，只可用十九度而检表已达十七度四，遂通知江家暂点烛应用，俟抄表后再开。

2 月 12 日（丙午　十九日）星期六

凌晨雨，终霾。依时入馆。接勖初二月十一日书，再询应款并属另有其子元官托青浦张君代划款项，如送来请代收云。（前日去信尚未接头。）为教师公藻拟鉴泉《太极拳社募集会员缘起》。午后接敔一月九日公桂二号附通讯录通函稽单等。接清一月廿日桂沪一一九号（一一八未见）致漱划款千五百元来，并附致佩霞信一件，告前存款项俱已划与陈女士矣。接道始二月

九日铜山信,知已接任视事,托代拟答谢贺任函稿并属滇店继续
接济其侄宗棠学费。四时出席纸张公司董事会,听取报告卅二
年度账,略有官利一分、红利二分四,可分云。夜即饮公司中,与
书麟、修章、长庚、观明、文彬、坚吾等同席,九时乘人力车归。漱
石来。接一月三日芝、汉申一号各一,附来汉、鉴照相底片并宗
棠收据,又支去二千元也。

2 月 13 日（丁未　二十日）星期

晴。济之来,送同儿保证书至,极感。俊生父子来,少坐便行。
济宏午后来,备言乡间生活痛苦状,即将来沪,转入乐群中学就学
云。夜饭后往其戚家。笙伯来,夜饭后去。余于夜饭后扶复儿出
散步,归即打牌四圈,然后睡。寄侄婿麓钟书。

2 月 14 日（戊申　廿一日）星期一

阴,夜半雨。依时入馆。接一月十五日敫不列号书,详报内地
股会增资及选举情形。代文权接道始徐州电报一通,午后四时亲
送其家,因留晚饮,权本无意北行,而乃姊劝之,余略陈利害晓之,
未便过阻也。九时归,接一月八日敫、清桂沪一一八号各一、汇款
五百元,接济修妹并告内地增股状。西谛来。

2 月 15 日（己酉　廿二日）星期二

晴,午后阴。依时入馆。斐云来洽印行所辑宋金元佚书事,
约以书面来声明前约仍行即得。接东华喜柬,知二月二十六日
为其长子授室矣。发表调整同人薪津办法,大抵普加四成之谱。
晚六时与坚吾、雪村、丏尊、调孚同赴彦宾新新酒楼之约,与季康、

文光、冰严诸君晤。八时饮罢,坚吾唤街车送余及亏尊归,至感之。归家,遇文权,盖决定后日成行,特来告辞也。其女兄既属望甚殷,道始亦盼之綦切,余但致语珍重而已。

2 月 16 日 (庚戌　廿三日) 星期三

晴。依时入馆。西谛来,因与雪村、予同、调孚及余午饮。复道始代拟谢函并告宗棠支取划款。致君毅,询代寄账册到否,代账款顺索之。复勘初,知成款未到,其子托张君之三千元无影响,且俟接通后再办。接诚之二月十五日信,寄回第三批勘误并请下月初加汇三千元。寄敊、清竹报甲二号,附漱、林八十九号及照片,告诸儿复信及漱、林八十八号由家径寄。寄芷、汉竹报甲二号附尘廿六号及滋信,告宗棠支款将来,由此对划不必经公司转账。夜约文权来饮话别,后日赴徐矣。

2 月 17 日 (辛亥　廿四日) 星期四

晴。依时入馆。校《乾隆要录》排样。借得公司旧存手摇留声机一具,不甚灵,盖先借与调孚已弄坏矣,令同儿拭油修葺勉用之。夜小饮,理画。

2 月 18 日 (壬子　廿五日) 星期五

晴。依时入馆。校毕《要录》第八卷,开校第九卷。秀棠又来询款。西谛来。午后斐云来送信,于报酬一端颇致忸怩,余与雪村慨允照送以安之。君毅来,算还代账,知文权已成行。夜归小饮。西谛来,因共酌,旋辞去。

2 月 19 日（癸丑　廿六日）**星期六**

晴。依时入馆。续校《要录》排样。接勘初二月十五日复信，谓棠款须得其母复信到后始可付。以中来。西谛来。本约明日过访文彬于沪西，以文彬今日有事赴甬遂展期。夜归小饮。笙伯来，晚饭后去。接硕民二月十四日信，告允言困于家计，已就教育学院师范部教课，为之□然。

2 月 20 日（甲寅　雨水　廿七日）**星期**

阴。晨十时雪村见过，谓甫自红十字医院归，达轩患肠纠结，昨夜十时后在院开刀诊视，终宵尚未合眼，少坐即归休。西谛来商借书巢隙地为顿珍籍。近午放晴。午后漱、润俱出访友，漱夜饭后归，润旋返，复与滋往省组青及瀒儿。德锜来省，夜饭后去。铭青来接，未遇，少坐再行。绍虞午后见过，坐谈移时，知本学期起任大夏大学国文系主任教授，教课十二时，月得四千元云。夜小饮，听唱片。

2 月 21 日（乙卯　廿八日）**星期一**

晴寒。依时入馆。校《要录》九卷排样。赴饭时文彬仍在，询悉赴甬未果，船竟不能开出，传闻大戢山洋面有日舰为美之潜艇所沉云。余因力劝不必复行。西谛午前来馆，少谈即行。谢励吾来，为荫良换股票。晚归小饮。漱石来。昌显来，告昌硕小病。珏人匆匆饭已，即偕之去，留宿其家，不识究何疾也，为之悬悬不置。

2 月 22 日（丙辰　廿九日）星期二

晴。依时入馆，先过澊所看小同，知昨夕竟未得合眼，连延方、许两医诊视，有脑炎嫌疑，幸打针后高热已渐降，当无大碍，余即行。到馆后，属子如往利成询款，旋即送到。（不问则石沉大海，银行之坏如此。）然仍以对折算（万元只五千），余未便擅收，即将原汇据挂号寄勖初，俾核夺。午过饭坚吾所，孙怡生在，盖接洽贸货，请渠小饮也。余参饮，至二时乃返馆。校《要录》第九卷排样。下午四时三刻出馆，乘电车赴澊所看小同，热已退，想无险状矣，坐移时步归。夜小饮。漱石去。

2 月 23 日（丁巳　三十日）星期三

阴，薄暮竟雨。依时入馆。校毕《要录》排样第九卷，接校诚之《通史》下册排样。芝联送书款廿七元来，待复之。购得有正、商务、中华珂罗版印《化度寺邕禅师舍利塔铭》、《九成宫醴泉铭》、《王居士砖塔铭》各一种，竟费三百元。（闻不久将再加价七成云，亟购之，已视前卅倍矣。）芝九来换股票，顺索稿纸，时已散馆，因偕行归，至金神父路口而雨作，拔步到家，衣履尽湿矣。留芝九夜饭后，借伞与之。余仍小饮。灯下展玩新帖，甚快。续检之书画七件，已于今日交托乃乾代付装池。接汉儿仙九号（十二月廿三日），附锴照。

2 月 24 日（戊午　朔）星期四

晴，西北风怒吼，气又转寒。以体中不适，未入馆。在家闲翻架书并读画为遣。午前澊儿来省，知小同已就痊，文权亦已赋归。

盖不服北方水土,道始无缘留之也。饭后潜去,余仍读画展帖,偶得浮生半日闲,亦可欣已,惟扶梯上下稍多,两腿竟感酸痛耳。夜小饮。同、复两儿出看话剧,待其归,乃睡,已十一时许矣。

2 月 25 日(己未　初二日)星期五

晴。依时入馆。接圣陶上年十二月卅日蜀沪百廿二号(昨日到),附致红蕉、绍铭。散馆归,雪村夫人在,未几,士文亦至,因共晚饭。饮后文权来。绍虞来。八时许客先后去。

2 月 26 日(庚寅　初三日)星期六

晴。依时入馆。校毕吕氏《通史》下册。送花篮两提往金门饭店贺东华娶子妇。予同代表前往。西谛、济之来。晚归小饮。文权来,详谈徐州情形,道始恐将受累也,为之咨嗟。夜看帖为遣,十时许就寝。

2 月 27 日(辛酉　初四日)星期

凌晨细雨旋止,匝地烟雾成阵,午后放晴,竟无片云。十时乘电车往过坚吾,雪村已在,良久孝文至,乃共乘汽车与坚吾夫妇及其三孩同驰惇信路七〇五弄八号大生纸版厂,应文彬约。宾客甚众,凡两席。饭前后发箧看其旧藏书画,品类甚庶,精品不多。三时宾主上局斗牌。余与雪村赴清华镇阅市,四时许复返彬所,又进馄饨一碗。五时乃辞出,与雪村步往海格路红十字医院访视达轩(患肠纠结在院割治)。见其面色甚不好看而精神亦委顿异常,知所患正未已也,殊为廑虑。六时出院,乘七路电车归,挤轧甚,竟与雪村相失。到家,正在夜饭,笙伯亦在,略饮即罢。九时许笙伯去,余亦就寝。夜半十二时后,忽剥啄声喧,狂呼大伯,余惊起,询知仲弟突患气喘,势甚危殆,因即与珏人披衣随来人往省之。见出气甚急,并无话说。据弟妇及涵侄言,初一即未出门,已服中药三贴而势转凶,早欲来报,仲弟恐余担心,坚止不许,今见垂危,故派人夜叩耳。余夫妇旁坐慰之,见勉强尚能吸烟,以为或尚不致遽变,坐至四时半余仍偕珏人步归。道途稀人,又感寒冷,心头更凄苦不能言,平生所遭,此亦一深刻难忘之境矣。到家拥被待明。

2 月 28 日(壬戌　初五日)星期一

晴。未明便起,草草料理已,往叩索非之门,告仲弟病状,求往一诊,承即随余径赴弟寓,注射麻黄针并属服麻黄片。据云此疾恐系心脏麻痹,如单纯发喘,注射后必可平复,如不见效,诚恐无望矣。余闻言如刺而不能即告弟妇,仍偕索非同入馆。漱儿以麻黄片买不到,电话请示,幸余途中已在华美药房购得一瓶,即属前来取去,顺送弟所。夷初来馆,承以所书近作字幅见贻,极感之,即托乃乾补付装池。赴饭时为文彬作书两通。散馆归,知诸儿俱往仲弟所候过,病已垂危矣。余心痛难言,实不忍见弥留之惨。夜饭后属珏人挈滋儿往陪夜,适漱石来,因请同往,俾壮胆。笙伯来,持有沉香,即命润儿持送仲弟服用,顺探病状。九时归,报势已亟,装烟送吸,已不能接受矣,母命归报后即留家云。余勉就枕,终宵难安,诚不胜其悬悬矣。

2 月 29 日(癸亥　初六日)星期二

晴。黎明珏人、滋儿归报,仲弟已于昨夜戌刻(润儿行后不久)逝世。据云临终时别无他苦,最后高声云观音菩萨及阿弥陀佛来,似在念佛,已默无声息矣。绝无痰涕秽溺。脚底先冷,最后顶门尚温。是皆难得之瑞相,有持斋念佛数十年无此结果者,我弟殆有夙因乎。(忆四五岁时随母入寺随喜,主僧谓此儿有佛缘,如能出家为僧,当得善果,若随世俗为人,则必毕生辛苦云。我母如何能舍,则亦置之。十五岁前,性特谨厚,读书亦不甚慧,父因命习业,讵料习业后情性大变,跅弛奔放,真如不羁之马。民国之初即与陈万里、汪仲贤诸人纠合剧团,四出献演,由是愈陷愈深,竟染烟瘾,四十以后一反从前奔放之态,事事甘愿吃亏,最近外观木钝,又若十五岁前之旧状,宜乎获此善缘往证夙因耳。)虽切鸰原之痛,犹感宿缘之合,草草朝食已,即携润儿亟赴临其丧次指示一切。幸弟人缘甚好,诸友均集吊问。余即委托顾剑秋君为之经纪一切,即日移灵方滨路南海殡仪馆,定明日午后大殓,即命湜儿承嗣处分。粗定,仍入馆,向雪村筹借五千元(转租执照亦顺便办出),聊佐丧用。饭前便归,默坐静思,终不免无限难过也。饭后珏人挈湜儿往慰弟妇,傍晚仍归,漱、润、滋三儿则饬令于夜饭后偕漱石径往殡仪馆陪夜。文权、潘儿夜来慰问。

3月1日(甲子　初七日)星期三

晴。凌晨与珏人、湜儿出,适电车罢工,三轮车亦乘机播弄。(明明有车坚不肯应,是亦欲黑市非法利得耳。)乃唤人力车两辆径奔南海殡仪馆。(车钱百元。)湜儿即于丧次成服。吊客颇多,假座中华路新顺菜馆招待便饭,计五桌。灵柩由涵侄自往萧伯铭(寿器店老板,亦弟之友)处择定(广漆,三园作木),计三万五千元。(先付万二千,尚欠二万三千元少待。)午后入殓,柩暂厝馆中,俟麓钟侄婿到后再决定安葬。(初丧费用连棺木殡殓须六万元,半数已支给。)此次突变,幸涵侄在沪,一切赖伊奔走调度,始得草草办讫,而弟所出惟此一女在旁送终,亦属心安也。三时事竣,命湜儿奉神主送安弟寓,由润儿伴同归来。珏人与滋儿乘车先归,余则与漱儿及漱石、笙伯母子步归。连日以刺戟过甚,痰中又带红(十八年未发),废饮三日矣。

3 月 2 日(乙丑　初八日)星期四

晴。依时入馆。丐尊、西谛、予同、调孚、圣陶、绍虞、剑三、济之、乃乾、索非、均正、振甫送奠仪千二百元。(雪村、红蕉各送二百元,已于前昨两日亲致之。)至感关切!电车虽已复工,而当局布告自明日起每晚永久灯火管制,以是谣言四起,大有山雨欲来不可终日之势,人心不免惶惶,其实黎明之际必有之象耳。夜归不怡,勉饮两杯。漱石去。

3 月 3 日(丙寅　初九日)星期五

雨。依时入馆。麓钟电汇五千元,即为涵侄代支,属漱儿送去。作书寄勖初,告托由泰来钱庄汇四千元去。(应秀棣一千及青浦张君代其子济华划一千元。)望检收见告。秀棠子紫琨持勖初致其父函来支款,余初不识其人,因属明日别具其姊丽娟女士收条再来取去。接刚主二月廿七日书,托购寄《明代版本图录》,即为转办。夜归小饮,吃面,盖今日为余五十五初度之辰也,权、濬亦赶来劝觞。方鏖折翼之痛,更有何怀应此欢筵,勉为举卮,聊慰儿辈之心耳。入夜灯火管制,枯坐寂守,九时便睡。

3月4日(丁卯　初十日)星期六

晴。依时入馆。子如、舜华善送奠仪三百元。应紫琨午前十一时取款去。午刻雪村宴黄仲康于家,余及索非、调孚陪之,西谛适来,因拉与焉。饮后出来薰阁,少驻即返馆。寄敔、清竹报甲三号,复告近状并告仲弟病殁状,附寄熊、鹤一书,力劝各自克已相谅,勉求多福。夜归小饮。漱石、笙伯来,夜饭后去。接清二月二日桂沪百廿号,附来洗人一月廿二日书,力陈不得已暂断通问之意,并约以后仍常通讯。

3月5日(戊辰　十一日)星期

晴,黄沙漫落,竟致成霾。今日为仲弟逝世后首七之期,珏人挈润、滋、湜三儿往拜,余不忍听哭声,留家,令漱儿随侍在侧。十一时暖酒小饮,西谛至,因共酌。晚饭后谛去,笙伯来。午后三时许珏人率润、滋、湜归,烧香祭扫已毕,故饭后即返也。夜仍小饮。

3月6日(己巳　惊蛰　十二日)星期一

晴,午后仍有沙障。依时入馆。斠订《要录》。雪村示我二月八日雪山信,附内地股东会纪录。诚之第四批稿寄到,惟无信。买同宝泰特号太雕瓶装二斤,计八十三元。(还瓶可作廿元。)夜小饮。淑侄送麓钟汇票两万元来,托取款。

3月7日(庚午　十三日)星期二

晴,仍时见黄翳。依时入馆。斠订《乾隆要录》第十卷毕。为涵侄掉票两万元,俾付柩费。赴饭时付一二两月拳教师学费一百元,还代送刘季康礼三百七十元、二月份饭费四百元。夜归小饮。
过访丐尊,感冒已三四天未到馆,特往存之,兼候达轩病状。

3 月 8 日(辛未　十四日)星期三

晴。依时入馆。斠订《要录》第十一卷。体不甚适,饭后漱儿
来馆,谓涵意仍欲取现款,盖另须派用途也,勉如其请,即与漱儿同
归。夜仍小饮,遣闷。

3 月 9 日(壬申　十五日)星期四

晴。依时入馆。斠订《要录》。下午出席九届九次董事会,报
告内地增资经过,兼定于六月一日仍借支八厘付卅二年度下半年
股息(即半年四厘)。夜接清二月十日致弟妹桂沪百廿二号。是
夕为仲弟昔回之期,夜饭后遣润、滋两儿前往侍接,漱石亦往。约
送煞后便返,大抵因黑暗中不敢行走,竟夕未还,余乃为之失寐。

3 月 10 日(癸酉　十六日)星期五

阴,细雨,间以雪花,午后晴,乃大冷。黎明两儿归,果以途中
畏剥衣,故涵侄坚留未行。呜呼,灯火管制之功乃如此耶! 依时入
馆。整理纪录送耕莘加签,盖昨会推渠临时主席也。接翼之三月
五日信,告又产一雄,已三朝,命名德铤,请余鉴定,顺告郭宅、郑戚
诸事俱已办有端倪,诸臻妥协矣,甚慰。适西谛来,当即转告绍虞
及谛知之。夜归小饮。知漱石已返苏矣。

3 月 11 日(甲戌　十七日)星期六

晴寒,竟见冰。依时入馆。先过濬,询有人让开明股子要接受

否。（询得两领,肯出八十。）复翼之,谢代办郭、郑事,并为其新生
子改名德锐。寄硕民,告年杪有圣南托汇之千元,交人带埭,现悉
仍留苏垣天后宫大街恒德丰米店唐顺之处,便中入城请亲往提取。
（二信均顺告丧弟。）寄圣陶沪蜀九十八号,详陈此间近况,对内地
增资无间言,并告仲弟之丧。（附雪村、调孚信。）接勛初三月九日
信,复告所汇四千元已收到。雪村复洗人、雪山信先寄出,余以不
及写详信附条焉。夜归小饮。

3月12日（乙亥　十八日）星期

　　晴,午后微阴。仲弟今日二七,遣漱、润、滋往拜,并赴庙烧香。
午后绍虞见过,同访丙尊,未几,致觉踵至,盖先过余,未值,追踪而
来也。有顷,绍虞行,余三人谈佛甚久,至四时乃散归。笙伯来,夜
饭后去。午晚俱小饮。夜雨。

3月13日（丙子　十九日）星期一

　　晨阴,渐开晴。今日补放中山逝世纪念假。寄麓钟快信,促返
沪。午前十时调孚来,少坐即同赴西谛约。十二时许雪村、绍虞偕
至,又有顷,予同亦至,乃共午饮,畅谈至下午三时始散归。夜小
饮。饮前写《心经》二卷。文权来,交八千元属购开明股票一百
股,先已与均正洽定,肯以此数见让也。

3月14日（丁丑　二十日）星期二

　　晴。依时入馆。校《两晋南北朝史》。晨过均正,为文权购
股,交割之。小同周岁,珏人往视吃面。（雪村托送礼,以屡受长者
之赐,不敢当,仍属余返璧。）余畏夜行,未赴。红蕉甥女沈慧芬十

九日于归送贺仪二百元。晚归小饮。户口配给米票又有问题,保
甲处之可恶殊非一言所可尽也。接芷、汉一月廿二日申二号各一
通,告近状甚适。

3 月 15 日（戊寅　廿一日）星期三

阴,午前雨,午后晴。依时入馆。校《晋史》。寄洗人申祥一
号,复一月廿二日来信。寄敫、清竹报甲四号,附漱、林九十号及
润、滋附信。午后四时过纸张公司出席董事会,制案即行,到家甫
五时也。新制窗帘配好,极佳,因是夜可张灯矣。小饮后,写《心
经》三卷,即以馀朱补此两日日记。

3 月 16 日（己卯　廿二日）星期四

晨雾旋开,午后晴。依时入馆。仍校《晋史》。午赴饭坚吾,
有客至,小饮焉。西谛来。晚归,与均正偕行出入铁门道民国路而
归。入夜小饮,饮后写《心经》三卷,九时许乃寝。

3 月 17 日（庚辰　廿三日）星期五

晴,午后阴,入夜雨。依时入馆,未行前在家写《心经》两卷。
校完《晋史》一批,续校第七章。复勖初,告秀棠款由其子紫琨凭
乃姊丽娟收据取去,即将其据附去,属转秀棣,并告前致棠函即留
此为付款之凭。寄芷、汉竹报甲三号,复告近状,附尘廿七号,详报
仲弟身后情形。晚归小饮。饮后与珏人及滋出外散步,由杜美路、
亨利路、劳而东路、蒲石路、普恩济世路、迈尔西爱路而还,到家已
黑。少坐,挑灯写《心经》卷半,以为同儿说《聂政传》而辍,旋亦
就卧。

3 月 18 日（辛巳　廿四日）星期六

阴,午后晴。晨写《心经》两卷。依时入馆,校毕《晋史》第七章。晚归小饮,文权在,因共杯酌。道始电报,属转介丞陪其夫人去彭城,即照转之。夜感不适,早睡,果发热,终宵转侧,不能贴然也。

3 月 19 日（壬午　廿五日）星期

晴。晨起,热略退,仍行坐如常,余惟不耐睡,虽欲静摄,亦无如何也。午接三月十二日麓钟书,复二月十三日去信,余三月十三日去书当然未及见也。刻下邮途之艰如此,诚堪浩叹矣。午后莲僧过谈,移时乃去。珏人率漱、滋、湜三儿往贺慧芬出嫁,先过雪村家同行,后至一家春礼堂茶点而返,已傍晚矣。晚小饮,有人叩户送硕民三月十三日书来,以久不接余复音,故切念之,至特遣信探视也。(余十一日去书尚未接得。)故人厚谊,深感之。写《心经》九卷,前后凡廿卷,将于清明祝饯时回向祖先暨先外舅姑。夜饭后绍虞来谈良久,八时后冲黑去。灯火管制之影响真累人哉。

3 月 20 日（癸未　廿六日）星期一

晴。晨起,左头侧剧痛,两腿亦觉软软,遂未入馆,饬漱儿走宝泰祥借电话,通知雪村请假。今日红蕉生日,午间送面四碗来。午后偃曝日下,啜茗品画,渐忘头痛。入晚仍小饮,而后就睡。

3 月 21 日（甲申　春分　廿七日）星期二

晴。依时入馆。往返仍徒步,虽两腿不无酸软而气足摄之,亦遂不觉所苦矣。到馆时,先过雪村,以代接冯生联璧书交之,据告昨日待余不及,已手谕人事课自本月起员工基本津贴再各加六百,合成千二百之数云。与者勉力以赴渐感竭蹶,而受者疮孔日扩,得不加益吁可畏已其日就危殆也乎。作书寄复硕民,谢关念,仍告款存城中,可往洽取。午后为开明图书馆补录新收诸书钤印入簿,周章达暮。夜仍小饮。饮后看《顾黯然画谱》,十时乃睡。

3 月 22 日 (乙酉　廿八日) 星期三

晴。依时入馆。看屈百刚《望绝自纪》。(在《大众》杂志中,假自调孚。)晚归小饮。饮后文杰、文权兄弟来省,杰请为点定文字,即予之,长谈而后去。夜看《容斋随笔》。

3 月 23 日 (丙戌　廿九日) 星期四

晴。依时入馆。接硕民三月十七日书,告唐顺之款据云以久无人取,已汇还濮君。(两日未晤文彬、坚吾,未能询也。)接汪声济三月十日绍兴信,欲就沪店觅事,承雪村意,复劝仍赴内地。寄道始,询近状并为子如之侄婿杨光鑫作曹邱。西谛、济之来。接斐云三月十九日平中书,附致西谛一束。晚归小饮。接清儿二月廿四日桂沪一二三号书及汉儿二月十日申三号书,知近状都佳,业熊、静鹤家亦好也。(业熊之祖父已逝,熊将返赣料理。)夜江家甥女荷宝来,与珏人长谈,余就别灯读定庵诗。良久客去,余亦归卧。

3 月 24 日 (丁亥　朔) 星期五

晴。晨过访达轩,已大有起色,为雪村洽事,少坐下楼,复与丙尊略谈即行入馆。赴饭时晤文彬，告硕民款事，因写一条与我属寄硕凭取，一面即函唐君洽付。饭后返馆，即依意寄与硕民。寄梦九复告近状并硕民诸友境况，顺询灵舟通信处。晚归，与乃乾俱入城，由九亩地穿至老西门，渠径归，余则循辣斐德路以行，到家已七时，匆匆饮半杯即进粥。珏人发节气，早卧。漱石自苏来，询悉诸戚均好，即住余家。

3 月 25 日（戊子　初二日）星期六

阴，午后竟雨。依时入馆。寄芷、汉竹报甲四号，附旧廿八号，告此间近况，并询芷到桂观感。寄敫、清竹报甲五号附漱、林九十一号英文信告近况，并属代送业熊老祖吊礼。晚归，遇于鸿寿及德锜内表侄女，鸿寿来询其妹淑贞桂讯，略谈即去，德锜则晚饭后去。余仍小饮。饮后与家人打牌三副，旋起如案，写定庵《自选影事词》六首，十一时就睡。

3 月 26 日（己丑　初三日）星期

雨。竟日未出。午刻祀先，濬儿、文权及顯、预、硕三孙均集，笙伯、德锜亦至。饮福时西谛来，因同酌。饭后雪村来，立斋来。立斋将有内地之行，特就商于余，余赞之恐不能，决令别就芝九再商之。夜仍小饮。看《寒松阁谈艺琐录》。

3 月 27 日（庚寅　初四日）星期一

雨。依时入馆。斠订《要录》。午刻与西谛、予同、恂如同过雪村饮。雪村昨甫开尊，尝而可口，故邀去共赏也。（买酒菜二百八十元，四股，摊各七十元。）里中自来水机构失灵，取汲之难又如去岁之夏,乃出租之公司乘机要利,饬收租人分别通知赶修须十馀万,房东房客各半担负,每户且先收千元,迭来收取,余手头不便,无以应。今特假千金送归,属家人即为送去,盖牵涉及于江家,不能恝然置之也。立斋午后来,谓已博诹芝九、梦周之议,暂仍留沪矣。晚归小饮。漱儿之同学沈兆年来,因留共夜饭而去。

3 月 28 日（辛卯 初五日）星期二

晴,时起障翳。依时入馆。斠订《要录》。接翼之三月廿七日信,复谢为子命名,并托事,又附其子德铸书托购书。（属纯嘉往商务询价,讵知须二千以上,较苏州为更大,只得复令在苏购之。）买酒三瓶,用二百五十元。买蛋黄片一磅,用七十八元。晚归小饮。文权已饬章豫泰送酒四瓶至矣,弥征关念也。

3 月 29 日（壬辰 初六日）星期三

晴。休假在家,亦无客至。下午漱石在,将于后日来。接清儿三月三日桂沪一二四号书,划五百元与珏人贴家用。竟日看画,凡宋巨然"烟江叠嶂卷"、朱锐"赤壁图卷"、赵干"江行初雪图卷"、江参"千里江山图卷"、无名"西园雅集图卷"、元赵孟𫖯"重江叠嶂图卷"、王冕、吴镇"梅竹卷"、明唐寅"采莲图卷"、陈洪绶"隐居十六观"册及杂画册、沈周"三吴集景册"、孙克弘"消夏清课图册"、清雍正"耕织图册"、恽寿平山水册、曹有光、孙杕画册、郎世宁"百骏图卷"十六种,皆毕之。其他随手翻纸阅过之件亦不少,深夜十一时乃睡。（皆《故宫周刊》所揭印者。）微近代印刷术之力,乌能涉历容易如此耶。昼夕俱小饮。

3 月 30 日（癸巳　初七日）星期四

晴。放假。竟日未出。仍品画，凡看宋李公麟"九歌图卷"，
明周之冕写生册，清邹一桂草虫册、花卉册又花卉次册、郎世宁"仙
萼长春册"、董邦达"潇湘八景册"、董诰山水册又山水次册又摹宋
元山水册、张若霭写生花果册、唐岱十万图册、张鹏翀山水册、金昆
"游洛庄环册"、冷枚罗汉册、钱维城山水册、弘旿山水册、戴衢亨
山水册、杨大章花卉册。珏人午后往潜儿所，同赴沧洲书场听书，
垂暮乃归。文权来，因共午饮，知四月一日起调来旧八区泰山、卢
家湾两区服务矣。夜仍小饮。

3 月 31 日（甲午　初八日）星期五

昙，午后晴。依时入馆。斠订《要录》。接勖初三月廿五日
书，复告应母早逝，秀棠晤时不直说，似恐支款时有妨，亦可笑，且
其心实可诛也。顺告将致赙余仲弟，已托钱庄汇出矣。滋儿以受
坚吾馈自来水笔，特购西装背带两条请携赠其子令玮、令璋兄弟。
付三月份饭费四百元、太极拳学费五十元。（清儿划款五百元已取
到。）晚归小饮。夜看画，凡阅宋李公麟"免胄图卷"，唐〔宋〕李唐
四时山水册，元黄公望"富春山居图卷"，明蓝瑛仿古山水册、文徵
明花卉册、仇英"兰亭修禊图卷"、项圣谟写生册、吴历"云白山清
图卷"，清蒋廷锡花卉册、董邦达山水册又"舟行杂兴诗意册"、"溪
山秀丽册"、董诰山水册三、邹一桂花卉册、允禧山水册二、弘旿山
水册、永瑢"春花集庆册"又次册、张鹏翀"风花雪月册"、金廷标
"吴下古迹诗意册"、唐岱仿古山水册、李世倬山水册、袁瑛山水
册、院画"十二月令图"。十二时始睡。

4 月 1 日（乙未　初九日）星期六

晴,午后雨,入夜风吼。依时入馆。斠订《要录》。顾言是来
访,属交还绍虞书稿,盖绍虞乘假返苏,故托余也。购歙砚一小方,
费百元。晚归小饮。明日为仲弟五虞之期,今晚由潏、清、汉及静
名义具祭菜一席。(由珏人及漱石亲自治肴。)入夜后饬漱、润、滋
三儿送去,即属留住接祭,湜儿以过稚未遣,拟明日挈之前往也。

4 月 2 日（丙申　初十日）星期

晴,仍有风。清晨漱儿归,知仲弟五七伴接已妥设,昨夜延残
废院老人诵经达旦云。十时许余夫妇挈湜儿往弟所,亲为点主,并
属诸儿如国恩寺为仲弟烧香,潏儿亦至。午刻与顾剑秋诸人共饭,
下午三时许乃归。珏人与诸儿先行,以润等须返家假寐也。今日
为漱儿生日,笙伯及谢敏燕、张明岐、章美云三同学俱来吃面。小
友打牌为乐,余则小饮看书,自娱而已。仲弟之柩已暂寄于南市鲁
班路南塘浜弄生生巷南海殡仪馆第二寄存所元字第三十号,订明
厝一年费千元,(正数八百,杂费二百。)卅四年三月八日到期云。

4 月 3 日（丁酉　十一日）星期一

晴。依时入馆。斠订《乾隆要录》。付三月份电灯费卅八元
五角,计用二〇.七度。刻牙章二,计七十五元。夷初字轴已裱好
取归,计二百元。接硕民三月廿八日黄埭信,知所划千元已收到。
以中来谈,散馆后与偕行至威海卫路、慕尔鸣路而别。漱、润、滋三
儿与笙伯赴苏省戚并作春游。德锜来,夜饭后去。

4月4日(戊戌 十二日)星期二

晴,午后阴。晨过潏儿,看小同并送一话剧券与之。依时到馆。斠订《要录》。午与雪村共赴坚吾约,陪宴沈仲约,盖新自渝州来,坐次饫聆内外消息,殊无佳趣。陆祯祥亲持贴来,邀定四月九日午饮其家,顺视其印刷工厂。晚归小饮。夜闲翻架书,十一时乃睡。

4月5日(己亥 清明 十三日)星期三

雨,傍晚显晴即冥。依时入馆。斠订《要录》。夜归小饮。闻老太太在,晚饭后去。今日本须至仲弟殡宫祭扫,以诸儿俱返苏竟无人前往,想涵侄当能任其事耳。夜写字一页。

4月6日(庚子 十四日)星期四

阴,湿气弥漫,傍晚雷雨,遂绵历亘宵。依时入馆。斠订《要录》。西谛、济之来。雨亭(公藻字)先生以所著《太极拳讲义》见赠。晚冒雨归,小饮。接麓钟四月二日南昌航快,意欲摆脱,求转介于道始。漱等赴乡已四日,竟无信至,殊念之。昌预由潏送来小住,盖春假中免在家与昌顯淘气也。

4月7日(辛丑 十五日)星期五

阴。依时入馆。斠订《要录》。赴饭时坚吾、文彬与余商纸张公司此后大计,无论增资或内徙,余主郑重考虑。晚归小饮。接四月四日漱儿等信,告当日到苏情形,并告拟今日下午乘车遄归。勘初赙仲弟百元今午送到,即作函申谢。夜坐待漱等之归,写字两页,迄未见来,而时已十时许,度必为翼之等苦留,今日未必归来矣。乃就卧。右上鄂又篝一齿。

4 月 8 日（壬寅　十六日）星期六

阴,午后晴。依时入馆。西谛来,发起聚饮遣闷,邀雪村、绍虞、调孚、予同及余参加,并电招济之同与焉。爰于午刻叫杏花楼鸡鲍翅一器、老半斋砂锅狮子头及零菜若干,就饮于村所,人摊三百七十元,酒饭犹不在内。（叫菜二千二百二十元,六人分摊,酒饭由雪村任之。）苦中寻乐,亦可谓豪举矣。涵侄来馆,属掉现万元,盖新由麓钟侄婿汇来济用者。寄洗人申祥二号,附蛟河久康酱园信（书中言店伙奉令归,麓无法营业,可见东北近况）及稽单收据等件,并附村致山函。寄敩、清竹报甲六号,复桂沪一二四号并止划款（即附入洗函去）。寄芷、汉竹报甲五号,重申一月起汉划款已属停止前言。晚归小饮。文权、潃儿及顯孙俱在,夜饭后挈同预孙归去。知涵侄曾来谒珏人诉苦,其母不谅,深闵之。漱、润、滋仍未见归,延望甚,殊觉怅惘也。

4 月 9 日（癸卯　十七日）星期

阴,午前后细雨,傍晚晴。晨起,换字画轴。十一时过索非,同访雪村,遇耕莘。调孚已在,待耕莘去,四人共赴陆祯祥之约。步过白渡桥,先乘七路电车到提篮桥,然后循汇山路、荆州路等处,问询两通,始得达,盖战后初入虹口,竟若野人入城市矣。至则雄飞、莲轩、巧生诸人已先在,又久之始入席。凡四桌,似有寿事,然坚询无由得实,则亦听之。下午三时许散,陆君唤汽车送余等至雪村家,少坐即偕索非步归。过霞飞路冷摊,得一旧瓷笔洗,出价四十

五元,虽有漏纹及微缺,然证之近日市价,诚大廉矣。漱、润、滋及
笙伯午后即返,据告此游甚俊,竟未觉惫,且亦未受沿途意外之扰
也。夜未饮,略进泡饭便已,以午间饮酒不少,不敢复纵耳。

4 月 10 日(甲辰　十八日)星期一

阴,微雨。依时入馆。斠毕《乾隆要录》第十一卷,续斠第十
二卷。散馆归,小饮。夜写清真、稼轩词遣兴,并读《词谱》所收
词套。

4 月 11 日(乙巳　十九日)星期二

晴,午后阴,夜半雨。依时入馆,斠订《乾隆要录》。两日不见
文彬,知在家养病。夜饮雪村所,与丐尊、子宏、雄飞、稚圃、巧生、
稚圭同席。九时许散归。

4 月 12 日(丙午　二十日)星期三

阴,午后雨。依时入馆。斠订《要录》。坚吾欲游周浦,因过
世界书局看梦岩子寅禄,约期据谓星五可有回音。漱石今晨返苏,
将入院割治外痔云。夜归小饮。

4 月 13 日(丁未　廿一日)星期四

阴霾,晚晴。依时入馆。斠订《要录》。西谛、良才、立斋先后
来谈。寅禄来告,为余等春游事已赶回周浦禀知梦翁,约余等最好
于星六即去。晚归小饮。接麓钟四月二日快信,复余三月十三日
信,往复盖一阅月矣,知为家眷善后事必将归来一行也。夜写宋人
词遣兴,兼督盈儿习课。

4 月 14 日 (戊申 廿二日) 星期五

晴。依时入馆。斠订《要录》。赴饭时与坚吾、文彬决定明日往游周浦,因电话约寅禄届时同去。晚归小饮。珏人亦愿同游周浦与梦岩夫人叙旧云。文权来,邀明日过饮其家,盖潚儿卅三岁初度也。

4 月 15 日 (己酉 廿三日) 星期六

晴。依时入馆。十一时即出,过饮文权、潚儿所,珏人已挈群儿先在。午面已,即偕珏人乘车赴坚吾所,会文彬、坚吾、子敏、寅禄同行,至四马路外滩唤舢板渡绕意轮覆舟处。历一时乃达东昌路,雇汽车直放周浦,但经由三林塘等处,凡下车步携诸物受检问者三,极麻烦,而同行者以为此次实大为客气,则想见往常行旅之苦难矣。四时抵梦岩家,则贤伉俪已拱迎于门,欢然道故,极愉快。相其新居,殊精美。登楼,则晓先书余所撰《岩筑记》赫然揭于壁,尤令人回忆往昔不置。少坐,闲步附近田野,垂黑乃返岩筑,掌灯合饮,谐谑拇战,杂然并作,盖故旧聚首,难中仅有,不免放浪形骸矣。十时乃寝。

4 月 16 日 (庚戌 廿四日) 星期

晴。晨起,梦岩导余等往共和园啖羊肉面。面后坚吾、子敏先行闲逛,而珏人亦偕寅禄、寅寿兄弟归岩筑,余则与文彬偕梦岩逛市街。先过宁波会馆,后历周浦中学、公园、鄂主庙(规制极宏,西偏祔蔡侯,颇不伦,盖纸业中人假以集议者)及万云堂(在财神殿中,米粮业之茶会也)而回。途中指麦田一片见告曰,此有名之周浦小学也。乱中为歹人所拆售,夷为田,竟无人涉问焉,不禁长喟。
又过访苏彬生,约午饮梦岩所。午后本拟返沪,梦岩夫妇苦留乃
止,因偕过仁和典参观包房及堆栈。又承苏君(此典之经理)假小
舟供荡桨,余以畏水,独与寅寿过憩苏君所设之万昌米行,俟舟过
乃步归岩筑。时寅禄已先行渡浦,而天色渐阴,入夜竟雨,余夫妇
则以其间过访梦翁之婿家周氏,薄暮乃返,复合饮。夜饭后坚吾、
文彬与梦翁之邻舍顾、陆二君雀戏,余与子敏谢不与,然无法入睡,
至中宵一时乃罢牌,略得安舒,但窗外风雨大作,殊难为怀,不审明
日得渡浦而西否也?

4 月 17 日(辛亥　廿五日)星期一

　　阴霾竟日,风作,细雨,霏微。晨起听风看雨,无聊甚。午饭后
强行,冒雨至车站。汽车以泥泞不驶,火车则须迟至四时始得行。
乃分雇人力车五辆冲淖而行。经御家桥北蔡龙王庙三市集而达塘
桥街,凡两度下车,检问尚宽,就塘桥唤渡,绝黄浦而西,直达董家
渡,复乘人力车赴十六铺,改乘一路电车以归,正下午四时半。雨
已止,亟濯足更衣,暖酒再饮。夜饭后少坐即睡。途中所经残毁之
迹,惟南市为甚,董家渡至十六铺间颓壁断垣相属也。笙伯来宿,
盖两日俱来伴同、复守屋耳。

4 月 18 日(壬子　廿六日)星期二

　　晴。依时入馆。斠订《要录》。晚归小饮。潜儿在,夜饭后
去。绍虞来谈,八时去。接业熊三月廿一日书,复漱二月十二日去
信,大不满于静鹤之脾气,为之不怡终夕。鹤固有不到处,而熊之
怪僻殊令人愤愤也。

4 月 19 日（癸丑　廿七日）星期三

晴。依时入馆。斠订《要录》。赴饭时与文彬、坚吾核算游览费用，凡用去五千九十馀元，余夫妇各摊一千元，即缴付之。此外购物等八百元，共将返三千元，亦殊可观矣。乃乾以王子若所刻《百汉碑砚》缩本百纸见让，酬二百元。午后晤仲盐，盖昨日自绍兴来，备言当地军队骚扰不能安居状，殊为扼腕。夜归小饮。文权在，因共饮。保甲捐甲长来募，须出千元至八百元云，尚未付。丏尊夜饭后来，谈移时乃去。

4 月 20 日（甲寅　谷雨　廿八日）星期四

晴。依时入馆。斠订《要录》，并校诚之《南北朝史》排样。坚吾约夜饮，陪供拳教师吴公仪、公藻兄弟。余以吴氏正劝人入一贯道，力避之，四时半即归。修妹在，夜饭后去。余小饮后追记五日来日记，九时乃就寝。

4 月 21 日（乙卯　廿九日）星期五

晴，午后粗点雨骤下便止。依时入馆。校《南北朝史》一批毕。济之、西谛来，午间与予同及伊二人同过雪村饮。午后斠订《乾隆要录》。晚归小饮。夜写王君玉《江南好》词六首。

4 月 22 日（丙辰　三十日）星期六

晴。依时入馆。斠订《要录》。晚归小饮。接汉儿三月十二日申四号信，告芷芬赴桂出席经理会议。夜漱、润往美华戏院看话剧《鸳鸯谱》，至十二时乃归。余有感好春之难留、韶光之易逝，因从《赋学法程》中移写"未到晓钟犹是春赋"以自遣闷,直至眼涩始毕,赋出谁手,一时莫考矣。

4月23日(丁巳　朔)星期

阴,时有细雨,入夜增剧,檐溜有声。文权、濬儿上午来,午饭后偕滋儿同去。午后笙伯来。夜小饮。晚饭后滋儿始归,知漱石曾过濬,今日雨中自苏来也。笙伯、滋儿等打牌,余乃摩挲《百汉碑砚》拓本自遣,十一时始睡。

4月24日(戊午　初二日)星期一

阴霾,飐作,入夜始息。依时入馆。斠订《乾隆要录》。接诚之四月廿一日信附寄《南北朝史稿》三章,商借稿费五千元,言之雪村即为汇出。而午后常州宏业钱庄汇来三千元,翼仁署名付汇,未言用途,初未接头,至诧,姑存以待后命耳。笙伯午饭后去。晚归小饮。漱石在,询悉苏州近状,闻小住数日,仍将遄归云。

4月25日(己未　初三日)星期二

晴。依时入馆。斠订《要录》。芝九见过,支稿费一批,借《爵里碑传表》去。西谛来,即行。晚归小饮。笙伯来,夜饭后去。

4月26日(庚申　初四日)星期三

晴,晨曾细雨。依时入馆。寄复诚之,告汇出六千汇来三千,只得暂存待命,乃封好未发,便接四月廿五日来信,谓此三千系其女翼仁购书捐赠学校者,遂于封外批告照办,仍付邮焉。寄洗人申祥三号,附去寄敩、清竹报甲七号及漱、林九十二号并专致熊、鹤者。(余未与熊书,即属清慰劝并示意。)寄芷、汉竹报甲六号,告其章通信处敦属探询究竟。晚归小饮。潧儿在,夜饭后归去。漱石为余购得肺脏一篮来,洗濯烹煮,历两时。幸自来水今日甫修复用,水颇畅,如昨日则僵矣。夜深雨。

4 月 27 日(辛酉　初五日)星期四

拦朝大雨旋止,阴晴乍忽,惟气尚爽。以心神不怡,未入馆。看碑帖涤砚擢笔,不觉竟日。午晚皆小饮。漱石明日将返苏,今夜在潧儿所晚饭,适遇封锁,十时乃归来。

4 月 28 日(壬戌　初六日)星期五

晴。依时入馆。斠订《要录》。午后接圣陶三月十五日晚发蜀沪百廿五号,知达君已到,晤悉种切矣。并告开明同人将于四月中在桂林公祝洗人周甲大庆云。珏人过潧儿饭,饭后与复听书于新仙林,薄暮乃归。晚归小饮。漱石今晨返苏。第八区电车、公共汽车罢工。

4 月 29 日(癸亥　初七日)星期六

畅晴。清晨出,涉步顾家宅公园。人多而嚣,几类闹市,凡幽僻处俱有练拳人占地自修,公家设置之椅绝无空出者。余本为寻幽反染热闹,只得绕行一周而出,循西门路穿城而过,仍于九时三十分前到馆。斠订《要录》。赴饭时许令涛为订画,照润例约下星二与之。倪文澜自海盐来,仍以咸干菜求鬻,余购三斤,价一百另八元,盖每斤须卅六元云。旧八区电车下午复工,于余本无大关,然一般行远者已感受便利矣。晚归小饮。明日夜间守宪约吃饭。

后日上午乃乾约绍虞及余在邑庙茶叙。

4月30日（甲子　初八日）星期

午前朗晴，颇暖，午后阴，夜雨。饭后二时笙伯、乐钦先后至，谈未久，伊等即打牌。五时调孚来，同待雪村不至，因与同过均正，访丏尊。到丏家，知雪村有电话通知，以流火发废约未能至。丏先赴守宪所矣，遂徜徉追踪往，别无他客，只其新婿及同住某君耳。饮后长谈，至十时乃辞出，雨点已密，勉行抵家，尚未沾裳，惟履袜微渗而已。询悉笙伯、乐钦俱于雨前去。

5月1日（乙丑　初九日）星期一

晴阴兼施，勉持未雨。是日休假。晨九时半出过访雪村，询知尚高卧未起，并非流火，盖泡茶烫及脚踝耳。余不欲扰之，即往开明看绍虞，同入城茶于邑庙豫园之春风得意楼，萧条回非昔比。至十一时乃乾始来会，少坐便出，巡游庙中及星宿诸殿，即九曲桥之南岸豫园菜馆进点，惟馒头、百叶、面筋诸品，并未吃饭及菜肴，已费二百数十元。近日物价之昂，诚出意表也。午后同过乃乾居，观所藏册页，至三时许乃辞出。乃乾送余及绍虞到老西门外，看余等上廿四路电车乃别。绍虞往大夏上课，余径归。知珏人往视潸儿，而淑英、佩霞俱来饭云。有顷，珏人归，乃共晚饭。饭后尚早，因偕珏人挈盈儿往杜美路公园散步，垂黑始返。涵侄来，仍托代取麓钟所汇万元。

5月2日（丙寅　初十日）星期二

晴。依时入馆。校《南北朝史》排样。为令涛撰画象润例一则。以中来谈。散馆后过访雪村。余日前为应恂如之索，偶集词牌赋所见云:"两肩菩萨蛮,万点小桃红,绰约天仙子,凭虚一翦风。"雪村今亦集词牌成一绝示余云:"烛影摇红念奴娇,凤凰台上忆吹箫。暗香明月生南浦,水调歌头望海潮。"全用牌名贯穿成章,而无斧凿痕,可佩也。谈次,丐尊踵至,因与仲盐、稚圭、雪村饮,夜饭后乃归。

5 月 3 日(丁卯　十一日)星期三

阴,傍晚微雨。依时入馆。续校《南北朝史》排样。济之、西谛先后来。散馆时芝九见过,因同行返至金神父路,又值雨,正与上次同,亦一奇也。到家小饮。文权至,遂共饮,饮后又长谈,八时许乃去。夜濯足。

5 月 4 日(戊辰　十二日)星期四

晴。依时入馆,先过雪村谈。校《南北朝史》排样。丐尊应内山完造之招,往就午饭,拉索非、调孚同行,索、调以事避席,而丐却欣然有得色。此老酸咸殊人,殆耄及之矣。晚归小饮。(麟瑞、锺书来馆,谈有顷去,知南京有《文艺阁遗著》之刻。)

5 月 5 日(己巳　立夏　十三日)星期五

晴。依时入馆。校《南北朝史》排样。文杰来,散馆时因与偕行,至新城隍庙而别。晚小饮。夜饭后与珏人挈滋、湜两儿逛公园,暮色上乃归。夜闲翻架书,十时许就寝。

5 月 6 日(庚午　十四日)星期六

晴,夜月甚皎。依时入馆。过雪村洽事。西谛来,午因与之共饭于江西路天津馆,约予同、绍虞同往,饼、馒、肴馔均佳,费亦相当(四人共用五百二十元)。较复盛居高明多矣。午后寄圣陶沪蜀九十九号,附调孚信,复来书百廿五号,并附村致舟书,属治筵代祝叶母八十大寿。寄敦、清竹报甲八号,附漱、林九十三号告近状,仍属调和熊、鹤。寄芷、汉竹报甲七号询闻君消息,顺告近状,并属去函桂馨园时调和熊、鹤伉俪。晚归小饮,文权、潜儿全家俱在,因共欢饮。饭后复与权长谈,上灯乃去。绍虞夜过长谈,十时去。

5月7日(辛未　十五日)星期

晴,陡热,行日中需挥扇矣。夜冥合,仅而免雨。静坐看宋人词。午啖自制馄饨。午后笙伯来。品珍来。入晚小饮,饮后与珏人挈盈儿小步公园。夜饭后笙伯去。接四月十日清儿发桂沪百廿五号,告羲人六十称觞盛况及分店经理会议情形。(羲人之寿辰本在九月,大概乘经理会议之便,故提前举行,闻达君亦与焉。)

5月8日(壬申　十六日)星期一

晴暖,夜雨。依时入馆。接诚之五月五日信,告汇款六千已收到。校毕《南北朝史》排样一批。午后往候雪村,路中戒严封锁者逾一小时,与予同立衢头半时许乃得达,谈至六时半始辞归。总总饮膳,不觉已黑,深惧灯火管制之扬焰,暗坐片刻即睡。明日为五九,又值指定防空日,其扰累行旅,不知更将何如也。家人告知绍虞、芝九、爕荣俱来访余,未值,殊怅。(芝九送跑鞋一双与滋儿。)

5月9日(癸酉　十七日)星期二

阴,午前微雨,夜又雨,达旦未止。依时入馆。路逢爕荣,立谈。为图书馆录书。散馆出,途遇翼云,知允若已返甫里,年七十矣。老境颓唐,知交零落,想见凄苦,不禁黯然。旋过雪村洽事,遇哲生,少坐便归,小饮。晚饭后以防空日特见灯火管制之严,因未开灯,默坐良久,暗中就寝而已。

5 月 10 日(甲戌　十八日)星期三

雨。依时入馆,衣履尽湿。为公司复廉逊,止编地理书。芝九来,散馆时因与同行归。夜小饮。饮后抄补《隶辨》卷七缺页,十时毕。

5 月 11 日(乙亥　十九日)星期四

晴。依时入馆,途遇莲僧,立谈良久。顺道过雪村还前借《隶辨》,知村已入馆矣,到馆晤之。为青明照出职员证。赴饭时为坚吾书帖,送公藻程仪。斠订《乾隆要录》,遇关涉修《四库全书》者分别排日录出之。晚归小饮。饮后涵侄饬人来,托为姚吉生取汇款。

5 月 12 日(丙子　二十日)星期五

晴。依时入馆。斠订《乾隆要录》,顺辑四库馆史料。赴饭时为坚吾、文彬讲《孟子》。晚归小饮。姚吉生款,涵华派人来取去。夜饭后绍虞见过,谈良久去。接汉儿四月四日甲五号书,告芷芬赴桂、滇店近状。接业熊、静鹤四月十二、十四函各一,并告生活压迫影响及于和睦,益遵三月四日去示沥陈衷曲之书也。

5 月 13 日(丁丑　廿一日)星期六

晴。依时入馆。斠订《乾隆要录》,顺辑四库修书史料。赴饭时为坚吾、文彬讲《孟子·梁惠王篇·王立章》。西谛来。晚归小饮。饮后与珏挈盈游公园。夜默坐,移时即睡。

5月14日(戊寅　廿二日)**星期**

　　阴。晨起,与珏人挈盈儿进点银月村,旋游顾家宅公园并及动物园,周历而后返,微见日光矣。午饭用新豆瓣糯米饭并加自腌之猪肉,极腴美。今日而得此,诚享用过分矣。午后笙伯来,晚饭后去。余理书,顺题书衣数事。傍晚小饮。饮后绍虞携酒来,谓本拟返苏,以徘徊车站不得入,无已竟弃票而回云。相与嗟叹久之,约明晚来饮余所。(今日伊已与友在外夜饭矣。)又杂谈至八时半乃辞去。看张文襄《辎轩语·语学》。

5月15日(己卯　廿三日)**星期一**

　　阴,午后晴,入夜细雨。依时入馆。斠订《要录》,顺辑四库修书史料。赴饭时为文彬、坚吾讲《孟子·梁惠王篇》"寡人"、"愿安"两章。午后寄洗人申祥四号,告预筹祝嘏。寄敫、清竹报甲九号附漱、林九十四号,复桂沪百廿五号附去余及漱致熊、鹤信,复慰相谅。寄芷、汉竹报甲八号,附旧廿九号复申五号,顺告近状。明日起邮费加百分之二百。济之、西谛来,旋去。散馆归,坐待绍虞之至,因共饮,谈至九时乃别去。十时后大雨达旦不休。

5月16日(庚辰　廿四日)**星期二**

　　雨(竟日未止,将晚时暂停)。未入馆,在家用朱笔点《词谱》。薄暮,西谛见过,略谈即去。晚小饮。夜饭后涵侄来借钱,盖麓钟所汇之款已罄,其母亟待拆土也,许明日以千金持去。涵侄遭母不谅,秉癖弗释,瞻念前途,殷忧方深也,为之奈何。

5 月 17 日（辛巳　廿五日）星期三

阴。依时入馆。斠订《要录》,顺辑四库修书史料。赴饭时为坚、彬讲《孟子·梁惠王篇·晋国章》,令涛、逸人、玉书从读焉。芝九见过,托雪村为其外舅姑题墓石,因与偕行返,顺过新城隍庙,芝九购得竹扇骨及纸扇面各一,共五十五元,视四马路一带盖便宜八折云。晚小饮。饮后涵侄来,以千元交之,顺示持家之宜,麓钟归后须善为应付,勿称意求逞焉。

5 月 18 日（壬午　廿六日）星期四

晴。依时入馆。斠辑并行。赴饭时为讲《孟子·梁惠王篇·襄王章》。西谛来。散馆归,与索非偕行过新城隍庙,在花摊购得直腊红一盆,计卅元。又在振兴扇庄为夷初书剑丞画扇,配得湘妃竹扇骨一副,计二百五十元,携归小饮。饮后与珏人闲步公园,垂暮始归。以携花臂腕俱感酸楚,早睡。

5 月 19 日（癸未　廿七日）星期五

晴,午前后阴。依时入馆。斠辑兼行。赴饭时坚吾有事他往,未晤,为文彬讲《孟子·梁惠王篇·齐宣章》一节。晚归小饮。闻老太太在,与潘儿及小同偕来,潘等已去,伊将留住一宵。夜饭后丏尊来,告霞飞坊房屋将归军用之谣已甚盛,恐不免云,徒滋叹嗟,竟无法以善其后也。

5 月 20 日（甲申　廿八日）星期六

阴,有风,午前后时有细雨。晨入馆,遇雨,行至嵩山路乘车折回添衣,有顷再出,十时到馆。斠订《要录》。校《南北朝史》排样。赴饭时续讲《孟子·梁惠王·齐宣章》一节。西谛来。晚归小饮。夜饭后易画悬壁。

5 月 21 日(乙酉　小满　廿九日)星期

晴。九时许芝九见过长谈。谈次颇以撰述垂世为劝,其意甚厚,弥可感佩。(余名心久澹,亦志其谊而已,于事于时恐未易从之耳。)假书六册去。午后闻老太太岳斋母子来长谈,抵暮,文权、笙伯俱至,因共晚饭并夜饮焉。饭后陆续去,余亦以酬语过多,觉倦矣,小坐便睡。

5 月 22 日(丙戌　朔)星期一

阴,午后晴。依时入馆。校《南北朝史》排样毕一批。赴饭时为坚吾等(文彬以事赴盛泽未来)讲《齐宣章》,仍未竣。房屋问题谣风益扇,属均正往询收租人丁姓,据答账房中绝未闻有此事,恐误传耳。均正来复,并往告丐尊共慰之。但现在世情奇幻,诚未可即以为信也,亦惟有听之已。晚归小饮。笙伯来,旋去。夜饭后绍虞来,亦为房屋事特致慰问并劝如有必要尚以归苏为妥,彼处亦可暂住云,温情可感也。

5 月 23 日(丁亥　初二日)星期二

晴。依时入馆。斠辑兼行。赴饭时为文彬等(渠赴盛泽未果)讲毕《齐宣章》。晚归小饮,难得车清,居然乘电车言归也。夜饭后与珏人步于附近,未几归。

5 月 24 日(戊子　初三日)**星期三**

晴,午后时雨时止,傍晚又雨。依时入馆。斠辑兼行。赴饭时复讲《齐宣章》全章。午后雪村与余商谈调整薪给事,并谈编辑《辞综》应如何进行及管理各宜。散馆返寓,已雨,与索非同行,抵家,知珏人往省潏儿,盖文权晨来见告潏感冒也,夜饭已,尚未归,因饬同儿往候之。同甫往而珏人乘车至,越时同归,盖雨中往回数四矣。芝九遣人取扇面去,乃前日属绍虞所书者。房屋问题凶多吉少,设横暴之来在势,竟莫如之何,思之不胜愤愤!

5 月 25 日(己丑　初四日)**星期四**

阴。依时入馆。校辑兼行。赴饭时讲《庄暴章》,先由坚吾试讲,从而正之,颇得契机也。晚归小饮。笙伯在,知冯家售书尚有问题,夜饭后去,余亦与同儿出,散步于附近,垂冥始返。

5 月 26 日(庚寅　初五日)**星期五**

晴。依时入馆。斠辑兼行。赴饭时讲《文囿章》,先由逸人试讲,成绩尚佳。午后四时出席开明九届十次董事会,决定董监夫马费及调整同人薪给,美成前假之款发掘遗铝未着,今乘此时会雪村提出免利返还,同席无可否,当然如欲以偿,且亦仅有偿还之名耳。七时归饮,知邻家已接有续租之通知,大概谣言可息矣。道始电话见告,昨日返沪约明晨往晤。(今日董会并未到。)

5 月 27 日(辛卯　初六日)**星期六**

阴晴乍忽,偶间细雨。晨出过访道始,晤继之及尔嘉,来客络

绎,至十一时始获间与之谈,知《江苏通志》印行事已阁浅矣。谈
至十二时归饭,饭后入馆料理昨日董会文件。代文权购得哲生所
让中联出版公司股票五百股。散馆归小饮。夜看叶缘督《藏书纪
事诗》。

5 月 28 日(壬辰　初七日)星期

晴阴间作,夜大雨达旦。竟日未出,读《通鉴》第卅六、七卷,
以《汉书·平帝纪》、《王莽传》及荀悦《汉纪》第卅卷参看。午后笙
伯来,晚饭后去。午晚俱小饮。夜饭后呼同儿偕出散步,以恐演习
防空,小巡即归。

5 月 29 日(癸巳　初八日)星期一

雨。依时入馆。演习空防,道路时时封锁,乘车者悉驱下纳诸
道旁店肆(所谓临时避难所也),良久乃得释。余幸早入,同人之
遇此者比比矣。发布调整同人生活津贴案。属品珍往恒产公司取
房屋租赁约,续租通知昨已收到。据云须先纳费卅元易此约,询得
房租月额为五百五十元,四月份即须照缴并须多付押租两个月,惟
租期则为一年云。且俟明日亲往订约时再说,传闻亦未必尽确也。
赴饭时为坚吾、逸人、玉书讲《梁惠王篇·交邻章》。(文彬、令涛
未到。)晚归小饮,文权来。以入夜防空警报又作,权即去。余亦以
灯火管制,小坐即寝。

5 月 30 日(甲午　初九日)星期二

晴。依时入馆。斠辑《要录》。十时偕索非、龙文往华懋大楼恒
业公司续订住房租约。(此次租契系片面的,只有租户出与出租

人。)更改期限为本年四月一日至翌年三月卅一日,月租五百五十元(即自四月补收,原约须五月底止)。添收押租两个月,又纳契纸费卅元,凡付出二千二百卅元,始将此事办妥,眼前庶得稍舒一口气焉,吁可畏已。赴饭时复讲《交邻章》。为涵侄代取麓钟汇款万元,即属金才送归,由滋儿转去。受乃乾托,为其友书挽联一付。竟日演习防空,并时时戒严,行路甚难,余幸往来无恙。夜小饮,早睡。

5 月 31 日(乙未 初十日)星期三

初阴复暖。依时入馆。仍斠辑《要录》。赴饭时为讲《雪宫章》。文权来馆,去年下半年股息取去。济之、西谛后先来。文彬、坚吾为我购到阜丰头号面粉一袋,只八百元(较黑市仅及半数)。屡乘推惠,极感之。芝九来馆交第十次稿,因与偕行,返至桂林路口始别。傍晚小饮。夜饭后,所蓄小花狸突失踪,闻之邻儿谓见一老妪抱持去,盖偶出门外,门闭不得入,遂有此果耳。红蕉过谈,其所住屋赁资亦自四月起补成交余也。

6 月 1 日(丙申 十一日)星期四

晴。依时入馆。斠辑《要录》。赴饭时为讲《明堂章》。(顺付面粉账及五月份饭费。)西谛来。散馆归,小饮。(闻米价每石涨至八千元以上矣。)漱儿往康乐贺慧芬之兄结婚,茶点而归。夜仍入学,感受风寒,归来即发胃病,竟夕不舒也。接硕民三月廿五日黄埭信,托代取商务股息。

6 月 2 日(丁酉 十二日)星期五

晴。晨读《通鉴》第卅八卷毕。依时入馆。斠辑《乾隆要录》。

为硕民取到股息,即复问近状(以近尝吐血,今已获痊)。并劝秋凉后再赴赣就其女圣南居。接翼之五月廿八日快信,属止笙伯迁业。西谛来,拉予同及余过雪村饮,遂未赴坚吾饭。《版画图录》第四集承西谛续见赠,散馆时即挟以归。夜小饮后,挑灯赏《版画》,尤以《诗馀图谱》全帙及《十竹斋笺谱》获完璧为大乐。十时始寝。

6月3日(戊戌　十三日)星期六

晴,闷热,傍晚微雨未果成,益感懊苦,夜半雷电大雨达旦。依时入馆。斠辑《要录》。赴饭时讲“王之”及“故国”两章。坚吾之女令琰侍听,还讲楚楚殊慧。午后维文见过,知近离申。自米解放统制办法公布后,米价转扶摇直上,不两日由六千竟达万有五百,殆着魔风狂矣。今日沪市府及米统会俱有布告在搬入口,尚未确定公布前米之搬运并无限制且数量亦不拘定云。或者如此揭告,不肖军警将无所藉口,多少有益于食米之抑价乎?晚归小饮。夜赏《版画图录》。

6月4日(己亥　十四日)星期

拦朝大雨,绵历逮暮,湿气滋塞,盖见霉矣。读《通鉴》卅九、四十两卷。赏《诗馀图谱》。笙伯来,出示怀之信,已为我往省九曲港先茔矣,甚感之。余亦以翼之来信示之,止勿思迁,据答此意已早打消云。夜小饮。晚饭后笙伯去。夜雨达旦。

6月5日(庚子　十五日)星期一

昙热,时阴。依时入馆。斠辑《要录》。接诚之五月廿三、六月一日两书,寄《南北朝史》稿十四、十五章,请加汇两千,即复汇二数并告前款结清至十五章,共付两万六千,自十六章起酬稿千字百元。(今汇之二千即作十六章后之酬。)寄翼之,复告笙伯已止徙,并属代谢怀之为我上坟垫款。赴饭时讲"汤放"、"巨室"两章。晚归小饮。接汉儿甲六号(四月十四)、七号(四月廿五)书,知芷芬尚滞衡未归,孙宗棠又支去五千,属向其家取回,以三千交振甫,寄芷家二千即以奉母。夜饭后挈复、盈两儿游公园。

6 月 6 日(辛丑　芒种　十六日)星期二

晴。晨出,先过潘、权,交割道始股息及账目,属转洽其家。旋入馆,仍斠辑《要录》。赴饭时讲"胜之"、"取之"两章。为姚吉生取湖北汇款万元。(昨日涵侄来托,今日傍晚饬公谨来取去。)晚归小饮。接清四月廿九日桂沪一二六号,分致诸弟妹详话家常。夜读《通鉴》第四十一卷。

6 月 7 日(壬寅　十七日)星期三

晨雨旋止,午后晴,竟夕月色皎朗。依时入馆。仍斠辑《要录》。赴饭时讲"邹与"章。(文彬以事返武,迟须三四天始归。)晚归小饮。夜读《通鉴》。

6 月 8 日(癸卯　十八日)星期四

晴。依时入馆。斠辑《要录》。赴饭时讲"滕文"、"筑薛"、"竭力"三章。济之来,约四时往蕴华阁看书,乃届时与雪村、调孚偕往,适遇封锁,废然而罢,因过憩村家,至六时半乃归。夜小饮。文权来谈,送二千为道始属划宗棠。

6月9日（甲辰　十九日）**星期五**

晴。依时入馆。斠辑《要录》。赴饭时为讲《鲁平章》（文彬已自常返）。调孚昨仍往蕴华阁晤济之，故今日余等未再赴，盖《万有文库》之单本目录已取到，可以按图而索之矣。晚归小饮。知漱儿已向吴绍屏处取到汇款五千。（昨晚书来通知，不知何处汇来，今属漱往洽问，始知芷芬在桂林汇出者。）吴君盖芷芬之戚也。夜以防空演习灯火管制,早寝。

6月10日（乙巳　二十日）**星期六**

晴。晨与珏人步顾家宅公园。仍依时入馆,斠辑《要录》。西谛、济之来,因共绍虞、予同沽饮,遂未赴饭。晚归小饮。夜九时即寝。

6月11日（丙午　廿一日）**星期**

晴燠。竟日未出。权等全家来,盘桓夜饭后去。笙伯午后来,亦夜饭后去。夜半警报频作。

6月12日（丁未　廿二日）**星期一**

晴燠。依时入馆。斠辑《要录》。赴饭时讲《公孙章》（盖公孙丑开始矣）。晚归小饮。莲僧见过,谈移时,属为向美亚保证。

6月13日（戊申　廿三日）**星期二**

昙闷,午后粗点雨骤降,旋止,晚晴。依时入馆。斠辑《要录》。寄芝联,复介中联为销《学报》。寄敫、清竹报甲十一号（附漱、林九十五号及润、滋、湜信并照片四张）。复来书一二六号。寄芷、汉竹报甲九号（附尘卅号及照片三张），复来书申六、七号。告宗棠款已取回分别洽致，又由吴绍屏处划来五千暂存。赴饭时讲《公孙丑篇·动心章》。晚归小饮。夜读《通鉴》毕第四十四卷。一时许空袭警报大作，延至平明五时始解除，不知主何祥也。

6 月 14 日（己酉　廿四日）星期三

晴。晨芝九见过，托代取股息。依时入馆。斠辑《要录》。赴饭时续讲《动心章》。西谛来。晚归小饮。夜为同儿讲东方曼倩《答客难》。

6 月 15 日（庚戌　廿五日）星期四

晴。依时入馆。斠辑《要录》第十四卷毕，即接撰《辞综》地名条子，盖雪村意属余在馆撰条，而《要录》十五卷后转在家续斠也。赴饭时续读《动心章》。晚归小饮，途遇西谛，邀之同饮，未果肯来。夜赏《版画史图录》。十二时空袭警报又作，三时后解除。住房又有拒收房租说，余因将本月租金属品珍送去，立掣取房票毫无问题，可见谣诼诚有不可尽信者。淑侄来，属为涵代取麓钟汇款。

6 月 16 日（辛亥　廿六日）星期五

清晨大雨。早起斠辑《要录》。依时入馆。撰地名条子。赴饭时坚吾未在，因辍讲。二时许偕丏尊、调孚过内山书店看《支那南画大成》，雨中往返。三时半复过坚吾、文彬，续讲《动心章》，四时半归，晤涵侄，即以代取汇款付之。傍晚小饮。夜看《顾氏画谱》。

6月17日（壬子　廿七日）星期六

晴。晨索非见告中华书局发行所昨夜不戒于火，三楼以上致遭焚如，及入馆，犹见白烟，晚散馆归，馀烬尚未全灭也，损失大矣。在馆撰地名条子。赴饭时遇羲羲诸人，备知中华受害之烈，相与嗟叹久之。饭后为续讲《动心章》。文权来，为宗棠划款，又交到三千。接诚之六月十五日信，复告加汇之款已收到并谢增加稿费。此公犹有老辈风流，较之日下斤斤计报酬者，诚不可以道里计矣，至佩！散馆归，小饮。笙伯来，夜饭后去。

6月18日（癸丑　廿八日）星期

晴，午后阴。午前十一时有警报。接振兴住宅组合油印通知二件。（一通知大部分房屋或收田或并住，一通知派员拆回暖室设备。）飘摇之会，是亦应有之象，则亦听之而已矣。午后过丏尊，询日文通知内容，因得释如上。遇仲盐，因偕返长谈，移时乃去。是晚本约莲僧觅醉垆头，以警报频作且心情不快，遂作书遣同儿往谢之，乃复遣其郎来，速谓已约予同共饮矣，即赴之，就饮其家，夜九时，乃散归。

6月19日（甲寅　廿九日）星期一

晴。晨起，斠辑《要录》。仍依时入馆。撰地名条子。赴饭时讲△"动心章"。晚归小饮。雄飞约为房屋事来谈，未果。芝九见过，托交人名条子第十一批，并属代收开明股子。

6月20日（乙卯　三十日）星期二

晴。晨起斠辑《要录》。仍依时入馆。撰地名条。赴饭时复讲"动心"全章。晚归小饮。夜以心绪恶劣,不耐久坐,即就卧。开岁以来忽又五阅蟾园,所触所履都无好怀,而流光驹驰,安所得闰生如闰月乎?

6 月 21 日①(夏至　丙辰　朔)星期三

晴。晨起斠辑《乾隆系年要录》。依时入馆。撰《辞综》地名条子。赴饭时为坚吾、文彬、令涛、玉书、逸人讲《孟子·公孙丑篇》"以力"、"仁则荣"两章。坚吾昨托掉票四万元,便与之。晚归小饮。夜饭后与珏人散步公园及附近诸街,比返,天犹未冥也。途遇西谛,立谈片晌而别。

6 月 22 日(丁巳　初二日)星期四

晴。晨斠辑《要录》。依时入馆,撰地名条。赴饭时为讲"尊贤章"(文彬未至)。下午刘颂南来访,托为其友售《图书集成》。晚归小饮,知逸人将文彬、坚吾之命送来铝锅两只、金腿一方、枇杷一筐,盖酬余讲授者,受之有愧,却亦无由,姑存之。夜小坐,文权来谒,为点定文件数事,并为题扇。纯嘉让申报馆所刊大地图。(以四千元为酬。)

6 月 23 日(戊午　初三日)星期五

昙闷,午后雨。依时入馆。校《南北朝史》排样。以家藏陈年白兰地两瓶命润儿往遗文彬及坚吾,聊酬投琼之报。赴饭时,以有他客在坐且密迩端节杂务纷然辍讲。为坚吾拟鉴泉太极拳学院章

---

①底本为:"巽斋日记第七卷"。原注:"甲申五月至八月。"

程十四条。接芝九六月廿日苏垣信,告其戚托购股票事作罢。晚归小饮。恂如饬人送条至,谓连日发热,气弱不能即到馆云。本坊守望警节赏初来,只四元,陆续增加,本节竟索去二百元,犹怏怏。时至今日,一切脱去常轨,遍地荆棘,此之谓矣。

6 月 24 日(己未　初四日)星期六

晴燠,乍阴,夜半雨。依时入馆。校《南北朝史》排样。赴饭时讲《人皆章》。开销节赏四百元。(纸张公司总犒二百元,金才一百元,华坤五十元,阿吉三十元,章家陆妈二十元,此为余个人所用家下各项开销,如巡捕、邮差、垃圾诸役亦四百二十元。)雪村昨日归饭途中为人力车所撞,左膝头擦去表皮,遂就卧。今晨入馆时过访之,尚无大损,仍起坐,创处四周仍青肿也。晚归小饮。润儿晨出探视修妹及潜儿,垂暮犹不返,余及漱、滋、湜立坊外候之,亦久不至,因命漱电话询文权,始知尚滞其家,与诸外孙嬉,心乃舒。又良久,润挈顯孙归,余示戒焉。

6 月 25 日(庚申　端午节　初五日)星期

雨逮午不止,湿甚,午后渐开,申初竟晴。文权、潜儿及预、硕两孙饭后来,笙伯前至,俱夜饭后去。(权别有酬答,旋去。)余午前读画,午后斠辑《乾隆要录》并读《通鉴》。晚小饮。饮后绍虞来,知返苏周折状,煮面饷之,长谈至九时乃辞去。

6 月 26 日(辛酉　初六日)星期一

晴。晨过雪村探视,左膝已结痂,因偕行入馆。(午后仍在家休养。)续校《南北朝史》排样。赴饭时讲《矢人章》。晚归小饮。知文权曾来谒省。滋儿往晤笙伯,下午偕同听书于沧洲书场,薄暮乃归。

6 月 27 日 (壬戌　初七日) 星期二

晴。薄暮阵雨,即止。依时入馆。上午校毕《南北朝史》排样一批,下午撰地名条。赴饭时讲《子路章》。以中见过,携到维钊画宛春书扇面,盖前托调孚转求今由便带交也。谈移时,芝九至,甫自苏来先过我也,因以所属股款八千元还之,又有顷,芝九去,及散馆,以中亦去。耕莘来,匆匆即行。晚归小饮。入夜略坐即寝。

6 月 28 日 (癸亥　初八日) 星期三

晴热竟夕,浴汗。依时入馆。接诚之六月廿七日信,告寄出续稿请加汇五千并将前存购书馀款并汇。撰地名条子。以《绿遍池塘草图册》面页破损,属调孚交装本所护以坚帙。赴饭时讲《伯夷章》。书致起潜,求为书扇。(以传耕莘闺人陈尘所绘山水扇请加墨。)晚归小饮,顺道为陆胡扇配得丝竹刻花扇骨一副。(连捐共二百另八元。)夜芝九见过,暑中将返里闲居,后日即行云。

6 月 29 日 (甲子　初九日) 星期四

晴热如昨。依时入馆。复诚之照来旨行。赴饭时讲《天时章》。散馆时与索非偕访雪村,谈有顷,取其《释上》一文归。仍与索非偕行。晚小饮。

6 月 30 日 (乙丑　初十日) 星期五

晴热,傍晚阵雨,终宵淅沥。依时入馆。发给同人上半年升工。赴饭时文彬以事未来,遂辍讲。(六月份饭费四百元仍付。)

下午校《南北朝史》第十三章。铭青来谒,告德锜怀孕,体气微有不适。(昨日已来家告此事,余未之晤,珏人经电话属笙伯往省,代致慰问矣。)并托为其甥吴克诚投考格致公学请示妥否。辞去后即据以书寄翼之。晚归小饮。屠淑英、毛佩霞来,适雨暂留,黄昏后雨小止乃去。珏人夜忽发热,盖连日洗濯甚忙,又加之暴热,夜间不免耽凉,辛苦交并,以致如此。诚可悯也。

7月1日(丙寅　十一日)星期六

晨阴欲雨,旋复显日,午后三时半阵雨寻止。今日精神欠佳,出门后又折回,遂未入馆。命润儿电话告馆中请假并属转告坚吾,又饬润往潘所即以铭青所交条属由文权转文杰,余始稍休。饭后看架书,偶得《清会典》观之。夜小饮。绍虞、均正后先见过,谈移时去。夜深又雨。

7月2日(丁卯　十二日)星期

阴郁。晨斠辑《乾隆要录》。笙伯九时来,据告德锜处已奉命往慰视,近已渐臻平善云。绍虞十一时至,因共小酌长谈,下午二时辞去。立斋三时来,为芝九送到张咏霓《史学大纲》并谈近事甚可噱。(民生则宛转日见其绝,世务则层涛叠澜弥有嬉剧之趣。)相与抚掌,迩所希有也,五时去。晚小饮。饮后文权、潘儿、显孙、预孙至,涵侄及密先亦前至,笑语久之,各归,显孙留。夜看张氏《史学大纲》。深宵又雨。

7月3日(戊辰　十三日)星期一

阴晴靡常,闷热,傍晚阵雨,夜深又雨。依时入馆。校《南北朝

史》排样。赴饭时为讲《将朝章》。马荣生以赵刻《又满楼丛书》及
席相圃《嵩岳游记》见贻。雪村前日归途又跌,原创之旁尤坟起。
清早过访之,偃卧在床,幸无它恙,想宜多休也。晚归小饮。入夜
警报大作,灯火照例熄灭,与红蕉冥坐长谈,十时后警除乃各就寝。

7 月 4 日 (己巳 十四日) 星期二

阴晴间作,午后日出,暴雨旋止。依时入馆。午刻同人集雪村
家,为丏尊五旬晋九祝寿,凡两席,同人外,仲盐、稚圭、红蕉、守宪、
西谛、济之皆与焉。二时许散,仍入馆。晚归小饮。漱儿送顯孙归
去,以与濬同往卡尔登看健吾所编青春话剧,留宿濬家。夜看张约
园《史学大纲》。

7 月 5 日 (庚午 十五日) 星期三

晴,午前阴。依时入馆。校毕《南北朝史》第十三章。续撰地
名条。赴饭时讲《陈臻章》。散馆过雪村谈,知昨宴各摊费四百八
十六元云。坐移时即步归小饮。夜润往濬所,同看电影,即留彼
宿。九时许警报大作,屡解屡发,不识究竟,待之二时入睡,竟莫审
何时解除也。付二月份电灯费七十九元六角。

7 月 6 日 (辛未 十六日) 星期四

晴,午前后阴,仍闷热。依时入馆。撰《辞综》地名条。赴饭
时为讲《平陆章》。先秘(名秘,冯承钧子)来访,询其父所投《学术
界》稿(《六朝及唐代的几个艺术家》)之下落,盖刚主所介哲生尚
未开发也,许为查催,留住址而去。接芝联书,谢代介中联售《学
报》仍托接洽之。文权为我办到转租执照,计一百九十五元,傍晚

来,因与共饮。警报频作,六时许一次,九时许一次,十二时许又一次。月色照耀如烂银而各家不许点灯,遥相映掩,殊堪笑噱。预孙来我家小住。

7月7日(壬申　小暑　十七日)星期五

阴昙间作,闷热殊甚,饭后云合,蜻蜓千百上下,气益闷,俄而雨壮点,片晌即止,转放骄阳,入夜月色皎然。晨过雪村,知右足趾糜烂且曾发热,治事,有顷,即入馆。撰地名条。赴饭时讲《谓蚘章》。下午中联送四千稿费至,属转冯秘,因以电话致之,约明日上午来取。晚归小饮。夜警报至翌日黎明始解除,不知云何也。

7月8日(癸酉　十八日)星期六

晴热。依时入馆。撰地名条。赴饭时为讲《为卿章》。下午四时冯先秘来,即以《学术界》稿费四千元(雪村转来)面交之,掣取收据。旋过访雪村,足疾已渐瘳,即以先秘收据缴还,谈移时乃归。(知仲盐今晨已归绍。)傍晚小饮。

7月9日(甲戌　十九日)星期

晴热。竟日未出,亦无客至。例行警报三次。读《通鉴·汉纪》第三十九、四十卷。晚小饮。垂冥即管制灯火,人家有不及宵食者。余家习于夙兴夜寐,尚无窒碍,而左右邻之门则时闻报熄之声矣。比解除而月方升空照耀,不减白昼,真好笑煞人也。

7月10日(乙亥　二十日)星期一

晴热。晨起,读《通鉴》。依时入馆,先过雪村,适遇封锁,因小坐,移时而行。赴饭时为讲《自齐章》。(文彬出席,吴氏缺席。)散馆归,德锜在,因审知近日体气已安。未几潸儿来,遂共夜饭,兼小饮。饭已,德锜去,文权来,谈有顷,潸挈预孙先去。丕绳至,就商教课进止,余力劝仍安惠林中学。谈次,文权去,又有顷,丕绳亦行。

7 月 11 日(丙子 廿一日)星期二

晴热。晨读《通鉴》。依时入馆。赴饭时讲"沈同"、"燕人"两章。散馆归小饮。济之见访,谈有顷去。绍虞来告,接家书,知其太夫人有腹疾,明晨将归省,旅途甚艰,余颇为担心。更三日前防空时为日宪兵掌颊倒地并踢断腿骨,卧宝隆医院疗治,索非、丏尊、绍虞俱往探视云。(必如此乃有贯盈之日。)

7 月 12 日(丁丑 廿二日)星期三

晴热。晨读《通鉴》。九时与索非偕行入馆,先过候雪村,已大痊,属发通函定后日开十一次董事会,到馆后即办出。接诚之七月十日书,绍介亭林《肇域志》手稿及询《三国史话》契约事。赴饭时讲《致为臣章》。下午三时出席上海纸张公司第六次董事会。五时散归,小饮。笙伯来,夜饭后去。余傍晚赴附近理发店整容,用六十元。溯自汉儿订婚之日曾如店理发后即由珏人为之剪治,今锴孙已五岁矣,乃复诣店一理,亦足征余之疏懒无状焉。

7 月 13 日(戊寅 廿三日)星期四

晴热,入夜闪电,十二时后大雨。晨起读《通鉴》。依时入馆,先过雪村。复芝联。致书怀之,慰问幽若病并速漱石返沪。为润儿购一日语辞典,用卅六元。晚归小饮。西谛来,因以乃乾所交书款还之。午赴饭时讲"宿于"、"尹士"两章。

7 月 14 日(己卯　廿四日)**星期五**

晴热,上午有阵雨。依时入馆,先过雪村。赴饭时为讲"充虞"、"居休"两章,于是"公孙丑"上下篇毕矣。午后出席开明第九届第十一次董事会,又调整薪给,起薪津贴再加十二倍。晚归小饮。索非来谈。保甲已重被编为卢家湾区第四联保第四保第九甲第七户,派来表格又为重行填注,限明晨送去,连坐切结,仍与均正、索〈非〉互任之。

7 月 15 日(庚辰　初伏　廿五日)**星期六**

晴热。依时入馆。发布调整津贴办法。赴饭时为讲《孟子·滕文公篇·滕文章》,坐有张元枚律师,文彬约来者也。恂如经雪村改约在馆外工作,今日午后忽向余大发牢骚,此公理路不清乃尔。晨出过视硕孙。归途在新邑庙旁购得石菖蒲一棕盆,费四十元。小饮后潜儿送一女佣名阿英者来,属留用,因即试之。

7 月 16 日(辛巳　十六日)**星期**

晴热。竟日未出。上午西谛、予同、调孚、均正来,谈移时各去。下午绍虞来,又承馈阿胶,谈有顷去。笙伯、文权先后来,与共小饮,夜饭后去。同、盈俱受凉发热,兼有嗽,珏人亦脱力感倦,幸新来一阿英,否则理炊且成问题矣。读《通鉴》止于五十三卷,兼以《王衡阳论》比堪之,觉老辈读史切事,纤毫不苟也。

7 月 17 日 (壬午 十七日) 星期一

晴热。依时入馆。校《南北朝史》排样。赴饭时闲谈,未讲书。恂如晨过予同,属提条件,予同撮其大意,交余即转雪村云。商务印书馆经理鲍庆林病逝,明日在万国殡仪馆大殓,开明为制花圈奠之,将由索非往吊。散馆归小饮。修妹来,以生活益艰,请增加贴费,夜饭后去。

7 月 18 日 (癸未 廿八日) 星期二

晴热。晨起为乃乾书扇。亚铃来,将均正命属代请病假。依时入馆,先过雪村,已出吊于鲍氏,未晤,即便入馆。校《南北朝史》。赴饭时为讲《滕定章》。起潜为余所书扇头已写好送来,小篆深入阳冰之室,直摩相斯之垒,极佩,即作书复谢并以绍虞、乃乾所写卅百之册页归之。复海澄(昨日书来询中华灾后状),告以中华书局善后甚好,股值转见上升云。三时与予同偕过雪村,商决恂如事。(欠款暂不扣职薪,止于六月七日起计稿论酬,先付六千元济其用。)即托予同转洽之。晚归小饮。饮后往候均正,兼晤索非,谈有顷,辞归。夜纳凉里口,小立即返。

7 月 19 日 (甲申 廿九日) 星期三

晴热。依时入馆。续校《南北朝史》。右足微酸,牵动胫腿,勉力往返,颇感苦。赴饭时文彬未到,遂辍讲。下午四时往候雪村,谈有顷乃归。晚小饮。接汉儿五月廿一日不列号函,知芷芬尚滞途中,静甥尚未产,宗棠又取去五千元,即托向孙氏取后转汇芷芬姨母屠陈尚德。夜饭后在里口纳凉,晤于在春,谈良久。

7月20日（乙酉　朔）星期四

晴，午后二时许日食。晨起右腿失调，步履甚艰，仍强行入馆。续校《南北朝史》。赴饭时为文彬改课并讲《为国章》之一节。寄诚之，复告校误表及重排样俱收到，《肇域志》手稿须亲见始能决定接印与否也。《三国史话》系黄素青代表之文化社所订之版税书，此次误将结单径寄，请寄回以便更正。东国陆海军要员近日大见更迭，今日下午又有东条内阁总辞职说，或者局面将起变化乎？晚归小饮。夜睡不宁，微感发热，并起如厕，盖土王用事又触发节气也。

7月21日（丙戌　初二日）星期五

晴。晨起泄泻数四，体软惮动，因书条令同儿走均正所，请代为告假，俾暂得休息。偃卧无聊，就枕读《通鉴·汉纪》，止于第五十九卷"献帝已被卓胁迁长安矣"。阅报知东国东条内阁已辞职，别任小矶团昭（朝鲜总督）及米内光政（前阁揆）同组新阁，阁僚阵容尚无所见，而双头内阁诚为创闻也。傍晚潘儿、文权、均正、索非先后来。接怀之七月十七日复书，幽若已小瘥，漱石须过一月后返沪云。

7月22日（丁亥　初三日）星期六

晴。泄泻少痊，勉起入馆。续校《南北朝史》。赴饭时减膳未讲。坚吾、文彬重组海龙笔厂，即由利达承制，延余参加，美意可感，当勉应之。商务印书馆鲍庆林逝世后由韦蕬卿代经理，今日中华、世界、大东、开明四家公宴韦等示贺，假座觉林，设两席，雪村以足疾不能往,由余代表,与索非共赴之。四家主人外,到客韦黼卿、周颂久、王巧生、张雄飞、张子鸿、郁厚培、丁英桂、朱诵盘,俱商务之协理及襄理也,小川及其宾从二人亦来参加并致词,祝商务前途隆盛云。余坐别一席,获免酬答,深幸,但过饮,竟醉,与子鸿、索非步以归,已十时矣。

7 月 23 日(戊子 大暑 初四日)星期

朗晴。晨起精神颇不振,又兼泄泻未清,为之不舒者半日,午后始稍稍回复。西谛见过。雪村夫人及士文来,薄暮归去。笙伯午后来,夜饭后去。下午读《通鉴·汉纪》,止于六十四卷。红蕉之大女亦多今日十岁生日,以文具数事为赠。同儿体气欠安已多日,今乃转成疟疾,宜有攻治之的矣。

7 月 24 日(己丑 初五日)星期一

晴热。依时入馆。校毕《南北朝史》一大批。赴饭时讲《为国章》两节。托索非购蓝印双桃牌奎宁丸三十粒,计七百另五元。将散馆,坚吾招谈,托余为海龙厂拟议单。旋过雪村洽事,因留饮其家,稚圭、品珍与焉。(饬阿吉先送药归,并告须夜饭后返。)归后接清儿五月廿九日发桂沪一二七号书,附照片并告净甥又添一子。

7 月 25 日(庚寅 中伏 初六日)星期二

晴热。依时入馆。赴饭时讲毕《为国章》。散馆过雪村谈,小坐便归。同儿服奎宁丸后疟仍至且加剧焉,为之懑甚。时下奸伪错生,安知非此丸之不可恃耶,令人不能无疑。夜警报逾时解。

7 月 26 日(辛卯　初七日)星期三

晴热甚,室内温度升达华氏表九十七度。午后有雷阵,傍晚雨旋止。依时入馆。续撰地名条子。赴饭时讲《有为神农之言章》一节。午后四时即返。士文来饭。傍晚小饮。夜早睡。

7 月 27 日(壬辰　初八日)星期四

晴热,午后起阵,未果,日落后风竟绝,遂使终夜如蒸,苦甚。依时入馆,先过候雪村。撰地名条。四时半出馆,乘电车归。知同儿疟未至,大慰。晚小饮。

7 月 28 日(癸巳　初九日)星期五

晴热。晨起读《通鉴》,以严衍《补正》参看,止于六十五卷。依时入馆。作书复芝联。赴饭时以文彬事出,未讲。散馆时先过雪村,小坐乃归小饮。今日为复儿十六岁初度,故合家进面。笙伯亦来会,夜饭后始去。

7 月 29 日(甲午　初十日)星期六

晴热。依时入馆。撰地名条。赴饭时坚吾出洽事,未晤,为文彬讲《许行章》之一节。四时半出馆,乘电车归。潜儿、文权及顯、预、硕三孙俱在,因共晚饮。文权有事先行,有顷,潜挈预、硕归去,顯孙留。看《通鉴》,止于六十六卷。

7 月 30 日(乙未　十一日)星期

晴热。竟日未出。晨西谛见过。文权晨夕至,挈顯孙归,知所任事将有变动。(市政府收并旧工部局,不免纷更或竟见构耳。)
时至今日,固无所论于胜任与否矣,相与浩叹而罢。午酉俱小饮。
读《通鉴》止六十八卷,严氏《补正》殊见卓识,钱竹汀许为马胡功
臣,洵然诬也。

7 月 31 日(丙申　十二日)星期一

晴,午后阴,未雨。依时入馆。处理杂务。赴饭时讲毕《许行
章》。取到纸张公司股息红利六百数十元,即以四百元付本月膳
费。散馆出,过访雪村,于坐晤哲生,少顷出,与索非共过新邑庙,
为起潜书小篆及陈旧画山水扇配素竹骨一具费五十元。晚小饮。
夜出乘凉,小步即归。

8 月 1 日(丁酉　十三日)星期二

晴阴兼作,北风甚急,夜半有雨。依时入馆。(本拟随市休业,
后公议仍照常。)积旬苦喝,兼复耽凉,胸满头痛者有日矣,只以顽
劣之性不耐偃卧,仍复强出。今日冒风急行,到馆即感不适,因未
赴饭,买胡饼啖之。食后渐觉不支,至四时半出馆乘电车归,虽勉
依家人常供,仍一小饮而口舌无味,胃纳滞矣。入夜不汗体灼,终
宵展转焉。家蓄白猫夜半忽跃出窗外露台,家人呼之不上,漱儿身
自往抱以归,用是又平添扰攘者移时。在馆时为乃乾致书君畴
介见。

8 月 2 日(戊戌　十四日)星期三

阴霾,仍有风。晨强起,热犹未尽,然卧床脊背感痛,转不如强
坐之为愈,而两腿疲软,不任行立,且不可以风。因作书属同儿走

告调孚,请代告假,兼告坚吾免盼饭。早食冲鸡卵一枚代之。午进稀粥。饭后金才来,收到调孚复书,并君畴回信。(云已先示乃乾矣。)读《通鉴》止七十一卷。傍晚均正见过,谈有顷去。时夕照转明,又风绝,入夜又奇燠。夜仍进粥。文权来省,谈移时去。

8月3日(己亥　十五日)星期四

晴热。晨起已退热,惟痰嗽增剧,两腿仍乏力耳,仍未入馆,伏案读《通鉴》止七十四卷。午后晴,雷大作而无风云,奇矣。傍晚子如、品珍先后来谈。午饭早晚粥,偶试小饮,竟不能任,入夜益感倦,周身作痛,而月色甚皎,穿牖及床,转涉遐想,不得好眠,二时后始朦胧入梦。

8月4日(庚子　十六日)星期五

晴热。破晓即起,以背胁毒痱遍布,压席殊痛楚也,起后头眩目花,意兴沮败,只索摊书强看。九时进粥后甲长来,令举家各捺指印于居住证声请书上,盖先送一存根,将来仍须候令前往警局排队比照再捺也。烦琐苛虐,令人毒怨,不胜忿恚。旋强出摊赴馆,与诸友晤谈,藉散虑结,乃头重脚软,行至马斯南路仍复折回。午仍粥。下午精神愈颓,竟就枕看《通鉴》,裁得半卷耳。薄暮,绍虞见过,起与长谈,转见松适,入夜始辞去,厚意可感也。夜微有热,床当明月境寂如洗,仍未能好睡。

8月5日(辛丑　十七日)星期六

晴。清晨丏尊见过,移时去。卧榻无聊,手费学卿《黿采馆清课》及黄东崖《屏居十二课》看之,遁情于虚寂,勉离实境,亦病中养心之一法也。涵侄挈外侄孙来,薄暮归去。上午西谛过谈,下午文彬见访,长谈移时。傍晚子如、履善、舜华来候。夜均正见过。凡此皆缘四日不出,致重劳良朋同仁之念,联翩戾止,感悬交并矣,明日星期,或将更辱贤友之轸耳。

8 月 6 日(壬寅 十八日)星期

晴。清晨振甫来访,济之继至。有顷,西谛来,振甫辞去。互谈移时而调孚至,诸承慰存,极感。近午,谛、济、孚三君始去,善谭良晤,声乐我矣,遂觉霍然。午后小睡。读《通鉴》止七十七卷。薄暮,饮酒一杯以自辅气,感快受矣。笙伯饭后来省,夜饭后去。

8 月 7 日(癸卯 十九日)星期一

晴。晨出,过访雪村,途遇索非,知村昨又发流火,渠曾得电话往看之,乃共过焉。至则热势虽退,而呃逆不止,为状甚苦,谈次始略忘而稀作,索非云止呃须注射吗啡,金以已见略平且须后。十时许,余乃入馆。近午,品珍见告,雪村呃已安,余亦往坚吾所饭。饭已,以气力未复辍讲,小坐闲谈而已。二时返馆,均正适自雪村所来,谓村呃逆仍作,且势极猛,殊以为虑,子如亦坚请余定主意,须延医,余遂属子如电招克明即时赴诊。同时属品珍知会其家,子如亦往。三时半,丏尊自村所来,谓克明已诊过,谓为无妨,属方而去。未几,子如、品珍亦归,所言相同。四时许,余与予同、调孚往省之,呃已平,盖其侄婿钟达轩传一土方,用白糖一饭匙,酒醋送下,果见效也。子如经手,以开明股票二百股让与耕莘,得价二万元,即以五千元交振甫,为芷芬代汇苏州滚绣坊七十七号屠陈尚德(芬之姨母),以了宗棠之划款。薄暮,辞村出,到家小饮。终日仆仆,精神尚可支持,惟气力不胜耳。珏人常御香云纱旗袍今晨突然不见,六七年来向无走失,近上下俱易生女佣而相处甚昵,不无有串窃之嫌,余力戒家人勿张扬,存宽厚,而衣竟不可得。夜十时警报,十一时许解,二时紧急警报突作,三时许转警戒报号,四时乃解除。

8月8日(甲辰　立秋　二十日)星期二

昙。晨出,先过雪村,与复儿俱,村呃已止,推原其故,仍为误服片药所致,今平复,可照常饮食矣。余属复儿少选即归,身乃入馆。知昨夜警报真有飞机临境,在黄浦江上落弹。店中及附近一带感受剧震,法大马路吉祥街口且有弹片坎入塞门德土层下甚深云。并悉紧急警报乃受震后始作,是初未感到也。一叶落而惊秋,至此时适为立秋,殆巧合乎。近午,各报俱揭号外,日陆海空军防空部发表确有飞机侵入,损害轻微。在上海有此公表,实为第一次。赴饭时文彬、坚吾仍请辍讲暂休。下午写信,分寄桂、滇。(一寄敩、清竹报甲十二号,附漱、林九十六号,复告近状,并为鹤子命名升垲,属转告熊、鹤;一寄芷、汉竹报甲十号附漱不列号书,复告孙款五千元已交振甫汇出,并询前此吴绍屏划款究有若干,以汉信所言数字不符故。)五时乘电车归。小饮。夜仍有警报,阶段井然,天垂明始解除。

8月9日(乙巳　廿一日)星期三

昙闷,入晚掣电,夜半始雨。晨过雪村,病苦已减,而遍体发红疹甚痒,想仍系片药之馀波耳。少坐入馆,以防空日(上午九时半至十二时,下午八时半至十时半公布演习防空),不敢久稽,甫到,

警报即作矣。赴饭时文彬未晤,仍辍讲。四时三刻归,获登电车,
行至华龙路口为救火演习所阻,空待一时,仍未能前,途乃下车,步
由环龙路绕道以返。近日举措类此者多,无非扰累而已,可胜忿
哉。晚小饮,红蕉自楼下以余家失衣疑及其女佣,颇致诘难(珏人
以恃热故告绍铭以私属阴为留意,竟误会)。态度语言两皆失常。
不图相稔如是,转不如萍水相交之坦率,诚难乎其处今之世矣! 因
饬戒家人毋事再提,何必为此细故伤数十年友情乎。

8 月 10 日(丙午　廿二日)星期四

昙闷,偶露阳光,傍晚骤雨,继以雷电,由是乍止乍宣,终宵有
声。晨过雪村,红疹犹未平。谈有顷,达轩来,余乃入馆。校《南北
朝史》四裔之部。赴饭时以见托良才事复坚吾。(金城未肯接受
联营公司承兑汇票贴现之事。)五时乘电车归,濬儿挈顯、预、硕三
孙及女佣俱在,其裹馄饨为餐,余仍小饮。入夜雨不止,兼以震雷,
濬等均留宿,而十一时警报频作,虽雨,不稍受影响。硕孙醒来索
汤,非灯莫办,因忍热密闭窗户并垂幕掩光始得点灯,殊苦。平明
警报始解除。

8 月 11 日(丁未　廿三日)星期五

昙,偶晴,下午有风。晨过雪村,红疹出水,颇受累,两脚已可
步行矣,精神尚好,宜无碍健康耳。入馆突闻短促警报一声,戛然
而止,莫名其妙,殆司事者心慌意乱,遂致此误欤? 亦可笑矣。校
《南北朝史》四裔之部。赴饭时以金城所言告坚吾,将与前途洽改
付款办法也。濬挈预、硕归去,顯孙留住我家。接五月廿七日士敫
桂沪一二七号附洗人五月十七日信(复申祥二号),告当地同人调

整待遇办法并告静鹤又产一男,盖此函发在清华一二七号之前,至今方到耳。散馆后与子如偕行缓步以归。晚小饮。

8月12日(戊申　廿四日)星期六

昙,午后阵雨,傍晚遂致滂沱,入夜犹断续不息。晨过雪村小坐,以洗、赦来书来示之。谈有顷,赴馆,行至山西路,车马阻塞,行人驻足,知为戒严,正欲引还村所,而科学仪器馆经理钱君念兹适在门首,延余入坐,商务印书馆经理韦君黼卿亦以受阻在坐,因共闲谈,未几丁毂音、朱颂盘均至,谈至十一时许始解严,各行入馆,开明同人之被阻后到者比比也。据闻戒严加紧,本为明日“八一三”纪念而起,今晨江西路电话总局门首又发见一手榴弹,遂有此警耳,意者类此之事往后必且更多也。续校《南北朝史》四裔之部。赴饭时文彬后至,仍未讲。散馆前后阵雨骤作,余伺雨隙日出,携伞着套鞋以行,至河南路口雨又作,立春阳门首避之,又有间,乃张伞行抵老北门,正拟攀登电车而狂雨大作,裳履尽湿,移时车至,强挤以登,尤感狼狈。比到家,雨又止,日且微现矣,处此毁冠裂裳之会,老天亦且乘机侮弄乎!夜小饮。是日起官中布告居家点灯夜十二时为止。(十二时至翌晨五时概不得点灯。)

8月13日(己酉　廿五日)星期

晴,午后时有阵雨。晨丕成介一陈姓名汉奎者来,欲批贩教科书,约明日晤店中,将属索非与洽之。今日为“八一三”纪念,恐不免多事,幸值休假,终日未出,读《通鉴》,止于八十二卷,盖尽五卷矣。午后笙伯来,夜饭后去。晚小饮。

8 月 14 日(庚戌　末伏　廿六日)**星期一**

晴,午后又有阵雨,夜中复雨。晨过雪村谈,它无所苦,惟脚疮为患而已。入馆校南北朝四裔史。赴饭时仍未讲。以绍虞所书扇属令涛画其背。散馆前大雨,散馆后乘雨隙偕均正登电车归。晚小饮。比邻廿六、卅六号因防空时燃灯禁止用电。陈君上午下午两度来店,已介绍索非与洽配书直销淮海,数量相当可观也。

8 月 15 日(辛亥　廿七日)**星期二**

晴热。依时入馆。校毕《两晋南北朝史》四裔之部。赴饭时讲《墨者夷之章》,"滕文公"上篇毕。晚与索非同乘电车归。小饮。权、潴来省珏人,顺告移处办公事尚未实行。珏人受凉,积食兼以失物婴心,遂尔发热卧床,幸今宵热已退尽矣。

8 月 16 日(壬子　廿八日)**星期三**

晴热。晨过雪村谈,脚疮增剧,一时恐难到馆也。移时辞出入馆,料理杂务。赴饭时晤坚吾,为逸人补讲未上生书。昨日丐尊言致觉为蟹所困,拟借地下榻属意于余。余归家料量楼下,似可再设一榻与润、滋同室,因于今晨走复丐尊,属达意请先来一看,但今日夜饭后尚未见至,未审何故。晚仍小饮。珏人热势已退,而气力甚乏,非好好将养,未易恢复也。

8 月 17 日(癸丑　廿九日)**星期四**

晴燠。依时入馆,未过雪村。午初警报旋解除。(昨日午后亦有两次也。)赴饭时讲《滕文公下·陈代章》。丐尊言余意已代达

致觉,渠适体中不舒,须后来看也。三时许润儿来送虾子鲞于绍
虞,因与同归,乘电车甚挤,鱼腥汗臭,郁为奇观,殊不逮安步之力
乏而气畅耳。晚小饮。

8月18日(甲寅　三十日)星期五

　　晴热。晨过雪村,脚疰依然,涂黄金膏稍好。谈有顷入馆。赴
饭时坚吾未见,文彬谓有事与子敏、令涛同出,约在鸿云楼吃饭,因
与同步以往,俟良久乃见来,并约孝文共饭。(仅四簋且未御酒,共
用千五百元,近日物价诚足骇人,只得望门却步矣。)文彬会钞,余
未名一钱也。散馆归,电车甚挤,无缘扳登,仍步行返。晚小饮。
看《通鉴》,以入冥惮于点灯,废然而止。

8月19日(乙卯　朔)星期六

　　晴热,傍晚雷阵,入夜始稍凉。依时入馆,处杂务。赴饭时为
讲《景春章》。文权来馆相候,散馆后又到家省问,因与共酌,知后
日将并往天后宫办公矣。(工部局之事务员向不随主管人员为进
退,今并入市政府,乃大变革,各局分曹列偶,惟务营植,于是乎打
入政涡,大染官僚恶习矣。可叹,可叹!)接麓钟八月九日牯岭快
信,告到浔辞职未得请,游匡庐后仍将返南昌也。在麓钟就事论事
固非非计,而涵侄家庭善后则未得妥善解决,殊难释怀耳。丏尊为
余购致《景德传灯录》(二百九十元)。

8月20日(丙辰　初二日)星期

　　晴,以昨夜之雨特见凉爽。正午中元祀先。竟日未出。午后
笙伯来。遣润儿招权、瀋来夜饭。读《通鉴·晋纪》,止于八十四

卷,正诸王相残、李特兄弟乱蜀中、张昌乱荆州、中原鼎沸之时矣。心与神驰,异世同感,读史鉴人,洵千古符契哉。警报频作。夜饭后权、濬奉珏人往看话剧,约今宵宿其家。终夜空袭警报数作,天明始解除,不审将作何状耳。

8 月 21 日(丁巳　初三日)星期一

晴,闷热,傍晚雷阵,无风,入夜大雨电。清晨出,过濬儿,询珏人幸昨宵戏馆散时尚未作空袭警报,比到家,警报仍作耳。少坐即行入馆。赴饭时讲《周霄章》。散馆前过雪村,谈警报突作,坐以俟之,移时乃行,比抵家门,已解除矣。晚小饮。夜听雨看掣电,烦暑始消。(接诚之允中十七日信,即分复之,汇诚之六千。)

8 月 22 日(戊午　初四日)星期二

晴,时阴,风中颇凉,背风则燠,薄暮雨,洒淅达旦。晨出,与索非遇,因偕过雪村,谈有顷,同入馆。接勖初八月十九日书,告允言已离教院,老友中之愤念时局郁郁物故者,已有五六人,闻之至堪引叹。赴饭时与坚吾、世益饮,遂辍讲。晚归小饮。漱石自苏来,知幽若病已痊,在震渊所闲住云。

8 月 23 日(己未　处暑　初五日)星期三

晴时阴。依时入馆,途遇尔嘉,谈道始近况甚悉,旋逢索非,因共步入馆。撰《辞综》地名条。赴饭时讲《彭更章》。晚归小饮。强挤得乘电车,然几堵住不得出,殊感难过也。夜看《通鉴》。笙伯来省其母,夜饭后去。接汉儿六月廿七日申十号书,告洗人已赴渝,敫等亦将继发。(是桂地撤退必甚历乱。)静甥辈尚留桂。孙宗棠又于六月廿二日支去五竿,属向其家取来,留二竿奉母,三竿汇芷家。

8月24日(庚申　初六日)星期四

晴,午后有阵雨,晚仍晴,夜有月。晨索非叩门见告,雪村昨晚又感不适,电话邀往一看,因偕过访之,知系肠炎,泄多次,有寒热,索非开消困定属服,当能奏效也。坐有顷,入馆。赴饭时讲《宋小章》。海龙制笔厂议据今签印,余承文彬、坚吾之雅意加入一股,计万元。(海龙原办已一年,今改组,余股即由红利项下彬、吾各拨五千成之。却之不可,遂受。)长庚为其戚托购黄季刚《文心雕龙札记》,以此书已绝版,即以余所藏本假之。晚归乘电车。夜小饮,看《通鉴》,止于八十六卷。

8月25日(辛酉　初七日)星期五

晴。晨过访雪村,知昨宵连泄七次,且每次必痛,似已转痢,惟寒热已退。倾之,索非至,诊视谓系虫痢,处方投之,想可祛疾也。坐久之,乃入馆。海澄见过,知为其姑母丧事来沪料理也。济川来谈,西谛继至,均谓刚主已到,将来访余云。赴饭时文彬有酬应未到,因未讲书。午后三时许西谛、刚主、玄伯、以中、森玉联翩见过,长谈至五时乃去。刚主以《丛书考》稿一部见示,约缓日再商榷之。晚归小饮。夜饭后文权来,告局事尚未妥帖,拟求致函不成为道地允之。

8月26日(壬戌　初八日)星期六

晴,时有云翳。晨为文权作书与丕绳成。旋出过访雪村,知昨

夕泄十馀次,已夹粪便,可以脱险矣。索非已先在,详言病理,宜无
妨耳。有顷,与索非偕行入馆。续撰地名条。赴饭时晤遇羲。饭
后讲《不胜章》。空袭警报突作,二时解除,始返馆。刚主见过,谓
《丛书考》之抄写纸笔费须由开明任之。(约计二百万字,期以年
半,希望付联券一万至二万酌定一数。)谈有顷辞去。散馆前出过
雪村,廉逊适在,少坐先行。到家小饮。西谛适来,因与共饮。文
权夜饭后来取信函去。夜十时许,警报又作,十二时后乃解除。

8 月 27 日(癸亥　初九日)星期

　　晴燠。上午西谛见过,小坐便去。涵侄挈外侄孙百龄来省,饭
后去。下午笙伯来。文权来,长谈移时去。命润、滋两儿往候雪
村,饭而后归。告雪村已始饭,坐上遇达轩,谓昨夜空袭警报时,南
阳桥有人放信号,封锁迄今未除。又云沪市淞镇之间昨竟有被炸
之处也。余仅阅《新申报》,未之载,微此告,竟无闻觅矣。相距咫
尺,蒙蒙乃尔,危机四伏,末由引避,可胜惧哉。读《通鉴·晋纪》
东海王越死、八王之乱局终、晋六国几不国矣。晚小饮。夜饭后绍
虞见过,谈移时去。十时笙伯去。

8 月 28 日(甲长　初十日)星期一

　　晴,时有翳,燠甚,竟夜不成寐,浴汗而已,不堪其楚,诚时局之
象征矣。晨过雪村,先在楼下,盖大好矣。与谈刚主《丛书考》报
酬问题,因属于后日约渠午饭其家,兼邀西谛、绍虞、予同、乃乾、哲
生作陪,即席谈妥再订约。有顷,索非至,遂偕行入馆。十一时许
过坚吾,以恕可约谈也。至则王文彬先在,良久,恕可乃来。午饭
已,出所收唐六如绢本《西园雅集图》请鉴。前有李西涯题两皆赝

品,而画则摹勒甚精,色亦古旧,非近手所能出也。据云三万金易来,在今日实不足言昂贵矣。嗣讲"不见"、"戴盈"两章,二时许乃返馆。晚归小饮。夜八时警报,旋解。芝九下午来馆,支取稿费十二、十三两批。

8 月 29 日(乙丑　十一日)星期二

晴燠,午后有雷未果雨,入夜闷甚,竟夕浴汗。晨过雪村,谈有顷入馆,知刚主已偕济川赴苏,遂报雪村罢明午之约,须返沪时再订。赴饭时讲《公都章》。芝九电话将介绍漱儿馆地(有家庭教师两处),约傍晚来家面谈,比散馆归,则已来过,约明晨再来。晚小饮。夜九时许空袭警报、高射炮声杂作,十二时后改警戒警报,黎明始解除,而汽笛已坏,曼引至三刻馀始修复停止,可散,亦复可笑。司事者果何为者耶?

8 月 30 日(丙寅　十二日)星期三

晴燠甚,午后仍空雷不雨,入夜更热于前昨天,殆忘其节令矣。终宵浴汗,垢污欲死。晨过雪村,入馆,阅报知昨夜上海市区又被炸,情势迫于眉睫,无可掩饰也已。赴饭时讲《匡章章》,于是《滕文公篇》毕矣。散馆步归。热疲殆不可任,坐息良久,乃复小饮。夜十一时有警报,移时即解。

8 月 31 日(丁卯　十三日)星期四

晴热加剧,并空阵而无之。晨过雪村,少坐便入馆。赴饭时讲"离娄"首章。散馆时与索非步归。君畴为均正所出免役证明文件已送到。(索非亦尝托余转属,则未果办。)晚小饮。饮后纳凉于里口,亦以无风折回,夜睡浴汗,恚苦甚于死,暑暍之毒一至于此,今岁特象也。

9 月 1 日(戊辰 十四日)星期五

晴热依然,午后阵雨,道有积水,旋止,入夜闪电,微闻雷声,又有雨,气稍转凉。晨过雪村,同行入馆,盖两月馀未入馆矣。为索非事再函君畴恳证明。午前海澄来谈为配初小教科一套,未几即行。接诚之八月廿七日信,复告六千已汇到,顺及其夫人诊疗经过。赴饭时讲《规矩章》。遇雨,俟过返馆,已二时一刻矣。连日支出学费及添购粮煤等项(付八月份饭费四百元),又闹大豁子,向公司暂支一万元以弥之。剜肉医疮,不堪设想也。以三千元交振甫汇芷芬家。散馆归,挤不上电车,步以返,至尚贤堂阻水矣。浅涉而过,及吕班路西始获就燥,比到家,幸未沾湿。晚小饮。

9 月 2 日(己巳 十五日)星期六

晴,时有云翳,夜月尚好。晨出过雪村,知昨出感倦,今日仍在家休息,小坐出,顺道入馆。途中见马匹十数停道周,马夫纠纠,咸鲜衣散立,谛视马股,披布帔,书曰"公义会马六冲"。又见大小花滩皆有鲜花组成之冲风列门首,为数十计,纤巧秾丽,兼而有之,始悟今日中元,城中例有城隍会,盖承曩时祀历坛之遗则也。游手好事之徒推波扬尘,藉以渔利,而所谓当局者阙其可以瞽众也,匪但默契而容许之,抑且明示以鼓舞之,于是踵事增华,侈靡相矜,甚且酿斗殴残伤之恶果,要知国几不国,祀事焉修,况聪明正直之谓神不歆非类,庸讵弗知,顾必为此愚惑氓庶诬弄幽灵之举者尚得谓之有人心乎?为之慨叹久之。撰《辞综》地名条。赴饭时文彬未出,因辍讲。下午四时半与索非同出，为填报店况事复过雪村商洽之。归途过新邑市场购得山草（俗称蓬莱竹）两盆价六十元，抵家拂拭，陈诸案头，迎风生姿，居然能媚我焉。长庚所假《文心雕龙札记》已见还。夜小饮。饭后与珏人、漱石闲伫里口招凉，移时乃返。

9月3日（庚午　十六日）**星期**

晴，午后雨，晚止，夜半后又雨，遂达旦。晨文权来告，湜儿昨住其家，安好，今晚将送之归。（昨日润、滋、湜同往，湜儿留。）有顷去。芝九来，承介绍漱儿往嵩山路刘氏为家庭教师，约明日下午三时前往面洽，坐谈移时去。午后笙伯来。傍晚铭青来。夜小饮，与笙伯、铭青俱饭已，先后去。读《通鉴》，止于八十八卷。夜十一时警报作，天明始解除，惟未闻中间空袭警报耳。

9月4日（辛未　十七日）**星期一**

晨雨旋止，午前后阵雨，檐瀑如注，平地水深及尺。入夜又雨，气湿而郁，甚不舒。依时入馆。撰地名条。西谛来。当午大雨，致未能赴饭，累文彬连来电话三次，终以水深没胫未果往，电话中谢其殷盼而已。最近《古今》杂志封面有湖帆所书朱朴集浮溪句云：“开卷古今千万事，杜门清浊两三杯。”意极赏之，所嫌出于狂狡之所撷取，耻于称引耳。刚主已自苏返，因电话约之于后日午饮雪村所，并邀济川与俱。散馆时，遂过雪村告之，小坐便行，绕道而归，幸未阻水也。向晚小饮。

9月5日（壬申　十八日）**星期二**

晨雨旋晴，午后阵雨，道又积水，夜仍雨。早出，过雪村洽事，即入馆。柬约刚主、济川明午饮村所,并分函西谛、哲生知照。电询君畴,以索非事据谓正在设法。午前刚主见过,索取公司章程去。赴饭时文彬邀往中央西菜社午餐,同座有彬、坚两家伉俪及余与令涛。(彬付账,共用四千八百元,盖正数每客四百五十元,益以啤酒捐项小账等等,遂达此数耳。)食已,值大雨,马路洋溢,车行若舟,因雇车返馆。(付四十元。)润、滋两儿雨后来馆,取本期所用教科用书归。(除一部分旧存及借来外,已费去三千元,书之贵可想。)晚归小饮。夜看东润《中国文学批评论集》。

9 月 6 日(癸酉　十九日)星期三

阴,时有细雨,气乃转凉。晨出过雪村,入馆后料量杂事。十一时半余与乃乾偕过来薰阁邀刚主、济川同赴雪村宴,西谛、哲生、绍虞、予同、调孚与焉。二时许始返馆。晚归小饮。夜看东润《中国文学批评论集》。文权午前来馆访余,告今日下午仍复实施分区视察矣。

9 月 7 日(甲戌　二十日)星期四

阴晴不常。午后细雨数作。依时入馆。撰地名条子。赴饭时讲"三代"、"爱人"、"人有"、"为政"四章。为公司书联挽大东书局沈故经理骏声。(九月九日在法藏寺开追悼会。)散馆时与索非步归,途遇雨,衣微沾。晚小饮。夜看东润《文学批评论集》。(接君畴书,索非证明文件已递到。)

9 月 8 日(乙亥　白露　廿一日)星期五

晨雨旋止,终阴。依时入馆。撰地名条。赴饭时文彬未出,因与坚吾对饮,未讲书。乃乾为烟霞之癖所困,体日弱,神日茶,今日饭后竟不支而归,同仁皆惜之而爱莫能助,奈何?晚归小饮。夜看东润《文学批评论集》,加标于《沧浪诗话考证》篇,弥觉标点之标时有不安妥处,勉毕斯篇,不复再施矣。调孚为我在中华廉价部购得胡才甫《沧浪诗话笺注》,计八十元。携归披览,集材甚富,而誉毁之论兼收,足供参订也。

9月9日(丙子　廿二日)星期六

晨细雨,继以阴霾。今日为指定防空日,预布种种演习,在途闻警须卧地待避云云。余深恶此无聊行径,遂未出,俾减刺戟。索非到馆时偶过访余,即以此意告之,属代告假焉。午自裹馄饨啖之。看朱东润《文学批评论集》毕,虽仅九单篇,而自唐司空表圣以迄清曾涤生,先后递衍,颇见承贯之迹焉。下午芝九、绍虞、品珍先后来访。晚小饮。夜不点灯,枯坐无聊,只索就卧。夜深大雨达旦。

9月10日(丁丑　廿三日)星期

晴阴无常,湿气四塞,蒸闷燠苦,甚于黄梅时。近日天道殆亦随世运而变流矣。竟日未出,痛读《通鉴》,止于第九十二卷。月前所雇女佣阿英今日辞去,遣漱儿送还其母。潏儿偕漱归,携小同来,饭后去。笙伯午后来,夜饭后去。晚小饮。夜以奇燠,不能贴枕,一时后始渐朦胧。

9月11日(戊寅　廿四日)星期一

阴,时有细雨,晚晴。晨出,先过雪村,与同入馆。为图书馆理入藏登记诸务。午饮于村所,未赴彬、坚饭,电话辞之。乃乾三日未到馆,甚念之,属振甫归途顺访之。晚归小饮。夜读《通鉴》。调孚为我在中华廉价部购得朱芳圃《甲骨学商史编》两册,计三百元。(若照新定须七百二十元。)甚感关切,少暇当检阅一过也。

9 月 12 日(己卯　廿五日)星期二

晴。依时入馆。乃乾已告痊来馆,雪村却又未至,诚不免寥落之叹。赴饭时为讲《天下章》。散馆归,至里口又值演习封锁,绕总巷而归,昨日亦然,无聊可厌,一至于此,其果能有所成乎?晚小饮。接芷芬六月十日书,附汉儿同日甲九号书,盖在途滞至三月之久矣。天末怀人,其何能已,只有自艾不辰而已耳。

9 月 13 日(庚辰　廿六日)星期三

阴雨。依时入馆,履袜尽湿,假绍虞袜易之。撰地名条。赴饭时坚、彬俱以酬应他出,余遂与令涛、逸人共饭,少坐便返馆。傍晚雨止,步归小饮。夜读《通鉴》。

9 月 14 日(辛巳　廿七日)星期四

晴。依时入馆。撰地名条。赴饭时晤文彬,坚吾则以购木出外,未与饭,因辍讲,小坐便返馆。晚归小饮。夜警报作,即息灯就卧。知明日起法商电车又增价。(电灯费亦每月累增无纪。)放任如此而昌言统制,殊代汗颜已。

9 月 15 日(壬午　廿八日)星期五

阴晴兼作。依时入馆。西谛来,午刻共饮于雪村所。雪村今日生日,而高谊适以赌东见输,因置酒焉。颂久、黼卿、叔同、息岑、侣青、丐尊、稚圭俱列席,雪村且以旧藏尊酒开坛见饷,客皆尽欢,下午三时乃散。返馆后为图书馆料理入藏事宜。晚归小饮。据同人告,电车涨价竟至百分之五十以上云。夜闲翻《山右丛书》,书为山西省文献委员会辑印,仅有初集,凡百册,中有耿斗垣(文光)《万卷精华楼藏书记》卅二册,极要,余因托乃乾购之于来薰阁,尚未付价也。

9月16日(癸未 廿九日)星期六

晴爽。依时入馆。接刚主九月十二日南京书,告不日即返故都,请寄还书稿并续寄钞费,因与雪村商定,拟先订约。(除前付联抄六百元不计外,再酬钞费九万元,沪抄以后月付万元,至汇清为止,出版后送书五十部,即以此条件征其意见,然后订约。)即复告之,别托大中银行先汇万元与之,并将《丛书考》未定稿邮还之。赴饭时坚吾未见,饭后与文彬过雪村,谈商变纸易地事,待召开董会决之。有顷,复返馆。西谛近购清人集一批,中有海盐朱瑞芳(锦琮)《治经堂集》。集内目次诗上下卷颇别致。自正月初一日至十二月三十日排日成诗,网罗故实,即分注其下。盖月令粹编之流亚,而故异其结撰者也。(初一、十五为律诗,它日为绝句,俱七言。)暇日拟手抄存之,亦排日自课之一法耳。晚归小饮。夜翻看《万卷精华楼藏书记》,其目录类中偏缺陈氏《书录解题》不载,而于它书则颇引及陈氏云云,未审何故。

9月17日(甲申 朔)星期

晴爽。晨丐尊见过,方闲谈,文权、济之亦至,十一时乃辞去。

午饭已,警报突作,未几即解。丐来之前,世璟来,假《元曲选》十六册去。午后致觉见访,长谈至三时半去。德锜、铭青偕来,笙伯来。晚独饮。夜饭后青、锜先去。文权来,请改文字,坐谈移时去。笙伯十时去,盖明晨漱石将返苏,母子不免依依也。

9 月 18 日(乙酉　初二日)星期一

晴爽。清晨漱儿送漱石赴车站,未识得顺利成行否。依时入馆。撰地名条子。通函各董监,定九月二十日开第十二次董事会。赴饭时讲“不仁”、“桀纣”两章。晚归小饮,知漱石上车尚便当。(使小费百元乃得先购票。)此时计已安抵苏垣家中矣。夜读《通鉴》。

9 月 19 日(丙戌　初三日)星期二

晴。依时入馆。途遇良才,遂偕行。撰地名条。赴饭时以坚吾有事即出,因又辍讲。调孚见过,谈有顷去。晚归小饮。夜看思翁帖。

9 月 20 日(丁亥　初四日)星期三

晴。依时入馆。据闻电车涨价已受制裁,回复旧状。但知内幕者云,过几日仍得照涨,现仅为公用局圆面子耳,姑志之以俟其后。撰地名条子。赴饭时文彬、坚吾正为仲约践行,陪同宴饮,又作长谈,遂不及讲书矣。午后四时开第九届十二次董事会,决变动存纸购入地皮,又原则上又须调整薪给,交经理参酌同业情形再议办法,五时散。晚归小饮。看诸儿习业中有所感,竟莫奈何也。夜读《通鉴》,止于九十四卷。

9 月 21 日（戊子　初五日）星期四

晴，又感闷热，入夜尤甚。依时入馆。撰地名条子。赴饭时文彬以疟未出，又辍讲，遂午饮。散馆前良才来，以《饮冰室文集》六册借之。夜与坚吾饮雪村所。九时归，路甚黑，乘电车以行。

9 月 22 日（己丑　初六日）星期五

晴热，其殆俗所谓蒸桂花乎。晨有微雨。依时入馆。撰地名条子。赴饭时文彬仍未出，而恕可适在，因共小饮，二时许始返馆。晚归小饮。珏人昨今俱偕潘儿往沧州听书。芝九晨至，绍介漱儿往丁济万家试补习馆地，约下星一前往就事，不识能否有缘耳。

9 月 23 日（庚寅　秋分　初七日）星期六

晴，闷热，午后阴郁。依时入馆。撰地名条子。赴饭时文彬仍未出，因停讲。下午四时许便归。珏人仍赴沧州听书。晚小饮。夜诸儿及笙伯、文权、潘华并往巴黎大戏院看话剧《金小玉》，盖健吾所送之票分散于众者也，十一时乃归来，笙伯下榻焉。

9 月 24 日（辛卯　初八日）星期

晨阴旋霁，乍晴乍雨，闷燠甚于黄梅时，殊窘苦也。晨芝九、西谛、大桂见过。与芝九长谈，承告晓先在渝不得志，甚念之。笙伯晨出游漕泾及龙华，下午四时来，夜饭后去。文权适来告道始昨返，明晨即去徐，两周后必挂冠赋归云，少坐后与笙伯同去。余畏炎暑甚于一切，今日反覆作热，几无所措身，恚极。夜亦难贴枕。

9 月 25 日（壬辰　初九日）星期一

晴,午后时起云翳,夜月色尚好。依时入馆。撰地名条。文彬
来洽公司购地事,约后日同往勘察。赴饭时为讲"自暴"、"道在"
两章。君匋约往看万叶新居并吃夜饭。散馆后乃与索非、均正步
行偕往。君匋耽艺术,布置极妥适,正屋悬"丛翠堂"额,马公愚所
篆,字方尺馀,希见也。入夜四人小酌,不觉多饮,逾时乃罢。君匋
出澄衷中学选读之"礼运大同"章及张横渠《西铭》请讲,余略述大
概,允分疏以归之。十时许与索非、均正步月而返。途长,乘酒力
以行,到家后深累矣。

9 月 26 日（癸巳　初十日）星期二

晴,仍带燠。依时入馆。撰地名条。赴饭时为讲"居下"、"伯
夷"、"求也"、"存乎"四章。坚吾托掉票二十万元,转属子如向振
源庄洽妥贴息一角二分,廿日期息金达一万六千元云。晚归小饮。
连日以反常之热不能盖被,而右肩背臂之偻麻质期症因以袭发,转
侧欠伸皆成障碍矣。

9 月 27 日（甲午　十一日）星期三

晴。芝九早来,告丁济万家馆地已妥协,属漱儿于下星期一前
往任教。为君匋事黎明即起,参陈说以疏《礼运》,采朱说以注《西
铭》,至十时乃就,急挟以入馆,作函送之。仍撰地名条。臂酸大
甚。赴饭时文彬、坚吾以事俱出,遂辍讲。午后二时许振源之票送
到,并以子如之面子退回利息八千,深讶难得。三时与雪村同过纸
张公司,即以票款并交坚吾,而雪村与余偕文彬及其友王姓者两人

(俱地皮捐客)分乘三轮车三辆前往闸北西宾兴路看地。地近八字桥,形狭长,须加斟酌再定。有顷,仍乘以返,六时半乃归。夜小饮。笙伯来,约星六之晚其友欲访候余,请置酒相待,允之,九时许去。劫后初至闸北,景象全非,不禁浩叹。商务书馆之厂屋固已沦为荒墟,而对门之东方图书馆址却已改建为规模宏大之日本国民学校矣。

9月28日(乙未　十二日)星期四

晨雨旋晴,时昙。夜月晕。今日文权生日,而沪市依宁新定之孔诞亦在今日,公司照大例放假一天,遂乘此机会全家六人俱往权所吃面,珏人挈滋儿先行,修妹适来,因唤车令湜儿伴同踵往。至十一时半,余乃挈漱、润同行,到即吃面。午后余偕珏人往沧州书场听书,韩士良之《水浒》("段景住初见晁盖",软当难见长),周云瑞、吕逸安之《珠塔》("方卿见娘",两人系新进,平平),汪云峰之《金枪传》("两狼关王龙擅杀吏"尚洪奎尚有劲),李伯康之《杨乃武》(京控昭雪,刘知县父子受刑)。及散已五时半。伯康擅名润裕社已久,余初见之说噱弹唱均有过人处,洵乎盛名之非幸致矣。人以其口音非纯粹苏腔少之,则方隅之见耳。夜仍饮权所,九时许乃躬率全家步月归。惜月色微濛,殊欠快感也。日间先后接清儿两信,一为六月廿四日桂发桂沪一百卅号,告翌日即动身赴渝,附敤上其①书,一为七月二十日渝发渝沪二号,告沿途经过情形,知在独山所发信及渝沪第一号信失去矣,甚念之。

①疑夺"父"字。

9 月 29 日(丙申　十三日)星期五

拦朝雨,继以大雷电,倾盆溢渠,终阴。依时入馆。中途过雪村避雨,顺以清儿书示之。雨过水退,乃同行到馆,已十时半矣。撰地名条。赴饭时文彬未出,坚吾正在约彦宾、恕可及王文彬吃午饭,因参之。饭后二时馀始返馆。付九月饭费四百元,给寿鹤、金大各一百元。晚与索非步归。夜小饮。饮后索非见过,闲谈移时乃去。接道始南京快信。

9 月 30 日(丁酉　十四日)星期六

晨阴旋晴,夜月尚好。依时入馆,与索非伴行。撰地名条。午与济之、西谛、渥甫、予同、绍虞、调孚、丏尊、雪村假金城大楼联合食堂聚餐,藉赏中秋,事先托由渥甫承办。地既雅洁,肴尤丰腆,摊费人不过六百元,在今日诚罕遇之廉值矣。路次晤良才,畅谈尽欢,然后散,返馆已二时半。文彬、坚吾饬人送谦裕绍酒一坛、杏花楼月饼两盒到家,却之无方,受实抱愧也。散馆归,笙伯偕其友吴鉴甫、朱根源二君来谒,具酒共酌,九时乃辞去。笙伯少顷亦行。吴为宏大橡胶厂襄理,朱则其会计主任也,屡由笙伯传言欲来一见,今见之果为正派商人,而孜孜好问者,甚欣。给金才节赏百元,华坤、阿吉、陆妈各五十元,戋戋诚不见润,聊示意云尔。

10 月 1 日(戊戌　中秋　十五日)星期

晴阴间作,夜月初上好,旋被翳。笙伯午前来。文权、濬儿、顯、预、硕三孙午后来。余饭后挈同儿出散步即归。夜与家人聚饮,饭毕看儿辈嬉戏良久,权家及笙伯俱归去,同等送之,顺遂踏月多次亦归。接九月廿九南昌电报,麓钟汇五千元来,盖还余前填之仲弟丧费也。(储行汇票尚未送来。)

10 月 2 日(己亥　十六日)星期一

阴,午后略晴。依时入馆。续撰地名条。晨芝九见过,即以代取人名条稿酬千九百八十元交之。漱儿今日始往丁济万家教馆。赴饭时坚吾以事出,未晤,与文彬长谈,二时许返馆,未讲也。晚归小饮,知铭青来邀饮,盖其新设之海达药行开幕,特顺以宴客耳。未几,笙伯亦至,为铭青申意,务欲一往,余因撰一联云:"海赆山琛长生有药,达才成德仁术流行。"首尾即嵌行名,将于明日购联书赠之,以为贺仪也。九时后笙伯去。

10 月 3 日(庚子　十七日)星期二

阴,夜深月好。依时入馆。撰地名条子,书联贺铭青开业。午后三时,笙伯来馆取去。赴饭时谈他事,仍辍讲。晚归小饮。麓钟汇款通知送到。夜看宋人帖。

10 月 4 日(辛丑　十八日)星期三

晴。依时入馆。撰地名条。臂酸加剧。午过饮铭青所,途遇梦岩,知来已多日,匆匆话别,约过日来余家畅谈。铭青与其姊婿所设之海达药房今日宴客(中秋已开幕),宾朋如云,余夫妇及漱儿、笙伯皆与,午后三时始返馆,珏人等则五时始到家云。晚归小饮,文权在,因与共之。涵侄亦在坐。夜饭后各归。

10 月 5 日（壬寅　十九日）星期四

晴。依时入馆。撰地名条。晨写麓钟快信,告汇款已到。西谛来。雪村约饮,因与予同共赴之。值新开佳酿,醇醲无比,陶然畅饮,不觉尽瓯。午后二时许返馆,仍撰地名条。复诚之、孺忱。晚归小饮。夜读《通鉴》。

10 月 6 日（癸卯　二十日）星期五

晴。依时入馆。撰地名条。臂酸少减。赴饭时为讲"恭者"、"淳于"、"公孙"、"事孰"四章,有新生三人来旁听,文彬所介某纱布号之生徒也。晚归小饮。夜玩《戏鸿堂帖》,少坐便寝。

10 月 7 日（甲辰　廿一日）星期六

晴。依时入馆。撰地名条。接刚主九月廿九日快信,寄回收条,并告完成《丛书考》当在明年暑中。付九月份电灯费一百六十三元六角。（法商电灯较他公司尤为无理贸利,每月加价,九月为每度十一元,八月为六元七角,七月为六元一角,六月为五元八角,五月为三元九角,四月尚只三元七角,如此步高,事前绝无通知,而九月份起且巧立名目,按月收养表费廿五元矣,可诛也!）赴饭时为讲"人不"、"有不"、"人之易"、"人之患"、"乐正"、"之子"六章。本拟写信寄清、汉,心绪不属而止,不自知其何以乃尔也。晚归小饮。芝九晨夕见过,托购《物理学》教本。夜无聊,早睡。

10 月 8 日（乙巳　寒露　廿二日）星期

晴朗。竟日未出。看画展卷。午晚皆小饮。饭后笙伯来。夜饭后绍虞来,上颚门齿四颗俱拔去,盖医云影响神经痛,故奋而出此耳。谈有顷,辞去,又良久,笙伯亦去。

10 月 9 日(丙午　廿三日)星期一

晴,午后阴。依时入馆。发表十月起加给津贴办法及明日双十放假事。赴饭时为讲"不孝"、"仁之"、"天下"三章,于是《离娄上篇》毕。午后梦岩来,知其子寅禄、寅寿将于明年元旦同时订婚,约余作证明人。谈次,文彬至,因约后日午刻会叙于纸张公司。晚归小饮。以例定防空日,故入夜不点灯,只得早早入睡。

10 月 10 日(丁未　廿四日　双十节)星期二

阴雨旋止旋作,终霾,暮北风起,大凉,入夜又雨。今日放假,诸儿本有兆丰公园之游,以阴雨而罢,因是,滋儿在家淘气。笙伯来,涵侄来。涵傍晚夫,笙夜饭后去。午晚俱小饮。夜文权来省,顺告局中近日情状,至堪发噱,遑谈行政效能。不图租界收回之后,乃有此贻笑事实也,可胜叹哉!

10 月 11 日(戊申　廿五日)星期三

阴雨。芝九晨来,少坐便行。为坚吾草提案向文具业同业公会建白协禁仿效赝制事。依时入馆。撰地名条子。午前梦岩见过,因同赴文彬、坚吾饮,饭毕,讲《离娄下》"舜生"、"子产"两章。下午济之来。晚归小饮。夜均正来,长谈至九时许乃去。

10 月 12 日(己酉　廿六日)星期四

晴,午后阴霾欲雨,未果。依时入馆。撰地名条。看《中国内幕》第五集毕之。赴饭时为讲"告齐"、"无罪"、"君仁"三章,子敏亦来听,文彬则未到。晚归小饮。知修妹有病,为之担忧身后万绪扑心,竟失寐。静鹤既流离在外,左右乏侍奉之使,甚酷矣。

10 月 13 日（庚戌　廿七日）星期五

晴,午后阴合,旋开。依时入馆。撰地名条子。赴饭时为讲"非礼"、"中也"、"人有"、"言人"四章。晚归小饮。夜以电灯限度将届,早睡。午前济之见过,托向西谛言可否辞去蕴华阁经理,盖内幕极杂,确以早离为得也,余允代达之。

10 月 14 日（辛亥　廿八日）星期六

晴,依时入馆。撰地名条。西谛来,即以耿意达之,似无多大问题也。赴饭时为讲"仲尼"、"大人"、"不失"、"养生"四章,坚吾因事它出未与。散馆后雪村邀饮,同席宾主凡十人,耕莘、秋生、文彬、子敏、坚吾、丐尊、予同、稚圭及余与雪村也。饮醇持螯,怡然忘醉,时至今日,犹获此乐,诚难能矣。村且即席赋诗以见意焉。九时散,与丐尊同乘电车归。

10 月 15 日（壬子　廿九日）星期

晴。漱昨往省仲弟家,知涵侄已挈两儿赴赣就麓钟,惟其母不甚快,难免各抱别肠耳。虽然离此环境终感得一妥适之方也,且视今后麓钟夫妇之行事居心如何再下按断矣。午前芝九来,谈移时去。接清儿七月十二日渝沪一号信(二号已先到),告于六月廿五日离桂途中行宿凡十七天,始达巴县也。接汉儿八月十七日申十一号信,告芷芬返滇后全家患病,现已痊可,顺告闻云斋已到北非亚历山大港，在一轮船公司任职云。午后雨。笙伯来，夜十时乃去。余午晚俱小饮。看《顾氏画谱》及汉碑自遣。米价已达每石二万元，金价每两六万五千元，百物称是，且有买不到者，直逼处此器然并丧乐生之心矣。

10月16日（癸丑　三十日）星期一

阴霾，时见细雨，气因微燠。依时入馆。读康南海《官制议》，不忍释手。清季推行之新官制及后之政论者所乐道之改革省区增司集权等等举莫能外，深感当时阳斥其人而阴用其言为大酷矣。此书为广智书局旧印本，余素蓄之，"一·二八"之难毁焉。其后迄无所遇，半年前偶论历代官制得失，与乃乾谈及此书，乃乾博览，竟未之闻，因属物色致之。当时遍托书友，亦无所得。日前乃乾出饭归，携此旧本示余，谓得自汉学书店郭石麒所，以百金易之（昔买八角，殆百馀倍矣）。亟偿其直而取焉。欣喜过望，爰交王姓装作为加布面翻装之，今日送来，遂得重阅一通，物有显晦如此耶！赴饭时讲"君子"、"博学"、"以善"、"言无"四章。寄快信与麓钟，询涵侄到未，并属详陈颠末云。晚归小饮。夜闲翻架书，九时就寝。

10月17日①（甲寅　朔）星期二

阴霾竟日，午前后细雨，薄暮雾，入夜又雨。依时入馆。撰地名条子。接勔初前日书，知其大女公子若兰将来沪惠旅医院服务，由久安银行汇万元托面交之，款先信到，若兰午后至即以款与之，一日而毕事，亦快举矣。赴饭时为文彬、坚吾、子敏等讲《孟子·离

①底本为："巽斋日记第八卷"。原注："甲申九月至岁杪"。

娄》"徐子"、"人之"两章。晚归小饮,知濬儿曾挈小同来省。接清儿七月五日独山信,盖途中所发颠倒落后,故今日方至也。流离奔走之苦,不忍卒读矣。夜饭后文权来,长谈至九时乃辞去。付子如代购面粉两包,价八千六百八十三元六角。

10 月 18 日 (乙卯　初二日) 星期三

阴,傍晚雨集,入夜益甚。依时入馆。撰地名条。赴饭时为讲"禹恶"、"王者"两章。文权午后来馆,以所拟签呈稿求正,为点改还之。晚归小饮。夜饭后文权复来家,以缮正呈文请签定。阅报知道始又被新命任杭州市长,不识此君何以恋官如是也。在馆复勖初、诚之。

10 月 19 日 (丙辰　初三日) 星期四

阴,午后微晴。依时入馆。撰地名条。赴饭时讲"君子"、"可以"、"逄蒙"三章。寄刚主续汇万元,顺催签回契约。珏人饭后往濬儿家,为之翻装丝绵,傍晚归。晚小饮。夜饭后文权来谈,为语局中混滥状,直令人啼笑皆非耳。腐恶至于如此,尚何言治,可见道消之世,适形其为憯丑而已。

10 月 20 日 (丁巳　初四日) 星期五

拦朝大雨,旋止,终日霾,傍晚又雨,夜半见星。依时入馆。撰地名条。赴饭时为讲"西子"、"言性"两章。无锡乡人之作单帮者携豚肉求售,余购得五斤十二两,计付一千二百六十五元,较市沽为大廉矣。散馆时挟以归,妇子咸欣,盖目下景况得此已足称豪举也。晚小饮。夜看滋儿抄书。

10 月 21 日(戊午　初五日)星期六

晴转凉,初御衬绒袍。依时入馆。撰地名条。西谛来。赴饭时讲"公行"、"君子"两章。晚归,文权、潜儿咸在,因共小饮。夜看珏人、漱儿编织绒线衫裤,润、滋、湜嬉戏其侧,不知千针万缕俱为若辈辛苦耳。以中来馆,散馆时偕行,返途遇云先。

10 月 22 日(己未　初六日)星期

晴爽。漱、润、滋三儿往过笙伯,同游兆丰公园,午后从龙华而归。芝九午前来谈,与之共面,十二时去。笙伯偕诸儿来,夜饭后去。红蕉之郎冬官今日初派立自警团岗位,通知但云六点至九点,乃下午,届时前往,谓原指上午已脱岗,须照章课罚云。其实先已声明上午在校读书,必下午始克抽身,既以钟点排在上午,亦应临时知照,乃全不顾此,一味逞势凌人,是明明设阱以待罔利作威而已矣。此制不废,为害诚不堪设想也。甲长来,知照十月廿四日上午应率眷同往卢家湾警局复印指模,待换取居住证,届时又得熬挨一场恶气耳。

10 月 23 日(庚申　霜降　初七日)星期一

晴,依时入馆。撰地名条。西谛来,携到缪艺风《清史馆修史例》,有吴昌绶、翁斌孙校签,因细读一过,弥见前辈事事不苟也,暇当假钞存之。赴饭时为讲"禹稷"、"公都"两章。晚归小饮。夜与红蕉长谈。芝九晨来托买书,为之即办,尚馀三本已售缺,须别图矣。接聿修九月十四日信告近状。

10 月 24 日（辛酉 初八日）星期二

阴翳，午后雨，竟夜不止。八时即偕同家人及红蕉一家同往卢家湾警局，鹄立阶下一小时有半，始得挨次在窗口捺盖左右两食指之模（因早往，排队在前，否则尚有待），然后行。其事绝类前清狱囚之过堂，傺辱极矣。不识彼昏何以必施此无聊之挑拨也。既出，目送家人之还，身自迈步入馆。途远作急，到时已十时一刻，而体亦累，坐良久方定。调孚为我购得李玄伯《中国古代社会新研》初稿一册、林义光《诗经通解》五册、朱长圻《珍书享帚录》一册，计四百二十元。接鞠侯十月五日龙泉坊下信，知自建阳徙教于彼，与叔含偕往也。赴饭时为讲"曾子"、"储子"、"齐人"三章，于是"离娄"全篇毕矣。晚归小饮。夜看玄伯《新研》初稿。

10 月 25 日（壬戌 重阳节 初九日）星期三

阴雨，午后霁，入夜又雨。依时入馆。为图书馆校书。赴饭时讲《孟子·万章篇·舜往章》。文彬、子敏未到。芝九见过，取所托代购之书籍去。散馆时与均正偕步归。晚小饮。是日出门时，突闻空袭警报，并闻爆炸声发自东北方（此声在先），因却回小坐，过二十分钟始行入馆。饭后闻人谈虹江码头之仓库被毁矣，确息无从知，徒滋疑讹而已，可笑亦正复可怜。

10 月 26 日（癸亥 初十日）星期四

阴雨。依时入馆。为图书馆校书。赴饭时讲《万章·诗云》全章。西谛、济之来。晚与索非步归。小饮后，看玄伯《新研》初稿。司阍警来关照，住房自十一月起将大加租金，明日须往接洽云。生活煎迫已成常习,闻之亦无甚扰动矣。

10 月 27 日(甲子　十一日)星期五

阴雨,入夜尤见延绵,彻宵有声。依时入馆。仍为馆校书。乃乾为余在来薰阁购得孟心史《明元清系通纪》十六册(前编一册,正编十五册),价千元。赴饭时为讲《象日章》。接翼之十月廿五日书,知将木器数事舟运来沪,先寄放余处,盖笙伯结缡所用者。晚归小饮。夜看玄伯《新研》初稿。

10 月 28 日(乙丑　十二日)星期六

晴,初夜见月,子夜后又雨声淅沥达旦。昨夜梦中得句云:"春雨邻春急。"晨于枕上足成一绝:"春雨邻春急,溪桥涨欲流。四围烟漠漠,渐润到层楼。"居然成章,亦以寄慨焉耳。依时入馆。续为馆校书,至晚始将《明元清系通纪》校毕。均正译《大学化学导论》初言售稿陆续支款逐次增加,近已译毕,共六百另三纸,已支过四万三千七百五十元,忽要补加五万馀,合成十万之数。馆方当然不能承认。伊乃改变方法,作为版税前支款作预支论,馆方亦曲允之,随即缮约属签,则又拒签,谓尚待考虑,如此粘缠,致令人不快。余属在当事不能不问,姑听之且俟其自化耳。处人之难如此,殊堪一叹。赴饭时文彬、坚吾俱他出,因辍讲,少坐便返馆。晚归小饮。夜饭后绍虞来谈,所装义齿已配妥矣。

10 月 29 日(丙寅　十三日)星期

晨无雨,阴翳而已,午后又细雨如烟。晓起看《通鉴》,垂午赴济之约,盖济、谛、调公宴翼、云,邀余作陪也。坐中尚有冯仲足,馀无他人。谈至午后三时始罢归。翼、云近组大用文具社,颇拟储稿为将来出版地,故西谛、仲足、调孚等与缘正为计划撰译中出版界之生力军,可为预贺者也。悦之夫人及笙伯来,夜饭后去。余昨夕欠睡,今日精神颇差,晚八时许即寝。

10 月 30 日(丁卯　十四日)星期一

晴,午后阴,夜月色皎好。依时入馆。文权来馆,告道始已于昨日归沪,明日即将赴杭,因电话询之,约即往一谈,遂往与晤。宾客盈庭,寥寥数语即行,察其意兴正浓,非言语所可劝止者,且任之已。赴饭时讲《咸丘章》。散馆后与雪村、丐尊、予同、均正、乃乾、绍虞、振甫、调孚、子如、索非同赴文彬、坚吾之约,持鳌于纸张公司之楼。九时许始散,复与丐、索、予、均送村过其家,小坐而行,步月以归,乘兴闲谈,尚不觉倦也。均正稿事仍以售稿解决,共得酬九万元。除前与外补付之订约而结此案,亦可谓波折矣。

10 月 31 日(戊辰　十五日)星期二

晴。依时入馆,与索非偕行。撰地名条。代芝九取得人名条稿费二千五百二十元(本批起增为每条二十元)。接刚主复书签回契约。赴饭时讲《尧以章》。文彬代买树柴五担,计七千五百元。晚归小饮。日来为柴米琐事所迫,竟掉身不转矣,夜失寐。

11 月 1 日(己巳　十六日)星期三

辨色即起,枯坐待旦。阴,下午大雨,础润不消。依时入馆。撰地名条。赴饭时讲《德衰章》。午后树柴送到家,计五百三十五斤,共八千另廿五元,款尚由文彬代垫也。晚归小饮。知燮荣明日在国际饭店订婚。自来邀请观礼，拟由珏人偕漱儿往贺之。夜看玄伯《新研》初稿。

11月2日（庚午　十七日）星期四

阴，晚晴。依时入馆。向公司暂记万元付柴钱八千另廿五元、上月饭金四百元、赏送柴司务百元。托纯嘉在神州花店购花篮一事，送国际饭店十四楼，用贺燮荣订婚。订婚向无朋友送礼之例，近年之讲排场者订婚亦印用证书，亦请人证明，友朋遂亦备礼为酬酢，竟成风气乃尔。余虽未能免俗，终有徇人之憾耳。文彬、坚吾午有应酬，赴饭时未讲书。晚归小饮。知珏人、漱儿已往贺燮荣回，顺过潘儿，据告文权已随道始赴杭矣。闻之只有干笑，尚何言哉！夜读《通鉴》。

11月3日（辛未　十八日）星期五

阴雨旋止，晚晴。依时入馆。接刚主信，寄回划款收据。看《一士类稿》。赴饭时文彬未出，逸人亦不见，仍辍讲。晚归，锦珊在，盖自苏来视其子，因过访也，谈有顷去。接麓钟十月四日南昌快信，告前月汇还挪款五千，真明日黄花矣。祥生米店送米一石来，价二万另五百元，前日托雪村代办者也，此款仍由公司暂宕，另数先付。雪村接乡电，仲盐逝。

11月4日（壬申　十九日）星期六

晴，午后雨，入夜不休。依时入馆。看《一士类稿》，并为图书馆整簿录。赴饭时为讲《割烹章》。二时返馆，知雪村右邻失慎，幸已熄。有顷，村来馆，备述所遭，亦饱受虚惊矣。晚雨中归。剑三适来访,属向雪村洽译书事有具体决定,谈移时去。夜小饮。枕上听雨,思远念烈,竟不能寐。

11 月 5 日（癸酉　二十日）星期

阴霾,时见细雨,亦时露阳光,入夜遂雨。今日为湜儿十岁初度,以其鲁钝为斋供星官乞转巧,虽徇俗,宜情之所有也。潽儿及顯、预、硕三孙来,笙伯来,午后锦珊亦至,俱啖面。夜合坐小饮,饮后少坐,陆续去。晨芝九见过,取代支稿费并还《廿五史人名索引》。余竟日未出,除与锦珊谈话外,皆耗力于校订《乾隆要录》并辑四库修书文献。

11 月 6 日（甲戌　廿一日）星期一

阴霾,细雨,傍晚略霁,夜又雨。依时入馆。承村意,作书与恂如,请径与村面洽。赴饭时讲《或谓孔子于卫主痈疽章》。文彬所介绍虞邵氏馆已有成议,明日即将开始往教。头右侧作痛,右腕亦酸楚不任转动,左肩肘更先已发酸久矣。老境浸至,诚莫可排遣之事,第担负方重,不容息肩为可悲耳。以旧藏商务本《动植地质矿大辞典》三册让与开明图书馆,得价五千。（时值一万另二百八十。）晚步归小饮。夜笙伯来,谈至九时乃辞去。

11 月 7 日（乙亥　立冬　廿二日）星期二

黎明大雨绵延,遂致竟日。余以头痛腕酸未愈,属漱儿电馆请假,遂未出。满拟稍事休憩而习性不能徒闲,仍发书校订《乾隆要录》并辑录四库馆涉及各集文献。饭后珏人率漱儿往慰雪村夫人丧弟,顺托代致仲盐家吊仪五百元,傍晚乃归。夜小饮。看帖。

11 月 8 日 (丙子　廿三日) **星期三**

阴雨终日,傍晚略露阳光,入夜仍雨,气乃转冷。头痛稍好,腕酸犹作,且恶绵雨,遂未入馆。抄《日次诗》。看《故宫周刊》为遣。午后金才至,将到调任,知《海上述林》已让与翼云,得价五千并送来,甚感之。并附来《晚晴山房书简》一册,想系丐尊所赠者。夜小饮。擘蟹为乐,诸儿亦各颁一枚,苦中勉寻怡悦,固不足为外人道也。

11 月 9 日 (丁丑　廿四日) **星期四**

晴。依时入馆。理杂事,以腕酸未任写撰也。赴饭时为讲《百里章》,《万章》上篇毕矣。子敏已返沪,王文彬亦旁听焉。绍虞赴教邵氏已两日,所课为《左传》、《孟子》,间日轮授,以其隙兼授《论语》云。雪村见告,有旧家出售书一批,凡百箱,索三百万,丐尊与乃乾欲捐以取佣,村则欲为图书馆致之,刻尚未得确息。余谓丐、乾既视此为利薮而丐又素志恶蓄书,此路必不可通。及午后丐来,村询之,果符余之所料,并自录亦靳不肯示人矣。丐尊平日时以梨洲与晚村争书利为讥笑,今乃躬陷而不恤,且从而加鄙焉。耄及所戒,可胜慨叹。是日防空日,行路多艰,四时半即归,犹绕道甚远而后返。薄暮小饮。夜饭后与诸儿默坐,待九时例警解除乃开灯,理衾就寝。

11 月 10 日 (戊寅　廿五日) **星期五**

晴。依时入馆。撰地名条。西谛来,知所印《明季史料丛书》已装竟,可行矣,为之大慰。赴饭时为讲《万章下篇·伯夷章》。

文彬为不满自警团编制,拟陈书咨询委员会述改善意见,余开启利害劝止之。接诚之十一月九日书,告丕绳近状并云海上有人约其编书,托询有无作用,余将复书婉阻。孺忱托人带到所篆《正气歌》立轴并附润例,将为张罗,惟不审有效否耳。孟邹来告颉刚已辞谢一切事物,专任中外古今史地图表编辑所主干,盖为康健书局之陈稼轩及新亚地图社之金振宇所包围,与之合作者。(此讯甚确,孟邹先得金信后又晤陈面聆。)所中拥有数十人为之襄赞云。闻之至为扼腕,陈、金俱非端人,将来必将被累。颉刚为人所左右,殆难免于覆𫗧乎。散馆归,途遇调孚,邀归闲谈,垂暝始行。夜小饮。

11 月 11 日(己卯　廿六日)星期六

薄阴,午后转北风,放晴。晨九时出,忽闻空袭警报,循还走至法国总会,飞机已到,一时炸弹降落声与高射炮声纷往杂作,亟避入总会中暂避约半小时,冒险出走,返家视珏人,盖珏人方赴菜场,未审得归否也。强行到门,珏人亦方自市返,面色沮白,语几不成声矣。余为慰之,仍赴馆。途中店肆均收市,行人尚多,想皆为赴事之人耳。闻人言,方才所闻之声已有多处着流弹片屑而致死伤者矣。惴惴行至四马路石路口,机声炮声又作,乃行入半开之烟纸店暂避,有顷,稍停,仍前行,及入馆门,已十时有半矣。甫坐定,爆声复作,自此每间十馀分必作一次。默察方位,四周俱遍而东北两方尤烈。至十二时伺隙仍过坚吾饭,文彬未出,因辍讲,即返馆。迨一时半乃解除空袭之报,仍在警戒中。二时许乃全部解除,店肆亦渐开。开明等五家书馆俱提前一时收市,同人除丏尊全日未到及乃乾下午始来外,馀均到班,气象尚不十分惨沮云。散馆归,仍小饮。夜读《通鉴》。笙伯过存,九时去,余亦遂寝。

11 月 12 日(庚辰　廿七日)星期

　　晴。十时绍虞来,本约雪村同赴西谛饭约,坐以待之。十时半警戒警报作。索非派人来告,雪村顷有电话不来矣,至十一时余遂与绍虞行,步至善钟路口警报解除,至居尔典路前弄适被封塞,遂绕其后行,竟迷路,反覆问讯,重到福开森路,遇调孚,因再绕白赛仲路而得达焉。途次已徘徊多时矣,迨十二时济之、予同亦至,乃共饮欢叙至二时始罢。食后又围坐作剧谈,四时半复同出,过蕴华阁、萃古斋两书坊,垂黑始与绍虞同返,因共晚饮,谈至九时始别去。是日下元祀先。笙伯来。

11 月 13 日(辛巳　廿八日)星期一

　　晴。晨九时丏尊见过,因约同往法藏寺访致觉,乘廿四路电车以往,遇幼希、清泉、敬杲诸旧友,谈至十时三刻同儿来寺禀陈锦珊来访,遂辞致觉诸公,仍乘廿四路电车归。锦珊乘晴来晒衣,竟日与之长谈,午夕均与小饮。数十年情事历历如在目前,称难得矣。夜饭后辞去。傍晚芝九来询,谈数事即去,知将有章练塘之行云。阅报知汪精卫已于十一月十日下午四时许在日病死,其遗骸已于昨日下午五时许由飞机载运抵宁,其位悉由陈公博代之云云。

11 月 14 日(壬午　廿九日)星期二

　　阴雨,午后止,终霾。依时入馆。撰地名条。漱儿之同学徐佩珍出阁,为购花篮贺之。赴饭时为讲《周室班爵禄章》。晚归小饮。夜与家人闲谈,九时睡。日来忧患相煎,心绪颇恶,遂失眠。

11 月 15 日(癸未 三十日)星期三

拦朝雨,终霾。依时入馆。看《一士类稿》。赴饭时讲《问友章》。桂林、柳州皆失,思远怀人,情何能已,而音书难达,徒萦梦想,不审静鹤、业熊挈两孙流徙何方也。清儿仓皇引避,资装捐置必多,到渝州后未知如何度日,均深切念,闷压心头,不能与珏人一吐,转撫无聊之词以相慰藉,苦痛极矣。晚归仍小饮遣愁。夜红蕉来谈洽加房租,盖自十一月起须照成加摊,而按诸实际,二房东转增负担不少,彼此熟稔,难于斤斤矣。

11 月 16 日(甲申 朔)星期四

晨阴旋霁,近午放晴。依时入馆。寄诚之劝谢遣一切酬应笔札,专意撰史。接刚主十一月九日书,请将本月划款径汇北平。(本托大中沪行代划存款。)赴饭时适晴,警报即作,方进餐,空袭警报陡发,各店肆多有拉上铁门者。余鉴于前日之履危,恐少延即被阻,不得返馆,遂谢去讲课,半食即起,急行归开明,至一时半解除,未见声响,想有机过境致有此报耳。晚归小饮。接文权十一月十一日杭州信,告十八日或将返沪一行。接清儿六月廿一日桂沪一百廿九号信,亦先发迟到之一,知圣南已在大庾结婚矣。夜小坐,仍失寐,甚萦念清、静诸儿也。

11 月 17 日(乙酉 初二日)星期五

晴。晨八时半即有警报,九时许空袭警报作,未能即行,至九时半乃过,均正、索非冒险入馆,于丐尊所遇子如,遂四人同行。至雪村所,空袭转为警戒,十一时入馆,已解除警报矣。为漱儿办花篮,送丁济万贺其嫁女,以刻方处馆其家,宾东例有此酬酢也。向公司支《要录》校订费万元,付糖油钱九千二百元。为文彬题吴鉴泉画象,为坚吾、孝文、令涛制吴象赞。赴饭时讲《交际章》。乃乾经手为公司购进《清实录》全部,价廿万元。晚归小饮。夜默坐移时,笙伯来,告后日将返苏一行。

11 月 18 日（丙戌　初三日）星期六

晴。依时入馆。《清实录》一百廿二套交到。赴饭时文彬、坚吾俱以往青年会鉴泉纪念厅酬酢,遂辍讲。甫食警报作,食已袭警作,即返馆,至午后一时许即解除,盖又有机队过境耳。晚归小饮。知潏儿曾来告文权暂不能来沪,职事羁身,本难进退自如,奈之何哉?夜闷坐,仍欠睡,神思颇见恍惚。

11 月 19 日（丁亥　初四日）星期

晴。今日同儿生日,合家吃面。昨于丐尊所见夷初近作多首,其中十一月十三日作杂占二首极饶意致,兹录其一:"入冬霹雳是何情,为散沉阴作晚晴。鸢薄云天还见影,人含笑语不生惊。岭梅着意敷春事,篱菊纾心守旧盟。消息贞元吾了了,安排箫鼓龢镜钲。"抄黄左田钺《廿四画品》。饬同儿购金钟牌盘香一盒,价一百元,视半年前加五倍馀矣。午后斠订《乾隆要录》并辑"开馆禁书文献"。晚小饮。入夜正看复儿抄书,袭警忽作。(突然而来,先无预警,一若弹将立下者。)亟掩关熄灯,分属就寝,逾时乃解,竟无它异,意者工作完毕,归送过此乎?

11 月 20 日（戊子　初五日）星期一

晴,晨有雾。依时入馆。撰地名条。赴饭时为讲《为贫章》。午后二时雪村、文彬与余及地产人王君分乘三轮车两辆往闸北宋公园路看地。地尚合用,须考虑后决定。四时返馆,五时归。傍晚小饮。电灯限度已满,今夕用油灯,八时许即睡,九时警报作,有顷未发,袭警即解除,不知何祥也。

11 月 21 日（己丑　初六日）星期二

晴。晨八时即有警报,半小时后便转袭警,四周投弹之声甚烈,形势之严重,较十日前尤为紧张。九时许漱儿坚欲赴馆,余冒险伴之行,途次声息尚静。至西藏路、福州路口,漱径赴丁宅,余则过雪村所少坐。未几,炸声又大作,漱儿计已到矣。有顷,索非、均正亦至。又有顷,孑如亦至。乃假中联电话向馆中探询,知郭、沈、履善已到,调孚、振甫俱未来,即属如见来,便望立转村所,盖今日为洗人周甲之庆,同人假村所为之公祝也。至十二时,调孚到,履善、舜华则十一时前已先到,遂入坐。（肴由大利酒楼承办,酒则雪村开坛相饷,甚冽。）酒过一巡,振甫亦到,知城中落一弹,颇有死伤,路断不得行,刻方绕道赴会耳。计同坐者为雪村夫妇、稚圭、密先、舜华、履善、智炎、调孚、索非、均正、振甫、孑如及余,凡十三人。举觞时炸声正盛,亦度外置之,只索欢饮,至二时许席散,雪村及余等皆入馆,晤予同、绍虞等并知乃乾亦尝来,缺席者独有丏尊耳。至三时许予同、索非、均正、孑如、履善、舜华及余复过雪村家再饮。至四时许警报始解除,余等乃辞出,同路各归。到家已垂黑,而电火已停供,仍于油灯下进晚餐,街衢电车亦一任纵横矣。事势渐迫渐紧,恐水电终当缺供耳,徒愁亦无益也。

11 月 22 日（庚寅　小雪　初七日）**星期三**

晴。依时入馆,与均正、索非偕行,晚归亦同。赴饭时未见文彬,仍讲《士之不托诸侯章》。金才为余在同宝泰买酒一瓶,价三百七十四元,不足二斤,可见近日物又昂腾矣。夜小饮及半,电始明,盖修复矣。虽然今后久供与否固无把握,即今能供,亦早声明限量,又须折半也,是一户之中只能用六度半耳,终憾不给焉。八时警报作,不旋踵,袭警又作,至九时许袭警解,十时警报解除,余乃入睡。

11 月 23 日（辛卯　初八日）**星期四**

晴,夜有雾,月晕。依时入馆。为开明书横幅以贺苏州广益书局开幕。赴饭时讲《不见诸侯章》。晚归小饮。接嘉源十一月二十日唯亭大昌油饼号来信,告近状尚好并承存问。夜六时来电,七时即灭,油灯下坐至九时乃睡。

11 月 24 日（壬辰　初九日）**星期五**

晨雾终阴,晚晴。依时入馆,往返均与索非、均正偕。撰地名条。赴饭时为讲"一乡善士"及"齐宣王问卿"两章,于是《万章篇》毕矣。晚小饮。笙伯自苏返沪来谒,据云廿一日之警阊门外亦落有炸弹数枚,以禁密故,竟莫得其详。电灯夜六时来,八时息,较昨夜多延一小时,但旧公共租界却仍得终宵供应耳。周止庵有《折肱录》一卷,论画法甚精,刻《求志堂存稿汇编》中,传流极稀。黄宾虹辑印《美术丛书》亦未之收,余在西谛存书中得见此,乃假归命润儿照录之。

11 月 25 日（癸巳　初十日）**星期六**

晨雾旋晴。依时入馆，与索非、均正偕，晚归与均正偕。寄复嘉源谢存问，顺告近状。夜饮时文权、濬儿同来，盖权甫自杭返，三数日仍须去杭也。据告杭市府状况亦甚无聊，既涉足其间，自亦难期振拔耳。相与小饮，至八时许辞去。笙伯来，九时许去。是夜电火仍自六时来九时后去，似较昨为长，而余却睡矣。

11 月 26 日（甲午　十一日）**星期**

阴雨竟日，燠润有类孟夏，殊感闷湿。昨日君匋送来手刻石章一枚，用《始平公碑》体琢"伯祥大利"四字，盖前在其家夜饮时所谈及，至是竟承下惠也，目下润值甚昂而生受之，中心至深歉仄矣。今日为珏人生日，正午进面，甫停箸，丏尊饬孙来召趋。往则法藏寺方送素斋五事至，特邀饮共享之，乃相与酌酒长谈，饮罢已二时许，出寺主兴慈所属代撰《万年碑记》稿与余商榷，余为点定数处并加要删，至三时半乃归。校滋儿所抄《日次诗》。笙伯来，夜饭后去。是夕电火仍六时来，居然垂明五时乃息。（余家不点过夜灯睡，回屡试乃知之。）

11 月 27 日（乙未　十二日）**星期一**

阴雨，午后霁，转冷，或有晴望。依时入馆，往返俱与索非偕。雪村家凌晨被窃，损失逾时值二十万，环境既欠整饬，防范或流疏忽，遂致此害。余闻而亟往问视，幸所失多夏季服御，尚较冬衣为轻耳。赴饭时文彬未到，仍讲"生之"、"食色"两章。饭后以转寒，漱儿送外套来馆，因属过存雪村家，并以封书交之，属令过视潽儿，即以此缄付文权携复道始，盖前夕文权之来衔命就询数事也。晚归小饮。电灯仍六时后乃至，惟电车已稍稍恢复矣。夜校《日次诗》。

11 月 28 日（丙申　十三日）星期二

阴雨终日。晨与索非同行入馆。赴饭时讲《孟季章》。丏尊自译经事开始后只下午到馆已有年矣，近以电车减少竟不来馆，今日以内山为之购到法帖十五部（盖转贸博利者），特来分配。馆众之欲沾溉者，纷向乞请，较量锱铢状殊可哂，不图身处率导之任者乃躬以利倡如此，岂不大可悼叹哉！下午四时出席纸张公司董事会，以人数不足流会，五时半归。小饮。夜看滋儿抄《诗经通解》缺页。电灯仍自六时来。

11 月 29 日（丁酉　十四日）星期三

阴雨绵延。依时入馆。处理杂事。赴饭时讲《公都章》，文彬阻雨未出，昨日未成会事尚无后文也。午后丏尊又来指配法帖，并约某君同往内山择购钜部之书，昌言买卖期文所聚竟同市场，迁流所届，不但馆众将视馆地为列肆，直且踞为射利之渊薮，不识当局何以处之耳？晚归与索非偕行。小饮，夜饭讫，电炬始明，乃就几抄朱蓉生一新《复傅敏生书》，书在《佩弦斋杂存》中，以其指陈为学之大凡，颇可资初学门径，爰录而存之示诸儿焉。

11 月 30 日（戊戌　十五日）星期四

阴雨。依时入馆。撰地名条。贸书之局已定，今日丏尊果不

至。赴饭时讲《富岁章》。散馆时与索非同行归。掌灯小饮。夜
饭后电至,乃抄毕朱《复傅书》并续校《日次诗》,止于五月晦,犹未
及半也。

12 月 1 日(乙亥　十六日)星期五

阴霾,晨有雨,旋北风作,有声,午后地乃白。连日神思不快,
又兼头重背酸,今日遂未入馆。校毕《日次诗》。斠订《乾隆要录》
并辑修书禁书文献。是日下午电即至,居然通夜。薄暮小饮,西谛
至,因与共酌,少坐即去。夜与家人打牌四圈,十时就寝,月色皎然
矣,枕上得一联云:"三史六经常供养,无闷不怖见精神。"似可书
以自勖尔。

12 月 2 日(庚子　十七日)星期六

上午晴,下午阴,北风号,始见冰。晨与索非偕行入馆。撰地
名条。赴饭时讲《牛山章》。散馆步归,已垂暝,即小饮。夜饭后
斠订《乾隆要录》并辑录修书禁书文献,十时就寝。付十一月份饭
费四百元。

12 月 3 日(辛丑　十八日)星期

晴寒,庭中水缸皆冰,风仍号。晨续斠辑《要录》。西谛来,少
坐即行。午后笙伯来。前由谛所假到吾乡前辈胡绥之(玉缙)手
校四明味海阁本《书目答问》,今日始用朱笔过录于范希曾《补正》
之上,将逐页循检、分别摘抄焉。夜小饮。饮后仍录胡本,十时
许寝。

12月4日（壬寅　十九日）星期一

晴寒，滴冰成冻，风稍定。依时入馆。复孺忱告所瑑《正气歌》立轴已售与濮君，别函苏州东北街恒德丰米行送白米五斗为酬，希洽复。接诚之十二月一日信，寄到《南北史》稿第十九、二十两章，即复之，补汇五千馀元结清稿费（本批起每千字计酬二百元，视前倍）并告自明年一月起每月例汇二千。赴饭时讲《无或章》。晚归小饮。芝九在，即以代支稿费二千一百元交之。夜过录胡本《答问》。

12月5日（癸卯　二十日）星期二

晴，晨有雾，午后还润。依时入馆。撰地名条。赴饭时与坚吾及其友闻天声饮，未讲书。晚归小饮。候西谛不至，有书款携归待交，只得留以俟取。夜笙伯来告，苏州所置家具日内即将运到矣，九时去。接麓钟十一月廿八日书，告移住九江省府第一科有得缺之望云，涵侄久滞沪上而伊又迟迟不来，殊非了局也。

12月6日（甲辰　廿一日）星期三

晴寒，晨曾见雪花。依时入馆。撰地名条。十时许文彬来约与偕往仁和里程宅晤，前看宋公园路地基之业主以开价与先说不同，迭经转手不得不摸根一索究竟也。至则索数甚坚，且订明日须有回音解决。十一时许出，陪文彬过张志英诊疾。十二时返纸张公司饭。饭后为讲《鱼我所欲章》。午后文彬复来，与雪村及余措商购地事宜，拟定两块并买，明日三人同往解决之。晚与索非同行归。买羊肉一蹄，用千元。夜小饮。饮后笙伯来取物，移时去。红蕉过谈,逾时乃各就寝。

12 月 7 日 (乙巳　大雪　廿二日) 星期四

晴寒。依时入馆。用汉儿名义向公司划支万元,送文彬母夫人七旬冥诞礼二千元。十时与雪村、文彬及一谈姓者往晤程安山桂亭,谈妥闸北区七图润字圩第一号、第廿一、廿四两坵土地共十二亩弱让与开明,每亩作价五十万元,言定十二月十一日预付定银,十八日正式交割,当互签要条允条各一纸。十二时乃返纸张公司午饭。饭后讲“仁人”、“今有”、“拱把”、“人之”四章。下午撰地名条。晚归小饮。夜笙伯来告家具已运到入栈,明日将搬来寄顿余家,九时许去。过录胡绥之手注本《书目答问》。

12 月 8 日 (丙午　廿三日) 星期五

晴寒。未入馆。十时与珏人及润儿乘车往恭德路佛教净业社拜文彬母夫人冥诞。在觉园晤以中。午饭已,警戒警报作,余等即归。到家时笙伯已将家具运到,滋儿前往襄助,故搬动尚顺利耳。夜仍小饮。笙伯夜饭后去。仍过录胡绥之手批《书目答问》至十时许乃寝。

12 月 9 日 (丁未　廿四日) 星期六

晴寒。依时入馆,以防空日故中途被圈于避难所历二十分乃行。与文彬谈购地订约手续。赴饭时讲“公都”、“有天”两章。午后接道始电话,谓顷返沪,明日上午见过。又接笙伯电话,托定花篮备明日下午送曾满记贺姚培基女弟订婚。晚与索非步归,乘天光小饮。甫饭毕而灯火又遭管制矣,乃于重幕油灯下坐至解除警报而睡,虽有电灯,余无所用之已。(付十一月份电灯费四百十八元,又视十月涨两倍。)

12 月 10 日(戊申　廿五日)星期

晴。晨起研朱过录胡绥之手批《书目答问》。午十二时道始来,又有顷,乃乾来,相与共饭小饮,闲谈书林近况。下午一时西谛来,二时莲僧来。道始先行,莲僧继之。四时许余与谛、乾同出,乾先归,余则与谛过济之所设丰盛伙食店一巡即别归,仍过录胡本。晚小饮。饮后以多吸莲僧所贻雪茄之故,竟致呕吐,可笑亦可自艾耳。

12 月 11 日(己酉　廿六日)星期一

晨雨终霾。入馆时过雪村同行。十一时程桂亭及中证周步濂与蒋谈许三人来馆,文彬已先到久候,当即书立买卖预约据,先付定银二百万,即过户,俟手续齐备之翌日正式立契交割,付清馀数。办竣签印,已一时,因由公司邀在隔壁一家春便饭,至午后二时半乃散。三时出席纸张公司董事会,至五时复与文彬过雪村宅出席本公司第九届第十三次董事会,除达君、荫良外,董监全到。适道始亦到,因权为临时主席,通过买受地产案及决定明年调整津贴并年内特发奖励金。会毕已七时,五良、道始先后行,余等即聚餐合酌,甫半,警报作,席终复谈,警亦解除,乃过不多时,电灯忽熄,遣人出视,街灯全灭,人情不免惶骇。略坐后各起去。余与予同、丏尊、济之、守宪同行,假守宪脚踏车灯一隙之光为导,至旧法租界始见街灯,守宪乃乘车先去,余等安步以归。到家始悉当警作时法租界电灯亦无,至解除乃复明,疑旧公共租界之发电必又受阻耳。接麓钟九江来电,询涵侄行止,盖前去宁候接未果,遂有此一讯也。

12 月 12 日（庚戌　廿七日）星期二

阴雨。依时入馆,过雪村同行。晨出前作书复麓钟快函递发之。整理董会纪录并为图书馆录入藏诸籍。赴饭时为讲"欲贵"、"仁之"、"五谷"、"羿之"四章,于是《告子上篇》毕。接孺忱、诚之信一,告米已送到,仍托再为求售一则,复谢加稿费且告廉逊接办小学受窘状。晚归小饮。潘儿在,告将于日内赴杭候文权,夜饭后八时半归去。

12 月 13 日（辛亥　廿八日）星期三

阴寒,午后见雪,垂暮飘花。依时入馆,处理杂务。赴饭时讲《告子下·任人章》。午后西谛来。散馆后与雪村、西谛、乃乾共赴东新桥南来顺晤道始,共啖涮羊锅,盖三日前所约者。肉味如前而汤料稍逊矣。凡用十一碟,别无他肴,下佐白干一斤耳,道始付钞已六千馀,近顷物价之贵即此可见。（闻米一石今售三万五千矣。）茫茫前途,诚难测津涯也。七时许散,与西谛同乘街车归,至金神父路、环龙路口而别。夜就灯过录胡批本《书目答问》,经部已毕。

12 月 14 日（壬子　廿九日）星期四

阴霾竟日,傍晚雨,彻宵未止。依时入馆,先过雪村。撰地名条。代送始购书送去。赴饭时讲《曹交章》。下午为程桂亭代笔写补足契（官契已由周步濂写）,明日上午向土地局过户,下午三时即办理交割也。散馆归小饮。夜并装前抄《观古堂藏书目》为两册(本五册,病其累坠,故并之),并过录胡批本《书目答问》。

12 月 15 日（癸丑　朔）星期五

阴寒。依时入馆。处理杂务。赴饭时讲《小弁章》。午后三时程桂亭及中证、蒋守纲、周步濂谈,炎许、木生来公司,文彬亦至。雪村与余同临,正式立契交割土地执业证,附图及卅一、卅二两年粮串、卅三年征粮通知书等俱交清,惟新税官契须五日后始可凭条向地政局领回云。晚归小饮。甲长关照今夜分区灯火管制,本坊在内须明晨七时始解,因即关住电灯,在油灯下坐至九时乃寝。

12 月 16 日（甲寅　初二日）星期六

晴寒,滴水成冻。依时入馆。撰地名条。上午文彬见过,与雪村商配中费,余名下派得三万元,村、彬如之,子如、履善各万五千,品珍八千,金才、华坤、阿吉各五千。午刻坚吾、文彬及余同饭于鸿云楼,商利达店基推盘与纸张公司事大旨可以接近也。散馆前以中见访,谈至散馆时去。五时后余与丏尊、雪村、予同、绍虞、索非同应耕莘之招过饮其家,晤其两妹倩徐秋生、李诵峤,饮醑,雪村又与丏尊闲争益,村讽其当全力为公司服务,意有所指也。十时许散归。

12 月 17 日（乙卯　初三日）星期

晴寒。过录胡批本《书目答问》。午赴翼云约,饮济之所,同席者仍为西谛、仲足、调孚、济之及翼云,凡六人,肴为钱庄扬州厨子所制,甚精而丰,午后二时乃散。约编《中国文学大辞典》,坚欲余参加,勉应之。潜儿三日前已赴杭,润儿往宿伴诸外孙。今日星

期,全来我家,夜饭后仍由润伴同归去。笙伯来,夜饭后去。仍过
胡本。

12 月 18 日(丙辰　初四日)星期一

晴,严冻。依时入馆。撰地名条,手僵,时时呵冻矣。赴饭时
文彬、坚吾邀往悦宾楼啖涮羊锅,续谈纸张公司店基事,盘顶似有
窒碍,或须别谋解决方式乎。晚归小饮,芝九在,略谈而去。夜过
录胡批《书目答问》。

12 月 19 日(丁巳　初五日)星期二

晴寒如故。晨七时许即有警报,九时四十分空袭警报作,十一
时许续作,甚紧。闻正南方有轰炸声甚烈,推其地望,当在高昌庙
与南车站之间,且有烟上冲,或竟投下燃烧弹也。下午三时空袭解
除,四时半全部解除。依时入馆。撰地名条。赴饭时以空袭故生
徒未至,遂辍讲。洗人所存苏酒假两坛归,向舜华说明之。晚归小
饮。夜过录胡批本《书目答问》。

12 月 20 日(戊午　初六日)星期三

晴寒,冻未解。依时入馆。撰地名条。赴饭时讲"宋牼"、"居
邹"两章。午后佐雪村发年终奖金,将宕款扣清。晚归与索非偕
行。夜小饮,适开坛,乃俞孝贞造也,甚佳。失寐至二时后始得
朦胧。

12 月 21 日(己未　初七日)星期四

晴寒。依时入馆。撰地名条。取得奖金四万元,又应分中费

三万元,除去暂欠八千元,实支六万二千元(原欠暂记七万五千元仍挂账)。再还去平日零星小亏,馀数竟不能购一石米矣。如此年景,正措身无所焉乎。赴饭时讲《淳于章》。晚归祀先。今日乃冬至夜也,景况既减而电灯亦特予作祟。祀事毕,尚未明,饮福至半始见光,夜八时又熄去矣。强就床枕,难以入寐,感喟久之。

12月22日(庚申　冬至　初八日)星期五

晴寒稍杀。依时入馆。撰地名条。接刚主十二月二日书,即复之。孺忱又饬人送字轴来求售,前之濮购吃精也,其可再乎,因即婉复谢不敏,轴留待便人取去耳。赴饭时讲《五霸章》。晚归小饮。润儿自潘所归,出潘杭信呈余,知阳历元旦前将归沪省视也。夜九时许警报作,未几空袭警作,逾时竟解,余竟无所闻,不知何因也。

12月23日(辛酉　初九日)星期六

晴。晨作书交漱儿,备寄复潘儿。依时入馆。撰地名条。予同家因其子光歧闽信遭麻烦事尚未解也,处今之世,亦难乎其为人矣。赴饭时讲"鲁欲"、"今之"两章。晚归小饮。知文权、潘儿及小同已归,余复信即由漱儿付之,润儿亦归家宿,告余权、潘等明日将来省候也。夜有空袭警报,八时许起,十一时乃解。

12月24日(壬戌　初十日)星期

晴。晨起,过录胡批本《书目答问》。十一时许济之来,有顷,西谛来,因偕往徐生家午饭,商编纂《文学辞典》凡例,午后三时半乃归。到家,笙伯在,知予同尝来访,未晤,甚歉。晚小饮,文权、潘

儿偕来,备道杭州近况,小住亦未见佳耳。绍虞谈移时去。予同复
来晤之,知所遭事当无大妨也,亦谈移时而去。甫送客出,警报突
作,权、濬、笙俱仓皇起去,未几空袭警作,电灯全灭,只得就卧,然
萦萦于途人之是否安达,颇难恝置也。中间解而复作,直至十一时
许始全部解除,竟亦无所闻耳。

12 月 25 日(癸亥 十一日)星期一

晴。依时入馆。处分杂事。赴饭时文彬未出,遂辍讲。予同
事下午仍有人来看之,索非对以未来,约明日再来云。散馆时余过
其家告之兼慰其夫人受虚惊。文权本定今日返杭,竟以买不到车
票未果行。近日行路之难如此。(公司职员杨勋回籍奔丧,连日挤
票不得成行,昨日前往车站票未购到而随身衣包竟于挤队中被
攘。)其尚复成何世界哉! 晚归,芝九在,候余,因与共小饮,长谈至
七时许乃辞去。夜八时许又闻警报,家人无聊,只索各就床寝,匆
匆入梦,竟不知有无空袭警报及何时解除也。

12 月 26 日(甲子 十二日)星期二

晴。依时入馆。处分杂事。近午涵侄来告,其母以烟故被拘挪
千元去,不识几时可了也,麓钟不来,终无法解决之耳。奈何,奈何?
公司购地官契已由地政局取回,即交子如存入金城保险库。赴饭时
讲"白圭"、"丹之"、"君子"、"鲁欲"四章。予同事又来问过,当面应
付之想可了矣。晚归小饮。夜与珏人过丙尊家闲谈,移时乃归。

12 月 27 日(乙丑 十三日)星期三

晴。依时入馆。撰地名条。赴饭时讲"陈子"、"舜发"、"教

亦"三章。《告子篇》毕矣。晚归小饮。夜就灯过录胡批本《书目
答问》。八时半忽空警作,即时息灯就卧,至九时半解。睡至夜半,
又闻警报,朦胧中竟未审究竟也。

12 月 28 日（丙寅　十四日）星期四

晴。依时入馆。撰地名条。赴饭时为文彬温《告子》。晚归,
知濬儿曾挈硕孙来省,已归去。并接有麓钟十二月十四日浔信,告
前寄洪都之书已转到。夜小饮。饮后过录胡批《书目答问》,十时
乃寝。

12 月 29 日（丁卯　十五日）星期五

晨阴,午后晴。早起写信复麓钟,仍快寄催返沪安排。依时入
馆。为寅禄、寅寿填写订婚证书,即电禄来取,询知元旦下午四时
在大利酒楼举行订婚礼。赴饭时讲"尽心"、"莫非"、"求则"三章。
晚归小饮。夜过录胡批《书目答问》。馆中接圣陶六月十五日蜀
沪百廿六号书,复三月十一日此去沪蜀九十八号,相距半载,事过
境迁矣。音问难通如此,谓之何哉。家中接麓钟十二月十二日浔
信(因平信先发后到)。告初抵九江情形。（九江大中路竟成钱
庄转。）

12 月 30 日（戊辰　十六日）星期六

阴晴兼作。依时入馆。处分杂事并检查各部现款。赴饭时讲
"万物"、"行之"、"无耻"、"耻之"、"古之"、"好游"、"待文"七章。
文彬、坚吾等送腌肉两方、绍酒一坛以为讲解报酬,受之实有深愧
也。接纸张公司关聘,明年一月起正式任秘书,午膳供给本年所存

饭费四千八百元连摺见还,坚不肯受,只得收回,迭承两君稠谊,感实难忘,姑志之,徐图报之。晚归小饮。夜过录胡批本《书目答问》。

12 月 31 日(己巳 十七日)星期

晴。晨起过录胡批。十一时饬润儿送湜儿往雪村所,十二时余亦往,盖开明今日宴同仁,所谓吃年夜饭也。本在晚上,以恐防空警报作,特提改为午餐耳。同人除杨勋在假外,全体到,凡两席,余与丏、村、予、索、调、振、孑、沧、炎、虞同坐,二时许始散。湜儿留宿村家。余与予同闲步,由威海卫路行,伊赴友约,余则赋归。适梦岩父子来,请明日为禄、寿证订婚,未坐即行。夜小饮。饮后仍过录胡批,"史部"遂毕。

1945年(民国三十四年)

1月1日(庚午　元旦)星期一

晴。晨过索非,观其所蓄兰。十一时应子敏招,赴石路鸿运楼午宴,到公仪、孝文、坚吾、雪村及谢友某君,湜儿亦为雪村挈来。二时许散,即与坚吾、公仪、孝文、子敏过大利酒楼贺梦岩,晚五时行礼,余为证明致词,入夜合饮,凡六席,盖三姓戚友所萃也。珏人先由滋儿送至章家,至是亦挈湜儿同来,九时许乘车归。上午饬润儿送刻花玻璃杯一打与文彬、坚吾,作书申谢推食之谊。下午潘儿归省,带到道始划款两万元。

1月2日(辛未　十九日)星期二

晴。依时入馆,先过雪村,同行。处理杂务。布告撤销旷分表,别立公出、假出签注簿及迟到早退签注簿,嗣后于规定时间外出入时须来经理室亲签时刻云。赴饭时文彬仍未出,因辍讲。晚归小饮。接芷芬十一月五日托友航带赣州于廿四日发出信,自赣邮来,亦已四十日矣。天末怀人,音书难达,诚不自知其何处耳。夜与家人谈境日迫、食益艰,宜求自处之道,不觉相对唏嘘。过录胡批《书目答问》。昨日书《沁园春》词贺孙伯勋丈八十寿。今晨作书致文权、道始,告宗棠处划款已收到,正可挹注也。夜雨。

1月3日（壬申　二十日）星期三

晨雨旋止，仍阴，午后晴。依时入馆，先过雪村。到馆处理杂务。赴饭时文彬、坚吾俱他往，未晤。饭后与令涛、逸人谈，二时返馆。晚归小饮。夜芝九来，交到稿一批，取去稿费二千二百元。绍虞继至，谈邵家馆事不顺手，拟辞谢矣，移时去。夜半有警报，未详究竟。

1月4日（癸酉　廿一日）星期四

晴。依时入馆。发信各董监，定一月八日下午召开第十四次董事会。赴饭时仍未晤文彬、坚吾，盖辍讲已五日矣。晚归小饮。放生近作单帮兜来板油三斤四两、食盐十斤，以三千六百元酬之。夜过录胡批本《书目答问》并为公司拟有设置子弟助学金章程草案，备提出董事会。

1月5日（甲戌　廿二日）星期五

晴寒。今日为雪村母夫人八十寿辰，晨与珏人携蛋糕一蒸前往视嘏，珏人留，余则与雪村入馆处分杂事。芝联自平来，今日到馆见访，午过雪村饮。午后入馆，傍晚复往村所，夜饭以后乃偕珏人乘三轮车以归。扰扰终日，至不安也。

1月6日（乙亥　廿三日）星期六

晴寒。上午九时警报，十时许解，下午一时又作，三时解。依时入馆，办理杂务。赴饭时已改吃包饭，盖公司中有伙食变动矣，仍未讲。下午以中见过，长谈至五时同出，至马霍路分途各归。正小饮时芝九来,告丁家属漱儿暂勿往教,盖回谢耳,因属中止前往。晨、夜均斠订《乾隆系年要录》并辑录禁书文献。允西谛约,同为翼云撰《中国文学大辞典》,先写人名,余任魏晋六朝之部,所惜无暇可资应付,将力谋腾时为之也。

1 月 7 日 (丙子　廿四日) 星期

阴,午后雪。上午过录胡批《书目答问》。下午立斋、大椿先后来长谈,大椿三时去,立斋四时去。笙伯来,夜饭后去。立斋见闻日扩,识亦精卓,谈次颇挹其益。午前继文将父命及坚吾之命来送到酒一坛,少留坐谈,抵午去,极感不安也。晚小饮。夜斠订《要录》并辑录禁书文献。

1 月 8 日 (丁丑　廿五日) 星期一

雪,入夜兼雨。依时入馆,仍徒步冒雪而行,套鞋为之渗漏,呼匠补之,费百元。赴饭时文彬未出,仍辍讲。为坚吾介绍雪村贴票。下午四时开第十四次董事会,到丐、村、予、宪、济及余(道始来沪得其电话因为之代表)。议决设置职工子女助学金,修改董监夫马费支给办法及总经理、协理、襄理加支交际费等数案,调整薪给及救济同人生活等紧急措置亦有提及,大氐守宪之旨为多。及散会,已五时四十分,与丐尊同行,在老北门上电车,挤甚,到家将六时半矣。夜小饮。晚饭后调集参考材料预备撰写魏晋六朝文学家人名条,仍过录胡批《书目》。

1 月 9 日 (戊寅　廿六日) 星期二

阴,午后晴。依时入馆。例行防空日,行途又见麻烦。发布调整薪给新办法及公布设置助学金。赴饭时文彬未出,仍休讲。下午三时得道始电话,谓明日即须在杭不能过访,余因走晤之,正在理书,坐谈移时,昆甫诸人至,即辞归。晚小饮。夜以防空且电限将至,早睡。

1月10日(己卯　廿七日)星期三

　　晴。依时入馆。整理文件,处分庶事。赴饭时为讲《尽心篇》"附之"、"以佚"、"霸者"三章,辍讲已十日矣,子敏、令涛未至。晚归小饮。夜小坐即睡。本拟开撰传记,以灯火故,不能寸进也。

1月11日(庚辰　廿八日)星期四

　　晴寒。晨开写魏人传记数百言。依时入馆。撰地名条。赴饭时讲"仁言"、"人之"、"舜之"、"无为"四章。晚归小饮。公司送到卅三年度董事夫马费万元,本年一月夫马费千元。夜过录胡批本《书目答问》,"子部"已毕。

1月12日(辛巳　廿九日)星期五

　　晴,下午阴寒。晨与珏人往银月村进点,珏即归,余则顺道过视潏家,仍于十时前入馆。赴饭时讲"德慧"、"有事"、"君子"三章。永宁公司又有征用说,雪村从叔同之后奔走营免,不识有效否耳。晚与索非均偕行归。夜小饮。饮后过录胡批本《书目答问》。

1月13日(壬午　三十日)星期六

　　晴寒。依时入馆。撰地名条。接诚之十一日书,附来续稿一章,请找算九千并加预支五千,合万四千元,即为汇去,定星一付

寄。永宁事正演化中,或可稍淡也。赴饭时文彬、坚吾俱他出,聊
为逸人等温理旧课,未上生书。晚归小饮。夜过录胡批《书目》。

1 月 14 日(癸未　朔)星期

　　晴,沍寒。晨过录胡批《书目》。九时许予同来,十时许西谛
来,长谈至十一时许乃辞去。午小饮。饭后仍过录胡批。笙伯、铭
青、德锜来,夜饭后乃归去。夜复过录胡批,至九时半始寝。

1 月 15 日(甲申　初二日)星期一

　　晴,沍寒,益以浓霜。晨起撰魏晋文人小传。依时入馆。撰地
名条。赴饭时讲《广土众民章》。西谛来谈。晚与丐尊过饮雪村
所。八时归,知修妹来境日非,而余无力时周之,愧甚。因念熊、鹤
漂泊在外,迄今犹未审确在何所,不禁悲慨,又失寐。

1 月 16 日(乙酉　初三日)星期二

　　晴,沍寒。依时入馆。撰地名条。复诚之汇款万四千。调孚
见告,翼云似蒙不幸,事业前途或有影响云。赴饭时讲"伯夷"、
"易其"、"孔子"、"鸡鸣"四章。晚归,哲生在,托代捐转租执照,以
文权不在沪,辞之,旋去。润儿同学蒋生济宏来下榻焉。夜与蒋生
小饮,因谈其家乡疾苦状,诚可谓水深火热矣,相与慨叹久之。是
日家中大扫除。下午二时有警报,旋解。

1 月 17 日(丙戌　初四日)星期三

　　晴,沍寒。依时入馆。处理杂事。赴饭时文彬未来,因辍讲。
下午三时空袭警报突作,旋闻北西南三面轰炸声,有人且见黑烟扬

起也。至四时改警戒警报。四时五十分全部解除。颂南见过,仍托售《图书集成》,以季易近著《清代毗陵名人小传疑年录》及《清代毗陵书目》赠余,少坐便去。有人告余在北车站见高悬人头两颗,谓系最近所拘获之车站不法黑帽子云云。乱邦用重典,宜有此杀一儆百之举,闻之颇为兴奋。周、罗此次继陈、吴来管沪市,或亦借此为自赎之机乎? 晚归小饮。麓钟之友冯君带来一信,系一月四日所托,仍言不克分身返沪料理云。明日将以此信饬漱儿转与涵侄。

1 月 18 日（丁亥　初五日）星期四

晴,沍寒未回。依时入馆。右臂酸楚大发,不能执笔作字,苦甚。闻人言昨日车站之事全属子虚,不禁大失望。相距咫尺,犹难置信如此,矧越在千里之外乎! 一切有作用之宣传其谁听之? 赴饭时讲"杨子"、"饥者"、"柳下"、"有为"、"尧舜"、"伊尹"六章。一时许警作,未几,发空袭警,三时始改警戒,五时乃全部解除。晚归,济宏在,以去南汇在轮渡遭窃,摸去县民证,不得不折回,须归乡补领始可行云。具饭款之,小饮而后去,大约须稍待始能再出矣。夜卧臂酸甚,此记咬牙忍痛疾书之。付电灯费十二月份三百廿五元。

1 月 19 日（戊子　初六日）星期五

晴寒,浓霜冻稍解。臂背酸楚加剧。依时入馆,坐坐而已。赴饭时为讲"诗曰"、"王子"、"仲子"、"桃应"、"自范"五章。托文彬为购写经黄纸两刀,计千有四十元。西谛来。四时出,过视濬儿,假万元与之,知伊日内须赴杭也。滋儿适在,因同归。晚小饮。夜小坐即睡,臂楚仍未减。

1 月 20 日 (己丑　大寒　初七日) **星期六**

晴寒,威稍杀。依时入馆。背臂酸楚依然。赴饭时讲"食而"、"形色"、"齐宜"、"君子"四章。下午二时空袭警报连作三次,四郊轰炸声较前此为频为烈,至五时始全解,与索非步行同归。纸张公司本约开董事会,以警未果。晚小饮。夜以臂楚不耐久坐,濯足后即寝。悦之夫妇及笙伯来。接刚主信,知正编著《丛书考》。

1 月 21 日 (庚寅　初八日) **星期**

晴。西谛约雪村、绍虞、调孚、予同午饮余家,各具肴一事。今日上午十时绍虞先来,出吉美红烧牛肉一坛。雪村继至,出陈酿三斤。西谛、调孚、予同先后至,谛出手制红烧牛肉一器,予同出鱼头豆腐一大锅,调孚则煮八宝腊八粥一锅,尤饶风趣,余仅具煎糟青鱼、咸肉辣酱、花生等数事而已,欢酌至二时乃散席,又闲谈至三时半乃各归。而警报又作矣,忽解忽急,四时始解。濬儿来,以闻警即引归。臂楚稍差,持笔仍酸麻也。夜仍小饮。灯下忍痛过录胡批《书目》即止。笙伯来,夜饭后去。

1 月 22 日 (辛卯　初九日) **星期一**

晴,夜月色甚皎,子夜后雨声作。依时入馆,处杂事。十一时有警报,十二时解。赴饭时讲"公孙"、"天下"、"公都"、"于不"、"君子"、"知者"六章,于是《尽心上篇》毕。为文彬书挽联一,悬腕疾行,臂楚转差,若据案为密行正书,则不可耐矣。买羊肝及冬笋共二千二百元。晚归小饮。夜过录胡批《书目答问》,四部已完,仅丛书及专家姓氏未录耳。

1月23日(壬辰 初十日)星期二

雨间之以霰,较寒。十时降雪,至下午四时始止,屋陇道路皆满积矣。昨夜天变,影响及于衰躯,臂背并不加楚,而意气萧索,起身后本待勉持入馆,以雨雪势不能不张盖,究难强行十里也,因未入,书函告予同,即令滋儿雪中送去,顺将润、滋、湜三儿学中成绩报告及缴费通知附去,希得助学金也。澋儿挈预、硕两孙来,饭后三时雇车去。过录胡批《书目答问》全部完毕。五时予同雪中来,伴漱儿往见罗女士,将介于勤业中小学任教职云。夜与珏人过饮达轩家,盖其子周晬设筵也。与丐尊、密先同席,雪村则未到。接芷芬卅三年十月九日信及同日汉儿十二号信,知余五月十四日八号信后竟未收到续书也。又收麓钟一月十八日浔信,复余十二月廿九日信,颇发牢骚,亦难怪也。

1月24日(癸巳 十一日)星期三

阴,融雪。依时入馆。为润等办助学金事。赴饭时讲《尽心下》"不仁"、"春秋"、"尽信"、"有人"四章。背臂少差。晚归小饮。知罗女士曾来引漱儿往见勤业小学孟校长,似有几分希望也。涵侄亦曾来,其母尚未出,麓钟信已示之,不识能格否耳?夜精神欠佳,且患咳呛甚剧,即睡。

1月25日(甲午 十二日)星期四

晴寒。依时入馆。撰地名条。赴饭时讲"梓匠"、"舜之"、"吾今"、"古之"、"身不"、"周于"、"好名"、"不信"、"不仁"、"民为"十章。晚归小饮雪村所,夜饭后归,知潏儿购票未着,决停止赴杭矣。余本不欲其去,闻之甚慰,然其心甚活,恐仍不免一行耳。在馆复刚主并为林子有稿复剑丞。

1 月 26 日(乙未　十三日)星期五

晴寒。依时入馆。撰地名条。赴饭时讲"圣人"、"仁也"、"孔子"、"君子"、"貉稽"、"贤者"、"山径"、"禹之"八章。晚归小饮。漱儿偕湜儿已往潏家,盖潏果于今日得票,挈顯孙去杭,属漱往照料也。夜小坐即睡,服调孚所赠麻黄片,哮喘稍戢。

1 月 27 日(丙申　十四日)星期六

晴寒。依时入馆。为实验费解释召开助学金委员会,决定作暂给,俟董会追认后再作正项开支。赴饭时文彬有应酬未到,因辍讲。与坚吾小饮,未终饭,警报作,俟至二时三刻空袭警又发,即行返馆,至三时半解除。晚归小饮。接洗人去年十一月八日渝书,知柳州焚失书货账件文书等甚巨,业熊、静鹤犹滞金城江候车云。天末兴怀,如何可已,只索以酒沃之已耳。前托文彬代办栗柴昨已送到,送人谓九担半,其实分量微有折扣,而又略浇水。时至今日,此等事已司空见惯,不足深责,否则经手人亦难乎其为情矣。今未见文彬,账亦无从算,且俟晤时再缴款面谢之。

1 月 28 日(丁酉　十五日)星期

晴寒。晨起作书,复吴鉴甫谢套鞋之赠。漱、湜留潏家代守户,三日未归矣,属滋儿往省之,顺道过候修妹,送千元与之,并小菜数事。午后接均一江山来书。(一月十四发,只两星期。)转告接滇电备知汉在西昌而熊、鹤已抵筑矣,甚慰。所恨去书不便,不能畅吐积绪耳。西谛来,长谈至四时许乃去。夜小饮。饮后看《诗馀图谱》。

1月29日(戊戌 十六日)星期一

阴,午后雨,入夜转甚,遂彻宵。依时入馆。处分杂事。赴饭时讲"齐饥"、"口之"、"浩生"、"逃墨"、"有布"、"诸侯"、"盆成"七章。付栗柴价连劈工送力共五万七千元。午后接思平手书,属将前存开明之《江苏通志》稿检送梁宅,因即飞书道始告之,属即来书交代,俾清手续。雪村见告昨夕恂如遭逢不如意,几致被诬作贼,盖渠薄暮踽踽独行,将访友于河南路东莱银行,邀之同饮,乃行至山西路、天津路,误入南京饭店之太平门,径登六楼,知有异,就询茶房。茶房即拘交账房,汹汹不可理喻,后出市民证为凭,说明在开明任事,始扣证令出觅保,于是昏夜踵雪村门,相挽同往作证,然犹大费唇舌,始告无事,狼狈之状,殆不堪言。名士固落拓,而南京饭店之蛮横(恃流氓撑腰)尤不胜诛已。晚归小饮。夜少坐便睡。

1月30日(己亥 十七日)星期二

阴,午后稍霁。依时入馆。撰地名条。赴饭时讲"之滕"、"人皆"、"言近"、"尧舜"四章。雪村出示小川爱次郎近日迭致冈村陆军司令官及近藤海军司令官谷大使与周市长、罗秘书长、熊参谋长三书底稿各一通,言甚切直,深谴其在华军人之不法且主撤废一切统制办法,放弃干涉中国政治甚至立时撤兵以期努力实现挽回已往之错谬云云。虽立言自占立场而意重心长,不失为彼中明达志士要,亦可佩者矣。其如发之太晚,诚所谓船到江心补漏迟耳。晚归小饮。夜查注《四部备要》各书卷数。

1 月 31 日(庚子　十八日)星期三

晨濛雨旋止,终阴。依时入馆,办杂事。芝九见过,盖假归苏州,昨始来沪也,谈有顷去。赴饭时讲“说大”、“养心”、“曾晳”三章。报载苏联战车已入柏林市郊,大局恐将急转,其殆天心厌祸、洗兵有日乎?下午一时许有警报,二时半解。晚归小饮。潘儿在,盖已自杭赋归矣,夜饭后去,漱、湜皆归来也。

2 月 1 日(辛丑　十九日)星期四

阴雨。依时入馆。撰地名条。赴饭时讲“万章”、“问章”,于狂狷乡愿之义,颇加阐发。电车又大减缩,电灯亦突令再照前限折半,且每晚只七时至十时供给。情势之紧出于意表,其殆物极必反已乎?今后度日必有一时甚不堪者,未识如何获济耳?夜年节祀先,即以仲弟祔并祝,告明岁开享敬桃先高祖(考妣)矣。祀后饮福,潘儿及三孙亦在,笙伯及闻老太太与焉。团团一堂,甚欣悦。时至今日,尚不失此乐,不能不仰托祖宗之灵矣。十时始各归去。

2 月 2 日(壬寅　二十日)星期五

晴寒,午后飘雪。依时入馆。撰地名条。赴饭时讲《由尧章》。于是《孟子》七篇毕矣。文彬等请于明年起讲《左传》及《论语》,已允之。午后文彬来谈,于纸张公司及利达厂间颇有小纷,余为略解之。晚归小饮。潘儿在,知道始母夫人昨日逝世,明日午后二时在安乐殡仪馆大殓云。

2月3日（癸卯　廿一日）星期六

大雪严寒。晨出，先过雪村，同行入馆。办鲜花圈两事，一用开明董事会名义，一则余与雪村合送之。十一时许电话知照纸张公司，旋即雇三轮车与雪村同往安乐殡仪馆吊孙母。晤尔嘉、颂南、星若、洛耆、文杰等，慰唁其尊人熙甫先生并继之、君毅兄弟，道始则以阻车尚未到。饭后三时犹无息，雪村因即先归。至四时，道始与文权始赶到，即时殡殓。余拜奠已，即偕珏人归，仍雇三轮车以行，以干雪故道中竟不见泥泞也。晚小饮。漱石来，于故乡现状历历言之，诚有水深火热之感矣。入夜，以电灯限度已满，坐油灯下闲谈而已。

2月4日（甲辰　立春　廿二日）星期

晴寒。午后绍虞来，谈顷，宗伟、宗鲁衔命来请，欲与商丧纪也。绍虞少坐便行，余亦旋出走看继之、道始、君毅昆仲，晤文杰、文权于其坐，拟定讣稿诸事，因留彼夜饭，至十时乃归，街寒灯昏，摸索而行，窘甚。

2月5日（乙巳　廿三日）星期一

晴寒，滴水成冰，夜大雪。依时入馆。为道始撰一联，上挽其母夫人云："三冬黯淡难驻春晖顾复恩深悲罔极，廿载蹉跎空负壮志承欢日浅悔无端。"自谓颇能道出道始心境，或且有以启之也。赴饭时文彬未晤。下午四时出，过道始，即以代撰联语付之，少坐便归，戒夜行也。晚小饮。红蕉幼女突患脑膜炎，医生络绎，终夜有声。

2 月 6 日（丙午　廿四日）星期二

　　雪,夜又增大,积庭较昨为厚。依时入馆。处分杂事。《江苏通志》稿已送出。赴饭时为纸张公司料理董会纪录。付一月份电灯费八百另六元,又较上月倍增矣。晚归小饮。夜仍默坐。红蕉幼女已略有转机。

2 月 7 日（丁未　廿五日）星期三

　　晴,午后又雪旋晴,严寒。依时入馆。知绍虞返苏未果,盖系沪车又不乘客,连日运兵关东,载来者云集四郊,上海殊露不祥之兆矣。趋避无路,抑且万方一概,亦只得听之也已。赴饭时纸张公司送余车马费一万元,属承嘉觌,却且不恭,直受之。午后四时许过道始,与其三昆弟商丧事善后,坐谈至五时许返家小饮。红蕉幼女已脱去危险期矣。夜为润儿讲《中庸》第一章。

2 月 8 日（戊申　廿六日）星期四

　　晴寒。依时入馆。为涵侄掉票十万元,盖其婿汇来之家用也。票系黄友记庄所出,付款处为肇兴钱庄。谣言四起,沪市人心颇见动摇。赴饭时与文彬、坚吾闲谈,余家里送火腿粽子六十只,分与之。送一棉制围巾与明晋。给金大五百元、李妈二百元。给金才五百元,华坤、阿吉各二百元。晚归小饮。漱石来,为购猪肚、猪肠两付,并为余家洗涤之,甚感,今夜下榻于此,明日仍须往德锜家也。

2月9日（己酉　廿七日）星期五

晴寒。依时入馆。以防空日故特提早一时行。处理杂事。绍虞屡往车站竟未成行。近日行旅之难，诚难于登天矣，可为发叹。赴饭时晤坚吾，未见文彬。下午四时肇兴庄支票退回，即赶归，命同儿持往涵所，属令即与前途交涉。此等事余向不问闻，今为通融借付，竟遇碰头，甚愤，不识日内能否了清也。夜小饮。入暝便息，免听剥啄干涉关灯耳。

2月10日（庚戌　廿八日）星期六

阴寒。依时入馆。为道始尊人修润悼启。赴饭时与修章、文彬、坚吾小饮，临行约年初二与坚吾同赴文彬午饭。午后良才见过，谈有顷去。涵侄来，送到建业银行支票五万五千元及现钞二万五千元，共八万元，即交还公司，尚短两万，须大除夕再清云。事实使然，亦无可如何矣。四时许出过道始谈，即以文稿还之。晚归小饮。夜竟无电，以是自来水同时失效，黑暗中井上汲取者络绎有声，彻夜不绝，余转侧枕上，殊欠良睡。不图上海乃有此境也。

2月11日（辛亥　廿九日）星期

雪，午后霁，终阴。馆中送书稿三箱至，处理分庋，盖略予分散以备万一耳。西谛来，送到稿费十万，度岁有资，深感故人厚谊矣。涵侄款事亦可藉以了清也。午后品珍来。傍晚出散步，寒风凛烈，小步即却回。入夜仍无电，就油灯下小饮，饭后略坐便睡。

2 月 12 日(壬子　大除夕)星期一

晴,夜半雪。依时入馆。处分杂事,并布告元旦至初四日放假。涵侄款了清掉近现钞八方。午往权、瀋家饭,文权已于昨日归,谈杭垣近状尚安。饭时,漱、滋两儿亦在。预、硕两孙均有不适,正延医服药,以故饭后少坐便挈两儿步归。途中又见新开到之日兵马步队甚多,润儿适亦出外,遇见之,归来竟为之感泣也。呜呼! 时至此日,国运颠沛已臻剥极之候,稍有血气者畴不愿立见光明耶? 乃实逼处此无缘引免亦惟有干叹而已。笙伯来。夜合家团坐吃年夜饭,仰赖祖先之庥,仍持有此福,何敢轻放。与家人畅饮尽欢,饭后打牌四圈,电灯亦居然复明,且延至十一时许始息,诚有盲而后视之感已。十二时就寝。笙伯留此度岁。涵侄剩款两方亦送到。未明时,全市闻烈炸声,余却未之觉。入馆后众口纷传始悉之,究不知何所何因也,然而人心惶惶矣。

2 月 13 日①(癸丑　元旦)星期二

阴翳终日,午后微露阳光,仍寒。晓起盥漱后设历代宗亲神位,率诸儿序拜。供圆圆,受儿辈拜贺,笙伯留此度岁,亦欣焉。午后达轩夫妇来拜年。傍晚佩霞来拜年。予同、西谛来谈,上灯乃去。余连日饮酒,腹中微有不适。午晚仍小饮,惟节进三之一耳。打牌四圈,大北。夜邻儿施放花炮,此事自战乱以来久悬厉禁,今

①底本为:"贞元交会录第一卷"。原注:"往成《巽斋日记》八卷,适终于甲申岁杪。世事日棘,度活日艰,善感者日虞祸至之无日,殆失有生之乐矣。余默察变端,觉天心厌祸,刚则必折,纵有助乱之志,已乏可据之资,虽处愁城,将见开朗。贞元交会,庶其慰余,因易题斯名,聊用自壮。容翁记于蝱椒山房之南窗。"

乃弛之,其强出头者已渐失钤束之力之征欤？

2 月 14 日（甲寅　初二日）星期三

　　清晨晴光熹微,巳刻朗晴,午后转阴,又见飞雪。上午十时率润、滋、湜三儿往雪村家贺年,晤绍先、达轩、哲生等,午饮而后归,途遇子如,知尚过余,未值,甚歉也。闻人言开来之关东军俱转拨赴台湾云。十时后仍驶电车。人言午后七时始进厂,未审确否耳。四时淑贞、佩霞及漱儿自外归,盖漱今日往屠家拜年也,垂暮去,余亦小饮。夜仍有电灯。

2 月 15 日（乙卯　初三日）星期四

　　晨阴,巳初放晴。看平伯《读词偶得》,妙绪络绎,殊见胜场,惟嫌微扭耳。漱、润、滋三儿往潘家拜年。品珍来留素饭,与之小酌。漱石来,留此小住。午后爕荣来贺年,甫坐定而警报作,未几空袭报又作,至一时三刻全解,想又有飞机过境耳。久不闻警报,骤闻似觉耳生,然仍不十分感恐怖也。机过又阴合矣。入晚与漱石、笙伯母子及余家人小饮。饮后漱石、珏人、笙伯、滋儿打牌,九时罢,余先睡矣。挈湜儿同卧。

2 月 16 日（丙辰　初四日）星期五

　　晴,午后阴。漱、润、滋、湜往仲弟灵前设拜,因而释服,饭而后归。丐尊来,智炎、沧祥来。丐尊留此午饮。午后均正来,长谈至三时与丐偕去。履善、周晖来。兆年来。爕荣婚礼,饬漱送去贺仪二千。下午笙伯侍珏人往伟达返店听书,据云尚好,暇日余亦将往一聆之。晚未饮。夜电灯八时即息,又缩减一小时矣。

2 月 17 日 (丁巳 初五日) 星期六

晴和,渐见春融矣。依时入馆。颂久等来贺年,因与雪村、予同答拜之,晤越然。接雍如电话,谓大夏有配给米三斗,可由绍虞领取,因备款万一百廿五元,饬人径送大夏会计处,掣取收条存馆。十一时半往纸张公司拜年,晤坚吾,未见文彬,午饮而后返馆。今日馆中提早散班一时,即各归矣。余因顺道过访道始,适道始出浴,晤其尊人及诸公子,少坐即行,适文权、潜儿来,因偕之归。珏人往伟达听书。权、潜出看李珍南,傍晚与珏人同返,因小饮。入夜权、潜去。是日红蕉家寄居雪村所之两小女接回,盖其幼女之疾已痊可矣。

2 月 18 日 (戊午 初六日) 星期

晴和,晨浓霜。九时宗伟来,请十时往晤道始。长谈过午,因留彼小饮,与其尊人及文权、仲章同席。午后二时返,涵侄及淑侄与两外侄孙俱在。有顷,雪村至,忽空袭警报作,半小时后解,雪村去,涵、淑等亦去。漱儿、笙伯本出外看电影,亦以警报未果,傍晚同归。入夜小饮,夜饭后笙伯去。

2 月 19 日 (己未 雨水 初七日) 星期一

晨微雨旋止,终霾。依时入馆。处理杂事。书达道始取《同声月刊》。赴饭时与文彬长谈。四时止,步至权、潜所小饮,珏人以往沧洲听书,先在矣,夜饭后偕行归。文权明晨赴杭。今日本来须看电表,查表员偏挨延不至,而限度已届,只得将总门关却,另燃油灯默坐耳。

2 月 20 日（庚申　初八日）星期二

　　阴，午后晴。依时入馆。撰地名条。午后有警，旋解。赴饭时与文彬谈。绍虞昨日自苏来，据云往返尚称顺利，带到翼之信，即转与铭青。晚归小饮。夜饭后绍虞见过，承惠加里牛舌一具，谈移时去。

2 月 21 日（辛酉　初九日）星期三

　　阴，午后晴。依时入馆治事。赴饭时与文彬、坚吾、世益小饮。晚归，漱石在，盖接翼之信后来询究竟也，夜饭后去，当以绍虞带来之六千元交与之。起潜见过，谓合众可以寄书，谈有顷去。将与馆中商酌再定移放之方。

2 月 22 日（壬戌　初十日）星期四

　　晴，晨大雾，薄暮落日上覆以虹，覆虹之上又叠仰虹半弓，色彩较鲜，移时始灭。儿辈皆见之以告余，不知主何祥也。依时入馆。撰地名条。赴饭时又饮。散馆归，与予同、索非偕行，据云同仁咸以生活煎迫为言，盖愁叹之气已弥漫各方矣。夜小饮。

2 月 23 日（癸亥　十一日）星期五

　　阴霾终日，夜半雨作，彻晓未停。依时入馆。撰地名条。赴饭时坚吾高卧，未之晤。电话谢起潜。图书暂缓移动矣，盖不但人力周章，抑且使人为难，不如姑休也。涵侄来馆掉票三万元，晚归携钞候取。夜小饮。珏人连日以操作过劳，感脱力，强起应付，入夜即卧。叶瑞庆来，留夜饭后去。

2 月 24 日（甲子　十二日）星期六

雨竟日通宵。依时入馆。沾衣濡裳,窘甚。雪村支四万八千元付余暂为济用,通计前后暂记二十万元矣。前途茫茫,长此不思为之奈何。(今日石米黑市已抵十万元云。)赴饭时文彬阻雨未出,与坚吾闲谈。下午四时在雪村所举行九届十五次董事会,在沪董监除文彬、荫良外全到,决议垫发三十三年度股息一分并结束子女助学金事。入夜聚餐,仍由言茂源厨司承办,肴馔尚丰,九时散归,雨仍作,因与丏尊合坐三轮车以归,价千元。抵家,珏人与漱、润、滋打牌待余,少坐便罢。

2 月 25 日（乙丑　十三日）星期

晨阴旋开,午前后时晴时阴,傍晚复燥。午刻绍虞来饭,饭后乃乾来,索非来,谈至三时许索非先去,乃乾、绍虞后去。霞飞路北、迈尔西爱路口突加封锁,据云华懋公寓(即十三层高楼)已指定驻兵,附近将划为警戒区,然则霞飞坊一带其殆邻于危境矣。薄暮丏尊亦以此事来询,相与嗟咨而已。笙伯来,夜饭后去。午晚皆小饮,非此殆无以排遣耳。

2 月 26 日（丙寅　十四日）星期一

晴。依时入馆。整理董会纪录并处分杂事。赴饭时开讲《大学章》。晚归小饮。知漱石、潴儿、硕孙及闻老太太俱尝来饭,已去矣。夜小坐便睡。

2 月 27 日（丁卯　十五日）星期二

晴,地润如膏。依时入馆,办理杂事。午与予同、绍虞、乃乾、丏尊、振甫、均正、子如、调孚、索非及西谛过饮雪村所,盖元宵点景,雪村以春酒为介也。即席雪村赋诗为示意云:"草草杯盘共一欢,莫因柴米话辛酸。春风已绿门前草,且耐馀寒放眼看。"余笑谓可命题草草词,相与剧笑尽欢,至二时半始散,仍返馆。以中见过,知于三日前由苏来,车中之挤自在意中,仍得把晤,则已大喜矣。谈移时去。晚归仍小饮,珏人手制甜咸团圆以进,家人融融合坐饮啖,乱世有此,诚奇福矣。

2月28日(戊辰　十六日)星期三

晴,地润较昨尤甚。依时入馆办杂事。看赵炳麟《怀旧诗话》。张孟劬(尔田)病逝,北平学术界又弱一个矣。绍虞挽之以联云:"词宗逝矣溯彊村而还首屈一指人间非其匹也,史学微哉自实斋以后独有千秋新会犹或近之。"盖所著《史微》直追章氏以上溯班郑,而平日论词又右朱夷王也,殊为贴切。赴饭时讲《大学传》三章。晚归小饮。珏人感冒未瘳,夜有咳呛。

3月1日(己巳　十七日)星期四

晴,地润如濯,午后大雨,间以雷电。依时入馆。西谛来。赴饭时讲《左传》"郑庄公克段于鄢"及"阙地见母",坚吾有事出,未及焉。晚归小饮。夜饭后笙伯来,移时去,携来翼之介绍漱儿于金刚公司信两件,明夕将令持见当事孔君,未识有否希望耳。

3月2日(庚午　十八日)星期五

阴雨转寒,午后风,地遂复润。依时入馆。撰地名条。文彬为购黑枣一包,计一八一斤,价八万六千三百元,将与同人分之备缺粮之需,甚感也。赴饭时坚吾生日,因小酌,饭后仍讲《左传》。晚归小饮。笙伯夜饭后来,打牌四圈去。

3月3日(辛未　十九日)星期六

阴雨。依时入馆。撰地名条。赴饭时讲《左传》"周郑交质"及"宋穆公属殇公"。公会平价米及昨购枣子均已分到,令润儿于饭后来馆携归,计米廿四斤、枣卅斤,该价尚未算出也。晚归小饮。夜打牌一圈,感无味,其下三圈属滋儿续完之。

3月4日(壬申　二十日)星期

晴,近午阴,终霾。竟日未出。涵侄来省,饭后与漱等打牌,傍晚乃去。笙伯下午来,陪润儿出购皮鞋,夜饭后去。知其厂中员工俱解散,恐住处发生问题矣。济之午后见过长谈,托代取枣子并知其长女公子定于二月初一日出阁。夜十二时空袭警报作,两时后始解,未闻有何声响,不知究为何也。

3月5日(癸酉　廿一日)星期一

阴雨,午后风,殊感料峭。依时入馆。雪村属发布三月起同人薪津再调整,计基本津贴照现支数倍给,生活津贴再加百分之二十,最高级为百分之百,以下依次递减百分之二十,统核开支已将百万,公司能力其殚矣,而天犹未明,为之奈何?赴饭时讲《大学传》四章至七章。接道始电话,知自杭归,将来访谈,迄未见至,殆以天雨乎。晚归,途遇颂南,且行且谈,至吕班路口而别。抵家,芝九在,托交人名条子,因留与共饭,长谈此次步返苏州及乘轮来沪经过,可资笑噱者甚多,行道之难如此,将不觉跋涉之苦矣。夜小坐,九时寝。

3月6日(甲戌 惊蛰 廿二日)星期二

晴寒。依时入馆。处分杂事。赴饭时讲《左传》"州吁弄兵,石碏大义灭亲"。晚归,有朱、洪二君来谒,出硕民书为介,盖皆黄埭乡师之学生也。询悉硕民近状甚佳,体健而兴不衰,七十老翁足以见慰矣。朱君有剧本稿一通欲谋出路,将为之向馆中一谈,少坐辞去。余仍小饮。夜饭后道始偕文杰见过,长谈至九时乃行,假《中国观人论》去。

3月7日(乙亥 廿三日)星期三

晴寒,仍见冰。依时入馆,先过道始,观其新收碑版拓片,谈至十时许乃行,到馆已将十一时矣。道始即饬人将拓片送余家,属为审理编次云。赴饭时讲《大学传》八章、九章。有葛志良者业航运保险,今日由文彬之介亦来参听。午后四时芝九来馆,取稿费二千七百六十元去,盖此次起,每件增至三十元云。剑三来,知后日或将归鲁。夜应文彬之招过饮纸张公司,盖其子小文将有远行,宴其同伴共行之人,有所属也。坐客唯坚吾、遇義、瑾士为稔,余俱不识,八时许散,坚吾唤车送归。

3月8日(丙子 廿四日)星期四

晴寒。依时入馆。撰地名条子。赴饭时讲《左传》"郑侵陈大获"、"郑公子计破山戎"及"滕薛争长"三段。晚归,途次闻警,二十分后解,犹未到家也,无怪路人皆仰看飞机矣。夜小饮。饭后笙伯来,打牌四圈去。余则就灯下看拓片,随翻十馀帖,已有复出者,盖碑贾巧立不同之目以售,其欺耳,可恨也,暇当为厘订之。

3 月 9 日(丁丑 廿五日)星期五

晴寒。依时入馆。撰地名条。午刻假章宅公饯剑三,到丐尊、雪村、西谛、济之、予同、均正、乃乾、绍虞、调孚、振甫及余,凡十二人,用五万馀元,丐以下各出二千,馀数归公司算,二时半散。剑三赋诗为别,余等乃返馆。是日又值防空日,晚归即小饮,饭已,犹未黑也。夜小坐,与家人闲谈,九时三刻就寝。

3 月 10 日(戊寅 廿六日)星期六

晴,仍寒。依时入馆。撰地名条。济之将于二月初一日嫁女,余致贺仪二千元,并为道始代送二千元。(公司亦送万元。)赴饭时讲《左传》"郑伯入许"。旧法租界留驻之法兵营今日被日兵缴械,法领事以次俱被拘,法商电车电灯公司等均被接收。上午路次布岗,形势甚紧张,下午即平静矣,不知越南是否有变动耳。晚小饮。夜饭后芝九见过,长谈至九时乃行,约明日下午在成都路味美酱菜店姚家聚谈。

3 月 11 日(己卯 廿七日)星期

阴晴间作,风甚厉。上午十时若兰女士来,将勘初命存问并询商一切,留饭而去。下午三时如芝九约,往访姚育才君,晤芝九及梦周,畅谈至薄暮复过越东酒店饮,初次相见,便扰姚君,滋不安也。八时许散归。看报知越南确已变色,但为日方镇压下去耳,究竟如何,尚待续展。

3 月 12 日（庚辰　廿八日）星期一

晨阴旋晴，地又还润矣。今日为孙中山忌辰，放假。午饭后与珏人过伟达书场听书，凡五档，只沈健安之《珠塔》尚不失典型，其次惟陈祁之《双珠凤》差可入听，馀真等诸自郐，卑不足道耳。六时散归。漱石、笙伯母子俱在，因共饮，谈笙、漱婚事，俟伊等考量后当有具体办法也。

3 月 13 日（辛巳　廿九日）星期二

阴，旋晴，地润，气燠。依时入馆。处理杂事。赴饭时讲《左传》"鲁臧哀伯谏纳郜大鼎"。晚归小饮。芝九来谈，取书去。任卓群来纠签名，去书卫生局请疏浚屋后粪池。近来市政日窳，道旁垃圾堆积，各处粪池四溢，而每季总捐辄有增加，返视外人管理时诚有判若天渊之叹，收回租界之谓何不将腾笑远邻乎？珏人、湜儿均感冒，润儿亦不免，夜皆早睡。

3 月 14 日（壬午　朔）星期三

阴，午后微晴，傍晚细雨，入夜加甚，终宵淅沥有声。依时入馆。撰地名条。赴饭时讲《大学传》第十章，全篇毕矣。午后二时与文彬、绍虞、予同、调孚、索非、雪村、守宪往金门酒楼贺济之长女公子静芬出阁，三时许始行礼，由颜惠庆征婚致词，颇切实扼要，无浮泛颂扬语，洵不愧老辈矣。茶点入席，仍与文彬等合坐，西稣、健吾参与其间，皆熟人，甚惬适也。四时半辞出，与文彬、索非同道西行，过大观园一看之，地虽小而布置甚精，四壁悬时人书画，亦颇不恶，惟生涯清淡，恐未能久持耳。逡巡一周出，已值微雨，文彬上车归,余亦与索非步归。夜小饮。看《南疆逸史跋》。

3 月 15 日(癸未　初二日)星期四

　　晴。依时入馆。处理杂事。赴饭时讲"曲沃并翼"。下午四时开第十六次董事会,耕莘、五良外俱到,道始、君毅偕来,东华亦来。会毕,道始兄弟约余饮海格路周家,商开吊设备诸事。饮后与颂南谈至十一时乃散,归途漆黑,虽乘车,不免摸索,心甚惴惴,此后诚当力戒夜行矣。

3 月 16 日(甲申　初三日)星期五

　　大雪,午后三时始止,复冷。依时入馆。处理杂事,第二期平价米分派讫。赴饭时晤周蔼如(前文瑞楼书坊经理)。饭后讲《中庸》第一章。后日道始母在静安寺设奠,董会暨同人公祭,雪村撰祭文一通并与余合挽一联云:"鹿车挽毂有古人风鸿案罢相庄喜兰桂盈庭不教潘鬓添新白,鼋渚称觞如前日事昔游难再觅叹江湖满地剩忆惠泉依旧清。"俱属余书之,五时半方毕。仍步归。夜小饮。珏人又感不舒,头痛,甚虑之。

3 月 17 日(乙酉　初四日)星期六

　　晴寒。依时入馆。处理杂事。赴饭时讲《左传》"周郑交战祝聃射王中肩"事,修章亦加入参听,听者日众而讲者无新义可敷,殊以为愧。下午接文权电话,知已归来。晚归小饮。润儿往省潘儿,携归衣箱一事,盖潘家将暂移杭州,以此为托也。

3 月 18 日(丙戌　初五日)星期

　　晴冷。晨九时许往静安寺临奠孙嫂时夫人,途遇雪村、品珍,

遂同入,宾客如云,幛联诔轴麟次,四壁无隙地,余忝任招待,实无
从招待,仅招呼熟人而已。午刻公祭,凡七起,开明列第三起,推耕
莘主祭,余读祭文。祭毕就饭,饭已客且星散,余亦与文彬、雪村、
品珍同出。(珏人、润儿十一时到寺,下午二时仍由润儿侍归,余未
偕行。)步至同孚路口,雪村乘车先行,品珍亦引去,文彬及余过访
医师唐坤元,有顷出,乘电车至抛球场,走石路,登汇泉楼听书,遇
沈鲁玉。五时散,余即归,知立斋来访,久候不及,去,甚歉也。晚
小饮。笙伯来,与谈婚事,力戒铺张。

3月19日(丁亥　初六日)星期一

　　阴,微雨午后止。依时入馆。撰地名条。赴饭时讲《中庸》第
二至八章。二时与耕莘同赴道始所谈耕莘托治事也。三时许出,
即归,未返馆矣。道始赠余石刻毛西河、朱竹垞象拓片,此石尚在
嘉兴,但上半已泐,是纸尚系初拓,故足可贵也。文权、潚儿及顯、
预、硕三孙将于明日赴杭,今日设馔享之,邀笙伯与焉。傍晚济之
偕刘炯来,属向道始道地,因作书交文权面说之,谈有顷辞去。夜
饭后权等先后去,漱儿即住潚家,俟伊等行后代为料理关锁然
后返。

3月20日(戊子　初七日)星期二

　　阴,午献晴,午后细雨即止。依时入馆。撰地名条。颂南为余
向盛氏索到《人范须知》十部,余为分送与开明图书馆、雪村、调
孚、文彬、坚吾等。赴饭时讲《左传》"楚侵随季梁劝随侯修政"。
文彬以文瑞楼所印《陔馀丛考》见贻。晚归小饮。知权、潚一行已
就道,惟随行黄君及行李三件见屏,未克登,须明日再试行矣。行

旅之难至于如此,真堪浩叹也已。滋儿感冒发热,午后即睡。

3 月 21 日(己丑　春分　初八日)星期三

阴雨,泛湿,气闷甚。晨出,雨中先过雪村,商调整公司人事,牵掣既多,恐亦未必能如志耳。到馆后处理杂事。赴饭时讲《中庸》九、十、十一三章。晚归小饮。漱儿已归,知黄君亦已成行矣。夜笙伯来,送到托买之热水瓶,移时辞去。作书与硕民,请书联。

3 月 22 日(庚寅　初九日)星期四

阴雨。依时入馆。撰地名条。赴饭时讲《左传》"郑大子忽辞齐昏"及"楚伐随获少师"。晚归小饮。今日为余五十六岁初度,又适逢本命日,甚难得,所惜天寒阴雨,景象殊欠佳耳。夜看《人范须知》。

3 月 23 日(辛卯　初十日)星期五

晴。依时入馆。撰地名条。赴饭时讲《中庸》第十二章。作书寄复刚主,附去第七次稿费及收据,顺催第六次收据。晚归小饮。芝九来谈,移时去。闻老太太今日来我家,将留此帮忙,俾珏人操作稍松,亦一佳事耳。夜看《陔馀丛考》。乃乾今日起留寓戒烟,未识此番究能果愿否。

3 月 24 日(壬辰　十一日)星期六

晴,春风料峭。依时入馆。撰地名条。赴饭时讲《左传》"虞公求玉求剑"及"斗廉佐屈瑕盟郧"与"祭仲立郑昭郑厉"。空袭警报突作,未见其他声息,至三时许解除。西谛来。晚归小饮。夜看

《人范须知》。

3 月 25 日（癸巳　十二日）**星期**

晴，风仍峭。上午九时许莲僧来，未几立斋来，长谈至十一时乃辞去。午后笙伯来，漱石来。岳斋来视其母。芝九傍晚来谈，以《人范须知》一函赠之。夜小饮。饭后漱石母子去。

3 月 26 日（甲午　十三日）**星期一**

晴。依时入馆。撰地名条。良才来，送家晋约，顺谈良久去。赴饭时讲《中庸》第十三章。朱觉《明日》稿已由世界退回，即作书送还之。铭青近营煤球厂，余为介绍开明及雪村共销吨半，计十三万五千元，饭后即以支票送交之，予同明日亦属送半吨也。晚归小饮。夜看《人范须知》。

3 月 27 日（乙未　十四日）**星期二**

晴，气较昨和。依时入馆。撰地名条。八时半有警报，九时许解，大氐又有飞机过境耳。东邻固不胜其扰矣。赴饭时讲《左传》"屈瑕伐绞"及"轻罗致败自缢事"。接刚主信，仍以南来觅事为言。晚归小饮。夜看《人范须知》。日间在馆见一廿九年中西药房所出之字典名《中国字典》，"中"字故为造作"壵"形，其中离奇光怪不一而足。作者为北平人马畅权，系一贯道中人，固无讶其妄作，而左道惑众，实不可不预为防范之也。顾此八表同昏之候，谁与言念及此乎？

3 月 28 日（丙申　十五日）**星期三**

晴。依时入馆。绕道由北京路、河南路行，市况大减于前，而饥丐掠食于市者时有所遇,为之嗟叹久之。在馆看瞿兑之《人物风俗制度丛谈》,并为图书馆清理入藏之件。赴饭时讲《中庸》"素位"、"辟如"、"鬼神"三章。明日、后日馆中循往例休业两日。立斋约明日下午过我谈,文彬、坚吾约后日上午踏青龙华寺,皆允之。晚归小饮。润儿又发疟疾,购奎宁丸投之。夜小坐即睡。

3 月 29 日(丁酉　十六日)星期四

晴。清晨芝九见过,谈有顷去。午后一时立斋如约来纵谈,及四时乃去,畅甚。渠近治经济史极有见,将来成书必可观也。夜小饮。润儿疟仍发,甚忧之。明日将重投奎宁也。昨夜十二时有警报,二时解,今日午后三时又有警报,四时半解。想天气晴明,此后将更频繁耳。

3 月 30 日(戊戌　十七日)星期五

晴。晨八时出,径赴文彬等约,途遇芝九,承送扑疟母星与润华。到福开森路电车站,文彬、志良、遇羲、坚吾、子敏、逸人俱已先在,乃同出汶林路,过瑾记桥,直往龙华,道周时见日兵,或运输,或开渠,殊见苦辛,未识若辈累累如此,内心究作何想耳,不禁长喟。十一时抵寺,周历而出,桃花未放,未免负负,即寺东一小茶馆憩焉。近午在茶馆对门一饭馆小酌,肴特丰而价较沪市廉三之一,足征乡郊生活终低于都市也。正进餐,警报作,再过茶馆小坐,有顷,仍循原路返至寺门,遇修章,盖约而未以时至者,悻悻先去。余等缓步北归,至瑾记桥南,警解,过汶林路,憩于志良之友黄君寓,复行入贝当公园小驻,移时乃出,至福开森路,文彬、志良别去。至善钟路遇羲亦引去,已四时矣。余乃与子敏、坚吾、逸人扬长步归,瀹茗坐谈,藉苏疲劳,至五时许子敏等辞出。夜仍小饮。润儿疟复作,延索非来诊,据断并无他症。

3月31日(己亥 十八日)星期六

晴和,已感微暖矣。依时入馆。看《人物风俗制度丛谈》。赴饭时讲《左传》"郑厉公出奔昭公被弑"及"齐无知作乱襄公被弑"事。有警报,两时后解。接道始电话,知昨日返沪约往一谈,因于四时赴之,顺携石麒所送来之墓志拓片六十馀件交之,并晤君毅,谈至五时归,仍以所携拓片托集中整理。据云文权移家后均平安也。晚小饮,芝九至,因留晚饭,出近作《风雨同舟图》题诗见示,盖其伉俪结婚已二十周年矣。润儿服扑疟母星后疟未至,然疲乏困顿不减,此疟诚所谓虐矣。接翼之信,为笙伯婚事探余口气耳。

4月1日(庚子 十九日)星期

晴。上午十时出,丏尊适来,因同赴雪村所,少憩再偕往山西路、宁波路三泰成酒家午饮,盖稚圭及此店小主人所约者。入坐移时,阮伯沆至,相与剧谈。警报忽作,有顷,空袭警报又作,随闻轰炸声六七响,余辈镇定处之,未终席,先后解除,至三时许乃离店复往雪村所,顺道过王星记看书画,四时半始归,仍与丏尊偕。入夜仍小饮。

4月2日(辛丑 二十日)星期一

晴,地初润,旋复燥。依时入馆。作书复翼之,于笙伯婚事颇有涉论。致道始、君毅,送还挽联及寄剩书并还馀款。上午十时、十二时两次空袭,后者未闻声响,前者则四郊均有轰炸及起火,地上高射炮大作,弹片四飞,颇有罹伤者。烈时窗户亦为震撼,较去冬之炸远为过之。赴饭时讲《中庸》"大孝"、"无忧"、"达孝"三章。偶翻及《廿五史补编》中之《汉书·地理志补注跋》,觉当时撰此颇费力,拟命儿辈录出别存,并将各书之有余题识者悉行抄出,或亦可观耳。立斋电话介绍漱儿往储能代课,约六时来余家面谈。届时余已先归小饮,立斋至,拉与共饮长谈,抵暮乃去。余偕出散步,至拉都路而别,漱儿定明晨前往储能试教。夜笙伯来谈。

4 月 3 日(壬寅　廿一日)星期二

　　昙,有风。晨出,先过雪村,谈移时乃偕行入馆。赴饭时讲《左传》"曹刿论战"。午后润儿送棉衣来馆。晚归小饮。漱石在,因与谈笙伯婚日诸事,旋去,而笙伯至。知漱儿试教尚好,或可胜任耳。夜与笙伯谈,九时去。

4 月 4 日(癸卯　廿二日)星期三

　　阴寒,入夜雨。依时入馆。处分杂事。西谛来。赴饭时讲《中庸·哀公问政章》二节。润儿来馆,即至坚吾所,请漆车板。晚归小饮。笙伯来,告已定南京路冠生园为结婚行礼所。接瀋上月快信。

4 月 5 日(甲辰　清明　廿三日)星期四

　　凌晨霰,旋止,近午晴,薄暮又阴。依时入馆,顺道过访道始,未起,即以顷所作复瀋儿书(漱、润、滋信附)交其家属带杭。到馆,看《人物风俗制度丛谈》。赴饭时讲《左传》"宋公子御说答吊辞"及"宋万弑君桓公定宋"事。午后三时许道始来馆,谈有顷去。

晚归小饮,岳斋在,因共饮。哲生见过,托代还书。夜饭后刘炯又至,仍托为道地,移时乃去。作书寄怀,翼及震渊,告择期为镛、漱结婚。(余已择定三月十六日下午三时。)漱儿就馆代课三日,尚能胜任,胸次为移去一石。

4月6日(乙巳 廿四日)星期五

阴霾风寒。依时入馆,先过雪村。报载日小矶内阁总辞职,苏联宣布废止日苏友好条约,人心乃大震奋,金谓祸盈乱戢之朕,民生其日见昭苏乎?赴饭时文彬未出,讲《中庸·哀公问政章》,仍未毕。午后丏尊出,颇有酌酒相庆意,余及雪村、予同、绍虞诺之,因于散馆后就村所集饮,雪村先归部署,予同且电话约西谛来会,比丏尊外出归,乃偕内山同来,终席乃不获畅谈,不识此老何不能世故如是也。八时许散归。

4月7日(丙午 廿五日)星期六

晨雨即止,午后微晴,终阴。依时入馆。撰地名条。赴饭时文彬仍未出,讲《左传》"郑厉公入国原繁缢死"事。前托文彬转属装裱之汤雨生题西河、竹垞像拓本已装就送到,纸心绫边需费二千二百元,较去春不啻二十倍矣。物价踊腾难可齐踪,言念及此,诚不寒而栗已。昨在村所聚饮,摊费人四千元,与他事比,此为大廉耳。晚归小饮。夜闲翻架书,电灯忽早息一刻,摸火点油灯乃得睡。

4月8日(丁未 廿六日)星期

晴,午后昙,向晚雨旋止,入夜加大,彻宵未歇。十时与润儿赴文彬约,步由居尔典路、白赛仲路、忆定盘路、大西路、惇信路乃到濮氏大生纸版厂。有顷,修章至,因同往中和造纸厂参观工场,近午返大生,又久之,坚吾、子敏始来,遂同往葛志良家午饭。饭后同游兆丰公园,游人尚多,而景象大非昔比,动物园尤狼败,邻地且圈为牧马场矣。三时许出,复往大生吃馄饨。四时许辞归,行至惇信路南口而雨至,即去一店家名八大王者檐下暂避。未几雨止,仍与润儿行,由白赛仲路径归,较晨出为近,路名纷更,致迷熟径,可慨也。夜仍小饮。笙伯来,归去时托携信顺投道始,盖道始约余晚饮高长兴,以脚疲,谢未往耳。渠明晨便发,不及握谈,故持柬与之。左额连耳至颐神经作痛,颇难受。

4 月 9 日 (戊申 廿七日) 星期一

晨雨即止,终阴。依时入馆。向公司借十万元拟以所藏《四部备要》售与之,然尚未议价,先支此数以应眉急。赴饭时讲毕《中庸·哀公问政章》。今日为防空日,改用鸣锣发令,是诚收兵之兆矣。晚归小饮。夜暗中少坐,九时即睡。偶忆阮文达撰“学海堂”联云:“公羊传经司马记史,白虎德论雕龙文心。”殊服包容之广大,极佩浑脱自然也。

4 月 10 日 (己酉 廿八日) 星期二

阴,午后晴,乍又阴。依时入馆。撰地名条。赴饭时文彬未出,讲《左传》“陈公子完奔齐托根”事。晚归小饮。刘炯又至,谈良久乃辞去。杭州事已付渺茫之境,而渠犹系望,可闵也。漱石来,夜饭后去,属将送与德锜之产妇羹及汤饼之敬两份(一贺锜,一贺铭青之妹,共八千元)。携往朱家。笙伯来告,礼堂事筹备楚楚矣。

4 月 11 日（庚戌　廿九日）星期三

晴。依时入馆。撰地名条。赴饭时讲《中庸》廿一至廿五章。芝九托装之书已由装作交来，今午芝九来馆携去。及余晚归小饮，芝九复来家闲谈，移时始去。漱儿婚期已为友朋所知，连日有送贺仪者，甚感扰人之不足而未能免俗，此心终歉矣。

4 月 12 日（辛亥　朔）星期四

晴煦。依时入馆。处理杂事。赴饭时讲《左传》"晋骊姬与二五耦构间"。晚归小饮。漱石、笙伯母子并在，夜饭后偕去。

4 月 13 日（壬子　初二日）星期五

晴煦。依时入馆。美总统罗斯福逝世之耗传于时人，心为之大震，虽局势已定，初不因一人之存亡易国策，而主事者中道殂谢，其于政军各方终不无影响耳。赴饭时讲《中庸·无息章》。晚归小饮。夜十一时梦中突闻烈炸声四五发，为之大惊，遂闻空袭警报频作，始征此响为美机之弹之所致，嗣后时解时作，直至天明五时始解，前后凡四度发空袭警报也。阽危至此，诚不知伊于胡底已。

4 月 14 日（癸丑　初三日）星期六

晴。依时入馆。知昨夜汇山码头遭炸，有运物船多艘沉毁云，然市场买卖仍高其价，似无何等影响，诚莫名其妙矣。赴饭时讲《左传》"有神降于莘虢兆灭亡"事。晚归，组青在，因与谈洽漱、笙婚礼。夜与珏人及丏尊、雪村、索非三伉俪赴均正伉俪磁婚筵，临时有雨，陈君伉俪参与之，鸳会前途益蒸蒸矣。雪村先已有诗，余步韵踵贺之。录如下:"酬歌今日此当筵,春满人寰景物妍。离乱益坚三户志,贞元会见九州全。画眉韵事修无缺,绕膝清娱乐永圆。好教青林晴雨鸟,羞将冷眼负华年。"(乙酉禊辰欣值均正、国华磁婚,雪村仍用贺丐尊琼婚诗原韵转更其次,赋以为祝格创卷帘,是殆有倒挽年光、返老还童之征意乎。余戏步效颦,藉申欢庆,兼以白志末联,盖袭舒铁云咏鸠诗意,嗤彼薄俗益以征我同盟鸳俦之弥足自傲云尔。)

欢笑竟席,电灯已息,别用打汽油灯继之,流连至十时后乃各归。子夜一时又有警报,仍先闻机声、炸声、高射炮声而后作防空之谓何。扰扰终夜,天明始解。

4 月 15 日 (甲寅 初四日) 星期

晴。唤金才来擦窗,并为漱新房搬置家具。丐尊过我,邀往午饮。午后坚吾、子敏见过,承以衣料三端为奁赠(其中之一系文彬者),谈移时去。晚小饮。夜饭后绍虞来谈,八时去。

4 月 16 日 (乙卯 初五日) 星期一

晨微雨旋止,午前放晴。依时入馆。处分杂事。赴饭时讲《中庸》"大哉圣人之道"章。午后四时出席九届十七次董事会,决议救济同人临时办法及调整薪给事。会后与文彬、济之同乘电车以归。晚小饮。夜理琐事,九时就卧。

4 月 17 日 (丙辰 初六日) 星期二

阴晴迭见,夜深雨。依时入馆,办杂事。接刚主近信,知稿已有成数矣,惟寄递为难耳。赴饭时讲《左传》"晋作二军毕万赐魏"

事。晚归小饮。夜看吴契宁《实用文字学》。

4月18日（丁巳　初七日）星期三

　　阴雨。依时入馆。以左足胶鞋渗漏，袜尽湿，假于绍虞以易之始得安坐。托雪村买苏州仿绍一坛，计一万三千元，车力两趟，又加一千一百元，供日用兼资喜用焉。赴饭时讲《中庸》"愚而自用""王天下有三重"两章。文彬以雨未出。余久困于日用，前日与雪村言拟以所藏《四部备要》二千五百册售于开明图书馆，俾易米自救，几经磋商，今日始由西谛、予同之居间言明，以储币八十万元为代价，一俟交割当可稍纾积困也。午后大雨，散馆时尤甚，俟至六时乃与均正偕步归小饮。润儿今日下午六时至九时初次值自警团岗位，盖五日前保甲处通知者也。无聊之至，乏力买人代岗，只有挺身植立雨中耳。

4月19日（戊午　初八日）星期四

　　晨阴，旋放晴。依时入馆，先过雪村。复刚主寄第八次款及收据，顺催第六次据。为图书馆清理入藏事。文彬来言，购米事已有眉目，因定明日召开临时董事会取决之。赴饭时本拟讲课，因须通函董监，即返馆办理其事，未果讲。晚归小饮。夜饭后刘炯来谈，谓浙厅已发表渠任海盐县财政局长，出道始手函示余，察其意，仍未愿就此耳。闲谈有顷辞去。笙伯今日由厂中移住余家。接恒产公司通知，四月付租须带付水费五百十五元。本处房租原包水费在内，而此次突然加收，已属非分，且近来之自来水可笑实甚，每日时间既少，水量又微，反须增收费用，殊无理由，但彼以军管理为名，此间直无抗议之馀地，硬遭恶感，又谓之何哉！

4 月 20 日（己未　谷雨　初九日）星期五

晴。依时入馆。仍为图书馆治书。赴饭时讲《中庸》"仲尼"、"至圣"两章。坚吾以出席文具业公会理监事会未与听，志良亦未到。午后四时在复轩举行第一次临时董事会，通过筹款购办食米救济同人办法，明日下午雪村、文彬、守宪将亲往颛桥采办焉。晚归，约西谛小饮，饮后长谈至八时乃辞去。

4 月 21 日（庚申　初十日）星期六

晴。依时入馆。绕道至河南路森义兴吃小肉面，价六百元，较昨在西新桥天香斋所吃鳝丝面须八百元者已为廉矣。今日途中见标语迭粘，知在大光明戏院开统一救国民众会，名目新奇，而所揭标语之最触目者为"反对列强在中国大陆作战"，不曰英与美而曰列强，其中殆包有日本乎？何以敢言如此？岂先得彼方之同意而出此乎？真微妙之极致矣！《四部备要》款八十万元已收到，即交由文彬作贴票。旋得李修章所开五月廿二日期文祥钱庄（宁波路二二二号，账号六七三号）支票二〇五二六号一纸，计百万元（其中有雪村四分之一在内，旋即声明不参加），当收存公司铁箱中，如时局无变动，届期当可多出廿万元也，平生为放款取利事此实第一遭耳。赴饭时讲《左传》"狄灭卫卫人拥立戴公庐曹"事。文彬言颛桥适有人来，可不必去，明日当有成价可报云。晚归小饮，铭青来，因共酌，漱石亦在，夜饭后铭青去，漱石留。夜十二时许警报作，半小时后空袭警报九发，一时后转警戒，二时乃解除。月色甚好，纤毫可辨，深为惴惴。

4 月 22 日 (辛酉　十一日) 星期

阴霾。晨九时绍先见过,承送奁敬,坐谈移时去。午刻文彬以事过霞飞坊特来访问,适余小饮,因共酌焉,少坐去,既而复来,西谛亦至,长谈移时乃先后去。三时许芝九来,亦承送奁敬及化妆品,坐谈良久去,为儿女姻事迭烦亲友劳扰并躬自捧到,真殊遇也。晚小饮。夜早睡。

4 月 23 日 (壬戌　十二日) 星期一

阴。依时入馆。处理杂事。文彬买米事未落局,盖钱尚未能交去也。赴饭时讲毕《中庸》。历乱只得草草,甚不满耳。苏联军队已攻入柏林,初尚捺住,抵晚号外纷飞矣,时局急转直下,如丸走坂,能早结束,则如天之福也。晚归小饮。漱石在,盖自德锜家返此,为其子忙于打扮新房耳,大约将有一阵盘桓也。夜围谈至九时电灯息乃各就睡。

4 月 24 日 (癸亥　十三日) 星期二

阴,时有微雨。依时入馆。办杂事,并为图书馆登记入藏事。赴饭时讲《左传》"晋献公命大子申生伐东山皋落氏里克狐突诸臣各抒所见"事。公司配给同人之米已由文彬向颛桥姚永丰米店办妥五十石,将于下周分批送达,散馆时雪村召集全体同人发布之。晚归小饮。夜为漱儿书定结婚仪节。

4 月 25 日 (甲子　十四日) 星期三

阴雨湿闷。依时入馆。办出米手续,措款交由文彬购定之,计

每石十万外加送力(一成)云。赴饭时重讲《中庸》末章。晚归候
文权、潘儿及翼之夫妇,皆不至,甚念。正小饮间,翼之到。(其夫
人以孩病车挤竟未果行。)因与共酌,长谈至夜十时乃各就寝。

4 月 26 日(乙丑　十五日)星期四

晨阴旋晴,夜月色甚姣。依时入馆。处分杂事。赴饭时讲《左
传》"晋荀叔献计假途侵虢"。晚归小饮。悦之夫人昨晚到,潘儿
仍未至,极感怅惘。夜十一时潘儿独来叩门,盖杭州又因事闭城直
至今日下午始得购票来沪,幸月色照之,否则沿途冥索矣。因起与
谈,十二时后乃就寝。至一时许警报突作,继以空袭汽笛陵乱,遥
闻轰炸声。至三时半始解,深忧潘儿已到来,致露受虚惊也,然终
宵为之失寐矣。

4 月 27 日(丙寅　十六日)星期五

晴朗温煦。上午在家料理漱儿喜事。午刻与翼之、岳斋等小
饮。饭后二时往冠生园督人布置礼堂,未几,宾客云集,所歉地位
逼侧,回翔殊感不舒也。三时行礼,请雪村证婚,索非司仪,逾时成
礼,茶点而散,余仍与滋儿步归。夜为笙伯、漱儿治花筵,与翼之、
铭青、岳斋及家人等团坐欢饮,饮后儿辈闹房,至八时许乃令铭青
及涵侄等分头归去,翼之亦偕往铭青所宿焉。组青偕润、滋两儿往
宿潘儿家。

4 月 28 日(丁卯　十七日)星期六

晴煦。晨入馆,谢同人莅贺并致品珍、云峰及三老司务茗敬,
十一时回,十二时两家会亲,雪村夫妇、铭青母子及其他戚属等并

翼之诸人凡三席。肴核俱由漱石手制,尽欢乃散。午后,惟铭青及其姊婿吴继高、屠渐霖留此打牌。入夜复饮,不觉过量,竟大醉。十一时许不发警报而炸弹与高射炮竞作,家人俱惊,不能寐,而余独酣睡如故。及二时醒来,见月色满天,四野寂静,仍入睡。天明酒作欲呕,始霍然起,家人见告,乃备知之,亦可谓奇遇矣。傍晚芝九见过,以吴君伟所书隶字小幅相贻,甚感之。

4月29日(戊辰　十八日)星期

晴。余病酒依榻,莲僧、西谛先后见过,翼之、铭青翁婿亦来,自不能饮,具酒酌谛而已。夜仍小饮,以解宿醒。潜儿午后三时车返杭,润儿送之北站,居然平安上车。下午四时杭州德丰绸庄孙君来,带到潜信及图章仪物等,即照收。惜迟来一步,未及与潜儿晤,因书条与之。翼之今夜仍宿铭青家,明日亦乘车返吴矣。

4月30日(己巳　十九日)星期一

阴雨。依时入馆。处理积事。公司配米未到,原有种种关系,而乃乾倡首作难,颇失常轨,余不得已面折之。赴饭时文彬未出,遂辍讲。铭青电话告翼之今晨成行,出站登车尚顺利云。写信快寄潜儿,告德丰便人已晤及。明日起邮资将大增,举凡电车、电灯、自来水、公共汽车等等一律照现状再加三倍,推想其他艰窘可知矣。晚归小饮。漱石入城小住庄家,惟悦之夫人携一小女留此。

5月1日(庚午　二十日)星期二

初阴雨,旋放晴。今日劳动节,公司照向章休假。西谛约往午饮,正欲出门,刘炯至,出电稿示余,谓仍拟赴杭云。谈片刻送之去。因遂诣谛,坐上有绍虞、雪村、予同、调孚、济之诸人,欢谈至下午四时乃散。余与予同、济之、调孚复过蕴华阁,略事盘桓始分途各归。到家,弟妇率淑侄及外侄孙麦林在,漱石亦至,悦之夫人暨其少女均在闲谈,晚饭讫,先后辞去。连日栗六纷扰,至是始少宁。在西谛所假得康熙钞本《文渊阁书目》一册,较刻本多出一千馀种,洵奇秘也,拟副录存览然后归之。又见吴眉孙卖书词"沁园春",颇有先得我心之感,而词境殊类稼轩,因录之:

> 自我得之,自我失之,何用慨然。况兵戈未息,时忧劫火,米盐不给,屡损盘餐。炳烛微明,巾箱秘本,能得馀生几度看。私自喜,喜未论斤称,不值文钱。也知过眼云烟,只晨夕相依四十年。记小妻问价,肯抛钗珥,骄儿开卷,解录丹铅。良友乖违,宫娥惨对,此别销魂绝可怜。还自笑,笑珠亡椟在,旧目重编。

5 月 2 日 (辛未　廿一日) 星期三

晴。依时入馆。为图书馆入藏书录目。铭青来,还代买酒钱并洽济之煤款。刘炯又来,旋去。道始来,与谢树人偕,谓前晚到沪,携到潘信,知当天安抵杭州,甚慰。拉余同往二马路老正兴馆午饭,饭后余往纸张公司,道始则乘三时车返杭矣。硕民书来,寄余七言联一,前所求者今得之,极欣快。为文彬、坚吾等讲《论语·学而篇》。维文见过,谈伯樵近状,甚慰。有陈子彝者来看,予同偶见,余谓似相识,谈悉为草桥旧同学,盖陈墓王里万之内侄,而里万及三李(冕英、印潮、炳常)则早化异物矣,闻之黯然。报载墨索里尼为米兰民众所枪杀,陈尸广场,希脱拉亦在柏林为部下所戕,元恶伏辜,天心其殆转运乎?晚归小饮。

5月3日(壬申　廿二日)星期四

晴。依时入馆。撰地名条。书复硕民告近状,并谢书联之赐。赴饭时讲《左传》"齐侯侵蔡伐楚"事。济之煤款已洽办。米尚未起配,殊焦灼。晚归小饮。夜小坐便睡。

5月4日(癸酉　廿三日)星期五

昙,午后雨,傍晚晴。依时入馆。撰地名条。赴饭时讲《论语·学而章》毕。文彬以事在中华书局理纸,雪村电话与洽谓米于今明即可配送而乃乾又大放厥词,讥评无所不至(调孚见告),此人染癖以还,性情大卑,其将不可救药乎?散馆时过雪村谈。晚小饮。夜少坐即睡。十一时许空袭警报突作,越一时许转一声警戒,竟未闻其他声响,亦不知何时解除也。

5月5日(甲戌　廿四日)星期六

晴。依时入馆。撰地名条。上午十时乃乾又为米事絮聒,而头批配米六石半送到开明,文彬亦在场照料,因将送米回单全交与送米人,属为按址分致,汇总给力,虽一时未必骤告完竣,而头绪已得,当可逐步办了也。午刻在坚吾所举行蝴蝶会,参加者七人,坚吾外,为雪村、文彬、修章、子敏及余与叶君,人出两肴,以后拈阄定次,余论列于八月云。畅饮至三时始返馆。晚归复小饮,入夜少坐便寝。组青来,夜饭后与润、滋宿瀋所。

5月6日(乙亥　立夏　廿五日)星期

晴。漱石昨夜来,为余治馔,今午宴子敏、坚吾夫妇及继文夫妇与其二妹,盖谢、唐二君有意与润儿作伐绍介濮氏,今特为此相见,俾先走动,俟有缘结合时再议联姻也。午后珏人偕诸宾游公园,近晚宾客俱去,惟漱石留。夜仍小饮。铭青来。

5 月 7 日 (丙子　廿六日)星期一

昙。依时入馆。撰地名条。昨今两日应送之米俱已到,预计明后日中全部可毕矣。赴饭时讲《论语·为政篇》一至八章。晚归小饮。晨夕均抄漫堂本《文渊阁书目》。

5 月 8 日 (丁丑　廿七日)星期二

晴。依时入馆。撰地名条。赴饭时文彬、坚吾俱以应酬出饭,遂辍讲,而志良却来,略谈而去。公司配米今日已大致就绪,所缺惟店中三人及公存馀米耳,一切浮议自可扫空矣。晚归小饮,西谛、济之来参饮,少须即去。夜抄《文渊阁书目》。闻杭州米价陡涨并地方有不靖说,至念孙、聂两家也。德军已全部投降,英、美、苏将会同宣布欧洲战事结束。

5 月 9 日 (戊寅　廿八日)星期三

晴。晨钞《文渊阁书目》。依时入馆。撰地名条。赴饭时讲《论语·为政篇》。文彬为余购致白米(常熟厚粳)一石,计十三万元。欧战结束已公布。晚归小饮。今又值防空日,故入夜即睡。

5 月 10 日 (己卯　廿九日)星期四

晴,奇燠,午后起风,入夜大雨,有雷电。依时入馆。撰地名条子。赴饭时讲《左传》"晋骊姬谮杀太子申生"事。晚归小饮。芝九来谈,移时去。夜钞《文渊阁书目》。

5 月 11 日(庚辰 三十日)星期五

　　晴。依时入馆,先过雪村谈。撰地名条。赴饭时知米价又涨,第二石恐又须再加矣。饭后讲毕《论语·为政篇》。晚归小饮。散馆前以中来,因偕余及予同同出,行至西藏路而别。夜小坐,绍虞至,谈一小时馀去,余亦就寝。

5 月 12 日(辛巳 朔)星期六

　　晴和。依时入馆。处分杂事。公司根据上月临时董事会之决议,已将应发职工之米贴奖金等款于上午办讫,余应得六十二万七千四百元,除去以前宿欠及先发平价米欠款共三十一万一千四百元,实支三十一万六千元,托子如存入振源钱庄,账号四一五一,今后十个月内月支仅三万馀元,无调整之望矣,不得不就此款生息补助,而目前托文彬购米两石之款待付,所存亦无几耳。乃乾已由雪村面洽解雇,伊在馆日浅而多所讥讪,于当局设施颇为之动摇,余力引去,先负疚实切,今得解决,如释重债矣。人心难知如此,诚学到老学不了哉!赴饭时讲《左传》"晋灭虢袭虞"事。晚归小饮。接潏儿五月十日书,告将返沪,大概于十四或十五来,但云如道始不离杭则亦暂留也。夜小坐,闲翻,九时许就睡。

5 月 13 日(壬午 初二日)星期

　　晴。晨与珏人同出,在重庆路侧一点心摊上吃小馒头,徜徉归来,未知丐尊曾来看我。钞《文渊阁书目》。近午正在小饮,丐尊又至,邀往其家同酌,据告战局有收束望,旧金山与会诸国曾有觉书提向日本,促于今午十二时以前答复云。果尔,则快速极矣。不审前途有无变端耳。午后归,若兰在,因与谈,且谈且钞《文渊阁书目》,薄暮,留之晚饭,余仍小饮。七时若兰行。夜又钞《文渊阁书目》。

5月14日(癸未　初三日)**星期一**

晴,午后有北风,傍晚遂雨。依时入馆。撰地名条。赴饭时讲《论语·八佾篇》首八章。漱儿有疾,珏人伴往惠旅医院诊治,若兰佐之,颇周妥。组青往西站候濬儿未得,润儿亦往,废然返。余晚归小饮,组青在坐,告知之,适缘雨作且大风噫块作声,因留组青下榻焉。夜钞《文渊阁书目》。子夜后雷震大雨,平明霁。

5月15日(甲申　初四日)**星期二**

晴,气转冷。依时入馆。撰地名条。赴饭时讲《左传》"晋夷吾奔梁"、"许僖公面缚降楚"及"申公被杀"三事。午后四时出席十八次董事例会,五时散,与济之偕行归。晚小饮。今日起,又须常期防空,故入夜即由保甲中人沿门狂叫关灯,其实十时后始然,而奉行者每喜过分讨好,殊可笑,亦可怜已。冥坐中听儿辈讲故事,颓然入睡。傍晚芝九见过,属为光实选试卷。

5月16日(乙酉　初五日)**星期三**

晴。依时入馆。撰地名条。赴饭时讲《论语·八佾篇》第九章至第十五章。午后鉴平见过,知将返苏。光实高初中作文比赛卷已分托绍虞、调孚代阅评,各抽五卷,以甲乙为次,即携归候芝九来取。晚小饮。夜防空较昨缓。报载日宣布德日意三国公约撤废,是明明解散轴心矣。交调孚代存大米(参加集团套利十单位)。

5月17日(丙戌　初六日)星期四

晴。依时入馆。闻远处有爆炸声六七发,既无警报,竟莫悉其详也。撰地名条。和成银行汇来储券十万元属转勖初,想由其子济华托划者,因代取出掉换现钞,即电话通知若兰令来取。赴饭时讲《左传》"郑子华奸命管仲谏桓公辞之"之事。午后二时若兰来馆,即以款授之。三时鉴平复来,取昨托改之文件去。晚归小饮。夜十一时王明德自杭来,携到濬儿手书及行李三件,月圆后将赋归矣。时值防空,无灯而暗中叩门,彼此俱不免扰扰,及送明德出,已将十二时,竟失寐。湜儿夜发热。

5月18日(丁亥　初七日)星期五

晴。晨起知湜儿热未退,甚虑之。依时入馆。撰地名条。调孚交到大米存折一,账号八八二六,折号一七〇八七,户名亦用容记(振源同)。赴饭时知米价陡涨,曹河泾镇已卖十六万元一石矣。适纸张公司有颛桥定米五石送到,情让一石与我,以十四万五千元计,因属送米人即送家,贴费千元,连前一石十三万元,合需廿七万五千元,乃纸张公司特支项下赠我十万元,坚却不果,遂找付十七万五千元与文彬,了此一案,屡承推惠,真铭心难忘矣。接麓钟四月廿八日九江快信,已就任新建县长,不日视事云。晚归小饮。请索非为湜儿诊治,据云慢性气管支炎,尚非危症,用无味奎宁粉投之且通便,夜解一次,平明又解一次,惟热尚未退尽耳。

5 月 19 日（戊子　初八日）星期六

阴,午后间晴。依时入馆。撰地名条。十二时与雪村偕过子敏、坚吾,同往南市叶维崧家宴饮,叶君为新加入酒会之一人,其家治馔甚精,子敏所介,试之果不虚传耳。三时许辞出,与雪村同乘以归。视湜儿兼省丏尊焉。丏尊感冒已稍愈,而湜则热仍未净,谈有顷,雪村归去,余亦不复入馆。傍晚索非来诊湜,据云已稍减,不致变肺炎矣。小饮时芝九来谈,因以绍虞、调孚代选定之卷子交还之。夜湜服阿司匹灵后热竟退,但至平明大解后又呼冷,移时感热,大类疟疾也。

5 月 20 日（己丑　初九日）星期

阴,偶间细雨即止,夜半风作,大雨达旦。湜状依然,仍服无味奎宁,热势终不退尽也。滋儿与笙伯往北站接翼之夫人,下午五时候到,径如铭青所宿。晚饭后滋与笙归来,告知之。上午十一时余与珏人挈润儿应文彬之邀往民厚南里一二一号其本宅午饮,子敏、坚吾亦与焉。饭后往静安寺阅市,盖浴佛庙会今日为最后一日也,地摊上购得小碗八件,小碟两事,费三千元,三时半告归。傍晚仍小饮。

5 月 21 日（庚寅　小满　初十日）星期一

阴雨。依时入馆。撰地名条。赴饭时讲《论语·八佾篇》毕。修章所出文祥支票饬金才解存振源。晚归小饮。夜与家人闲谈。湜儿热仍未尽退,然神色已渐复矣。矜张之家不知又须化用若干也。

5月22日（辛卯　十一日）星期二

晴。依时入馆。撰地名条。予同见告思平昨过其家，以久不见，欲于今晚约余及文祺同往长谈云。赴饭讲《左传》"葵丘之会"及"晋荀息以身徇言"事。下午思平有电话与予同，坚约偕往，因于散馆后赴之。坐定，文祺至，纵谈至七时小饮，至九时半乃散归。湜儿热仍未净，岂如前清、润所患之上海热乎？

5月23日（壬辰　十二日）星期三

晴爽。依时入馆。撰地名条。处分已有钱债，亦甚周章。赴饭时讲《论语·里仁篇》。晚归小饮。文权全眷自杭还，暂住余家。夜团聚长谈。此番道始亦倦游将归，闻之甚慰。

5月24日（癸巳　十三日）星期四

晴。昨夜有人闻爆炸及高射炮声，未审何许，而余为湜儿小病所缠，此时竟入睡，未之闻也。依时入馆治事。午赴铭青家贺其诞儿庆满月，珏人及濬儿、文权、笙伯俱在，饭已，余仍入馆。晚归，又小饮，与权、濬偕，珏人、笙伯则夜饭后乃返。夜投阿司匹灵片与湜。冀净其热，讵知大谬不然，中夜形寒发抖，两腰两股俱震颤作痛，余起挟被拥抱之，犹不能止，越两小时始暂止，余悔恨交并，遂尔未寐。

5月25日（甲午　十四日）星期五

晴。依时入馆。撰地名条。为图书馆入藏书编目。赴饭时讲《论语·里仁篇》毕。晚归小饮。文权等一家五口夜饭后归去。

若兰来视湜,云系感冒未净,复加感冒,静摄宜无大害,仍令服奎宁粉,是夕稍宁,热亦稍减。

5 月 26 日（乙未 十五日）星期六

晴燠。依时入馆治事。午刻与绍虞、予同、西谛集饮雪村所。饭后调孚来,为余购致蟫隐庐印本杨惺吾《藏书绝句》一卷,值百元,携归馆中,随手题记,喜其酒后书此,尚能不失体段,戏录如次:

> 惺吾杨氏《藏书绝句》三十二首,都一卷。丁卯初秋,上海蟫隐庐辑印本。是编以版本分题,始殿本,终石印本,不次世代,与缘装叶氏之《纪事诗》殊科,调孚知余缺此,乙酉四月之望为余致此于汉学书店。时方与绍虞、予同、西谛集饮雪村所,半酣得之,欣快莫名,同坐传视,顷刻遍巡,封题油斑点滴,盖染指之馀沈也。既承知契之雅爱,复留当时之襟痕,乌可以无记,因于携返馆舍之顷,随手识之,他日视此,宜不失为一时嘉话矣。

晚归小饮。是夜湜儿热势更减,睡眠尚安。

5 月 27 日（丙申 十六日）星期

晴。上午伏案钞《文渊阁书目》至十一时,眼花而止。刘炯来谈,决辞杭不就矣。饭后组青来晾衣储箱。文权来言,道始昨已归来,明后日即赴锡觐亲也。即属权约之明晨到馆前将过彼一谈耳。晚小饮。夜过丏尊谈,顺视其疾,盖亦上海热之流耳。移时归,组青已去。对邻俄人不知何故狂欢,男女踏歌至灯灭,移就街月,直待鸡鸣再作始罢。余为此喧攘,竟又失寐,苦甚。

5 月 28 日（丁酉　十七日）星期一

晴，夜雨。依时入馆，先过道始长谈，庆其得休也。到馆，处理杂事。赴饭时文彬、坚吾有事他食，未讲即返馆。下午良才来谈。晚归小饮。翼之夫人及德锐来，并其姚氏姑偕，因留此小住。夜与打牌，灯灭始各罢。芝九见过，知将返吴。

5 月 29 日（戊戌　十八日）星期二

晴。依时入馆，途遇达轩，同行过雪村小坐然后入。处理杂事。赴饭时讲《左传》"秦纳夷吾"及"丕豹奔秦"事。晚归小饮。夜与漱石及翼夫人谈，知故乡情景大非昔比矣。为润儿书扇。

5 月 30 日（己亥　十九日）星期三

晴。依时入馆。撰地名条。文彬有事附临淮。赴饭时讲《论语·公冶长篇》。晚归小饮。接诚之复书，止预支稿费，盖前日有信前去时多汇与之也。夜小坐即睡。

5 月 31 日（庚子　二十日）星期四

阴，近午晴。依时入馆。撰地名条。日来谣言甚炽，物价升腾，竟匪夷所思，姑以米价论，昨日石米三十万元，今日即升至四十万矣。他物称是，店家多匿物拒售者，偶有所见，亦人限购买一事耳。景象之紧已到时见之境矣。赴饭时讲《左传》"管仲平戎于王"及"秦输粟晋遏籴"事。晚归小饮。夜饭后铭青接翼之夫人去，盖已得苏州长途电话催返，不日即行矣。珏人胃肠不舒，午晚俱未进食且泻，入夜有微热。

6 月 1 日（辛丑　廿一日）星期五

晴,午后转阴,时有细雨,傍晚晴闷热,突起狂风并见骤雨,入夜有电。依时入馆。撰地名条。复书诚之。赴饭时知文彬已抵蚌埠,不日转河溜视小文,盖有电报到公司也。饭后讲《论语·公冶长篇》。为均正托放志良款三百万,十日期。晚归小饮。珏人已稍痊,寒热退尽矣。夜为加紧防空影响,免得见鬼,只索早睡。

6 月 2 日（壬寅　廿二日）星期六

晴。依时入馆。处理杂事。午过子敏饮,又值蝴蝶会矣,余以珏人不能理肴,遂于杏花楼购卤味三千元充数。文彬未到而两肴仍至并新加入金世益焉,三时始散,复返馆。晚归仍小饮。夜与笙伯谈。漱石来,晚饭后去,仍止朱家。

6 月 3 日（癸卯　廿三日）星期

晴。晨为风子书小幅。绍虞来,小坐后与偕过丏尊视疾,未几,雪村、调孚、予同、振甫毕至,谈至十时许各散归。履善来视珏人,珏人已起行矣。午后致觉来,谓到沪甫旬日,搜集藏经材料后仍将携归吴门校理云,谈次,知勖初腰脚风瘫正在推拿中,至念之,四时去。晚小饮。芝九来,亦初自苏返者,言当地状况颇详。

6 月 4 日（甲辰　廿四日）星期一

晴。晨起日机练习攻击追逐于上空,怪声迭作,殊见不安。入馆后又闻救护车络绎,心知有异。旋闻人言一日机堕于太平桥附近之停云里,毁屋六七幢,伤人以十数,焚馀尚未核计也。呜呼!

弄兵玩火之患至于如此,不戢之戒竟充耳未之省,宜其无可救药矣。午间在雪村所聚饮,盖智炎将有浙闽之行,公司为之祖道,邀余及予同、索非、调孚、子如作陪也。将赴之,先过纸张公司,告不往饭,见文彬,已自淮返,匆匆不暇细谈,须明日详言之耳。晚归,偕索非顺过平济利路肇事地一亲察之,四周已封锁,行人不得过,竟莫知其详。到家小饮。文权全家来,入夜始归去。笙伯调往福昌火柴厂任事,已去三日,尚未见派何职,颇难定心。

6月5日（乙巳　廿五日）星期二

晴燠,下午起阵,先狂风走尘,继之以雹,大于豆,移时乃大雨,傍晚雨过,日复出,夜半又大雷雨。依时入馆。均正托请病假。赴饭时小饮,遂未上课。耕莘来谈。散馆前天色大恶,余与索非遄返,行至恺自迩路,雹作,因避入道旁一小酒店名越林者,买高粱各二两,占坐消磨之,至六时雨始止,仍步以归,履袜幸未全渗也。夜仍小饮。（索非过谈。）

6月6日（丙午　芒种　廿六日）星期三

晴,气转凉。晨起为文彬书便面。依时入馆。又为文彬改此次旅行日记,命之曰《沪淮征车漫记》。赴饭时讲毕《论语·公冶长篇》。为索非放款六十万元于杨孝文（十天期,息二角）。屡以此事烦友,殊恶,然无由却请也。午前十一时三刻警报作,十二时半解,下午四时警筒又曳半长声,戛然而止,莫名其妙,无非表见司事者之手忙脚乱耳。去秋托令涛画扇,昨日送到,今在锦云堂配一白竹扇骨,竟费二千元,较诸去年增四百倍矣,皆石米四十八万所致之恶果也。即此一端,推之他可见矣。（振甫今年买食阳春面,连捐竟化一千三百五十元。)时局如无打开难关之望,一班生活必将干涸待毙,思之怃然。晚归小饮。夜早睡。

6 月 7 日(丁未　廿七日)星期四

晴。晨过道始谈,并晤仲章、文权。十时入馆,闻人言昨夜之深轰炸及高射炮声频作西南一带,窗户为之震撼云。余家好睡,竟无所闻,亦可谓痴矣。赴饭时讲《左传》"韩原之战"。守宪来谈,亦云昨夜闻大风震窗,且捡得日文传单(劝日本国民觉悟等情)示余。时至今日,犹不懔黩武之戒,岂必糜烂其民覆宗灭社始称英雄乎?闵彼武夫亦不思之甚矣。晚归小饮。珏人又感不舒,余亦觉疲倦袭人,左胁呼吸不爽,眠时且感痛压闷塞焉。医药之道,已非余家所得问津,只索听之。

6 月 8 日(戊申　廿八日)星期五

晴。凌晨闻轰炸及高射炮声,因起听之,声在西南,日出即止,诚莫测所自耳。九时赴八仙桥青年会雪赓堂贺吴公仪续鸾,仍依时入馆。闻人言昨夜亦有炮声,不仅今晨而已也。赴饭时坚吾未在,为文彬补讲《公冶长》。下午为予同、调孚写信与调甫介绍两家之子入化学研究院。晚归小饮。往看丏尊。夜为灯火加紧管制,只索早睡。

6 月 9 日(己酉　廿九日)星期六

晴。依时入馆。处分杂事。赴饭时讲毕《左传》"韩原之战"及"吕生会秦穆"事。下午三时出席纸张公司董事会,五时散归,行抵贝谛鏖路口,适值演习救火封锁,遂绕由蒲石路、圣母院路而返。晚小饮。夜早睡。市价日腾,石米须五十三万元矣。时局崩溃即在目前,诚恐为此巨浪卷去耳。

6月10日(庚戌　朔)星期

晴暖。晨过访丏尊,谈其疾已少间,惟顾虑多,一时难却尽耳。漱石来,傍晚去。下午芝九来。铭青来。午晚俱小饮。夜仍早睡。

6月11日(辛亥　初二日)星期一

晴暖,入夜尤燠。依时入馆。物价风狂,以储券发行五千元及万元票面故,而现钞仍缩。用行庄拨款单市易现钞须贴水百分之十三至十五,米价如用现钞为每石六十八万元,用拨单则须七十五万也,如此旦暮昂腾,不出旬日,必起变端矣。赴饭时讲《论语·雍也篇》。饭后晤西谛、济之,托向志良借款,因再往晤文彬、坚吾接洽之,明日或有眉目耳。晚归小饮,郁伊寡欢。夜浴入睡,至十二时顷空袭警惊醒,但未闻他声,默数更漏而已。

6月12日(壬子　初三日)星期二

晨阴,微雨旋止,近午晴,下午雨,闷热,傍晚霁。依时入馆。接调甫复书(前曾函介予同、调孚之子入其研究院,今却)。因告周、徐二公知之。为济之借到继文名下款五百万元。赴饭时讲《左传》"齐桓公卒五公子争立"事。晚雨收后,步归小饮。今日米价八十四万元一石,黄金十两达一千八百六十万元,而扶摇直上犹无止境,民生之憔悴,不问可知矣,其将何以度兹艰辛乎? 漱石来,旋去。

6 月 13 日（癸丑　初四日）星期三

晨阴旋晴,傍晚又阴,未果雨。依时入馆,办杂事。赴饭时讲《论语·雍也篇》。给金才一千,华坤、阿吉各五百,金大一千,李妈五百。文彬、坚吾以高乐香烟五百枚、白糖二斤见饷。余久已声明,不能再施,今复若此,如何得受,不得已受其糖而返其烟焉。晚归小饮。夜早睡。

6 月 14 日（甲寅　初五日）星期四

阴雨竟日。依时入馆,先过雪村,给其家陆妈五百元。赴饭时文彬未晤,与坚吾对饮,以节日辍讲。昨返之香烟仍送来,未便坚拒,只得收受矣。晚归小饮,适倾瓮,拟暂时停止例酒,俟秋凉后再说,惟不知能否坚持耳。

6 月 15 日（乙卯　初六日）星期五

阴,时有细雨,夜雨滋甚。依时入馆。赴饭时讲完《论语·雍也篇》。时局转混沌,物价竞涨,大饼、油条各售四百元矣,可怕,可怕! 傍晚归,仍小饮,馀沥尚未尽也。夜饭后与红蕉谈,后日丐尊寿筵渠亦参加云。托文彬带买蚕豆十斤,计一万七千元。

6 月 16 日（丙辰　入霉　初七日）星期六

阴雨延绵,晨夜俱剧。依时入馆。调甫过谈。赴饭时讲《左传》"晋太子圉逃秦归晋"及"宋襄公与楚人泓之战"。下午四时出席九届十九次董事会,天雨,到者甚稀,止文彬、济之自外来而已,拟定三案,六时始归。夜仍小饮,吃杜裹馄饨。睡前翻读宋人词。

6月17日(丁巳　初八日)星期

霪雨竟日,彻夜不止。晨起看《故宫周刊》所收名画。十时许济之、文彬偕过,共谈至十一时许,予同乃来。十二时后乃同往寿丏尊。余与丏、莘、索、宪、济、予、彬、蕉及龙文同席,别席之设在楼上者为丏夫人、龙夫人及丏两孙,余则雪村、调孚、均正、达轩、西谛、履善、子如、振甫、缉三也。午后二时与予同、西谛偕归,甫坐定,即属同儿以昨日董会纪录送雪村。索非旋至,移时予、谛、索同辞去。组青来,夜与谈,因下榻焉。

6月18日(戊午　初九日)星期一

阴雨。依时入馆。整理董会议事录。夏寿酒筵共用四十六万六千元,参与者十七人照摊,未免过巨,因定每人出分六千元,馀数概归公司负担云。赴饭时讲《论语·述而篇》。晚归小饮。所见所闻都无好怀,至不怡。组青去。夜与红蕉长谈。

6月19日(己未　初十日)星期二

晴。依时入馆。晨为振甫书扇。雨帆来洽事。送修章襌敬四千元。赴饭时讲《左传》"晋公子重耳周游列国"事。珏人挈湜儿午后访雪村家,湜来馆知之,闻澹儿亦挈小同俱往焉。托坚吾斥去银圆十七元,得价十二万五千八百元,备购柴之用。晚归小饮。芝九来谈,方自章练塘归,暑后将往彼处颜安中学教书云。润儿转入光实高中三年级事允,即代设法明日付回音也。

6 月 20 日（庚申　十一日）星期三

晴。晨与润儿过雪村在言茂源沽绍酒一瓶，计三斤十二两，费一万八千元，视一月前五十斤坛且浮出五百元，物价之升腾，殊可骇震矣。入馆后晤予同，谓柴斤已讲好三担，每担四万元，当日可送出云。有顷，该柴店电话来，谓不能送，须增为现钞五万五千元始行，证以近日贴现恶风，每担须六万六千矣，颇啮手且讶其反悔，只索报罢之，宁劈旧器具充材耳。赴饭时讲《论语·述而篇》。文权来馆，小坐即行。晚归小饮，强用浇愁耳。薄暮，绍虞来，偕访丐尊，慰其疾，适芝九见过，因折回与谈润儿转学事已办妥，星期日往考，星期一即须上课，学杂费共四万八千元，现免去学费，只须出杂费六千耳，甚感之。士文亦拟同转光实也。夜笙伯归告，福昌新盘进一小厂，正点收机器及生财，今夜须宿厂中，特来禀知，旋去。

6 月 21 日（辛酉　十二日）星期四

晴。依时入馆。为耕莘送华泰商标稿与令涛，属修改加墨。赴饭时讲《左传》"介推不言禄隐死绵山"事。文彬知余购柴受窘，特为余别托友人买到一小车，约于明后日送到，至感关切。晚归小饮。笙伯夜归，知接收新厂事已大致楚楚矣。

6 月 22 日（壬戌　夏至　十三日）星期五

昙，旋见细雨，时晴时阴，傍晚大雨，夜又雨。依时入馆。处理杂事。赴饭时为讲毕《论语·述而篇》。散馆归，已值雨，路滑心急，颇感倦劳矣。晚仍小饮。夜早睡。笙伯阻雨未归。

6月23日（癸亥　十四日）星期六

阴，午后晴。依时入馆。赴饭时遇令涛，谓所画花塔商标已交与雪村矣。饭后讲《左传》"富辰谏周襄王与狄"。买《一士谭荟》，价一万五百元，犹以同行七五折始得之，一般书价不但无折扣，今起且再倍值矣。下午看《谭荟》。绍虞返苏，其长女日内订婚矣。晚归小饮。文彬代办之柴尚未送到。夜涵侄来。笙伯归告，福昌待遇不堪状，意者澄德公司故推与福昌，使无以自存而求去，则自己得卸逐士之名乎？世途真嵚崎哉，为不怡久之。

6月24日（甲子　十五日）星期

昙燠。看乡先辈叶鞠裳先生《语石》，此书于古今书体之流变、石刻体制之异同以及地域之分布，条析件系，统系分明，在金石书中别开生面，后生若果向学，沾溉实多。惜乎今非媚学之世矣。回忆草桥学舍侍先师伯南孙君时辄以叶先生之学见示，癯寐之顷已成隔世，不禁黯然。午饭后佩霞过，请代决行止，盖汇中银行欲其任会计，拟舍去金刚公司而就之也。余为即情即理两策之，仍令自酌。润儿今晨往应光实中学入学试，午后始归，禀知侍晤芝九，属今明晨到校上课。此次学费得免缴，而入学又便利，不能不感高谊周挚耳。傍晚西谛来，取去寄存书一批。淑贞、淑英来。文权、潜儿、显、预、硕诸孙来。夜小饮，又值瓶之罄矣。文彬所办松柴今由金度车到五百斤。

6月25日（乙丑　十六日）星期一

晴。依时入馆。向雪村暂借廿万五千元，还文彬所购柴款，赴饭时面交之。饭后讲《论语·泰伯篇》。润儿今日入学,下午来馆,出书单请购配,饬令向旧书摊自购,仅四种已万元矣,馀俱原有及假来者也。艰难至于今日,诚有举步荆棘之感耳。晚归,沥瓶底饮之,润吻而已。今日晨夜俱为日机练习所扰,未能稳睡,精神殊不舒也。

6 月 26 日(丙寅 十七日)星期二

晴,傍晚雨,夜半后又大雨。依时入馆。赴饭时为讲《左传》"晋启南阳"事。为文彬修改文字两篇。晚归,过雪村,仍托购酒一瓶,勉措万八千金交之,约明日由金才取送我家。闻出月又须增价云。古人有破产营书者人犹痴之,余今乃破产谋醉,度量相越不更远哉?自讼之馀,不禁辗然。时局日非,生活日迫,处尊俎幕危巢,无以方此,徒以境束末由摆脱,奈之何哉?环视开明同人,固皆然,即放眼全上海,亦钧犹是耳。胡帝胡天,醉生梦死之徒则当然例外应在不论之列矣。

6 月 27 日(丁卯 十八日)星期三

拦朝大雨,近午始渐止,午后仍延绵细雨也。阻雨不出,偷闲看画,饭后看《一士谭荟》并钞漫堂本《文渊阁书目》。二时,金才来言,言茂源以好酒未开(天霉恐一时卖不脱)。不敢以劣酒充数,请俟有开好坛机会即汲送也,只得听之。三时许雨中西谛见过,谈有顷,取存书一批去。晚沽烧酒饮之。夜看《一士谭荟》。

6 月 28 日(戊辰 十九日)星期四

昙,午后晴。依时入馆,先过雪村,托改沽绍烧免变酸,两万元止半瓶耳。酒由米作，难怪其然也。到馆处理积件。绍虞自苏返沪，知故里米价一度回至卅万元（石计），顷又涨至五十万矣。赴饭时未晤文彬，盖其三女患伤寒甚剧，归去陪医矣。晤遇羲，知之。饭后讲《左传》"展喜受辞于展禽却回齐侯"事。晚归小饮。漱石、昌显、昌预俱在，饭而后去。芝九夜过长谈，拟以光实课事属代并劝令滋儿亦入学，余允考量之。

6 月 29 日（己巳 二十日）星期五

昙闷，午后阵雨旋晴。依时入馆。到馆前在家为胡生嘉芳书扇。赴饭时讲《论语·泰伯章》。前存坚吾处之银元十三枚以急于应用，割爱让于修章，得价九万四千二百元。（每枚七千二百五十元，计较前短折一元五角。）目前生活煎迫，纵有钱使亦甚拮据，况诸待张罗如我辈者乎，窘矣！下午与雪村、予同决定七月至九月中应行指定仍到公司服务之名单，备明日发表。晚归小饮。夜饭后绍虞见过，谈有顷别，往访丐尊矣。连夜招凉，咳嗽多痰，且项背又见作酸，殊可虑。

6 月 30 日（庚午 廿一日）星期六

晴，微昙，甚热，傍晚始闻蝉。晨起为公司指派同人分别休假留职事，在家作公告及通知信十馀件。仍依时入馆，俟雪村到后分别送达，余将日常事务交由振甫摄代，下星期起余亦不须按时到班矣。午前过访文彬、坚吾告以暑假三月事，饭后讲课亦暂停，午饭亦不每日前往扰之也。午刻举行蝶会于雪村所，尽欢乃罢，已二时许，仍返馆指挥假中留职同人应办诸务。晚归仍小饮。夜热甚，虽小立里巷口乘凉，仍不见减，归卧后终宵浴汗已，但项背酸楚则减轻不少,亦堪慰也。

7 月 1 日 (辛未　廿二日) 星期

　　晴热,午后起阵未果,夜浴汗如故,竟类伏中矣。清晨过访丐
尊,以未起折回,十时再踵访之,谈至近午乃归。今日笙伯生日,吃
面。绍虞来。午后漱石来。佩霞来,托为作保。夜小饮。笙伯将
移就他事,明起已向福昌请假云。涵侄夜过,出麓钟书呈余,不日
即将接眷往南昌矣。

7 月 2 日 (壬申　廿三日) 星期一

　　晴热,有类三伏。昨日丐尊假去《袁小修诗文集》、《日记》又
《尺牍新编》、《结邻集》及《梅花草堂笔谈》各一册,因翻案,顺得
《梅溪丛话》及《情史》,遂检出携置室中架上,便随手抽阅。清晨
出,到馆一看,晤予同、调孚、雪村、绍虞等,旋过纸张公司,晤坚吾,
未见文彬,询知彬三女前日竟为伤寒奄化,昨已入殓矣,闻之惨然。
十一时走归,烈日中往来殊大苦,幸有假日内将潜居不出也。昨日
腹泻数次,夜中亦频起如厕,今日已稍好矣,早午皆啜粥,不敢下饭
耳。午后看《梅溪丛话》,颇见学问经济之长,虽不免志怪,亦历来
文人之习使然,无足致诘也。傍晚小饮。夜早睡。

7 月 3 日 (癸酉　廿四日) 星期二

　　晴热。晨起作书唁文彬丧女,又致坚吾,属向葛君转期取息,
饬滋儿于十时送去,近午归,谓事尚未集,须下午再往云。而下午
滋须赴考,乃改令润儿走取之。雪村晨来,为索非事又见龃龉,谈
有顷,偕往丐尊所视其疾。十一时雪村归去,余小坐亦还。淑侄偕

袁氏外侄孙来,盘桓竟日。文权来。看《履园丛话》。晚饮绍烧一杯。夜浴后就寝。

7月4日（甲戌　廿五日）星期三

晴热。看《履园丛话》,以牵连引及,并看《老学庵笔记》及《四朝闻见录》。午啖韭饼,以薄粥下之,甚美,且省菜肴矣。午后三四时之交突闻烈炸之声四五作,继之以高射炮数发,窗户皆震,度其地,必不甚远耳。适子如见过,询之则道路车辆照行,里中佣妇仍往来汲水操作,初无异状,盖我辈久困危地,祸福早置度外,因亦无所用其畏惧趋避也已。晚饮绍烧。夜饭后芝九见过,承力为滋儿设法贷学免去学费四分之三,止须缴学杂费万六千元耳。(较润仅多四分之一学费,万元也。)明日即可偕行入学,极感之。

7月5日（乙亥　廿六日）星期四

平明微雨旋止,日出后昙闷,午后晴,入夜雷雨甚透,十时许始停。晨索非、均正先后见过。看《履园丛话》。下午三时得雪村条约谈,拟明晨往访之。漱儿今日开始在修章家为其子女暑期补习,滋儿亦随润儿偕行入学,眼前得此,亦殊足慰已。傍晚饮绍烧一杯。夜听雨,雨过乃入睡。

7月6日（丙子　廿七日）星期五

晴,午后阵雨,傍晚晴,气较凉。清晨出,过访雪村畅谈,拟于下星期二(即七月十日)召开二十次董事会,因即入馆办讫通知,已十一时半,乃过访文彬、坚吾,遂留纸张公司午饭,饭后再谈至二时始归。到家,听雨,看《履园丛话》。傍晚弟妇挈淑侄来告,下星期一(九日)即率同全眷赴新建就养矣。夜饭后乃去。余连日饮烧酒,大便已略成问题,然绍酒太贵,竟无法日亲矣,为之奈何?珷人又感冒,咳嗽不畅而无汗,入夜有微热,食贫自甘,问医无由,黯然相对而已。

7 月 7 日(丁丑　小暑　廿八日)星期六

午前昙,午后日下雨,三时后又阴,时飘细雨。晨继文见过,属为其尊人代拟答词,盖明日中德产科学校将为其三妹秀瑛开追悼会也,约午后五时遣人来取,略坐便去。上午十时许即成,封以待取,至下午四时仍由继文亲来取去。十一时过访丐尊,午饭乃归。自假居以来,每午啜粥挟面饼代饭,夜始煮饭,俾明早有泡饭可供也。此法年馀来家中率以为常,如是尚感竭蹶耳。今夕为卢沟桥事变八周年,胡尘未扫,忝颜相处,衷心悼痛,有不忍言者,廓清何日,企予望之矣。午后又连闻空炮四五作,更见煎迫耳。傍晚仍饮绍烧一杯。夜悦之来,余不欲见之,未下楼,良久乃去。此人凌逼其妇,复耽饮博,心绝已久矣。今日润儿偕涵侄往南海殡舍,为仲弟展寄厝期限,此后当令润时往省视也。弟妇有款一笔交笙伯生利,余属为贸迁,善为经营之,未识不辱命否耳。

7 月 8 日(戊寅　廿九日)星期

晴,又转热。看毕《履园丛话》。上午丐尊来,病后试步,居然不感吃力,惟未登楼耳,似逐渐见痊矣。饭后看《十竹斋笺谱》。三时品珍来,知绍虞昨日归苏,盖前日于到馆时知曾接有苏州长途电话,余劝其早作归计,恐其太夫人或有不舒耳。是日临行尝属通如如郭成行,即饬金才走告,乃竟日未至。近日馆中废弛之状,端可想见。移时品珍去,余为叹愧久之。弟妇涵、淑及两侄外孙等明日即成行去赣。今日略治数肴,为之祖道。以临行伥伥,止来涵、淑等四人,弟妇则未至。临歧各道珍重,不禁黯然矣。饭毕命漱儿送之,顺与弟妇话别。又带款一笔交笙伯,仍属营运焉。悦之仍来,旋去,大抵须与其妇谋面后始返耳。傍晚阵雨,终夜闷闷。

7月9日①(己卯　朔)星期一

晴热。竟日未出。看米帖。下午左偏头风作痛甚剧,类有物突涨欲裂颅而出然,遂废饮,入夜即睡。今日又值防空,本亦无灯可点也。笙伯夜归,言货价又涨一成馀,然则弟妇所托不免又见折阅耳。因补交一笔俾完成一事。

7月10日(庚辰　初二日)星期二

晴,午后起阵未果,热甚。晨八时即出,过访雪村,谈久之始入馆,为九届二十次董事会有所准备。旋往纸张公司访坚吾、文彬,兼晤及修章、志良,存款展期、取息事俱办妥,遂午饭焉。下午四时出席董会,于同人生活问题又费讨论,决定采紧急措置,授权总经理妥筹办法再议施行,散会已六时矣,仍步归。到家正七时,草草进饭已,即呼浴默坐,稍苏尘喘(两日未少饮矣)。漱石、顯孙均来,夜饭后同去。悦之寻妇已得,明日即偕返吴门矣。

————————

①底本为:"贞元交会录第二卷"。原注:"岁首易新日记,正值胡骑纵横,闾阎驿骚之候,余谓黎明将届,必更黑暗。虽愁闷难排,而曙光已露,爰即以贞元交会名我日记,匪徒自壮,抑亦实状也。果也,炎夏未消,倭势已颓。双星渡河之翌日,岛酋竟高揭降幡矣。在华踞寇近二百万,亦于三月之间全部解甲。天心载祸,贞下起元,良非无因焉。双十节容翁补题。"

7 月 11 日（辛巳　初三日）星期三

昙热有风。午前看《容斋三笔》。钞宋漫堂本《文渊阁书目》。访丐尊谈，遇索非、均正于坐，近午归饭。饭后闷热，汗渗不止，一事莫能为，冀其打阵不果迟，道始又不至。薄暮文权来，谓潘儿明日将求医，属闻老太前往照料云。芝九来，仍以代课为言，余力求减少钟点，盖正值炎蒸，每周骤上廿七课，殊嫌难任也，俟商量再定。夜绝风有电，而迄无滴雨。

7 月 12 日（壬午　初四日）星期四

积闷未散，拦朝雨作，益难堪。辰初霹雳一声，檐瀑直流，气顿转凉，闷亦遂散，然时雨时辍，竟日淋漓矣。珏人、漱儿俱以感冒发热而闻老太为潘家唤去，家下竟乏人，举炊不得，已促珏、漱强起，昼晚俱啜粥啖饼而已，免煮菜也。下午钞宋漫堂本《文渊阁书目》。换壁间画。夜饭后命滋儿往潘家探视一切，归报诊治经过良好，时间亦速，刻已安返平卧云，珏人为之大慰。

7 月 13 日（癸未　出霉　初五日）星期五

拦朝大雨，时断时续，午后三时许始止。余本受芝九之托为其大女向申报馆取大学贷金申请书，竟以守雨不得出，十时许金才送信来，乃以此事委之，只索发《飞鸿堂印谱》玩索之，随手摘录印章联语自怡悦，忘当前处境之艰窘矣。午晚俱手裹馄饨为餐。下午四时西谛见过，又取书一批去，承关心生活，然彼此并同，所谓爱莫能助也，相与嗟咨而已。累日未出，又无报看，不识老局究何若矣，掩住闷葫芦一切不管，却亦省心省事之方乎？

7月14日（甲申　初六日）星期六

晴热。晨出，过雪村，同入馆，为再谋调整同人生活事定二十日召开临时董事会，通启即撰就交通如，属于十七日发出。索非请长假已成僵局，今日雪村手书布告由子如暂行兼代总店主任，薪津且停送矣。十一时返，遇文权，午啜粥。午后二时许修章见过，与文彬有龃龉，余允于后日往谈，不识能两解否耳。良久乃去。傍晚均正过谈，甫去而芝九来，仍洽课事，大氐高三国文已定局，馀尚在商量中。夜半雷雨。

7月15日（乙酉　初七日）星期

昙。晨八时绍先见过，谈有顷去。九时半往访道始，越一小时归，知予同尝来访，未之晤，留条借书，拟明日携入馆交送之。午后晴。访丏尊谈。傍晚绍虞见过。夜九时三刻高射炮突作，旋闻空袭警报十声，至十一时许解，未闻他异。

7月16日（丙戌　初八日）星期一

晴热，傍晚大雨滂沱，入夜稍止。晨七时即出径行到馆，为芝九向北新定配《文选》。属通如买陶正元极品鸡狼毫三枝，价一万一千元，较三月前涨超十倍矣。晤雪村、予同，谈调整办法，仍无眉目，予同所借《国史大纲》两册即携交之。十时半过纸张公司，晤文彬、坚吾，谈未几，修章至，面为排解，初无要领，饭后反覆与文彬剖谈始允宁息。因再约修章谈，居然消散矣。时已四时许，坚吾具酒留饮，饮次孝文至，相与共谈。适逢大雨，雨过，坚吾复唤车送余归。扰扰竟日，甚感不安也。海龙笔厂先发还股本五万元。闻市人言,今日金价每两涨至五百五十万元,犹且看高云。昨夜空袭时金神父路北口死一人,附近门窗有洞痕。余晨出经此,犹见殷血在地而血花溅及半墙也,惨不忍睹。及入馆,晤孚白,据云杨树浦一带死伤尤多,大概为机上机枪所扫及高射炮流弹所致耳。

7 月 17 日(丁亥　初九日)星期二

初昙,旋放晴。上午十时立斋见过长谈,十一时许短声警报两声叠作,立斋去。至十二时,空袭警作,飞机三队掠顶过,都约四十架,盘旋久之,始渐远去,人心震动,而行人犹熙恬如故也。下午二时许乃解警。过访丐尊,闻人言浦东有棉布厂被炸云。今日为滋儿生日,笙伯早归吃面,据见东面尚有烟腾未熄,嗣漱石来,谓在福州路一带见救护车沓至,伤人之送入山东路医院者甚众。据闻虹口塘山路、公车路一带被炸颇广云。祸难日亟,踞寇不去,池鱼之殃,恐终难免耳。

7 月 18 日(戊子　初十日)星期三

晴热。清晨出,先过雪村,已往馆,乃追踪往。知昨日虹口之炸面积甚广,景象甚惨,而罹难者多为国人,怵目刿心,竟无以自解也。十时许坚吾来请,即往晤,兼晤及文彬,知濮、李间馀波未平,因再譬释之。正谈顷,警报突作,十二时又空袭,高射炮竞发,形势较昨尤紧。余等饭已,坐久乃少解,至二时半始全解。余复返馆,与子如、振甫、绍虞闲谈,四时仍过文彬,偕坐三轮车以归。文彬则专过利甫有所解利耳。夜啖饼啜粥。夜十时掣电大雨。

7 月 19 日（己丑 十一日）星期四

晴热，午后阵雨数作，入夜凉。晨过丏尊谈。午前后索非见过四次，似有转蓬意而故提辞书，余譬导良久始收去。此人此态，诚莫明其妙矣。夜令漱、滋在就近一新设酒店名德泰者沽酒一斤，饮之味甚薄，仿绍之起码者耳，价乃至六千元，如此生活重压，殆将不胜任受也。夜均正来谈。

7 月 20 日（庚寅 初伏 十二日）星期五

昙。清晨与均正同入馆，为房租及转租执照事属金才及品珍分办房租，向付支票，今乃必欲现钞，显然账房中人藉势伸手耳。一切以军管相临，除饮忍照办外，又有何法，只得明日换现钞后再属品珍前往也。过纸张公司，与文彬、坚吾、修章闲谈，因午饮焉。午后四时出席九届第二次临时董事会，道始、五良、雪村、予同及守宪、济之、文彬俱到，决议五案。（一，七月起重行调整同人津贴；二，职工子女助学金续办；三，丏尊病居需费由公司暂记百万元送之；四，闸北地产设法运用；五，雪山商务股三股让与公司接受。）六时半乃散，仍安步以归。道始知余处窘，坚以五十万元假用，拒之不获，只得收存，故人厚我，至感，而受之不安，则未免耿耿耳。夜饮昨沽馀沥。过访均正、索非。（劝索非明日往晤文彬，盖今日会中已为之转圜，假文彬一谈，使访雪村面解则了事矣。）丏尊、芝九见过，谈久之先后去。今日谣言甚炽，谓美机将大规模轰炸上海，且有人见到传单，或且有人说泰山路一带均收市云。其实并无其事，要见人心之恐慌则不可掩饰矣。

7 月 21 日（辛卯 十三日）**星期六**

昙，入夜雨。晨过丏尊谈，适苏典来访，持荷蕊及五色美人蕉各一束赠其师，余得分惠焉，因携归插瓶，作案头清供，亦艰辛中一乐事也。午后有空袭，远处闻爆炸声隐隐如雷者四五作，三时后解。所居霞飞坊东侧有九层大厦俯临本坊，近在咫尺，周前忽粘有征用通告，谓有军事需要须于七月廿五日前让空云云。里人益感惴惴。乃昨日又加张英日文布告，谓此屋延期征用，俟有需要时再行通告，不知葫芦里又卖何药耳。以理度之，恐亦退堂鼓也。索非究否往晤文彬，未见来告，殊悬悬。夜笙伯归，已为买就煤球半吨，计三十五万元（即道始所假款中付出，馀十五万将购面粉），仍托铭青。较三月前涨起十倍矣。

7 月 22 日（壬辰 十四日）**星期**

晴昙间作。珏人挈湜儿往潘家。十一时警报突作，余甫自丏尊所归，在丏所遇索非，知昨日已去过，但语焉不详，余亦不愿深究之。到家后空袭警响，每隔十分必有飞机一批轧轧当顶，随闻轰炸声甚烈，几等倾箩倒煤也，形势之紧张，此间空前所未有，先后凡六批，直至下午一时许始解除。午饭亦不曾好好进也。十二时后过均正小坐，闻空袭解除，乃偕过丏尊慰之，在坐始闻全部解除。二时许命润儿往雪村所同出席中国联合出版公司临时股东会。三时珏人、湜儿亦归。傍晚沽土酒半斤饮之。夜饭时润儿始归，知开会尚顺利也。

7 月 23 日（癸巳 大暑 十五日）**星期一**

晴昙兼至，南风微作。清晨出，先过雪村，同行入馆，整理董会

纪录,并过访文彬、坚吾,了一小小钱债。十时三刻归,步至华龙路
口警报作,急行到家,正十一时一刻,气喘汗沾,良久乃进饭。午后
二时访丏尊,谈近三时乃归。继文来访,未晤,托为举百者书扇。
夜笙伯归饭,余仍沽市酒半斤饮之。抵睡迄未闻解除之报。

7 月 24 日(甲午　十六日)星期二

　　晴,时有云翳,午后得下雨。清晨为举百书扇。九时往访丏
尊,甫坐定,湜儿来请,谓文权候余,即归晤之,谈未数语警报作,而
闻老太太内侄女及其婿挈同四孩自虹口逃来,安排粗定,轰炸之声
即至,前后凡五批,直到下午一时始解除,其中最后一批势尤近。
十三层楼放高射炮,西邻廿四号后墙脚竟穿进弹片,窗户玻璃俱震
碎,幸未伤人,亦大感险恶矣。午饭啜粥,即于恐怖中度过。警报
解除后文权即去,余送之门前,适索非自公司归,据告沿途因弹片
受伤者甚夥云。大局若不得解决,吾辈生命诚悬于一发矣,狡寇误
人一至此乎! 午后金才来告,麦家圈惠中旅馆落一弹,坍屋伤人甚
多。傍晚芝九来,告知新开河落一弹未爆发,已震坍房屋多幢,死
伤亦众云。余饱受刺激,一切灰懒,光实代课事已面辞,不识能得
请否耳。湜儿在外乘凉,与一弄潘姓儿斗争,潘氏之母竟出而寻
衅,先扭润儿,继来门前大肆咆哮,余与珏人出,始斥退之。百忧丛
集中偏插一小小风波,亦可谓无理取闹矣。虹口张姓归去,留两儿
在此小住。

7 月 25 日(乙未　十七日)星期三

　　晴。晨起,里中即有多家出避者谣传今日将大施轰炸,以与十
三层楼邻近,恐波及故耳。以此人心惶惶,颇有纷乱象。余力持镇

静，遍访均正、索非、丏尊，彼此慰安，而索非、均正两家皆将孩童寄顿较远之戚友家矣。润儿照常入学。余书与芝九辞代课，良以局面紧张，一任教课则责任驱使，欲罢不能，与其将来进退失据，毋宁不上手之为愈也。虹口张姓仍出来，下午四时全携返。上午景象虽扰，毫无警报。午后二时一刻始有短声警报两发，然亦无继续展开，大氐有机临空侦察耳。丏尊、索非、守宪来谈，良久始去。傍晚仍沽市小饮。

7 月 26 日（丙申　十八日）星期四

晴热，午前后略昙。晨过丏尊谈，晤均正。文权、潜儿来晒衣，傍晚整理箱子两口车归其家，盖前赴杭时所寄存者也。十时半有短声二响暂发，又有警报矣。但与昨同，迄未有续报也。夜仍沽市酒小饮。振甫见过，出示所作扇面三件。

7 月 27 日（丁酉　十九日）星期五

晴热。晨出，过雪村，同入馆。令金才往笙伯所取面粉，系单帮从丹阳带来之土面，以斤计，共购四十斤，需现钞十八万元。晤绍虞、振甫、履善诸人。过访坚吾，面致慰问，文彬尚未出，不之晤，即以继文属写之扇面交明晋代转，顺约天热时艰，原定八月四日轮余当值之蝴蝶会暂行展缓举行。十时许即归，以恐半途闻警也，但终日未有声，幸矣。午后三时许索非奔告，谓有一极坏消息相闻，余颇为耽虑，及说明乃乃乾猝终于仁济医院也。据云系雪村电话中所告，且属通知余及丏尊者。有顷，丏尊来，相与嗟悼不止，方谋明晨为之奔走，且将通电话于道始告帮，以方晚饭，丏亦归去。乃食甫过，丏尊送一条至，谓病故者为陈抱一，非陈乃乾也，盖子如方在丐所详告之耳。不禁为之愕然，海外东坡为其远也，不图咫尺之隔、电筒之间乃亦有此谣传，于此可知一切报道之真价，诚微乎其微矣。漱石来，劝避地返苏，其意实在漱儿也，余明告之余家无法移动，且亦无意迁徙，姑以镇定自解矣。如认为此地有不妥情形者可先将漱儿送归苏州可也，万勿以我家而牵连并谈则反感不便也。夜饭后去，仍无结果。夜与红蕉闲谈，据谓和平空气极浓厚，时局或有转圜之望耳。

7 月 28 日（戊戌　二十日）星期六

晴热，偶有云翳。晨过丐尊，谈阅报知廿五之夕中美英三国领袖发表共同对日宣言九条，促日本觉悟投降，同时英总选举，邱吉尔落选工党首领，阿特里当选首相，已着手组阁，日本内阁亦召开重臣会议，虽史太林并未列名，或藉为转圜之地耳。是则和平之局殆有明朗之望矣。上午十时三刻有预行警报，十一时半发空袭警，但未见机声，十二时刻解空袭警，下午一时半全部解除。文权来，以警报作未多坐即驰归。雪村饬金才送一条来，附文彬属转海龙笔厂股款馀数十五万元至，须将原执议据检还之以清手续。傍晚仍沽市酒半斤饮之，量特少，盖滋儿前往授瓶时适值店伙进饭，令其暂置匕箸，心有不惬，故耳。此亦阅市之门槛矣，聊发一笑。

7 月 29 日（己亥　廿一日）星期

昙，午后时有细雨。晨过丐尊，看报，有顷，绍虞踵至，盖访余不晤，而寻来者，又有顷调孚亦至，谈至十时许绍虞先行，余与调孚同归。调孚为余将起潜所赠《论语孔注证伪》二卷、《东吴小稿》一卷、《归来草堂尺牍》一卷携来，甚感之。（此书为合众图书丛书之

第十二、十三、十四种,第一集毕矣,因附题首及编目各一纸。)少坐
即去,尚须过访均正也。午后看黄胜白编《家医》。(润之同学来
劝捐助学金,满五千元者得赠此一册耳。)虽拜耳药厂之宣传品而
叙述生理系统疏陈治疗程序皆罗之清楚,诚不愧家庭卫生顾问之
选也。傍晚仍沽市为饮。今日慧芬生侄弥月,漱儿及佩霞、淑贞往
贺,因留宴而归,且分得红蛋八枚,在今日视之,已为豪举矣。(蛋
价已抵万金,筵价须十五倍或廿倍于此也。)

7 月 30 日(庚子　中伏　廿二日)星期一

晴时昙。晨出先过雪村,同入馆,遇予同、子如、调孚诸人。过
文彬、坚吾谈,即将海龙合同缴还并将所得款并放于孝文,有顷返
馆。十一时半文彬偕郑彝眉及河溜来,此之廖君见过,邀雪村、绍
虞及余同往大新街松月楼素菜馆午饭,坚吾夫妇、继文母子均与,
下午二时始散,仍返馆,至三时半乃步归。丏尊见过,谈移时去。
漱儿昨出酬应,不免多进冷食,今日呕吐不舒,遂未往李家授课,入
夜且有寒热。组青来言,近遭贼偷,虽损失不大,而心有所恐,故稍
得值钱之物寄顿于珏人,因下榻焉。看《家医》。

7 月 31 日(辛丑　廿三日)星期二

晴,时昙。清晨组青去。芝九来辞,今午即返苏矣。课事已
请吴君代余,为卸一心事矣。九时过丏尊,小坐便返。午啜粥。
午后漱石来,为告铭青一行到苏后以居住不惯,已起问题,甚矣,
逃难之多纠纷也。然则镇定之为用神矣。写《往生咒》廿遍,分
别回向历代宗亲及先外舅姑,备中元焚化之用。接恒产公司通
知,自八月起,房租又增为二万元(较本月又增四分之一)。清洁

费又增为三千元(增加二分之一),带收六月水费二千八百元。以此不顾契约,任意递增,诚为无理取闹,然一切以军当局相压,竟无还价之馀地,大家均咬牙忍受之耳。夜仍沽市为饮,半斤之数,又涨至二千元(加二成)。如此时增日累,将不知伊于胡底,度日且艰,安望卒岁乎?

8月1日(壬寅　廿四日)星期三

昙晴间作。连日大凉,不类伏中。晨出访雪村,顺道入馆晤绍虞,知其夫人来此为其女办妆奁也。过访文彬、坚吾,因留饭兼小饮焉。饭后与坚吾往大新街惠中旅舍听书,先过老惠中一看,则门内瓦砾纵横,门前却并无大损,但行人尚禁不得过耳,比至新惠中则书场高揭暂停歇夏牌,桌椅纷堆,盖受老惠中之影响,听客既不敢往,场主亦持戒心,遂托词歇夏,演此把戏也,一笑而行,分途各归。傍晚绍虞夫人及其大女来访,带到翼之口信,劝返苏暂避,移时辞去,明日即行归吴云。夜仍沽市为饮。索非来谈。

8月2日(癸卯　廿五日)星期四

昙凉。晨过丏尊,看报,绍先来,为红十字会拉丏入道德研究社,同时又有刘劭青者介丏见李某,以隐贫名义谓可得救济金数十万元云。此等事在丏尚不至此,宜可决然辞谢,乃竟趑趄受之,填报申请,不但忘垂老务得之戒,直可谓耄及之征矣。此风所扇,闻且波及调孚、振甫云,良可叹已。傍晚朱觉来辞行,谓明日携眷返苏,询有讯携达硕民否。余托报近状,且告决持镇定,不拟迁动也。夜仍沽市为饮。

8 月 3 日 (甲辰　廿六日) 星期五

拂晓大雨,七时许晴,午后略有云。晨西谛见过,久不晤,长谈移时始去。午前丐尊、均正见过,近饭去。钞宋漫堂本《文渊阁书目》。弄牙牌为遣。晚仍沽市为饮。夜报发表《三国共同宣言》。

8 月 4 日 (乙巳　廿七日) 星期六

晴热。晨过丐尊,看报,丐以家有祀事,坚留午饮。下午雪村夫人率其女及内侄女来。漱石来,夜饭后去。晚仍沽市为饮。文权、潘儿夜来,谈移时辞归。旬日无警,一般逃避他埠者又有迁返者矣。时局播弄如此,诚不胜流离颠倒耳,可叹,可叹!

8 月 5 日 (丙午　廿八日) 星期

晴,午后阵雨,气又转凉。竟日未出,看张元长《梅花草堂笔谈》。午后立斋见过,长谈移时,西过乃去,临行属为盛君约予同、济之示期晤谈。显、预两孙来省,晚饭后唤车送之归。夜仍沽市为饮。

8 月 6 日 (丁未　廿九日) 星期一

晴热。清晨出先过雪村,同入馆。晤予同、调孚、西谛、济之,因致立斋意,约星期四予、济会余家,同立斋赴盛氏。绍虞日内当返苏嫁女,余纠谛、济、予、村、调、丐各送万元为贺,即托由雪村主办之。七月津金调整,余数廿一万元(扣去米房诸欠馀此),今取到只有支票无现钞,余获而不能用,仍走坚吾所托,向孝文暂存取现息用之。晤文彬,因在纸张公司午饭。午后二时,路人仰头竞看飞机,极高而尾曳白云,皆谓美机来侦察,明日必有轰炸云。三时半仍步归。晚沽市为饮,聊润喉牙。夜饭后文权来,适笙伯亦归,因令伊二人自洽借款事,盖文权近方赋闲,拟鬻饰权子母为活,而笙伯方谋挪款营运俾生动,故介之各如其望耳。旋作罢。晋侯过馆,属代横泾学校办教本。

8月7日(戊申　三十日)星期二

晴热如昨。竟日未出。看《梅花草堂笔谈》,亹亹不已,清味盎然,不但忘暑兼忘世忧矣。午后三时立斋见过,畅谈移时而去,余即以代芝九所购教本托之并以约定予同、济之事告之。当午仍有飞机侦察声。今日蔬肴价昂,一日千里,挟万元入市,办两顿素菜下饭,犹欠周,遑敢问津鱼肉乎! 以是珤人大为丧气,叹有生以来未遇斯奇厄也。笙伯晨出,余属电话告晋侯,俾饬人取教本去。组青来,因买市酒共酌,价又涨两成半。夜与组青话故,至十时乃罢,下榻留之。

8月8日(立秋　己酉　朔)星期三

晴热。晨组青去。竟日未出,客亦不至。看《梅花草堂笔谈》及缪莲仙《文章游戏》。珤人脱九成金约指一线属文权兑去,计六分九厘,易得支票五十七万七千元,若持以贴现,须耗七八万元,只索并入放款且取现利再说。时至今日一切逼束,虽有钱使亦感支绌,矧触处须张罗故物四托人情而始办者哉,念此不胜忿忿矣。夜仍沽市为饮。

8月9日(庚戌　初二日)星期四

晴热。清晨出,径入馆,晤雪村、绍虞、振甫。过文彬、坚吾,即以珏人兑金款并入孝文,所合百万,期一月息三角,在纸张公司午饭。饭时闻人传言苏联领事馆被封闭,俄人有搬家者云云,余笑置之,二时归。有顷,立斋至,又有顷,济之至,一入门即言有惊人消息证实,苏联已于今晨向日本宣战,是则饭时所闻非虚矣。少焉,文权来,又告领馆下旗及戏院辍映苏片状,苏联报馆及塔斯通信社亦封闭云。丏尊适来,告知之,又有顷,予同来,乃与济之、立斋、予同共乘电车往福开森路盛康年家晤谈。康年余初见,人极慷爽,谈锋甚健,直谈至日落始兴辞归,坚留晚饭,以防空日灯火问题,未应。出乘电车,已末班进厂矣,到家已垂黑,草草进食,浴身后冥坐而已。

8 月 10 日(辛亥　初三日)星期五

晴热,午后日中雨甚大且久,傍晚乃止。晨过均正,同过丏尊,互谈昨日所闻事并偕均正出访雪村,同入馆。绍虞已行。苏联正式对日宣战已见报,宣战理由为缩短战祸解救世界民众云。而日本内阁并无谈言发表,上海日军当局布告镇定民心亦只云考虑事势之推移,期对策之无憾。余早料其决无挣扎到底之气概矣,特不知何日始得见分晓耳。过访坚吾兼晤修章,惟文彬未之晤,伊等亦皆兴奋异常也。十一时归。饭后为江冬谈国学常识一小时,润、滋旁听焉。薄暮仍沽市为饮。夜十二时许,里中忽有人大叫日本已投降,今日六时已签字。随有苏联侨民及白俄人等分批结队欢呼,我国人杂其间,狂呼中华民国万岁者亦至夥。余为惊起,而诸儿亦闻声起舞,雀跃不止,奋兴之度无以自画,珏人腿疮正剧,亦蹶然起听,忘其痛楚矣。诸儿且出里观望,则广衢杂沓欢声鼎沸焉,于是里中终夜有声,余遂假寐达旦。计余家自梧州路避乱迁此适周八年,收束之信亦以时闻,可谓甚巧。

8 月 11 日（壬子　初四日）星期六

　　晴热,真有秋老虎之感。凌晨即起,早粥后挈润儿往雪村所,街坊岑寂,颇有新年景象,店铺多不开张,惧失货物,为储券所累耳。间有开者,亦与摊贩竞爽,妄相攀抬,洵有移步换影之观,人心固不免惶惶,其实此等必然之现象早在预计之中也,只能镇静处之。在雪村所少坐便顺道入馆,看各报俱不载昨晚所传之讯,大概发表尚有顾忌乎。乃十时左右南京路一带已有高揭国旗示庆者,及午后竟遍全市,且有声鼓乐、燃炮仗者,弥征人心未死、庶物昭苏矣,为之大快。午间坚吾所本有蝴蝶会（即维崧主张仍行而与余对换主值者）之约,余与雪村赴之,相见欢祝,殆如更生,肴馔之丰,仍未少减,因思东汉之季董卓被诛都城士女典衣彻钗市酒脯为庆之事,今日得无类此。（余例备之馔,因金才在假,无人取送,遂改由鸿云楼唤取两篓,他家竟买不到,价尚未悉。）欢饮谈笑至三时始罢。其时《中华日报》号外出矣,备载日本通牒瑞典、瑞士两国转中美英苏四国,接受《波茨坦宣言》,并陪都庆祝诸状,于是人心益振,街头少年欢跃如狂矣。四时余偕索非步归,过新邑庙,为湜儿购一瓦盆,俾储蟋蟀,价二千五百元,亦可谓一时逞兴,弥觉可笑。夜看小报（即《新中国报》之晚刊）,所载益详。红蕉过我长谈,十时许始各归寝。

8 月 12 日（癸丑　初五日）星期

　　晴热,午后起阵,未果雨。晨八时许立斋见过,约明日下午六时饮红棉酒家,盖盛仲悟、冯仲足与立斋联名具柬者,大约藉“八一三”为欢庆并有所商谈耳。被邀者为西谛、予同、济之、雪村、调孚诸人。正谈浓之顷,济之来,出今日《中华日报》相示,昨日号外之言全不提起,反高揭日上海军司令布告严禁悬旗及游行呼口号等,虽无明白否认接受宣言,颇有尚须一战之状,或者大局中变,又起轩然大波乎?相与揣论久之,近午辞去。午刻中元祀先,笙伯归拜,言路上国旗俱下去,昨贴号外亦扯去,交叉路口且多派立双岗云,是形势陡见紧张矣。午后练习飞机又见翱翔。路人传言过苏州河上各桥者,又须向岗兵脱帽鞠躬云。保甲处且重申管制之严令。夜报并揭造美国原子炸弹将来上海之谣,卑鄙恫吓,竭尽能事矣。鸣呼,何苦而为此无聊之举动乎!店铺仍多未开,物价又较昨涨倍蓰,大乱临头,坐待驰去,宜其有此也。

8 月 13 日（甲寅　初六日）星期一

晴热。晨出,过雪村,遇调孚,因共入馆。晤予同、均正诸人,交换消息,犹吉凶参半,似局部军人尚恃蛮顽梗耳。街头警卫森严,店铺已较昨多开,治安当暂无问题也。过文彬、坚吾谈,兼晤修章、慕韩。还坚吾代付初四日菜款九万元。文彬以孝文存款见还,所得利息亦扣转,虽不免吃亏,而了一事亦一好事,我宁愿他人不损也。志良处款亦将同一处理云。午归饭,文权在,未几,丐尊亦至,谈久乃去。下午五时赴仲悟、仲足、立斋红棉酒家之约,到者甚众,凡两席,余与雪村、调孚、济之、予同、西谛、仲足、立斋俱,九时乃散,与谛、予、济步以归。甫入里门,电灯已熄,乃摸索抵家,浴身小坐,然后就睡。接嘉源用直信,询近状。

8 月 14 日（乙卯　初七日）星期二

晴热。晨与红蕉谈,绍先见过,移时乃去。午前过丐尊谈。饭后为江冬讲《书经》大义及传授派别。傍晚立斋见过,时局消息颇混沌也。店铺已多有开门者,菜场物价已稍回稳,然较五日前已不啻十倍矣。今日七夕,又为汉儿生日,竟在黯淡中逝去,良感怅惘。

8月15日(丙辰　初八日)星期三

晴热。晨绍先来,少坐去。十时调孚来,详告日本确已接受《波茨坦宣言》,在美军舰上签署停战条款,日皇将于今午有广播发露其事云。因共过丏尊,又晤庄、罗两君,所言均同。红十字会送款恤丏尊。(绍先所引,调孚、振甫皆遇此。)丏夫人不肯受,其识力贤于所天远矣,余从旁力赞之。饭时听楼上江家收音机转播日皇停战诏及铃木告军民释兵词。惜不谙日语,愕然而已。饭后为江冬讲《诗经》大义及传授源流。雪村来,亦告时局好消息,又与偕过丏尊,遇夷初亦来大谈,知大势已定,惟上海局部地区维持治安亦正不易,绝续之交,恐将有大规模之封锁也。晚小饮,红蕉归,亦畅告一切。夜八时电台又转播午间日方诏示,已译成华语,末附当地军布告,谓就地切维治安,民众应了解云云。是夕电灯彻宵不截,景象顿改旧观矣。

8月16日(丁巳　初九日)星期四

晴热。晨出,过雪村,同入馆,晤调孚、振甫诸人。午过纸张公司饭,晤文彬、坚吾、令涛、子敏,执手欢然,互致珍重。下午二时归,顺访道始,以其将出,匆匆数语即别。缓步返家,道路景象较初五六更热烈,而转见肃穆,殊慰必如是庶有以发扬我大国民之风度耳,叫嚣凌厉何为哉!漱石来,士文来,夜饭后去。旧有无线电收音机以格于时势(不愿向日伪登记,宁拆卸分开存储)。废阁多年,今由润儿修复,居然可听,但机件锈旧,声浪较弱耳。

8 月 17 日(戊午 初十日)星期五

晴热。上午八时立斋来,据闻某方有暴动夺取都市之谣,沪市或有扰乱云云。昨晚十时起,警察当局施行宵禁即为此。下午复来则云戒备严,已镇压不动矣。青黄未接,是等事固难免,要亦在各方之镇静自肃,必可弭患无形也。十时过丏尊,晤均正、守宪,知市价已稍稳定。下午二时前为江冬及润儿讲《三礼》大义。道始见过,谈移时去,据云明日四国与日本将在马尼剌签订停战协定也。夜小饮。饭后红蕉过谈,出本日《正义报》相示,谓系《新中国报》被接收后之新报云。

8 月 18 日(己未 十一日)星期六

晴热且闷,夜半后雷雨。昨日起,关于灯火管制及防空设备公告撤销,入夜电炬通明,人情为之大奋,虽一草一木亦别饶精神矣。凌晨出,过雪村,同入馆,见《革新日报》谓即系昨《正义报》改名盖又换人接管也,令人回忆十六年景象,不置何中央正式部队及市政工作人员犹姗姗其来迟乎!午过纸张公司饭,知志良仍肯收放款,余决以孝文所还用馀之数到期时并交之矣。三时归。晚小饮。夜饭后为冬、润、滋讲《春秋三传》大义,适西谛、予同见过,因中辍。有顷辞去,仍召三人续讲,十时始毕。

8 月 19 日(庚申 十二日)星期

晴热,上午十时前曾有阵雨。晨过丏尊,晤均正、调孚,雨过归,期立斋不至。午后二时许西谛来,少坐便行,知外间接收甚乱,且南京、镇江、丹阳、杭州、馀姚各处皆有暴动,惟未证实详情耳。今日事真有大病初愈之象,一切俱感飘飘也。晚小饮,济之来托转稿立斋,顺谈,移时乃去。笙伯夜归,告市街之有霓虹灯设备者今已有多家复明矣,上海之浮动于此可见一斑。

8 月 20 日（辛酉　十三日）星期一

晴,午前后俱有阵雨,闷热,夜月甚姣。晨为西谛约写胜利感言二百馀言。八时入馆,晤予同。旋过坚、彬,即以七十万元交彬,属并于志良放出。十二时许归饭。饭后刘炯来。调孚来。丏终受隐贫恤金,孚成之。晚小饮。夜饭后为冬、润、滋讲《论》、《孟》与"四书"（究其大义与关联）。立斋来,长谈至九时半乃去。马尼剌受降条款尚未签字,我国芷江受降事宜亦尚未见明文,正规军未开到接收各地,颇有动乱,日军犹未释械投戈,隐忧之士诚不能脱然于怀、放言高论也。

8 月 21 日（壬戌　十四日）星期二

晴热。晨入馆,晤雪村、调孚等,知中联出版公司犹未解决,高谊、叔同似别有肺肠者,殊不可解。过文彬、坚吾,取得志良期票。十二时归饭,文权、潏儿、硕孙在,盘桓至夜饭后去。夜为冬、润、滋讲《孝经》、《尔雅》大义。报载朱德复政府电,剑拔弩张,衷情暴露,其豆相煎,恐终不免,瞻念前途,诚不寒而栗矣。

8 月 22 日（癸亥　十五日）星期三

晴热,夜月甚皎,而炎威未戢,其火烧七月半之谓乎。晨出,过雪村,旋入馆,晤予同、济之,知中联出版公司仍将延下暬利怙过至于如此,亦可云不知重轻矣。十二时与予同偕行,至老北门乘电车以返。下午道始夫人来。晚小饮。夜为冬、润、滋讲说文学大概。

8 月 23 日(甲子 处暑 十六日)星期四

晴热如昨,夜月皎洁,通宵如昼。晨过丏尊,看报,晤均正、夷初、锡寿。午前文权来,即去。午后丏尊见过,子如亦来。晚小饮。绍虞来,甫自苏至,车中尚不十分拥挤云,谈移时去。夜为冬、润、滋讲"六书"大义。

8 月 24 日(乙丑 十七日)星期五

晴热。晨出,过雪村,同入馆,十二时归饭。午后三时,子敏、坚吾见过,属书庆祝灯标语,移时去。晚小饮。夜为冬、润、滋讲音韵学大义。

8 月 25 日(丙寅 十八日)星期六

晴热。晨起,为唐谢写灯语四条。八时出,径入馆。少选,文权至,托放款,因走文彬所询志良需要否。据云日来放不出,遂返馆告文权,令别图。午过饭纸张公司。大雷雨作,平地水深没足,移时始止,俟路稍干乃返馆,已二时半矣。四时出席廿一次董事会,丏尊亦出,惟道始、荫良未到,商局定后内外合辙事。五时半散,与守宪同乘电车归,天已放晴,夕阳灿然矣。夜小饮,饮后为冬、润、滋讲等韵大概。时明月在天,清光四彻,罢讲后玩月良久始就卧。漱石来,传言铭青明晚请余过饮云。

8 月 26 日（丁卯　十九日）星期

晴热。晨过丏尊，看报，良才、立斋踵至，少坐后偕返，复谈近午乃去。下午四时，步往牯岭路，应铭青之约，遇晋侯，纵谈狂饮，不觉酩酊矣。九时后乘车归，家人扶掖登楼，当夜大吐。

8 月 27 日（戊辰　二十日）星期一

晴热。先师孔子诞兼为教师节。竟日未能起，晨尚吐，微进粥。夜立斋见过，将仲足言约漱儿明往储能中学谈配授功课事，是下半年馆地有着落矣，为之一慰。中国联合出版公司昨被中央宪兵派驻上海宪兵队所封，今晨索非来告，始知之。下午因命润儿往谒雪村询一切，以值高卧，未之见，怅焉而返，仍未审究竟也。

8 月 28 日（己巳　廿一日）星期二

晴热，竟夕浴汗，秋郁甚矣。清晨出，过访雪村，叔同已在，知中联得当局谅解，即日启封矣。少坐便入馆。西谛、以中来，乃以家晋信交谛，谛即属通知良才，函令出来，盖圣与已返沪，中央图书馆正需人整理，以中亦被邀参与也，家晋之出正合其时，即作书报良才。近午雪村尚未来馆，因购面代餐（价八千五百元），以俟之过午乃至，知中联已启封并派有宪兵二人驻守，谓恐其他部队误会，藉以防杜云。三时许返。夜饭后为冬、润、滋讲训诂大义。《中苏友好同盟条约》已公布，我承认外蒙独立，东三省之中东南满铁路改称中国长春铁路，中苏共营。大连开放为自由港，旅顺口作为两国共同防日再侵之海军根据地，期限均三十年。誉之者谓系保障远东和平之法宝，其实不啻将逊清李鸿章与俄所订之密约，使之公开具体化而已。而外蒙已离去祖国怀抱矣。自己无实力而坐致幸胜,宜其有此耳,尚何言哉!因忆友人有传述半年前流行及近日流行之谑语,颇值存录其语,云:苏联奋斗到天亮,美国制造到天亮,英国活动到天亮,中国等待到天亮(半年前流行);日本对美国服而且恨,对苏联不服而恨,对中国不服亦不恨(近日流行)。余谓是等语精确不磨,虽谑实未流于虐也。继文傍晚见访,出扇面属书。

8 月 29 日 (庚午　廿二日) 星期三

晴,奇热,夜不能贴席。竟日未出。晨为继文书箑。午后为应立斋文搜村。接芝九前日信。晚小饮。夜为冬、润、滋温理经学大义。适丐尊至,相与闲谈,知夷初曾见过,谈及现局甚形纠纷也。

8 月 30 日 (辛未　廿三日) 星期四

晴,奇热,傍晚起阵,未果,益感燠闷。晨过雪村,未晤,到馆后未值,待至十二时仍未见返,即归。过文彬、坚吾谈。午后未出,已备受煎热,设仆仆日中恐蹐而颠矣。晚小饮。饮后为冬、润、滋讲史之界说及史学之含义。丐尊见过,即行。

8 月 31 日 (壬申　廿四日) 星期五

晴热依然,午后三时起阵,大雨达暮始霁,于是沟浍皆盈矣。入夜暑气大消,积困一苏。晨入馆,料理明日照常工作事,更定办事时间为上午九时至十二时、下午一时至四时。(明日起全市复用标准钟,数年提早一时之伪时及今始光复。)余家八年以来确守旧时,友人以为怪,余则自谓奉行汉腊也。今果免拨迟之烦,可见趋时者终仍落后耳,思之不觉失笑。十一时过文彬、坚吾并晤志良,办妥放款。十二时应雪村招,过饮其家,盖其家有祀事饮福也,坐中晤克臣、达轩。二时许归,抵家未久即听雨。夜饭后为冬等讲正史源流,以钱念劬史目表示之。

9月1日(癸酉　廿五日)星期六

昙,午后阵雨旋晴。依时入馆,整理暑中积件。午过纸张公司饭,约下星期一起饭后仍续讲《左传》及《论语》。散馆前孟邹来,此老年逾古稀而精神依然五十许人,可佩也,相与长谈,六时始克归家。夜小饮,饮后为冬等讲《史记》大义。

9月2日(甲戌　廿六日)星期

晴,午后阵雨。晨过丏尊,携归夷初所草上当局书,于军政民生纲纪政体诸大端颇剀切指陈,将于明日入馆时分征雪村、予同、绍虞洽署也。为塞立斋之请,草一文题曰《香港在地理历史上的检讨》,而午前飞机翱翔数十架一批,分头往来,儿童狂欢,谓国军已由内地乘载以来,余亦童心跃然,无法属笔,饭后始稍宁,贴乃写下。晚仍小饮,至夜十时尚未脱稿,然吾倦欲眠矣。

9月3日(乙亥　廿七日)星期一

阴雨竟日,彻宵。依时入馆。马书征得签署,余亦附名其后,然犹嫌措辞未臻严峻耳。联合国统帅麦克沃塞及我国代表徐永昌等昨日上午九时三十分已在东京湾米苏里军舰正式受降,日本派重光、梅津两全权代表代其天皇及军部签署降书,联合国驻军亦陆续开往,从此日本苦难如日方升,一般国民将为其数十年稔恶之军阀忏悔食报矣。午过纸张公司饭,文彬未出,晤修章、坚吾、令涛。

晚乘电车归。夜小饮,饮后为冬讲《汉书》大义。

9 月 4 日(丙子　廿八日)星期二

阴,时有雨,夜乃起风转凉。依时入馆。午过坚吾饮,仍未晤文彬。散馆时与予同偕出乘电车归。夜小饮。饮后为冬等讲《后汉书》与《三国志》甫毕,而雪村至,初甚讶其突来,继知正接渝中详报,欣然来就丐尊共读之也,因与俱往丐所,获见洗人三书、雪山一书、士欶一书、彬然两书、达君一书,盖昨托友人刘尊祺飞机携来者,尚有周报一束留店未及看,彼此情况了然,内地经济裕如,弥可告慰,并悉清儿怀孕,已于七月初转地昆明就汉儿,将于双十节还分娩云。纵谈有顷,雪村归去,余亦返家。

9 月 5 日(丁丑　廿九日)星期三

晴,仍热,有风处稍凉。破晓即起,写信复洗人,备仍托刘尊祺带去,正疾书时世璟来访,托事与谈良久,及去续写之,急行趋馆,已将九时矣。看重庆携来之通讯录等,知两年以来内地成绩甚好,虽此间处境不同,实抱愧多矣。接诚之信。济之来。午饭于文彬所。晚乘电车归,小饮。夜为冬等讲《晋书》大义。立斋来催予同稿。接铭堂信,以天明约游苏,厚谊可感也。

9 月 6 日(戊寅　朔)星期四

阴雨时晴,大类黄梅。依时入馆。复铭堂。世璟晨来,余与予同言之,午后再约来馆一谈,适西谛午前来,因促写信与一樵为介,即以此函交璟。午与谛、虞饭一家春。晚乘电车归,小饮后过均正一谈,顺访盛康年,未值。夜为冬等讲《宋》、《齐》、《梁》、《陈书》

编集大概。

9月7日（己卯　初二日）星期五

　　晴，仍热。依时入馆。先过文权，为绍介储能教课事道经跑马厅，见饬羽葆之汽车多辆，据路人指称，皆系赴大场飞机场欢迎汤恩伯将军（中央指派空运部队接收京沪者）者。到馆未久，即闻禁街，直至下午四时前始解除云。复芝九。宽正来访。午饭文彬所。下午四时出席九届廿二次董事会。仲足电话复予同，属文权明日上午十时半往校一晤。散会后乘电车归，即令滋儿通知权，夜饭后权自来洽。余为冬等讲《魏书》及《北齐》、《周》、《隋书》大概，权即去。甫讲毕而立斋至，长谈移时乃去。余亦就寝。

9月8日（庚辰　白露　初三日）星期六

　　晴热。依时入馆。写信复诚之、允言。翼云来。午假坚吾所主蝴蝶会，到会员十人，参来宾令涛及朱君凡十二人，欢欣至二时半始散。坐客有曾赴大场参加欢迎者，谈之眉飞色舞。据云他不必论，仅以气派言，美人且压扁日人也，优劣胜败之判其在此乎？散席后给李妈五千元，仍返馆。写更新二号书，附寄洗人闻国际饭店可代收渝航信，故雪村等赶书欲试寄之，以时晏未发，须后日再办矣。晚乘电车归小饮。文权课事未成，甚感乏味。夜为冬等讲《南》、《北史》源流。

9月9日（辛巳　初四日）星期

　　晴，傍晚雨，入夜更甚，淅沥达旦。晨出散步。午候坚吾不至，组青来，遂共饭。下午又禁街，盖新市长钱大钧自渝飞来，仍须空港看热闹耳。丏尊过谈,为夷初辞顾问名义议挽留事。四时半街禁解除,余乃步往庙弄西谛家,应前日之招,晚饮称庆也。四年不涉其庭,不无感喟矣。坐客为徐森玉、王以中、张凤举、沈仲璋、郭绍虞、周予同、耿济之、章雪村、徐调孚、李玄伯并余及谛,凡十二人。谈次知图书馆收罗书籍尚顺利,而上海文化界却颇有意外被侵之虞耳。九时散归,途次遇雨,到家衣履皆濡矣。润、滋两儿与冬官及笙伯游大场亦方归,而弄口于余出门后不十分钟忽有手榴弹爆发,死伤数十人。家中正惊疑粗定也,道路传言谓日人从汽车上抛下,余归时已无痕迹,到家始知之,亦云幸矣。

9 月 10 日（壬午　初五日）星期一

阴雨,转凉。依时入馆。致书夷初,仍请续任编辑顾问。午过文彬、坚吾即返馆,与雪村同往杏花楼,盖李伯嘉、俞守己、吴廉明自渝飞来,五家设宴为之接风也。到傅卿、叔同、高谊、仲康、新城等,伯嘉态势犹昔,守己垂垂老矣。抚今追昔,不无感慨耳。守己带到洗人信,知七家供应教本事即将在沪进行也。晚归小饮。怀之自苏来,殆以所事结束,拟来沪别谋也。夜为冬等讲新旧《唐书》及新旧《五代史》。接清儿上年十二月八日书。（敉复写,想同时必发数封也。）

9 月 11 日（癸未　初六日）星期二

阴雨,夜尤甚。依时入馆。世界书局被调查统计局查询,陆宝忠被传去。三通书局被封。三通之封已嫌其迟,而世界之扰似可不必,何与民更新之辈愦愦若是乎?晚归小饮,漱石在,怀之则在任家,夜饭后乃来。夜为冬等讲《宋》、《辽》、《金》、《元史》。

9月12日（甲申　初七日）星期三

阴雨,夜半后甚雨达旦。依时入馆。为村草拟详书,备致力子报告沪上接收纷乱状,希冀有以制止也。午饭坚吾所。西谛来,雪村集定庵句赠之,颇足见近日彼此心绪,爰录存之:

雄长鼪鼯狄与猴,人间无地署无愁。书生挟策成何济,团扇才人踞上游。

大宙南东久寂寥,许身何必定虁皋。冯君且莫登高望,江上骚魂亦可招。

阳秋贬笔未宜多,其奈尊前百感何。且买青山且鼾卧,不论盐铁不筹河。

气雄西北何人剑,独倚东南涕泪多。耻与蛟龙竞升斗,侧身天地我蹉跎。

予同为夷初所拉,将协同办理教育复员事宜,下午便出矣。晚归小饮,与怀之谈。夜丏尊见过,知夷初所草说帖连署者七十五人,已托人航带到渝,分送参政会与蒋主席,并知傅怒安等将办杂志,亦拉稿及余云。为冬等讲《明史》与《清史》。本日起沪市国营机关俱用法币,储券暂行。

9月13日（乙酉　初八日）星期四

阴,午后晴。依时入馆。查整各分支店通信处,盖半年以上未得内地消息,今始获通,即当紧密取得联络耳。怀之归去。午饭坚、彬所,谈至二时乃返馆。晚归小饮。夜为冬等讲正史以外之诸史体。将前写复洗诸信未获寄出者托右邻马家禄转交航友带渝,心为一松,惟未识顺利否耳。接清儿二月廿七日信,告久不写信之故。

9 月 14 日 (丙戌　初九日) 星期五

晴。世璟、修权来谈,于贯一复校事有所商量。依时入馆。得世璟条,即授予同转西谛。午饭于文彬所。饭后与坚吾长谈,二时许乃返馆。晚归小饮。夜为冬等讲先秦诸子之流别。

9 月 15 日 (丁亥　初十日) 星期六

晨雨旋晴,傍晚雨,入夜转甚,彻宵未止。依时入馆。午饭文彬所。商务自李伯嘉来后顿形扰乱,教科书抬价,对职员摆架子,直搅得人翻马仰,同业亦受其影响,学界且蒙到不利,金壬执事势所必至,独怪王云五自负精干,乃引用此辈以自尊,不无可叹耳。晚归小饮。夜为冬等讲儒家大概。珏人发热,漱儿亦于夜半忽起吐泻,且腹痛甚烈,一时为之大扰,余竟未得入睡。

9 月 16 日 (戊子　十一日) 星期

秋霖绵延,竟日未出。珏人热尚未退,漱儿则已平复。午前予同、济之、丏尊先后来谈,丏且为怒安催稿。傍晚雪村至,因共晚饮,谈至八时乃去。见客外朱书《金刚经》,将于先君冥诞之日焚化之。

9 月 17 日 (己丑　十二日) 星期一

晨阴旋晴。依时入馆。处分杂事。午饭纸张公司,饭后续讲《论语》,毕《泰伯章》。接芷芬、汉儿八月十八日信,附士敫八月十四日信,系托便人航带至南京投邮转来者,亦适周月圆矣。晚归小饮。夜为冬等讲道家大概。

9 月 18 日(庚寅 十三日)星期二

晴。依时入馆。在长兴馆进肉面一碗,计储券七千。接颉刚九月三日航快,告去年续娶徐州张氏并详询此间近状,附来致起潜一笺,因为立转并电话招良才来共读之。赴饭时讲《左传》"晋文一战而霸"事。午后重为雪村草函上力子。晚归小饮。涵侄来,盖昨自浔归,竟未及见麓钟,甚狼狈也。余悯其遇,然亦只悲慨而已,询知弟妇尚滞九江候麓钟信息也。夜为冬等讲墨家与法家之大概。

9 月 19 日(辛卯 十四日)星期三

晴朗,夜月妍好。依时入馆。写力子信,雪村先签,让其右于丐尊,备加署。赴饭时本拟讲书,以文彬有事他出,未果。给金才、金大各万元,华坤、阿吉、李妈各五千,于是开明、纸张两公司之中秋节赏点缀过去矣。志良款仍续展,坚吾处亦并入志良,九月三十日到期。晚归小饮。夜过丐尊谈,以致力子信请核署,旋相偕步月于里巷之四周,然后各归。文权来,即以应得之息金与之,渠已重入西侨青年会暂管美国驻兵伙食事,尚相得,甚以为慰,惟愿大局日定,克展其长耳。

9 月 20 日(壬辰 十五日)星期四

晴,傍晚起阵,大雨间作,彻旦始止。晨出先过雪村(给陆妈五千元),同入馆。写雪村致云五信、致洗人更新第三号并不列号各一件,分别寄出,航函即托洗转达力子及云五。接圣陶九月五日蓉信,告先已有函寄出,询收到未,详言内地企画并告明年春夏之交将奉母挈家东归故乡。赴饭时彬、坚俱出,未之晤,饭已独步外滩,看新近进口之美国舰队,顺道由北苏州路、乍浦路桥、四川路一带返馆,见海军青年会(昔为美产,中经日占,今复驻宿美兵)旁有日俘十馀人正裸身操作,畚锸齐举,盖逋寇所筑之残堡勒令粪除耳。报应之速,捷于影响,不禁慨然。到馆后知小文来看我,因再往纸张公司晤坚吾,长谈移时乃返馆。散馆出,已微雨,强行至西藏路远东饭店门首势成倾盆,路中滂沱可涉矣,不得已唤街车归,需费竟达万元也。夜合家小饮,共庆良宵,八年来无此快绪矣。所惜雨盛月匿,使千里婵娟无由同睹团圆耳。

9 月 21 日(癸巳　十六日)星期五

　　阴雨燠闷,傍晚豪雨如泼,沟浍皆盈,入夜电光四射,檐瀑交流,淋漓终宵。晨入馆,套鞋打碎右踝外皮,跬步难行,勉强到达。午过文彬,与坚吾及大嫂饮,饭后过子敏谈,晤令涛。下午写圣陶信,未竟,散馆矣。步至老北门,甫上电车,豪雨即至,倾盆覆盎,无以过喻之。行抵嵩山路一片汪洋,迤西至金神父路,不见干地,及下车行道,由环龙路入里,幸未大霑耳。漱石、组青俱在,夜饭后漱石去,组青则下榻焉。为冬等讲名、兵、杂家大义,未终讲,红蕉来唤,言余书巢屋漏,水且夺门而出矣。因辍讲,急令儿辈开门抢护,浮面已有多种受潮矣,为之怅然,便托红蕉代雇瓦匠于晴后一为捉漏焉。

9 月 22 日(甲午　十七日)星期六

　　阴雨,晚晴。晨出,以道有积潦,步由大兴路入城,从老北门取道河南路入馆,较平日绕路多三之二,车贵难任,不得不悉力以赴耳。写毕寄圣陶长信,编沪复第一号,附雪村、调孚两书。赴饭时讲《左传》"晋楚初次争衡"事。晚归小饮。组青夜饭后去。接士敦九月十六日航平附清儿所作《我从上海来》一文(载《中学生》第九十期),清新可喜。别来数年,不图进步乃尔。函中知清一时未能返渝,或将在滇生产矣。夜为冬等讲子部分类大略,即依《四库》分类阐述之。

9 月 23 日(乙未　秋分　十八日)星期

晴朗。晨过丏尊谈。俊翁之郎来访,因归晤之,知绍先已于昨晨病逝,当晚即送绍兴会馆殡殓矣。涵芬楼旧同事又弱一个,不无惘悼也。有顷,济之、雪村、均正、绍虞、西谛来。知仲华已到沪,携来清等照片多帧,殊快慰。十一时设筵祀先(考妣),以今日为先考八十冥诞,故潜等一家亦皆来罗拜也。余以先与翼云、仲足有约赴济之所午饭,因于拜后即行。途遇以中,立谈片晌。到济之家,绍虞、调孚、翼云、西谛已在。未几,乔峰、广平陆续至,仲华亦来,握谈甚挚。一别数年,风采益都矣。仲足最后至,十二时半乃就坐,二时始罢,客先后散,余与翼云、济之又谈至三时三刻乃归。德锜携其子偕漱石来,薄暮去。五时文权来,因与共饮,夜饭后潜、权携诸外孙去。

9 月 24 日(丙申　十九日)星期一

晴。依时入馆。仲华来谈。赴饭时讲《论语·子罕篇》七章。下午写寄士敦(编胜利一号)、洗人(更新四号),附去漱儿书,即交雪村,俟渠信写好后加封,托仲华觅便递渝。宽正来馆,及晚归,又

偕丕绳来谈,知常州城厢及四乡俱水深火热也,不禁浩叹。夜小
饮,丏尊遣孙来请,草草食已即往。则傅怒安在,欲一见余,且约撰
稿实《国语》也,相与纵谈久之乃别。复留丏所,长谈至八时许乃
归。接汉儿九月十七日滇航信,以久不得此间音信,念极矣。

9 月 25 日(丁酉　二十日)**星期二**

　　晴,午后阴,时见细雨。晨为铭青之二姊丈陈斌书扇。依时入
馆。写复颉刚封好待并函便发。赴饭时文彬、坚吾俱不在,知因修
章丧小妻,偕往世界殡仪馆吊唁也,余竟失礼矣。午后唐弢来催
稿。晚归小饮。夜为冬等讲文字之范围及分类。开始草《从中俄
密约到中苏友好同盟条约》一文,应《国语》之求,材料已集,尚待
抒写耳。

9 月 26 日(戊戌　廿一日)**星期三**

　　阴雨。依时入馆。赴饭方已,接馆中电话,知达君已到,即遄
返晤谈,备悉西南动定,诸人皆平安也。携到信件、款项、样书等,
至为大慰。写复芷、汉告近状,编沪光一号付寄。散馆归,以套鞋
透湿,到家濯足而后小饮。夜为冬等讲古文与非古文。写文三段。

9 月 27 日(己亥　廿二日)**星期四**

　　阴雨,时现晴,殊类黄梅,晚晴。依时入馆。为达轩将赴南京
筹备分店复业事办文件。午过雪村饭,盖与达君接风,为达轩饯
行,并邀仲华共与,余与调孚则陪客耳。仲华气焰甚盛,颇可代表
所谓大后方来之人物,殊难相近也。午后写寄洗人更新五号信,附
去达君、雪村、调孚书,前日写好之颉刚信亦附入,交士敩转寄之。

晚归小饮。饮后过丏尊谈,以立斋来访即回,与之长谈,知前稿存盛所者明日或可送回也。夜与珏人闲争,甚不快。写文至十一时始就寝。

9 月 28 日(庚子　廿三日)星期五

晴。晨出,先过雪村,同行入馆。处理杂事。赴饭时坚吾、文彬共谈,坚吾有辞去纸张公司经理意,专管利达。讲《论语·子罕篇》三章。通函各董监,明日下午五时在雪村所聚餐。金才归报,道始家已有人监守,惟信件尚可径达云。事有所必至,尚何言哉,独惜长才空负耳。晚归小饮。为立斋草信稿。盛家送还前稿。夜写文至十时。为冬等讲唐宋八家古文之先路与后波。

9 月 29 日(辛丑　廿四日)星期六

晴。依时入馆。出门时以迈尔西爱路已开通,即信步由之,觉心头别有滋味矣,遂循慕尔鸣路、爱文义路、北京路、河南路大绕而行,过森义兴,进小肉面一碗,用一万一千元,折合法币五十五元。(近财部已公布伪钞二百元掉法币一元,暂准流通,十一月一日起收兑,明年三月卅一日止作废。)比到馆,尚为八时五十分也。赴饭时讲《左传》"城濮之战"。午后四时过雪村家,会丏尊、达君、予同、五良、济之、文彬聚餐,耕莘未至,商公司今后进行事宜。此间董会即结束,待洗人来时决定善后办法,同人薪给亦顺加调整,大约仍照伪券额升十倍再折合法币耳。九月补发,十月起照行目前状况,或可少苏,然同人八年积亏尽付东流矣,何所取偿乎?八时散归,与丏尊同乘,抵家得知潜儿曾来云,道始确于前日就逮。(今晨其夫人电话来馆询股数,盖已调查财产矣。)歧途一涉,终身莫拔,惜哉!

9 月 30 日(壬寅　廿五日)**星期**

　　晴,下午时有云翳。竟日未出,写毕应《新语》之文,《新语》旧闻名《国语》,今日送来创刊号,始知更称《新语》矣。晨大椿来催稿,见余正属草,即去。雪村午前后两度来,盖在叔同所饭,便中来谈也。下午三时芷芬之兄君才来,云昨乘飞机由渝到沪,不日即须入京,带到芷芬款法币二万元(又转交振甫法币一万元)。少坐便行。晚小饮。夜写文至十时,题云《从中俄密约到中苏友好同盟条约》。

10 月 1 日(癸卯　廿六日)**星期一**

　　阴雨闷热,又时露日光,颇难耐。晨先过雪村,未遇,即入馆。赴饭时讲《子罕篇》。下午写信寄洗人、士敩、清华及芷芬、汉华。(寄敩者附更新六号中,致芷、汉者编沪光二号。甫发,接洗廿六信,知清已安返重庆,故从沪光二号中抽出未寄。)发布庆字布告一二三号各一件。一,调整薪给,即以底薪改作法币照数五十倍支付,另加米五斗,照时价计算;二,发薪期仍复为五日及二十日两次;三,前发之米款截至八月底止即作为扣清,以后不再扣除。文稿上午送傅怒安。散馆归,大椿在,持稿商删减所引条文,以太长则难取均衡云。余允为加节,明日再送去。晚小饮。夜饭后丏尊来谈。八时点文讫,写复怒安。接翼之九月廿五信,诉不平,即复之,劝暂安待时。夜掣电大雨,终宵不止,上半夜闷热,几不能贴席,下半夜又须引被而卧矣,以狂风作吼故。

10 月 2 日（甲辰　廿七日）星期二

　　晨雨，大风，午后风转西北，雨止地白，晚有晴意。依时入馆。风狂雨骤，秉盖为难，几踬者屡无入馆后喘息未定者久之。午饭于坚吾所，文彬未出，因辍讲。二时许返馆，为冬等预备讲义。晚归小饮。《新语》送稿费关金一百二十元至。夜为冬等讲辞赋及骈文之大略。接芝九前日书，告承乏桑梓教育、翼之不能蝉联事，并询建初有意为开明在苏州设特约店，可否办理。

10 月 3 日（乙巳　廿八日）星期三

　　晴，大凉。三日之间由炎夏陡入初冬矣。始御袷犹怯寒也。晨与珏人出，拟就野味香吃汤团，乃店门初启，炉灶未温，不得不望望然而去之。余独行由亚尔培路、西摩路、静安寺路、南京路、河南路入馆，顺过五福斋进汤包十五件，用法币六十二元云。知中联昨又被封，为文化服务社所占。该社主持者又约中联负责人前往商谈。翻云覆雨，诚不知个中究捣何玄虚也。如此行径，终不免郅治之累耳。赴饭时讲《论语·子罕篇》。散馆前办出文件多种。散馆后与调孚步往卡德路广和居，应西谛之招。宾客如云，凡三席，半不稔。与余同席者夷初、仲华、大琨、济之、文祺、唐弢、芦焚、调孚、予同、西谛。他席识者健吾、默存、平心、立斋、广平、西和、乔峰、伯昕诸人耳。怒安、夏衍、煦良则未入席即行。席间坐谈，知为《民主周刊》拉稿，余腹笥久涸，恐又徒铺啜耳。九时半始散，余与予同、济之同行，至金神父路始别，到家已十时矣。接九月廿六日业熊、静鹤来禀，知熊现服务于军政部第二交辎器材制造厂第一分厂，此厂或将迁设南京云，为之大慰。

10 月 4 日（丙午　廿九日）星期四

晴，御袷嫌薄矣。晨九时在国光印书局与雪村、调孚、达君会，因仲安之介，共往四明村相屋，盖内地诸人皆须东返，不但办事处分不足，且远归同人无屋可容也，乃所见者既不周用而掮客从中播弄前途，必当纠葛，遂作罢，复西迈至静安寺路，同乘二路电车入馆。赴饭时讲毕《左传》"城濮之战"。午后返馆，写复韵锵促即摒挡东下。雪村午后晤予同，知中联事甚棘手，余恐因而扩大或须闹出大笑话也，深为村危之。以中见过，长谈移时乃去。晚步归小饮。夜正拟与冬等讲习而丐翁至，闲谈至九时去，遂辍讲。

10 月 5 日（丁未　三十日）星期五

晴。依时入馆。诚之来，盖昨日已来，未晤，今复来也，握谈久之，知暂住光华大学，其爱翼仁女士亦偕之同来沪上，同在光华任教。赴饭时讲毕《论语·子罕篇》。予同来谈中联事，甚棘手。下午写复芝九。晚归小饮。西谛在家候谈，据告中联事极严重，劝雪村勿沾粘。夜为冬等讲《诗经》及汉魏六朝诗。组青来，夜饭后去。归途遇文杰，立谈久之。接清儿十月二日发九月廿七日渝清一号书，附晓先廿九日信，知清于廿四日下午四点三刻到渝，晓先将与允臧偕往台湾办教育云。今日补发九月份薪给，加清积欠计得储券三百三十八万七千八百四十八元四角云，合法币则未足两万也，十月上半之薪须二十日始发放，而货价日腾，一日数变，终恐无法随住耳。

10 月 6 日（戊申　朔）星期六

晴。依时入馆。寄洗人更新七号，附村、达诸信并调孚复圣陶信。寄敩、清沪复三号书，附漱致敩、清、熊、鹤信及余复晓先信。午过文彬，出席蝴蝶会，以修章有事未到，临时拉达君参加焉，二时许始返馆，办出应邮各件，本拟寄芷、汉，时不及，未果。晚归小饮。组青来。夜为冬等讲汉魏乐府。看《周报》第五期。

10 月 7 日（己酉　初二日）星期

晴。上午济之之爱来言，其尊人明晨即将乘机飞渝，询有物需携带前往否。至感厚谊。饭后珏人偕组青、涵侄（午前来此共饭）、润儿同往大陆书场听书，余亦出外散步，比归，家人见告，知梦岩夫妇及寅福、寅禄来访，未值为歉。傍晚写信与敩、清并附漱、滋信，即令漱、滋持往济之所托带，且有小皮鞋一双、围涎两个，缄入也。垂暮小饮，珏人等归，组青亦去。夜早睡。

10 月 8 日（庚戌　初三日）星期一

晴。午后突晦，风雨交作，片响即止。依时入馆。梦岩来与约十日或十一日来饭。午饭后讲《论语·乡党篇》。散馆归，小饮后往晤济之，以雪村托带之件属之，知西谛、唐弢、季琳等在雪园候谈，因与偕赴之，调孚、健吾先在，未几，谛等陆续至，又共酌至九时许乃散归。明晚开明请客，假雪村家行之，所约外客为孤帆、仲华、大琨、蔚南、尊棋、端先、西谛、士行等。

10 月 9 日（辛亥　寒露　初四日）星期二

晴。依时入馆。赴饭时讲《左传》"烛之武退秦师"。下午达

君与文彬往宋公园路相度公司地皮,有所计划。散馆后往雪村家
参与宴客,临时丏尊加入,而蔚南未至,西谛则于席散后乃来,盖预
属不待,别有宴会也。正将入席之初,馆役来言范先生由渝飞到,
同人谓洗人来矣,皆耸焉,待之及导来,乃允臧而非洗人,然欢欣之
忱固无间耳。席后客散,余与村、丏、予、谛、达、臧畅谈一切,至九
时许乃与丏同乘以返。允臧带到信件甚多,计圣陶十月八日胜后
四号书并附致红蕉信,士敄十月七日信并附致润、滋、湜信及镛、漱
信,清儿十月六日渝清二号书并附致漱、润、滋信,晓先十月八日
书,附法币二千元,送润二十岁生日礼,遍悉近状,快慰万分,不啻
满载而归矣。住宅续约今日上午亲往中国营业公司订定九月份仍
照八月收储券,十月起至十二月三个月按月收法币二千五百元(较
九月加二十五倍),三个月一次付清,约期亦只三个月,亦可谓狠
辣矣。

10 月 10 日(壬子　初五日)星期三

　　晴朗。今日国庆,兼祝胜利,举国狂欢自在意中,清晨即闻爆
竹喧耳矣。晨餐后过丏尊,共徘徊于里口看热闹,良久乃还。濬儿
一家均来。十一时出,途值胜利游行,肩摩背挨,不得速步,将十二
时始到雪村家,参加开明同人胜利宴,与允臧、西谛、予同、调孚、均
正、索非、雪村、守宪、绍虞、耕莘同席。子如等则别置一席,湜儿亦
与焉。午后三时归,从人丛中行,苦挨甚。夜合家团饮,笙伯之友
朱君、徐心君及江冬俱与,甚快,且将旧藏大双响爆杖二枚点放之,
盖中华民国三十四年中只有今天始不负国庆二字耳。夜饭后文权
来,旋去,濬等则留宿焉。

10 月 11 日（癸丑　初六日）星期四

晴。依时入馆。晨世璟来访，知校事有眉目矣。十一时返，候梦岩来饭，至十二时三刻乃来，其夫妇暨寅福、寅寿兄弟及外孙等皆到，极为欢幸。谈至二时三刻辞去，余亦未入馆矣。晚仍小饮，夜饭后潏率诸孙亦赋归去。余两日连饮四顿，殊感疲乏，早睡。（接硕民信。）

10 月 12 日（甲寅　初七日）星期五

晴。清晨世璟来，知校事尚未发表，但看报后见已由教局委为喇格纳路小学校长矣，贯一复校虽未能如愿，而学校地盘已得，不难重振旗鼓也。依时入馆。写信复达轩。赴饭时讲《论语·乡党篇》。午后本拟写信寄远，以三时赴乔峰之招，往香港路银行俱乐部应《新文化》半月刊茶会，与雪村、均正、调孚偕行，至五时始散，竟不果握管，遂废不行。接芷芬滇新三号信，十月七日发，内含二日、四日、六日三次所写信。六时半到家，仍小饮。夜令诸儿写信与敹、清、芷、汉，备明日附出。

10 月 13 日（乙卯　初八日）星期六

晴。依时入馆。写信分寄洗人（更新八号）、圣陶（沪复二号）、敹、清（沪复四号）、芷、汉（沪光三号）、晓先（附敹信）、云彬（附芷信），并将漱、润、滋、湜、振甫、密先诸信附去。赴饭时讲《左传》"郑商人弦高犒秦师"及"晋襄公墨绖从戎败秦师于殽获三帅"。午后发信。晚归小饮。接汉一号信（十月九日发新编此号），告余二次寄信俱到，田浩划款可截作家用，又宗棠取去一万，可代收代买绒线等物云。

10 月 14 日（丙辰　重阳节　初九日）星期

晴。晨七时世璟来谈，知明日即往接收校舍矣。此次市校新校长大都较好，而世璟可谓个中翘楚也。午前心君之母来，饭后珏人偕往大陆书场听书，心君午后来谈，移时乃去。编"国学大义"之讲程，备给冬等。四时出，径往雪村家，应耕莘之招，饮藏酿，座客为一金姓、两封姓，俱傅之同乡。雪村为假座之地主，余与达君、文彬则陪客也，六时半开饮，饮将毕而士敏到，盖由桐庐过杭州，乘车甫下耳。合座皆欢，饭后又续谈至九时三刻始辞归。（敏赠崇安岩种水仙茶一小匣。）仍步行，到家已十时半矣。

10 月 15 日（丁巳　初十日）星期一

晴。依时入馆。处分杂事，较忙。赴饭时得沧祥电话，知蔚南来访，即遣返馆中晤之。适莫志恒自渝来，亦把晤焉。尤月斧来，知近在沪市工务局分处办事，其人语言无味，而噜苏特甚，殊为厌苦，勉强至一时许始去。汉旨截用田浩划款已在开明取到。晚归小饮。接熊、鹤十月十日胜利后第二号书并附致漱、润、滋、湜、笙伯书，带到法币千元，为润二十初度寿，尚有千元在致佩霞信中转来云。接勖初十月十三日信，告济华有五万元托人带沪请代收并属转书于致觉，当将转书送出，即以收款事托红蕉取到。（盖此款托美亚顾里中之兄然葆带来，故托红蕉。）明日当复书勖初详告之。夜开写《东北收复地方的行政新区划》一文，未及千言即睡。

10 月 16 日（戊午　十一日）星期二

晴,较昨暖,地微润。依时入馆,忙于打杂。上午柏丞见过,谈移时去,约明晚在雪村家聚饮。仲华之妹端苓自渝来,带到洗人致雪村书、墨林致珏人书,俱十三日所写托。知清儿于十月十一日夜十一时生一男孩。赴饭时讲《左传》"却缺获白狄子"。下午写寄勖初,复告代收款项,俟便转上。寄硕民代转墨林信。寄洗人更新九号,托代语墨林青石弄房屋已进行催索中,传语敔、清慰喜并属产后珍摄,又附去复济华信,即托加封转出。寄镜波附转冯达夫信,顺候心如。晚归小饮,知又接熊、鹤(十月、十一日胜利三号)信,附到二千元与修妹,佩霞处千元亦到矣。夜草完前文,凡二千馀言。

10 月 17 日（己未　十二日）星期三

阴霾,晨有细雨,午后偶露日光。依时入馆。处理杂事。赴饭时讲《论语·乡党篇》毕。仲华、端苓来,承送到东北九省新地图,因根据此图修正昨所作文并钩一疆界草图,备附民主制版附入之。夜在雪村家公宴柏丞、纪堂,并邀绍虞作陪,到予同、调孚、莲僧、颂久、雪村及余,宾主凡九人,西谛以事未到。席次持螯长谈,宛然四年前柏丞家合饮时矣,至为快慰。十时三刻始返。接十二日敔航信,告清儿产子平安。珏人今晨往视昌预,据医言为伤寒,已准备送儿童医院,珏人帮同照料,今夜即留潜所。报载法币与美金将为二千对一,于是物价受此戟刺,下午四时后店家都已打烊避卖,不数日间必致狂涨,来日大难,曾未少减也,天明云何哉?

10 月 18 日(庚申　十三日)星期四

晴。依时入馆。写沪复三号书,寄圣陶写沪复五号,寄敫、清附村、达诸信(并航)。赴饭时讲《左传》"楚太子商臣弑成王"。下午为三青强索报局教本事,具呈教局请示办法。夜与丏、同、达在村所小饮,士敏俱,即席商定东南区应取之措施六项,作成记录备士敏返闽后实施之。九时半乃与予同步月归,至马浪路口始分手。珏人率顯、硕两孙住我家,潛已陪预孙入儿童医院矣,但愿经过良好,则皆大欢喜也。

10 月 19 日(辛酉　十四日)星期五

阴霾,午后有微雨。清晨入馆,过四时春吃汤包十五件。写信分寄敫、清、熊、鹤、芷、汉并附漱信。赴饭时讲《论语·先进篇》。前晚公宴柏丞,摊费法币千二百元。散馆时莲僧来,雪村邀饮并及余,乃赴之。三人长谈畅饮,不觉至九时。立斋先过余家,知在章家,乃寻踪至,又谈,直至十时半始散,余与莲僧步月归。到家已十一时二十分,询悉昌预经过尚好。韵锵自汉到沪。

10 月 20 日(壬戌　十五日)星期六

晴。依时入馆。寄沪复七号与敫、清附漱写沪漱三号及润、滋分致敫、清、熊、鹤信(附去村致山信)。赴饭时文彬置酒,请其远戚,余被邀列席,因辍讲。下午三时立斋偕景松、祖文来访,为中国建设出版社拉稿。散馆后与雪村、绍虞、丏尊、调孚、索非应《前线日报》之招宴,偕往杏花楼三楼,晤夷初、怒安、煦良、予同、西谛、麟瑞、聚仁、土行、文祺、乔峰等多人,盖五席并列,宾客云蒸矣。八时许席散,复与西谛、予同、麟瑞过雪村品武夷茶,九时半仍步月归。周报稿费续送到一千四百元。晨出时,以五万元托志良代放,月息一角云。

10 月 21 日（癸亥　十六日）星期

晴,午后起云,欲雨未果,晚晴。晨九时往法藏寺访致觉,将济华托转勘初之款五万元面交之。谈至十时三刻乃步归。薄暮绍虞来,携到《民主》第二期及稿费二百五十元,谈至六时去。（应华府饭店胡朴安招宴。）余亦小饮晚餐矣。夜小坐便睡。

10 月 22 日（甲子　十七日）星期一

晴爽。凌晨出,与儿辈偕行到储能中学应招作演讲,八时半纪念周后为四十分之短说,即"胜利"二字阐发之。入馆后为稿事写信分寄仲祜、光巨、秉珍,又作函检送出版教本与本市教育局督导处。赴饭时讲《论语·先进篇》。散馆后在雪村家便酌,以韵锵明晨返绍。（其母已殁,余致赙百元。）士敏亦将返闽,故合谈也。到调孚、振甫、子如等。饮后品茶,九时乃归,与子如偕行。元善见过,谈悉即将返平重振华洋义赈会也。到家后适文权在,因与长谈,知昌预在院经过尚好。接圣陶十月十六、十九两信并托转红蕉信。接芷芬十月十七滇新四号信及同日汉二号信,悉芷将赴渝,元锴或能先归上海也。

10 月 23 日（乙丑　十八日）星期二

晴爽。依时入馆。处理杂事。赴饭时讲《左传》"王官之役"。下午写信寄圣陶沪复四号、寄敩、清沪复八号、寄芷、汉沪光五号。

晚归小饮。夜以精神欠佳,小坐便睡。

10 月 24 日 (丙寅　霜降　十九日) **星期三**

晴。依时入馆。处分杂事。赴饭时讲《论语·先进篇》。午后三时商务书馆之王巧生来,谓张子宏即将赴渝,今晚请伊小酌,在善元泰吃蟹,务请雪村及余往陪。散馆后赴之,主宾仅四人,余啖蟹三枚(两圆一尖),进面一碗。八时始散,偕子宏步至老北门乘电车以归。抵家文权在,相与长谈,移时乃辞去。

10 月 25 日 (丁卯　二十日) **星期四**

阴霾。依时入馆。写寄雪山更新十号附去村、丏、达、孚诸信。赴饭时讲《左传》"秦晋令狐之役"。公司所租北四川路永丰坊屋起纠纷,文彬驰往解决之。道始使人来公司,向村借三千元,始知人尚安,何日脱羁,则未可卜,殊使人兴爱莫能助之叹耳。文彬赠余王福庵小篆联一对。散馆后在雪村家与巧生、子宏、廉逊、索非及村敏父子同饮,啖蟹粉馒头多枚,致佳也。饮后仍品武夷岩种茶,八时三刻始散,与索非步归,已将十时矣。昌预病状如恒,潴华竟因看护劬瘁,在院发热,温度且高于预焉,闻之殊深焦灼。

10 月 26 日 (戊辰　廿一日) **星期五**

晴。晨与珏人过儿童医院,看潴、预之状如故,惟面色难看,潴则发流火耳。少立便行,即入馆办杂事。杨勋舞弊擦改发票事觉,当改派赵隆章接管收银柜。午过坚吾饮,以云翼自杭来并邀啸水共谈也,三时始返馆。晚归小饮,文权来,因共酌。在春见过,借书。夜与红蕉谈。

10 月 27 日（己巳　廿二日）星期六

晴爽。依时入馆。写信分寄雪山（更新十一）、圣陶（沪复五）、敫、清（沪复九）、达轩、华松、甫琴（俱不列号）。午，达君见，约与雪村、调孚、士敏及余共饮于金门饭店之芷江厅，五人共用二千五百元（达君作东）。在目前环境中可谓价廉而物美矣。午后祖文偕王君见过。晚归，与文权小饮共饭。

10 月 28 日（庚午　廿三日）星期

阴霾。晨接十月廿三日滇来汉三号书，知芷芬是日动身挈元锴赴渝，然则年内或可归沪也。珏人挈漱、湜两儿及顯孙偕绍铭赴雪村所午饭，以士文二十初度，约往吃面也。余以小同在，只得居守。午后献晴，旋即阴合。傍晚予同见过，谈至垂黑乃去。漱石来，因留之。文权来，与共饮饭。八时许文权去，漱石亦去。

10 月 29 日（辛未　廿四日）星期一

晴。依时入馆。《民主》及《文汇》稿费送到。赴饭时讲毕《先进篇》。午后有沈女士者送济华带款四万元至（法币三万元，搭入储券二百万元），即电知致觉，于四时前亲自送去，面交后畅谈至五时许乃辞出法藏寺，顺道过儿童医院，看潚、预，经过良好，为之稍舒。垂暮抵家，即小饮，须臾文权至，仍共饮饭。接十月廿五日熊、鹤发胜利第五号书，告清子肢体欠正常，送院校正中，清为此致乳汁稀少，士敫亦以忙碌致赤眼云，闻之极念。又告第四号书附法币五千元，已托洗人带沪也。

10 月 30 日（壬申　廿五日）星期二

晴爽。依时入馆。属金才买香酥（善元泰特制）四瓶，一千元。接圣陶十月廿八航信，复此去四号附来分致红蕉伉俪及莫志恒信。寄雪山更新十二号复珊二号（昨来），附去诸公函及稽单等。寄圣陶沪复六号，复告一切。寄敫、清竹报沪复十号，详询近状，附复熊、鹤信，属即转。寄汉汉华竹报沪光六号复汉三号，并告《滇南碑传集》难寄。赴饭时讲《左传》"羁马之役"与"魏寿馀诱士会归晋"事。散馆后应坚吾招，对饮于其家，持螯为乐，谈子敏事。九时半始归，仍雇车以送，极不安。

10 月 31 日（癸酉　廿六日）星期三

晴，午后阴合起风，骤雨旋止，盖所谓作冷也。依时入馆。处理杂事。赴饭时讲《论语·颜渊篇》。午后又理杂事。晚与均正步归。知守宪来取物在丐尊所候余，即持往面交之。再返与文权共饮唉，潏儿亦至，知昌预熟睡中，并告儿童医院以明日将增价一倍，住院者迁出甚多，二三等病房为之一空云。读夜报悉国共内战殆不可免而国际局势亦正岌岌不容乐观，哀之吾民其将偕殉政争乎？言念前途，忧惧交并矣。

11 月 1 日（甲戌　廿七日）星期四

晴。依时入馆。过贝谛鏖路一羊肉面馆进面，仅吃肉三碟，两汤一面，需费三百五十元。写信寄炳生并转士敏。又寄雪山更新十三号，复今来珊四号，附去调、达信。接圣陶附调孚信。赴饭时讲《左传》"楚子灭庸"。晚归与文权小饮，夜饭后长谈至八时乃去。日来一切不顺眼,枨触万端,不自知将何以措此身也。

11 月 2 日(乙亥　廿八日)星期五

晴。依时入馆。寄山、圣更新十四号,复珊三号,附去村、调信。寄炳生信,附去此间加价书目,属杭处照办,并转东南区酌行。寄达轩附汇款五万元,属向商务分馆洽取应用。午后三时出席纸张公司十一次董事会,金议结束并与文彬独营,到汪啸水、吴克明、王长庚、唐书麟、唐坚吾、李修章及贝世俊之代表云。今后局势改变,余之午饭自成问题矣。五时许始散,步归已六时廿分矣,权、潏俱在,乃草草饮饭,饭后与权谈,八时许权、潏去,余亦就睡。菜场物价较两月前涨十倍,今日肉价每斤须储券六万八千元,尚起码货也。

11 月 3 日(丙子　廿九日)星期六

晴。依时入馆。十时洗人偕胡伯周自南京来,盖民建轮昨抵宁,当晚即乘夜车来沪也,该轮转沪尚须四五日云。久别重逢,其喜可知。十一时半,巴金亦来,因与索非、巴金、调孚、达君、洗人共饮雪村家,下午二时许乃返馆。寄山、圣更新十五号,告洗到,附去子如信及稽单等。寄汉儿竹报沪光七号,附新尘四号,询芷到渝未,顺告《滇南碑传集》无法邮寄,仍催闻云章托顾雪帆款。接十月卅日敭书,详告清、建母子近况,附来东北九省新区划材料及地图。夜归,与文权小饮。接十月廿九汉儿汉四号信,附来近影。接业熊十月三十日胜利六号信,告近状并请示恺字涵义。

11 月 4 日(丁丑　三十日)星期

晴爽。晨九时丏尊、文叔见过,谈有顷去。十时许洗人来访,

谈至十一时半乃去。午间与潜儿啖蟹。午后二时致觉来访,长谈
至四时去,余亦出过丐尊,同乘电车到八仙桥,渠过访其中表,余则
径赴雪村家,应纸张公司宴。凡两席,余与洗人、丐尊、绍虞、达君、
调孚、文彬、坚吾、予同、雪村坐上席,索非、子如、振甫、履善、士文、
均正、遇羲、逸人坐次席。守宪未至。九时散归,与丐、履、子、索同
步至八仙桥,共乘电车以行。

11 月 5 日（戊寅　朔）星期一

晴,较暖于昨。晨出,先过洗人、雪村,同行入馆。为米贴吃亏
略代同人说话,未见效果。公司对己本身利益处处打算固是正办,
而于同人利益不免淡漠,似非久远良图耳。赴饭时讲《颜渊篇》。
纸张公司结束,余亦分得花红五万元。文彬后日五十初度,撰五古
一章,书朱笺立轴赠之,媵以桃敬千元。寄雪山、圣陶更新十六号。
接芝九十月卅日书,属题风雨同舟图。接士敫十一月三日航信,告
清、建母子已好转,乳汁亦渐增矣。晚归小饮,与文权偕。

11 月 6 日（己卯　初二日）星期二

阴。依时入馆。寄山、圣更新十七号,附村书及余致敫、清竹
报沪复十一号。赴饭时讲《左传》"郑子家致书晋赵盾释贰楚"事。
午后立斋来馆洽购纸事。接达轩信,知京店复业有眉目,但未必
成,故俟之。今晚文彬约余父子往饮,盖其家暖寿也。余俟润儿
至,四时三刻始来,同出乘车,困难重叠,由河南路至静安寺已费多
时,在静安寺转车又待多时,且受挤甚烈,几不获登。比到兆丰公
园,天已大黑,从山路摸索前往,至感窘苦耳。有担贩者罗摊归,适
与同路,赖之导行始得达大生厂,已坐席及半矣。饮谈至八时乃散

归,与润步至大西路,雇人力车拉返。(车钱由文彬家第三夫人付出,殊窘。)到家已九时许。

11 月 7 日(庚辰　初三日)星期三

晴暖。依时入馆。达君为余购得光明厂现成雨衣一件,价一万七千元(合储券三百四十万元)。如此内来之人,亦嫌贵矣。(重庆初来之人挟法币吃储券,以二百对一之优势大叫便宜,今如何?)寄山、圣更新十八号附村、调诸信。接芷芬五日发渝新一号,知已偕锴于四日安抵重庆矣。寄芷、敫、清竹报沪复十二号,即附山信去。午间守己、仲康、廷枚、宝忠招洗人、雪村、达君、调孚及余饮聚昌馆,二时许始返馆。晚归小饮,文权仍来。(济华自渝中国银行汇十万元来,当晚即托红蕉划苏付勖初。)

11 月 8 日(辛巳　立冬　初四日)星期四

晴。依时入馆。赴饭时讲《左传》"季文子谏纳莒子仆"。寄勖初,告济华款十万元已托红蕉代划。夜致觉来,又加托五万元,即转交蕉夫人。寄山、圣、彬更新十九号,附去洗人手书及郑东启代朱东润收款十万元之收据。晚乘电赶归。是日为润儿二十初度,请雪村夫人、红蕉夫人、漱石、文权、濬儿、冬、顯、笙伯吃面,夜合饮甚欢。

11 月 9 日(壬午　初五日)星期五

晴。依时入馆。赴饭时讲毕《论语·颜渊篇》。寄山、圣、彬更新二十号,附去洗书、调书及中志投稿两篇。寄东南区沪东临一号,复寄发货单等。寄杭店徐炳生附单据等。致觉见过,谈有顷便去。晚归小饮。业熊四号书并法币五千元已由舟人送到洗人处，即交余带回。

11 月 10 日（癸未　初六日）**星期六**

晴，午前阴。依时入馆。寄炳生续附发货清单。赴饭时讲《左传》"华元陷郑及返国被讽"事。纸张公司股票缴销取得股本及红利等八千七百馀元。接芷芬十一月八日渝新二号书，告黑龙或将随瑞卿先来，有书画四件即托钱履周携沪云。接雪山六日珊六号与村八日珊七号与洗两书，于人事调整及公司大计均有述及。晚归小饮，仍与文权偕。接汉十一月四日汉五号附千元来。

11 月 11 日（甲申　初七日）**星期**

晴。晨十时许珏人率滋、湜两儿乘车往三山会馆，余与润儿继发，步至雪村家，盖今日明社各地同人公宴留沪同人暨家属，藉慰积年困苦也。到五十馀人，十二时先合摄一景，摄景毕，即天后大殿（先期向三山会馆商借）聚餐，凡列四席。余与洗人、守宪、巴金、雪村、丏尊、文彬、继文、小文、绍虞、予同同坐，尽欢畅饮。（今日适为洗人还历，又为丏尊六十、文彬五十补庆，而敫、清生子今适弥月，众庆并至，故特欢。）至二时半乃罢。少坐后，珏人挈三儿先归，余旁观洗、村、彬、达及仲华打牌。四时许始独行归。夜仍与文权小饮，昌预明日出院，大家都欣然色喜，准备归去矣。浒关童氏表侄女偕其第二女来，告其少子将于今腊完姻，特来邀吃喜酒云。十年未见，老态可掬，询其家况，虽迭遭日寇及兵匪之焚掠，而力田维勤，竟克重振旧楣，转胜畴昔，为之大慰，当具饭留宿焉。

11 月 12 日（乙酉　初八日）星期一

阴霾。今日为孙中山诞辰，放假。午前后晴。十时润、滋送小同归，并到儿童医院迎昌预出院，径归其家。午后一时，子如见过，因共往泰山公园看菊花会，润儿与偕，其实止黄元菊十二盆及孔志清、周瘦鹃两家之盆景可观而已。坐草地曝日良久乃复归啜茗，至四时一刻予同来，余与子如始与之同行，赴康定路康宁村四号达君家应其招饮也。至则洗人、雪村、尊棋、仲华、丏尊、调孚已先在，洗等正打牌，有顷，索非、巴金、均正来，又有顷，乃就坐，九时始散，丏、子乘电车行，余仍步归，与索非、均正、予同、巴金俱。夜半雨，达旦未止。

11 月 13 日（丙戌　初九日）星期二

大雨，午后始暂止，傍晚晴，入夜见月。依时入馆。御新雨衣，终以雨大，到馆后半身沾濡矣。假绍虞外衣易之，晚归，始易还，犹未干也。午前史国卿来请洗人吃饭，余与雪村、达君、索非俱被邀以往，就饮于一家春，二时始返。写信寄山、圣、彬更新廿一号，附去调孚所作《三山欢宴记》及稽单等件。寄汉竹报沪光八号附新尘五号。（接六日汉二号书，又附来千元，顺告闻款一时不得顺手云。）寄芷、敫、清竹报沪复十三号，即附更新廿一号去。晚归小饮，乡亲尚未去，饭后与共话旧，诸儿绕听，甚欣悦也。

11 月 14 日（丁亥　初十日）星期三

阴，午后晴。依时入馆。先过雪村，同行。浒关乡亲清晨即去。赴饭时讲《论语·子路篇》。寄山、圣、彬更新廿二号，附去洗村信及稽单等。予同来馆,知将返馆矣。晚归小饮。接晓先十一月十一日航信(寄馆),告有款将带到,托转属梦岩代购什器,并告清满月后已接至其家移窆矣。接汉十一月八日汉七号(寄家)分致潆、漱。夜饭后西谛见过,携去寄书单一包。接怒安、煦良书,为《新语》新年特大号拉稿。洗人送我《峡江图考》二册购自夔门者。其书为光绪十五年镇江驻防旗人国璋编,虽亦征诸往籍、采及他著,然所记身亲目验为多,盖其人久宦楚蜀,往返于峡江者八度矣。民国五年上海晏文盛书局石印本。(此为十五年三版复制。)顾沪上殊少见,岂书之显晦亦限于地域乎? 然而己见狭陋,内愧滋甚矣!

11 月 15 日 (戊子 十一日) 星期四

晴。依时入馆。十时半与文彬、洗人、雪村乘一路电车往北四川路、川公路永丰坊履勘新租之屋,今日电车来,初涨价头等一律十五元(合储券三千元),三等亦须一律五元矣。到坊底憩董达良家。董为文彬妹倩,此次租屋全系渠力,今日特唤熟匠祗候预备装修。十二时始返,至彬所午饭已十二时三刻矣。饭后讲《左传》"晋灵公不君,赵盾弑君钺竟不免"事。午后寄江山、长汀、西安三处同仁,分谢慰劳。寄杭店沪杭一号发表,以贾祖璋兼经理,徐炳生任副经理,贾未到前徐代理。晚归小饮。以珏人生日,吃面。

11 月 16 日 (己丑 十二日) 星期五

晴。依时入馆。过雪村,同行。寄山、圣、彬更新廿三号,附调、洗信。寄士敏沪东临二号信。寄汉竹报沪光九号,附新尘六号。赴饭时讲《论语·子路篇》。晚归小饮。接十一月十日晓先航信,复致梦岩信。接汉十一月十一日汉八号书,附致润、滋信,告由上海银行电汇二十万元来,为备冬衣云。

11月17日（庚寅 十三日）星期六

晴。依时入馆。芷芬交农民银行汇来五万元,晓先交中国银行汇来五万元,俱已到。公司整个调整薪给计划已拟有端倪,不日便可发表。赴饭时讲《左传》"楚子问鼎中原"及"郑子公染指鼋鼎,胁子众弑灵公"事。午后电招寅禄来馆,即以晓先之函及款交之,属归属梦岩为办器用。寄山、圣、彬更新廿四号,附丏、村、虞、孚信并顺告芷、晓款到。寄士敏、天飞附交通票汇四十万元去。晚归小饮。知若兰曾来,明日即返苏,珏人已将其妹若蕙寄存之银饰四件交伊携还,并知勋初病状依然,如调治得宜,可望恢复云。祖文来馆,约二十日在天香楼吃酒,属并约予同。夜看《梅花草堂笔谈》。接其章十一月六日孟买信(附美钞十元)。

11月18日（辛卯 十四日）星期

晴。九时许梦岩来,商晓先汇款购物难办,不如代买存米为妥云,因即属余复告晓先焉。谈至十时半辞去。午后开明派人将所存稿件三箱及写字桌一张取去,因饬儿辈扫除整理屋宇,移具易画,上下焕然,劳扰虽甚,心地殊适也。傍晚立斋过我,重申祖文之约。夜小饮,饮后与儿辈闲谈。

11月19日（壬辰 十五日）星期一

晴,午后阴。晨出先过洗人、雪村,同行入馆。赴饭时讲《论语·子路篇》。办出北四川路赁屋电话过户手续。寄杭店徐炳生沪杭二号,核定薪给。写永安、重庆两处信,以须雪村附函未发。晚应张德斋之约,偕洗人、雪村同过其家,夜饮,八时半乃散归。同人薪给今调整,底薪一律核减,生活系数之倍数则提高。(余底薪三百八十元,减至二百二十元,生活系数则自五十倍提至二百六十倍馀。)已个别函知且分行会计部及人事课知照矣。夜不能寐,起作书与洗、村,拟将《四部备要》加倍购回。

11 月 20 日 (癸巳　十六日) 星期二

阴,午后雨,夜止。依时入馆。先与珏人过四时春吃面并进汤包。以昨夜所作书投洗人。赴饭时讲《左传》"越椒覆宗"事。午后写寄晓先,告到款由梦岩代为购米存贮事,顺谢照拂清母子。寄其章,告美钞已兑成法币,交其母,以后附钞冒险,还请另行设法为妥。寄汉儿竹报沪光十号,附滋信及新尘七号,告电汇之款迄未到。寄山、圣、彬更新廿五号。散馆前予同来,因偕赴天香楼高祖文之约。到乔峰、仲华、都良、仲足、森禹、立斋、西谛、尊棋、翼云、景崧等,宾主凡十三人,洪饮狂谈,至八时散。余与予同、西谛复过雪村所(守宪假座请洗人,余等作陪,以先有约,未及赴),则席已散,客都去,惟洗人、达君、雪村、守宪在打牌耳,匆匆即行,余复与西谛步归,至成都路,彼乃乘街车行,余仍独步返家也。接熊、鹤十一月十六日胜利八号信,附致漱 V 五号。

11 月 21 日 (甲午　十七日) 星期三

阴,入夜细雨。依时入馆。洗人语余《四部备要》事请暂延勿骤决,如有款措还先交渠保证不催提,俟设法解决,最后谓且筹万元交之。余一切依行止求挽回,不致覆巢则大幸矣。赴饭时讲毕

《论语·子路篇》。午后写寄杭州徐炳生、(沪杭三号,寄更正发货单及稽查单)广州陆联棠(沪粤一号,附洗人手书详示近画)。晚归小饮。知滇汇廿万元到。接十七日汉九号书,属买绒线,当为代办。公司聘朱成勋为常年法律会计顾问。

11 月 22 日(乙未 十八日)星期四

晨阴旋晴。依时入馆,与滋儿偕行。以万元交洗人作《四部备要》抵款。汉款取到,以五万付漱代购布,以十万属志良拆放。午在雪村所为守己钱行(即须返渝),公司出席者洗、达、村及余四人,守己偕来者廷枚、宝忠,别邀季康作陪,饮酒三种,先市酤之佳者,继洗藏之陈年仿绍,最后乃用村藏之陈绍,渐入佳境,风味殊胜,甚快。午后二时返馆,接雪山二十日发珊九号。巴金之兄尧林病逝,公司致赙,由索非代表执绋。晚归小饮,适文权来,因共饮焉。午后三时良才、立斋见过,与洗人长谈。

11 月 23 日(丙申 小雪 十九日)星期五

晴。依时入馆。洗人以眷属抵杭,今晨乘特快车往会。以小衣抱被帽袜等一包送世界书局,托守己带渝交敔、熊分派。赴饭时讲《论语·宪问篇》首数章。午后写信,寄山、圣、彬更新廿六号复珊九号,附村信去。寄汉儿竹报沪光十一号,复汉九号,附新尘八号去,告电汇转迟,甚悬。寄杭店沪杭四号,复今来总四号,附村致洗信。寄京店钟达轩,告京屋房主杜绍唐代表宗伯宣来谈,可续订租约,属打听房价及押租等大市,俾措议,勿与刘海波接洽。(刘与杜有纠葛,刘并不能代表杜主张。)散馆前钱履周来,带到渝店托款、敔十一月十五日信,附来士秋款万元,又致镛、漱信及润、滋、湜信。晚归小饮。

11 月 24 日（丁酉　二十日）星期六

阴。晨出与滋儿在四时春进面点,偕行至南京路,伊径入校,余亦到馆。写寄永安杭州号信。接芷芬十一月廿二日航信及同日圣陶与调孚信,知同人之应行东返者将包一民船集团赋归。但余中心致见矛盾,一面欲图速见,最好即日实现,一面怵于滩险盗患,又不愿冒险促行,以是即作函告雪山、圣陶、芷芬(更新二十七号),希详为考虑。赴饭时讲《左传》"申叔时对楚子复封陈"事。公司所租祥经里永丰坊房屋已决定由文彬介绍之匠人承修,今日落局,当先付料银二十万元。柏丞来谈。晚归已黑,小饮,适潘儿在,文权亦至,长谈移时。绍虞来谈,将主编《教育与文化》,拟邀约翼之助理云,甚感之。月斧来,谈颇想到台湾去。

11 月 25 日（戊戌　廿一日）星期

阴雨。晨接十一月廿一日晓先航信,告又有款五千,托勖成之子增发带来,附清二十日书渝清三号,告暂住丁家甚缓遇,并告建昌四肢已复原。午刻祀先,补行下元节。珏人晨挈漱、湜、镛过四时春进面点,值雨沾衣。铭青遣人来告,谓怀之之女玉官已于昨夜病逝(年只十一),属镛即归苏,盖接有长途电话云。有顷,镛得讯归。匆匆屏当即行,将偕铭青奉漱石同返,余假万元与之,顺属上达、翼之、绍虞已为渠道地,可即来沪也。午后题十四年前佩弦所赠宋人画双鸿景本,张诸同、复两儿座右。晚丐尊见招过饮其家,商就市府参议员候选人否。(雪村亦接此信,已决定应选。)余劝其应征,因为填报履历,长谈至八时乃归。

11 月 26 日（己亥　廿二日）星期一

阴雨，午后渐止，风微作。依时入馆。寄芷、敿、清、熊、鹤竹报沪复十四号，详告近状，附复晓先（即附更新廿八号函去）。寄山、圣更新廿八号，附村、达、孚信及仲华、调孚两文。夜应巧翁之招，与雪村过饮高长兴，座遇王君武，亦商务旧人，谈次知为我吴木渎善人桥人，并知与震渊有姻娅也，饮三壶许，九时乃散。行至龙门路雇人力车以归，价二百元。

11 月 27 日（庚子　廿三日）星期二

晴。依时入馆。途遇维文，知随曹省之同入招商局矣。雪村前托收存公司之存金及要籍今日悉数交还，分别储入金城保险库，由达君点检，经孑如手存库。赴饭时讲《左传》"楚入郑逼成晋救郑"事。接杭店总五号信，即复寄之。晚归小饮。接廿二日汉十号书，知集团同归之计各地皆已接洽，势在必行矣。夜文权来谈，笙伯归。

11 月 28 日（辛丑　廿四日）星期三

晴，午前后曾有细雨，殆转冷之兆。依时入馆。赴饭时讲《论语·宪问篇》。午后为《中学生》登记事送表格于社会局。文化运动委员会张道藩邀集茶话，雪村、调孚、索非、均正俱往，余与绍虞未赴。写信寄复联棠、甫琴。晚归，翼之、笙伯俱在，翼住铭青家，昨与笙伯同来，今来看我，因共小饮，饮后长谈至八时半，笙伯、滋儿偕送之出，仍往宿铭青家。

11 月 29 日（壬寅　廿五日）星期四

阴,午后微雨,入夜转甚,彻旦未休。依时入馆。寄更新廿九号,附去致芷、敫、清、熊、鹤竹报沪复十五号。寄汉儿竹报沪光十二号,附新尘九号。赴饭时讲《左传》"晋楚争郑"事。傍晚廉逊来馆,洗人邀饮于雪村家,余作陪。八时许散,与廉逊乘三轮车归,送渠先过同孚路然后返。权、潏来,知熊、鹤有信与彼,属觅屋云。

11 月 30 日（癸卯　廿六日）星期五

阴,午前见飘微雪,午后渐晴。依时入馆。接甫琴电,知长沙办事处已设桃花井附三号。填移转土地证申请书,备闸北公司地皮重行登记,赴饭时交文彬属代办。饭后讲《论语·宪问篇》。午后写信寄山、圣更新三十号,附洗、村、达信。先于晨间接芷芬十一月廿七日渝书,告翌日飞滇接眷,决集中重庆,合帮同行东返。渠本人送至沙市分路,为公司巡视湘粤黔桂闽诸分支店,然后回沪,故洗信复山、圣时及之。仲华、仲足、翼云柬请于青年会夜餐,余以连写联轴感倦且知翼之将来吾家,遂辞谢未赴,步行返,至则翼未至,仍独饮焉。润儿以明晨七时许即须上课,今晚住入校中。

12 月 1 日（甲辰　廿七日）星期六

晴转冷,室内气温已降至五十六度以下矣,门外寒风中当更低下也。依时入馆。端苓来,知欧阳文彬所乘民联轮昨已到南京,日内当可抵沪,然则元错亦将到达矣。赴饭时讲《左传》"晋楚争郑之战,晋中军下军俱败,独上军不败状"。午后寄山、圣更新卅一号,附洗、孚书。寄甫琴,惠民委派在汉口复业全权办理。翼之来谈,与绍虞接洽,将任《文化与教育》杂志助编事,备十二月四日进场。余晚归,翼亦在寓相候矣,因共饮,至八时许乃辞,往铭青所。润、滋以组青之指示购得元元车行金鹰牌脚踏车一辆,计七万六千五百元(合储券一千五百三十万元矣)。此事颇有足述。储能有眭先生者有车肯让,须五万元,润接受之,然车身旧而胎已坏,经组青检视,认为不当,贪廉购此,因退还眭君而钱已拖散,约下星三(十二月六日)始能返楚,昨日先交还五分之一。珏人为此不快,家中已有龃龉,今别具炉锤,买此新车,只索坐待眭氏之归款,自可少却问题多多耳。

12月2日(乙巳　廿八日)星期

　　阴霾。上午十时一刻翼之来,因偕笙伯、滋、湜同赴曹家渡三角场鼎顺酱园访薛晋侯,步以往,已十二时许。彼处早布席相待矣。惟同席俱似熟稔,颇感牵强耳。饮后巡游其作场,至三时三刻乃归。步至三角场,翼之不支矣,即偕湜乘车先返,余与笙、滋仍从容步归。至则潏儿在,因又共饮。饮后文权至,谈至八时始辞去,润儿亦车送翼之往铭青所去。日来耳目所接俱鲜当意,而尤以官方作为为更梗心,所谓好话说尽坏事做尽,殊非过情之谈,试问如何不生气乎?今日《大公报》社论揭夷初一文颇淋漓尽致,对现状加以攻击,无如言者谆谆而听者藐藐,实等以水投石何!

12月3日(丙午　廿九日)星期一

　　晴冷,初御驼绒袍。清晨出,过贝谛麏路吃羊肉面。赴馆尚早,又过洗人、雪村谈,同行入馆。接圣陶信,正作归计矣。赴饭时讲《论语·宪问篇》。下午恽魁龙君来洽,允其出证明书。夜归,

翼之在,盖已到文化与教育社接头,明日即进场办事云,遂共小饮,
饭后去。立斋过谈,托转稿件与西谛,移时乃去。润所购脚踏车照
会已捐就。

12 月 4 日(丁未　三十日)星期二

晴冷。依时入馆。寄山、圣更新卅二号,附洗、村二公书及附
件。寄东南区沪东临六号,附村、洗书。寄杭店徐炳生沪杭七号。
赴饭时讲《左传·郯之战》毕。祖文电话约日内晤谈。晚归小饮。
夜坐摊看陈氏《五种遗规》,事事切要,语语平实,怪人不能踏实施
行耳。陈腐云何哉!

12 月 5 日(戊申　朔)星期三

晴寒,朔风已刺肤起粟矣。依时入馆。欧阳文彬女士乘民联
轮昨日到沪,据云在镇江江面遇事,初疑盗,继知为海军纠结,至两
日始放行,总之一切不上轨道,言之发叹耳。芷芬托带五万元承交
到。接雪山托葛韫山带到信,知瑞卿、元锴已过宜昌,照例当与欧
阳同到,大概汉皋有耽搁,日内或亦可来也。眭君脚踏车退款今日
清偿,儿辈纠纷为之释去矣。赴饭时讲毕《论语·宪问篇》。午后
作书与予同,送十一月下半期薪津,顺询其爱病状转机否。西谛来。
晚归,潏儿在,知滋儿患喉疾,方陪同往方嘉承医师处诊治归来也。
今晨余出时滋以喉痛未上学,初未措意,刻经诊察,谓恐白喉,须明
日再诊始可定云,颇为轸虑。夜饭后文权来,有顷,偕潏去。

12 月 6 日(己酉　初二日)星期四

晴,午后阴,傍晚微雨。依时入馆。处分杂事。赴饭时讲《左

传》"楚子围萧，萧溃"及"楚伐宋宋华元夜劫子反行成"事。圣南偕其夫婿俞钧硕及新生三月子来馆访余，盖近日上饶转道杭州来此，昨甫到沪，即日返苏也。祖文见过，约下星期二往饮赵主教路通益企业公司并属遍约丙尊、雪村、予同、西谛、索非、均正、调孚、绍虞、夷初云，谈移时去。下午立斋见过，代祖文补束来。郑缤问字。四时半归，以滋儿喉症故，至则热已退，痛亦锐减，大约无事矣，始为一舒。翼之在，因共小饮，夜饭后去。漱往访潡，即在伊处晚饭，饭后归。云潡等请看戏，并拉润儿同往，十时始归。

12月7日（庚戌　大雪　初三日）星期五

晴，较昨为暖，晨有雾。依时入馆。滋儿已痊，强行入学，止之不可，盖明日即月考矣。赴饭时讲《论语·卫灵公篇》。午后写信与芷、敫、熊、清、鹤、汉竹报沪复十六号，附入致山、圣更新卅三号函去。寄士敏沪东临七号函。欧阳文彬代汉带到西昌皮件十一件。饭后有人带到芷芬托携手提箱一，中储唐兰联一，沈从文字轴一，别无他物。余适赴饭，由沈学骥代洽，竟未问何人，殊可异，定瑞卿已抵南京，先托此人携来此箱乎？以此转念元错不置。晚归小饮。潡儿电话告余代购常州鲜豚一脚，七斤半，夜饭后即属润儿往取之。

12月8日（辛亥　初四日）星期六

晴暖。依时入馆。允臧昨自台北飞来，今约予同、颂久诸人谈。午仲康请臧饮聚昌馆，余及洗、村、同、达、索皆与焉。寄杭店杭沪八号书，附去发货清单。夜雪村、允臧约王巧生来谈台湾接收印刷厂事，邀余往参末议，适顾毓琇、冯有真约洗、村五时茶会，余乃与臧、巧先饮,未几,达轩来,又有顷,洗、村始返,知所约谈为硬分各家联营之国定本教科书生意,授与党营诸出版社耳。在党治下何求不得,当然拱让之矣,复何言哉?九时半散归,行至嵩山路,仍雇车行,足征年渐老,意渐荒,夜行真有怯意也。

12 月 9 日（壬子　初五日）星期

晴暖。晨丏尊见过,谈有顷,偕之返其家看报。午前洗人、雪村来,因复邀丏尊共来小饮,坐次,允臧至,谈宴甚乐。饭后予同、达君先后至,商台湾教育处征选中学教员事宜,三时三刻始散,伊等同过索非。组青来,傍晚同过权、潽夜饮,珏人先往,润儿亦去,六时翼之乃到,因共饮,谈至九时始归。竟日游闲,不觉倦至,到家便睡。

12 月 10 日（癸丑　初六日）星期一

晴。依时入馆。以早先过雪村,与洗人、雪村、允臧同行到馆,栗六遂饭。赴饭时讲《论语·卫灵公》。午后予同来馆,知西谛亦将有渡台之役也。夜归小饮。漱、滋两儿在潽家饭,良久乃返。

12 月 11 日（甲寅　初七日）星期二

晴。晨与珏人、笙伯同往四时春吃早点,余顺道入馆。处理信札。新进同人张敏逊今日报到,店中令其主办批发事务,午间雪村、洗人、达君、索非及余请在雪村家午饭,并请梅光、炎范、康宁、欧阳文彬、张纯嘉焉。午后丏尊、予同俱来馆,散馆前先与调孚、均正、绍虞、雪村赴赵主教路通益公司王艮仲、高祖文之约,余以事后行,适瑞卿偕卢氏外孙元锴至,因属子如送归余家。余乃与索非乘三轮车追赴之，比到通益之门，先行者皆在焉，因偕入晤艮仲、祖文，坐客甚盛，多稔识，如夷初、西谛、乔峰、立斋、景崧、森禹等凡四席。余与丐、村、谛、禹、乔、仲足、祖文同坐。席散，仲华、尊棋至，复与更酌，雪村、西谛、乔峰、仲足与焉，至九时始散，与丐、均、索、予乘通益汽车先归，余人尚未行也。到家，知浒关乡亲来宿余家。接业熊十二月七日来胜利第九号函，知因种种问题恐未必能偕清、汉等同返上海耳。

12 月 12 日（乙卯　初八日）星期三

阴。依时入馆。处理杂事。浒关乡亲去。赴饭时讲《论语·卫灵公篇》。午后与予同谈。晚归小饮。夜振甫来。寅福来。接蒋蔚棠柬，约明午宴集中南新村廿一号王宅。

12 月 13 日（丙辰　初九日）星期四

晴。依时入馆。处理杂事。午应慰堂之约晤森玉、柏丞、叔平、玄伯、西谛、葱玉及瞿、陈二君与宅主王馨迪（森玉之女夫）。午后三时许始散，乘车返馆，已四时矣。夜过雪村饮，共到十四人，洗人、丐尊别坐外，同坐为西谛、予同、乔峰、觉农、瑞卿、祖文、森禹、仲华、尊棋、仲足及雪村，欢谈甚畅。八时三刻散，尊棋、仲华、予同、仲足、西谛及余复过南京戏院下面之咖啡馆小憩，移时始步归。到家已十时三十分矣。

12 月 14 日（丁巳　初十日）星期五

晴。晨出，过四时春吃面，然后入馆。接八日汉在筑发函，即将赴渝。接其章十二月四日孟买信，附来美钞四十元，属转交其母。接联棠信。寄炳生信。赴饭时讲毕《论语·卫灵公篇》。晚归小饮，知翼之曾来看我。瑞卿带到芷芬代余所征得之书件，计唐兰新嘉量横幅一帧、王止庵瘦金书陶句联一副、冯芝生行书轴单片及沈从文章草姜白石《续书谱》长条单片，当将冯、沈两片交文彬代付装池，而将唐、王裱件携归。

12 月 15 日（戊午　十一日）星期六

晴，夜起南风，半夜雨遂达旦。依时入馆。寄山、圣更新卅五号书。接士敦十三日航信，告二十左右必启行。寄甫琴沪湘二号函。赴饭时讲《左传》"晋灭潞及卻子仇齐"。前托文彬饬匠装裱之弘一字轴、书巢扑披、计硕民七言联等三种四件已交到，共需四千九百元（若合储券殆百万元矣），当令金才送归。晚与洗人、雪村、达君共赴丏尊之约，夜饮焉。八时三刻归，张画自怡。

12 月 16 日（己未　十二日）星期

初明雨犹未止，旋转阴霾，日中曾显晴，午后又阴，入夜乃雨。晨为芝九题《风雨同舟图》，以敦迫难违，实无以承命，因属振甫代拟一律，甚惬，即以书之。今录存之，示不掠美，兼志感荷：

　　好咏关雎鼓琴瑟，画眉情共廿年春。既闻梁孟工儒术，又见弦歌满士林。剩有清名标党锢，更留傲首耐霜侵。神州自昔多风雨，击楫应知天地心。

十一时，赴文彬饭约，晤邦桢、子敏、坚吾、遇羲、孝文等，下午三时乃散归，往返步行几三十里矣。夜在家小饮，文权、翼之先后来，因共饮。饮后长谈，翼之愿与怀之同渡台，属为曹邱，文杰则予同力荐之，亦有渡海之望云。

12月17日（庚申　十三日）星期一

晴,朔风怒号,陡寒。依时入馆。处理杂事。赴饭时为文彬、坚吾店屋事有所排解,恐无若何成就耳。午后与予同、丏尊谈。晚归小饮,饮毕翼之与笙伯、漱华自铭青所返,尚未饭,遂重温酒酌,翼之并下榻焉。大风中笙伯适解款,匆匆遗落二十万元,自须赔偿,衡其所入,虽一年亦无由取足也,用是举家为之不欢。夜为允臧看台湾甄试中等学校教员考卷,至十一时许始已,凡四十六卷,成绩之劣,出人意表,勉强入彀者不逮十之二,而堪资喷饭者竟占十之五,余则不痛不痒,等于白说而已,才难之叹,有如是夫!

12月18日（辛酉　十四日）星期二

晴寒,冱冻。晨与翼之同出,过四时春吃面。依时入馆。赴饭时仍为唐、濮调解。继续帮予同看台湾甄选教员试卷。祖璋自崇安来沪。晚归小饮。天骤寒,元错生滇南,未习此变,顿失活泼之态,不识稍惯之后得无影响乎? 书复芝九、聿修。

12月19日（壬戌　十五日）星期三

晴寒。晨与润儿同过四时春吃面。依时入馆。接十二月十六日芷、清、汉来信,知已齐集重庆,准备东下。寄山、圣更新卅六号,附复芷等。寄联棠沪粤三号。寄甫琴沪湘三号。翼之午后来馆,散馆时雪村邀余及翼过饮其家,洗人、品珍同席,啖大卷菜,甚佳。八时半始散,仍步归。午饭时濮、唐谅解成立,仍讲《论语·季氏篇》四章。

12 月 20 日（癸亥　十六日）星期四

　　浓雾日中未散,终霾。晨过羊肉馆进面,然后到馆。处理杂事。赴饭时讲《论语·季氏篇》。通启各部主管人员召集于明日开业务会议,假章宅举行,将于复员布置有所讨论也。定十九日重振酒会,已由守宪择座四马路鸿运来,拟定参加者三十四人,今日分别发,由余发出通知矣。夜归小饮。漱石来,当小住数日,为儿辈缝寒衣也。

12 月 21 日（甲子　十七日）星期五

　　晴,午后还润,薄暮阴合,夜半雨。晨先过羊肉馆吃面,顺道入馆。午饭雪村家,洗人、予同、达君俱,先商公司大计。午后二时子如、调孚、索非、均正、祖璋、丏尊陆续到,举行业务会议,于公司组织及分店整理等项皆有所讨议修正,至五时许始毕。是夕冬至,夜祀先,及余赶回,已黑,即点烛设奠,七时乃饮福,翼之、文权、潘儿、颢孙、漱石、笙伯、漱儿及珏人、润、滋、漱三儿、锴孙团坐焉。食已,润往辣飞大戏院看话剧《夜店》,翼之、权、潘先后去。红蕉来,长谈。湜儿感冒,未与夜宴。

12 月 22 日（乙丑　冬至　十八日）星期六

　　阴雨晚晴。依时入馆。美亚聘阅评征文书送到并须分别代转夷初、西谛、丏尊、绍虞、雪村也。赴饭时文彬、坚吾俱以应酬出饭,因未讲,即归饭。下午处理馆中杂事。夜归就红蕉饮,盖冬官二十生辰招宾吃面也,雪村夫人、密先及文权、潘华、漱石、漱华、润、滋等均被邀一同聚餐,极欢畅。九时许始散,权、潘归去,预孙留宿焉。

12 月 23 日（丙寅 十九日）星期

阴寒，微雪，午前曾见日。晨为红蕉事往晤丏尊，旋归。十一时又往候之，拟同行赴酒会，文叔在，因属伊等乘电车行，而余却步往鸿运来，凡到卅馀人，余与予同、西谛、红蕉、尊棋、仲足、觉农、仲华、雪村、世璟、建功同席，馀两席则丏尊、柏丞、允臧、文彬、索非等为一席，洸人、季康、子敏、坚吾、仲康、廷枚、翌新等为一席。分金三千元，酒犹洸人独供也。酒醇冽而肴精丰，甚得欢宴之乐。二时许始散，复过雪村小坐，乃偕莲僧步以返。夜仍小饮。湜儿尚未痊可，起坐后复卧。潜儿来请漱、滋、冬看戏，归来夜饭，挈预孙归去。

12 月 24 日（丁卯 二十日）星期一

晴，时起阴翳。依时入馆。处分杂事。赴饭时讲《论语·季氏篇》毕，接讲《阳货篇》。接圣陶二十日来信，知今日正启碇东发矣，但愿沿途平顺，则各家均得团圆吃年夜饭也。酒会明日即续行，在坚吾所晚饮，肴由蜀腴办，酒则坚吾开雪村曩年所馈之陈酿供共赏，其意义一为洸人洗尘，二为丏尊、雪村出狱纪念日，故所邀与席之人至稔，预计明夜可又得一醉矣。晚归小饮，夜看《五种遗规》。

12 月 25 日（戊辰 廿一日）星期二

初阴旋晴。今日为民族复兴节，放假一天。清晨与珏人过羊肉馆吃面。午后雨。在家理发，将下髭剃去，止留上唇之龇，并为剪齐，使不下垂。乘民族复兴之会剔除难须，以期更生，亦非无意义之事也已。傍晚出，乘电车到老北门，步往坚吾所。索非已先在，其后廷枚、仲康、洗人、达君、雪村、达轩陆续来，丐尊最后至，遂聚饮。坐次雪村以微语挑索非及丐尊，几致失欢，幸赖洗人、文彬解释始已。九时散，与丐尊、达轩、索非同乘电车归。接士猷十二月廿二日夜航信，告廿四日离渝东下。

12 月 26 日（己巳　廿二日）星期三

　　阴霾。依时入馆。接晴岚信，知晴帆在永嘉有病住医院中，甚念之。赴饭时讲《论语·阳货篇》。午后寄山公更新卅七号函。寄炳生沪杭十号函。寄士敏沪东临八号函。晚归小饮，权、潜与焉，八时始去。漱石去四日，今日复来。

12 月 27 日（庚午　廿三日）星期四

　　晴转寒。依时入馆。整理文件。赴饭时与雪村偕，盖文彬宴请叔同、新城，邀村及余作陪也。许达年亦到，坚吾则以云翼来沪同去吃饭，未与焉。午后返馆写信，分寄雪山（更新卅八号）、晴帆、晴岚（晴岚书告帆去永嘉害病，欲将存书变卖，前去探视，余因分投一函，各致慰问，且俟帆信再说。让书事则劝岚静待以保存为是耳）。叔含来，因与共过洗人、雪村夜饮，麟瑞亦至，九时许始散归。

12 月 28 日（辛未　廿四日）星期五

　　晴，寒冰。依时入馆。寄雪山更新卅九号。（以接长沙刘甫琴需款，因属渝径汇。）赴饭时讲《论语·阳货篇》毕，接讲《微子篇》。午后开章则小组会议。接予同夫人电话，知予同小有不适，余因于四时许走往其家看之,顺以代收函电授之,谈移时仍走归。夜小饮。饮后看朱东润著《张居正大传》。

12月29日（壬申　廿五日）星期六

晴寒。依时入馆。寄南京钟达轩,附去渝发京货清单。葛志良来,洽放款事。赴饭时为坚吾所邀登楼小饮,渠新雇一厨司能作川味,特试之(所谓打样),尚不恶也。子敏、文彬、长赓俱与焉。令涛复至,谈有顷始散。返馆后处分杂事。予同致书雪村、允臧,辞台行,盖日来精神以受刺激,故颇有失眠之患耳。四时半余偕雪村赴柏丞之约。至则叔含已在,有顷麟瑞至,又有顷,增美至,又有顷,澄中(陈姓名清华,前在馨迪所与同席)至,七时西谛始到,即合坐开饮,九时散归。

12月30日（癸酉　廿六日）星期

晴。晨十一时与珏人偕过坚吾伉俪,因饭焉。饭时与子敏、公仪、孝文同坐。饭后,坚吾夫人陪珏人往东方听书,余则与坚吾、公仪、孝文、子敏游邑庙,啜茗于里园三楼,继在松运楼吃南翔馒头。傍晚复返坚吾所,有顷,珏人亦来,子敏伉俪邀同三家眷属,又过饮于广西路之蜀腴菜馆。八时许散,与珏人同乘三轮车归。知铭堂曾来访,明后日或可重晤也。

12月31日（甲戌　廿七日）星期一

晴。依时入馆。分别函知炳生、达轩、光炎、沧祥,即派光炎至杭店,沧祥至南京办事处服务,定一月二日前往。赴饭时讲毕《论语·微子篇》。午后接士敦十二月廿八唐家沱发归字第一号书,知登舟多日仅行卅市里,以此推之,伊等归见之期,须明岁灯节左右矣。接彬然惠民廿八日信,知于廿六日安抵汉皋。接江山办事处及成都分店旬报。晚六时同人在雪村家吃年夜饭,凡三席。予同卧病,绍虞返苏,未克与,而珏人挈元锴乃与之,同光、伯潜偕来,亦与焉。欢笑痛饮,积痗尽涤矣。八时珏、锴先归,余与丏尊、索非至九时三刻始由八仙桥乘电车返家也。知铭堂又来,已将寄存之箱件取去。